"十二五"职业教育国家规划教材
经全国职业教育教材审定委员会审定
普通高等教育"十一五"国家级规划教材
教育部高职高专规划教材
全国普通高等学校优秀教材

新编21世纪高等职业教育精品教材·法律类

民事诉讼法

（第七版）

主　编　陈桂明

副主编　纪格非

撰稿人　（以撰写及修订章节先后为序）

陈桂明　纪格非　石春雷　肖建华

邱星美　刘金华　胡思博　王秋兰

赵言荣　谭秋桂　欧元捷　庄诗岳

中国人民大学出版社

·北京·

图书在版编目（CIP）数据

民事诉讼法/陈桂明主编. --7版. --北京：中国人民大学出版社，2024.3
新编21世纪高等职业教育精品教材．法律类
ISBN 978-7-300-32682-5

Ⅰ.①民… Ⅱ.①陈… Ⅲ.①民事诉讼法-中国-高等职业教育-教材 Ⅳ.①D925.1

中国国家版本馆CIP数据核字（2024）第061554号

“十二五”职业教育国家规划教材
经全国职业教育教材审定委员会审定
普通高等教育“十一五”国家级规划教材
教育部高职高专规划教材
全国普通高等学校优秀教材
新编21世纪高等职业教育精品教材・法律类

民事诉讼法（第七版）

主　编　陈桂明
副主编　纪格非
撰稿人　（以撰写及修订章节先后为序）
陈桂明　纪格非　石春雷　肖建华
邱星美　刘金华　胡思博　王秋兰
赵言荣　谭秋桂　欧元捷　庄诗岳

Minshi Susongfa

出版发行	中国人民大学出版社		
社　　址	北京中关村大街31号	**邮政编码**	100080
电　　话	010－62511242（总编室）		010－62511770（质管部）
	010－82501766（邮购部）		010－62514148（门市部）
	010－62511173（发行公司）		010－62515275（盗版举报）
网　　址	http://www.crup.com.cn		
经　　销	新华书店		
印　　刷	北京溢漾印刷有限公司	**版　　次**	2000年8月第1版
开　　本	787 mm×1092 mm　1/16		2024年3月第7版
印　　张	24	**印　　次**	2025年7月第5次印刷
字　　数	578 000	**定　　价**	59.00元

教育部高职高专规划教材法律类编委会

出版说明

教材建设工作是整个高职高专教育教学工作中的重要组成部分。改革开放以来，在各级教育行政部门、学校和有关出版社的共同努力下，各地已出版了一批高职高专教育教材。但从整体上看，具有高职高专教育特色的教材极其匮乏，不少院校尚在借用本科或中专教材，教材建设仍落后于高职高专教育的发展需要。为此，1999年教育部组织制定了《高职高专教育基础课程教学基本要求》（以下简称《基本要求》）和《高职高专教育专业人才培养目标及规格》（以下简称《培养规格》），通过推荐、招标及遴选，组织了一批学术水平高、教学经验丰富、实践能力强的教师，成立了“教育部高职高专规划教材”编写队伍，并在有关出版社的积极配合下，推出一批“教育部高职高专规划教材”。

“教育部高职高专规划教材”计划出版500种，用5年左右的时间完成。出版后的教材将覆盖高职高专教育的基础课程和主干专业课程。计划先用2～3年的时间，在继承原有高职高专和成人高等学校教材建设成果的基础上，充分汲取近几年来各类学校在探索培养技术应用型专门人才方面取得的成功经验，解决好新形势下高职高专教育教材的有无问题；然后再用2～3年的时间，在《新世纪高职高专教育人才培养模式和教学内容体系改革与建设项目计划》立项研究的基础上，通过研究、改革和建设，推出一大批教育部高职高专教育教材，从而形成优化配套的高职高专教育教材体系。

“教育部高职高专规划教材”是按照《基本要求》和《培养规格》的要求，充分汲取高职高专和成人高等学校在探索培养技术应用型专门人才方面取得的成功经验和教学成果编写而成的，适用于高等职业学校、高等专科学校、成人高等学校及本科院校举办的二级职业技术学院和民办高校。

教育部高等教育司

总　序

曾宪义

中国是一个具有悠久历史和灿烂文化的国度。在数千年传承不辍的中国传统文化中，尚法、重法的精神一直占有重要的位置。中国古代虽然崇尚“礼治”，如《礼记·礼运》所说：“圣人之所以治人七情，修十义，讲信修睦，尚辞让，去争夺，舍礼何以治之?”，但从《法经》到《唐律疏议》《大清律例》等数十部成文法典的存在，充分说明了成文制定法在中国古代社会中的突出地位，只不过这些成文法所体现出的精神旨趣与现代法律文明有较大不同而已。时至20世纪初叶，随着西风东渐，中国社会开始由古代文化文明和传统社会体制向近现代文明过渡，建立健全的、符合现代理性精神的法律文化体系方成为现代社会的共识。正因为如此，近代以来在西方和东方各主要国家里，伴随着社会变革的潮起潮落，法律改革运动也一直呈方兴未艾之势。

法律的进步和法制的完善，一方面取决于社会的客观条件和客观需要，另一方面取决于法学研究的深入和法律教育的发展。而法治观念的普及、法治素质的培养则有赖于法学教育和法学人才的培养。

中国古代社会素有法律研究和法学教育的传统。先秦时期，百家争鸣，商鞅、韩非好“刑名之学”。逮至秦汉，律学滥觞。秦朝“以吏为师”。中国传统律学的勃兴始自汉代。自一代硕儒董仲舒开“引经注律”之先河，律学遂成为一门显学。南齐崔祖思曰：“汉来治律有家，子孙并世其业，聚徒讲授，至数百人。”(《南齐书·崔祖思传》) 东汉以后，律学不限于律文的语义注释和儒经考据，领域拓展至法典名词术语和编纂体例。西晋张斐、杜预将中国古代律学发挥到私家注律之空前高度——“张杜律”为国家认可，具有法律效力。魏晋以后，律家流派纷呈，至唐而集大成。《唐律疏议》之“疏议”为传统中国律学之完备结晶。自宋至元，律学渐至衰落，直至清末西方外来法律文化的传入。

中国近代意义上的法学教育和法学研究，肇始于清代末年。清光绪二十一年(1895)开办的天津北洋大学堂，首开法科并招收学生。是谓“开一代风气之先”，为中国最早的近代法学教育机构。三年后，中国近代著名启蒙思想家、戊戌维新运动著名领袖、自号“饮冰室主人”的梁启超先生在湖南《湘报》发表宏文《论中国宜讲求法律之学》，号召国人重视法学、发明法学、讲求法学。数年之后，清政府被迫变法修律、实施“新政”。以修订法律大臣沈家本、伍廷芳为首的一批有识之士，艰难地在固有体制中运作、推行变法修律，同时不忘培植法治之基——引介法学译著、倡导法学研究、开展法学教育。20世纪初，中国最早设立的三所大学——北洋大学堂、京师大学堂、山西大学堂均开设法科或法律学科目，以期“端正方向、培养通才”。1906年，应修订法律大臣沈家本、伍廷芳之奏请，清政府在京师正式设立专门的法律教育机构——京师法律学堂。次年，另一所专门法律教育机构——隶属清政府学部的京师法政学堂亦正式开科招生。

自清末以降，在外族入侵、民族危亡的紧急关头，中国人民上下求索，寻求实现民族独立和民主政治的发展道路。客观言之，政治社会变迁和长期社会动荡导致了法制建设的荒废、法律文化进步的中断。新中国成立以来，民主法治建设在艰难中曲折前进。以党的十一届三中全会的召开为标志，中国社会开始从政治阵痛中苏醒，转换思路进入法治轨道。中国的法学研究和法律教育事业迎来了春天。

回顾改革开放以来的法制建设，中国的法学教育事业取得了辉煌的成就。首先，社会主义法治理念确立并深入人心。中国法学界摆脱了“法律虚无主义”和苏联法学模式的消极影响，建设社会主义法治国家已成为国家民族的共识。1999年，第九届全国人民代表大会第二次会议通过的宪法修正案第一次确认“依法治国”的国家治理模式和“建设社会主义法治国家”的宏伟目标，从而为法学教育事业的发展奠定了稳固的思想基础和法律基石。其次，法学研究不断深入，法律科学渐成体系。老中青法学家组成一个前后相继、以帮带进的学术群体，基础法学、部门法学和国际法学形成较为成熟的理论体系和学术框架，边缘法学渐次成型。1997年，国家教育主管部门调整原有专业目录，决定从1999年起法学类本科只设一个单一的法学专业，按一个专业招生，研究生专业目录新定为10个二级学科（含军事法学），从而使法学学科的布局更加科学和合理。同时，确定了法学专业本科教学的14门核心课程，加上其他必修和辅修课程，形成一个传统与更新并重、基本适应国家和社会需要的教学体系。再次，法学教育规模迅速扩大，层次日趋全面，结构日臻合理。据初步统计，目前中国有300余所普通高等院校设置了法律院系和法律专业，在校学生达6万余人。除本科生外，在国内一些重点大学和全国的知名法律院系，法学硕士研究生和博士研究生已成为培养重点。高职高专法律教育日益受到教育主管部门的重视，成为高等法学教育的重要组成部分。

高职高专教育是社会经济发展和高新技术发展的必然结果，是促进经济、社会发展和劳动就业的重要途径。作为高等教育的一个重要组成部分，高职高专教育对于调整教育结构、广开成才之路、促进义务教育的普及、提高教育整体效益、全面落实教育方针、增进教育与经济的紧密结合，具有重要作用。加强法律教育，除了建设一流的法学院，还需要实现多元化模式和拓展多角度的渠道。高职高专法律教育是高等法学教育不可或缺的重要组成部分。高职高专法律教育，培养目标应当是“基础理论知识适度、技术应用能力强、知识面宽、素质高的专门人才”。换言之，即培养适应社会需要的应用型人才。因此，高职高专法律教育的专业设置、办学模式和办学思想都应当主动适应区域经济和社会发展的需要。高职高专法律教育的落实，对于我国目前法治观念的普及、群体法律意识的提高以及正在进行的司法制度改革均具有非同寻常的意义。

鉴于高职高专法律教育与高等院校法律本科教育的差异，高职高专法律教育教学科目的设置、教学体系的安排以及教学层次的选定均体现了培养目标的不同。但从目前看来，不少高职高专院校法律教育借用法律本科或中专教材，教材建设滞后于高职高专法律教育的发展需要。我们编写并出版这套适合高职高专教育的专门教材，期望能够既照顾到高职高专的教学层次，又能满足“高水准”“高质量”的要求。本套教材约请全国各高等院校、科研机构的优秀学者参加，形成颇具实力的学术阵容。在编写这套教材时，我们吸收了改革开放以来我国法学界的最新研究成果，密切关注国内外学术发展动态，力争使教材基点立足于法学前沿。为了适应高职高专教学的实际需要，我们将教材定位于“应用性”层次，强调了高职高专法学教育培养应用能力的特色。

我们期冀，经过组织者、编写者和出版者的不断努力，高职高专法律系列教材能以“高质量、高水准、应用性强”的特色满足莘莘学子的求知渴望，为中国的法学教育和法治建设略尽绵薄之力。

是为序。

第七版前言

2023年9月1日，第十四届全国人大常委会第五次会议通过了关于修改《中华人民共和国民事诉讼法》的决定，自2024年1月1日起施行。因此，我们对教材相关内容进行了修改。同时，为了帮助同学们理解所学的知识点，增强实务操作能力，我们以二维码的形式增加了有代表性的案例，以扩展同学们的阅读范围。

本书以习近平法治思想为指导，贯彻落实党的二十大精神，以培养应用型法律人才为目标。为了提高修订质量，本次修订秉承一贯的作风，仍然采取交叉修订的方式，即原作交由其他作者修订；同时，吸收了部分优秀学者加入我们的作者行列。

本书写作及第七版修订分工如下：

陈桂明　原中国人民大学法学院教授、博士生导师，中国法学会民事诉讼法学研究会第一任会长，《中国法学》杂志社前总编。撰写第一版、第二版的第一章、第二章。

纪格非　中国政法大学民商经济法学院教授、博士生导师，中国政法大学民事诉讼法研究所所长。改写并修订第一章至第三章。

石春雷　中国政法大学民商经济法学院讲师、诉讼法学博士、博士后，改写并修订第四章至第八章。

肖建华　中国政法大学诉讼法研究院教授、博士生导师。撰写第十三章至第十五章、第二十四章。

邱星美　中国政法大学民商经济法学院教授、硕士生导师。撰写第十七章至第二十一章、第二十六章。

刘金华　中国政法大学民商经济法学院教授、硕士生导师。改写并修订第九章至第十二章。

胡思博　中国政法大学诉讼法研究院副教授、硕士生导师。改写并修订第十三章至第十五章。

王秋兰　中国政法大学民商经济法学院副教授、硕士生导师。改写并修订第十七章至第二十章。

赵言荣　中国政法大学民商经济法学院副教授、硕士生导师。改写并修订第二十一章至第二十三章。

谭秋桂　中国政法大学诉讼法研究院教授、硕士生导师。撰写第二十五章。

欧元捷　中国政法大学民商经济法学院副教授、硕士生导师。改写并修订第二十四章、第二十六章。

庄诗岳　中国政法大学讲师、诉讼法学博士。改写并修订第十六章。

本版修订由纪格非统稿。

编者

目　录

第一章　民事诉讼与民事诉讼法

【本章引例】

李某系某百合果木销售中心法定代表人，其以某市政府拒不召开项目论证会，某市市委对该市发改部门将项目登记备案材料毁弃、对该市城区区委区政府不履行职责等行为监管不力为由，将该市政府、市委告上法庭，请求判决两被告连带承担给原告的项目召开项目论证会并制定项目实行方案等法定职责，请求判决该市政府及其职能部门违法，该市委应依法负监督职责和侵权责任，并赔偿原告所遭受实际经济损失1亿元。法院应当如何处理此案？

【本章学习目标】

通过学习本章，你应该能够：

1. 了解民事诉讼法与相邻部门法的关系
2. 掌握民事诉讼法律关系的概念及内涵

第一节　民事诉讼

一、民事诉讼的概念

民事诉讼是人民法院在当事人和其他诉讼参与人的参加下，审理和解决民事案件的诉讼活动以及在诉讼活动中产生的各种法律关系的总和。

民事诉讼的基本内容是人民法院和诉讼参与人所进行的诉讼活动，以及在活动过程中产生的法律关系。诉讼活动表现为人民法院、当事人及诉讼参与人的各种诉讼行为，它会引起诉讼上法律后果的发生，并推动民事诉讼的发展；诉讼法律关系表现为人民法院与各诉讼参与人之间在民事诉讼中形成的各种权利义务关系。诉讼活动如何进行，诉讼主体之间的权利义务关系如何，都取决于民事诉讼法的规定。

民事诉讼的整个过程由若干个诉讼阶段组成。我国民事诉讼法规定的民事诉讼的主要阶段有：起诉与受理、审理前的准备、开庭审理、裁判、上诉、执行等。上述各阶段各自独立存在，相互之间又有联系，民事诉讼活动既可能经过上述全部阶段，也可能在某个阶段即告结束。此外，民事诉讼法还规定了再审，这一程序是为纠正有错误的裁定或判决而设立的，不是通常的诉讼阶段。

二、民事诉讼的特点

与社会生活中解决民事争议的其他方法（比如和解、调解、仲裁）相比较，民事诉讼有下述几个特点。

（一）民事诉讼是在国家审判机关的主持下进行的

和解是由当事人自行协商，人民调解是由人民调解委员会主持进行，仲裁是由作为民间组织的仲裁委员会的仲裁员主持，而只有民事诉讼是由审判员代表国家行使审判权来主持进行。

（二）民事诉讼应当依照严格的诉讼程序和诉讼制度进行

严格的诉讼程序和诉讼制度来源于国家法律的规定，民事诉讼的参加者，包括在民事诉讼中起主导作用的法院，都应当遵守、不得违反。而以其他方式解决民事纠纷，则没有如此严格的程序和制度，即使是在有明确的程序和制度规定的仲裁活动中，仲裁参加者的自主程度要较民事诉讼高得多，行为的选择余地也较民事诉讼大得多。

（三）民事诉讼具有强制性

这一特点有两方面的表现：一是是否以该种方式来解决纠纷，不以双方合议为前提条件，只要争议的一方的起诉符合条件，另一方即使不愿参加民事诉讼，也得被强制参加；而和解、调解、仲裁等则须在双方当事人自愿参加的情况下方可进行。二是民事诉讼中法院所作的生效裁判，具有法律约束力，当事人不履行裁判的义务时，法院可根据法律规定强制执行；而和解、调解的结果一般不具有强制执行力（经人民法院确认效力的除外），仲裁裁决多数是由当事人自愿履行，少数则有赖于法院通过民事执行程序得以实现。

第二节　民事诉讼法

一、民事诉讼法的概念

民事诉讼法，是国家制定的规范法院与民事诉讼参与人的诉讼活动、调整法院与诉讼参与人之间法律关系的法律规范的总和。

民事诉讼法有狭义与广义之分。狭义的民事诉讼法，是指国家制定的民事诉讼法法典，即《中华人民共和国民事诉讼法》（以下简称《民事诉讼法》）。广义的民事诉讼法，不仅包括民事诉讼法法典，而且包括宪法及其他法律、法规中有关民事诉讼的规范，还包括最高人民法院作出的有关民事诉讼的规范性文件。

二、民事诉讼法的属性

民事诉讼法的属性，可以从其在法律体系中的地位、调整的社会关系及其内容与作用等几个方面来确定：第一，从其在法律体系中的地位来分析，它保障民法、经济法、社会法等实体法在社会生活中的贯彻实施。作为法律体系中的一个重要的法律部门，民事诉讼法的地位仅次于宪法，与民法、刑法、刑事诉讼法等法律部门一样，属于基本法。第二，从其调整的社会关系来分析，它调整民事诉讼法律关系。民事诉讼法所调整的这一特定法律关系，是其他法律部门无法调整的。这意味着民事诉讼法在社会生活中有其特定的作用，是其他法律部门不可取代的，属于独立的部门法。第三，从民事诉讼法所确定的内容来分析，它主要规定的是民事诉讼活动过程中诉讼主体的权利和义务，以及用来保证这些权利的行使、义务的履行的诉讼制度和程序，属于程序法。

三、民事诉讼法的任务

《民事诉讼法》第 2 条对我国民事诉讼法的任务作了如下规定：

（一）保护当事人行使诉讼权利

诉讼权利是当事人维护自己民事权益的手段，是其进行诉讼活动、实施具体诉讼行为的根据。当事人的诉讼权利如果得不到保护，诉讼程序就无法正常运转，诉讼制度也就得不到有效的贯彻。因此，保护当事人行使诉讼权利，是民事诉讼法的首要任务。

（二）保证人民法院正确审理民事案件

民事案件是否能得到正确的审理，关系到当事人的合法权益是否能得到司法保护，关系到国家的法律制度在民众心目中是否有权威。因此，保证人民法院正确审理民事案件，与保护当事人行使诉讼权利一样，也是民事诉讼法的重要任务之一。

（三）确认民事权利义务关系，制裁民事违法行为，保护当事人的合法权益

民事诉讼法是解决民事主体权利义务之争的程序法。这一程序法是否能有效地发挥作用，就在于它是否能通过诉讼制度的贯彻和诉讼程序的运用对有争议的民事权利义务关系予以确认，并在此基础上对违法行为予以制裁，实现对当事人合法权益的保护。因此，确认民事权利义务关系，制裁民事违法行为，保护当事人的合法权益，也就成为民事诉讼法的任务的一部分。

（四）教育公民自觉遵守法律

公民自觉遵守国家法律，是国家法治化的基本要求。实际上国家各类法律都应承担起教育公民自觉遵守法律的任务，只是它们各自实现这一任务的手段不同而已。民事诉讼法作为国家的基本法和程序法，是通过民事审判活动来表明国家法律支持什么、否定什么、制裁什么、维护什么，以实现教育公民自觉遵守法律的任务。

四、民事诉讼法的效力

民事诉讼法的效力是指民事诉讼法的适用范围。它包括对什么人、什么事发生效力，在什么空间、什么时间发生效力。

（一）对人的效力

对人的效力，是指民事诉讼法对哪些人适用。《民事诉讼法》第 4 条规定：“凡在中华人民共和国领域内进行民事诉讼，必须遵守本法。”这一规定意味着，无论是谁，只要是在我国领域内进行民事诉讼，就得适用我国的民事诉讼法。因此，我国民事诉讼法对人的适用范围是：我国公民、法人和其他组织，在我国领域内居住的外国人、无国籍人，在中国的外国企业和组织，申请在我国进行民事诉讼的外国人、无国籍人以及外国企业和组织。

（二）对事的效力

对事的效力，是指哪些案件适用民事诉讼法的规定进行审理。《民事诉讼法》第 3 条

规定："人民法院受理公民之间、法人之间、其他组织之间以及他们相互之间因财产关系和人身关系提起的民事诉讼，适用本法的规定。"此外，《民事诉讼法》还规定，某些特殊类型的案件也适用民事诉讼法审理。据此，适用民事诉讼法审理的案件有下列几类：

（1）因民法、婚姻法、继承法等实体法律调整的平等民事主体之间的财产关系和人身关系所发生的民事纠纷案件，如债权债务纠纷案件、离婚案件、继承遗产案件等；

（2）因经济法、劳动法等实体法调整的法律关系所发生的，法律、法规规定属于人民法院适用民事诉讼法审理的经济案件和劳动案件，如经济合同纠纷案件、劳动合同纠纷案件、企业破产案件等；

（3）按民事诉讼法规定适用特别程序审理的选民资格案件和非讼案件；

（4）按督促程序解决的债权债务关系案件；

（5）按公示催告程序解决的宣告有关票据和有关事项无效的案件。

（三）在空间上的效力

在空间上的效力，是指民事诉讼法在什么地方适用。根据《民事诉讼法》第 4 条的规定，凡在中华人民共和国领域内进行民事诉讼，均适用民事诉讼法。中华人民共和国领域，包括领土、领海、领空以及领土延伸的范围。

（四）在时间上的效力

在时间上的效力，是指民事诉讼法在什么时间之内适用。我国现行《民事诉讼法》自 1991 年 4 月 9 日正式颁布之日起生效；2007 年 10 月 28 日第一次修正的条文自 2008 年 4 月 1 日起生效；2012 年 8 月 31 日第二次修正的条文自 2013 年 1 月 1 日起生效；2017 年 6 月 27 日第三次修正的条文自 2017 年 7 月 1 日起生效；2021 年 12 月 24 日第四次修正的条文自 2022 年 1 月 1 日起生效；2023 年 9 月 1 日第五次修正的条文自 2024 年 1 月 1 日起生效。

五、民事诉讼法与相邻部门法的关系

（一）民事诉讼法与民事实体法的关系

民法、婚姻法、继承法、经济法、劳动法是实体法，它们分别规定法律关系主体在一定领域中的权利义务。民事诉讼法是程序法，规定法院审理民事案件的诉讼程序和制度，保障实体法内容的实现。因此，民事诉讼法与上述民事实体法的关系，是形式与内容、手段与目的的关系，二者密不可分，必须同时存在。如果没有民事诉讼法，民事实体法就没有生命力；相反，如果没有民事实体法，民事诉讼法则失去了保护的对象和内容，其存在也就失去了意义。

（二）《民事诉讼法》与《人民法院组织法》的关系

《中华人民共和国人民法院组织法》（以下简称《人民法院组织法》）主要规定人民法院的组织原则和活动原则。《民事诉讼法》主要规定人民法院审理民事案件应遵守的原则、制度和程序。二者调整的对象不同，属于不同的部门法；但《人民法院组织法》与《民事诉讼法》都服务于民事案件的审判，被称为审判法或司法法，二者在某些原则和制度的规定上是相通的或者是一致的。例如，两审终审、合议、回避、公开审判等制度，对当事人在适用法律上一律平等、使用本民族语言文字进行诉讼等原则，在《民事诉讼法》和《人民法院组织法》中均作了规定，只是规定的角度有所不同而已。因此，人民法院审理民事案件，既要遵守《民事诉讼法》的规定，又要遵守《人民法院组织法》的规定。

（三）民事诉讼法与刑事诉讼法、行政诉讼法的关系

民事诉讼法与刑事诉讼法、行政诉讼法同属于程序法，都是对于法院行使审判权应当遵守的原则、制度和程序的规定。诉讼活动的共同规律和特点，决定了三者有不少相同或相近的规定。例如，两审终审、合议、回避、公开审判制度，法院独立审判，对当事人在适用法律上一律平等，以事实为根据、以法律为准绳，使用本民族语言文字进行诉讼等原则，以及一审程序、二审程序、审判监督程序等程序，三大诉讼法中均作了规定，其中民事诉讼法的规定与行政诉讼法更接近一些。但由于三者的具体任务和所要达到的目的不同，三者在不少方面又存在差异。例如，三大诉讼法在保障实施的实体法、提起诉讼的主体和条件、诉讼主体的诉讼地位、举证责任的分配、执行方式和措施，以及一些诉讼原则和程序方面均有所不同。

第三节　民事诉讼法律关系

一、民事诉讼法律关系的概念

民事诉讼法律关系是由民事诉讼法调整从而形成的人民法院和当事人以及其他诉讼参与人之间，在诉讼中发生的诉讼权利和诉讼义务关系。

法律是调整社会关系的，不同的法律调整不同的社会关系。民事诉讼法调整的社会关系，是基于当事人行使诉权、提起诉讼，人民法院行使审判权，受理和审判案件所发生的关系。当国家机关、社会团体、企事业单位和公民个人认为自己的民事权益受到侵害或发生争执时，要求人民法院进行审理并作出裁判，以保护其合法权益，人民法院接受其要求，并进行审判，这些活动都是根据民事诉讼法的规定进行的。具备什么条件可以起诉？当事人如何起诉？人民法院受理哪些案件？怎样受理案件？诉讼开始后怎样进行审判？经过哪些程序？如此等等，都以民事诉讼法的规定为依据。人民法院、当事人和其他诉讼参与人，根据民事诉讼法在诉讼中进行活动，他们之间因此发生和存在一定的权利和义务关系。

民事诉讼法律关系是由于起诉和受理发生的，起诉是当事人（原告）的诉讼行为，受理是人民法院的诉讼行为，起诉和受理的结合，说明对案件的审理就此开始。人民法院要对案件进行调查研究，在查明事实的基础上作出裁判；当事人要提供证据，进行辩论，接受审判；其他诉讼参与人如证人、鉴定人、翻译人员，要对案情进行证明、鉴定，或根据法院的要求进行翻译。这一系列的活动中就存在权利和义务关系，一方的权利正是另一方的义务，一方的义务也正是另一方的权利，权利和义务是对应的。这种权利和义务构成了民事诉讼法律关系的内容。

民事诉讼法律关系的运转，其目的和实质是保证各种诉讼主体都按照民事诉讼法的规定进行活动，将各种诉讼活动都纳入法律调整的轨道，从而保证诉讼活动顺利进行，保证审判工作的合法性。因此，诉讼过程中人民法院、当事人以及诉讼参与人的种种诉讼活动，是民事诉讼法调整的对象，民事诉讼法律关系正是这种法律调整的结果。

二、民事诉讼法律关系与其他有关法律关系的异同

民事诉讼法律关系同民事法律关系、刑事诉讼法律关系、行政法律关系之间既有共通甚至相同之处，也有区别乃至对立的方面，认识这些异同，有助于进一步理解民事诉讼法

律关系。

（一）民事诉讼法律关系和民事法律关系的异同

民事法律关系是当事人之间根据民法等实体法的规定进行民事活动，从而形成的民事权利义务关系。民事法律关系与民事诉讼法律关系同属于“民事”范畴的法律关系，二者的根本和最终目的都是要保护社会的民事流转，保障社会正常的民事秩序。但二者又有区别：（1）两种法律关系发生的根据不同。民事法律关系是因民法等实体法的调整而发生的；而民事诉讼法律关系是因民事诉讼法的调整而发生的。（2）从法律关系的内容来看，作为民事法律关系内容的民事权利和义务，在当事人之间具有等价、有偿、平等、自愿的特性；而诉讼主体在民事诉讼中如何活动、享有哪些权利义务，都以诉讼法的规定为准，诉讼主体之间的权利义务一般不具有等价有偿的属性，甚至也不完全是自愿的。（3）两种法律关系发生和存在的场合不同。民事法律关系发生和存在于民事流转当中；而民事诉讼法律关系发生和存在于民事诉讼过程中。（4）两种法律关系的功能和作用不同。民事法律关系最终使当事人之间的民事权利义务得以实现，民事交往获得成功；而民事诉讼法律关系的运转结果是使当事人之间的民事法律纠纷得以解决。

（二）民事诉讼法律关系和刑事诉讼法律关系的异同

民事诉讼法律关系和刑事诉讼法律关系都是在诉讼过程中形成的法律关系，因此同属于诉讼关系的范畴。刑事诉讼法律关系，是国家司法机关在当事人和其他诉讼参与人的参加下，处理刑事案件所发生的诉讼关系。与民事诉讼法律关系一样，在刑事诉讼法律关系中，国家司法机关在诉讼主体中是主导方面，司法机关的活动具有行使国家权力的性质。但是，二者也有诸多区别：（1）两种法律关系据以发生的法律不同。民事诉讼法律关系依据民事诉讼法的规定发生，并受民事诉讼法调整；刑事诉讼法律关系根据刑事诉讼法的规定发生，并受刑事诉讼法调整。（2）两种法律关系中诉讼主体的范围及权利义务不同。民事诉讼法律关系的主体包括人民法院、当事人和证人、鉴定人、翻译人员等，其中双方当事人之间的权利义务具有平等或对等的特点；而在刑事诉讼法律关系中，诉讼主体包括侦查机关、检察机关、审判机关、被告人、证人、鉴定人、翻译人员等，诉讼法律关系主体之间的权利义务一般不同，也无平等的属性。（3）两种法律关系的功能和作用不同。刑事诉讼法律关系的运转，最终要保证对有罪的人准确定罪、适当量刑、罚当其罪，对无罪的人，保障其不受刑事追究；民事诉讼法律关系的运转，最终保障和实现当事人之间民事经济争议的公正解决。

（三）民事诉讼法律关系和行政法律关系的异同

行政法律关系，是国家行政管理机关与被管理的组织和个人之间，因行政法的规定发生的存在于行政管理过程中的权利义务关系。民事诉讼法律关系与行政法律关系在含有一定权力因素这一点上是相似的，但二者也有较大区别：（1）行政法律关系是基于行政法的规定发生的实体法律关系；而民事诉讼法律关系是程序性质的法律关系。（2）行政法律关系所包含的权力是行政权力；而民事诉讼法律关系所包含的权力是审判权。（3）在行政法律关系中，主体双方通常具有行政隶属关系；而在民事诉讼法律关系中，尽管法院居主导地位，但法院与当事人之间却不存在行政隶属关系。

三、民事诉讼法律关系的特点

民事诉讼法律关系不同于其他法律关系，归纳起来，它具有以下两个显著的特点。

（一）民事诉讼法律关系是以人民法院为主导的法律关系

当事人因民事权益发生纠纷，不论是提起诉讼的原告，还是被通知应诉的被告，民事诉讼法都赋予他们平等的诉讼地位，他们平等享有诉讼权利、承担诉讼义务，通过行使诉讼权利维护自己的实体权利。人民法院作为国家审判机关，通过行使审判权审理案件并作出裁判，依法解决纠纷。因此，民事诉讼法律关系的主体既包括诉讼当事人，又包括人民法院。但是，他们在诉讼中的地位和作用是不同的。民事诉讼法律关系的显著特征之一是它以人民法院为主导。因为各种诉讼法律关系都表现为人民法院同其他一切诉讼参与人之间的关系。当事人同其他诉讼参与人都在同一诉讼中进行活动，人民法院是当事人和其他诉讼参与人之间发生各种诉讼联系的中介和桥梁。这种中介和桥梁作用不是被动的、消极的，而是主动的、积极的。人民法院在诉讼中具有指挥权，这种指挥作用与中介和桥梁作用融合在一起。这就是说，人民法院在行使审判权、指挥诉讼的过程中，始终以自己为诉讼法律关系的一方，以当事人和其他诉讼参与人为另一方，分别发生关系。民事诉讼中双方当事人之间的关系是平等的，而人民法院则是诉讼法律关系的主导者。人民法院正是通过这种主导作用，实现审判职能，完成民事诉讼任务的。

（二）民事诉讼法律关系是既分立又统一的社会关系

人民法院作为中介，分别与原告、被告、证人、鉴定人、翻译人员等发生诉讼法律关系，这就显示了民事诉讼法律关系的分立性。原告起诉到人民法院，人民法院予以受理时，它就以国家审判机关的名义同原告发生了法律关系。当人民法院将原告的起诉状送达被告时，人民法院又同被告发生了民事诉讼法律关系。当人民法院要求证人、鉴定人、翻译人员在诉讼中作证、进行鉴定或提供翻译时，又与这些诉讼参与人发生了法律关系。人民法院与不同主体之间发生法律关系的时间和方式是不同的。这些都体现了民事诉讼法律关系分立的一面。但是，在同一诉讼中，若干个诉讼法律关系又是有主次之分的。一般来说，人民法院与原告、人民法院与被告之间的诉讼法律关系是主要的，是其他诉讼法律关系发生的前提和基础，是贯穿于整个诉讼过程中的一条主线。人民法院同其他诉讼参与人之间的诉讼法律关系都围绕和服务于上述主线。因此，同一诉讼中的若干个法律关系并不是孤立存在的，而是相互统一、协调存在的，其共同目的是保证民事纠纷能够正确、合法和适时地解决。总之，民事诉讼法律关系是既分立又统一的，人民法院、诉讼当事人及其他诉讼参与人正是在这种分立和统一的法律关系中进行诉讼活动，保证民事诉讼程序的顺利进行。

四、民事诉讼法律关系的要素

任何法律关系的构成都要具备三个要素，即主体、内容和客体。

（一）民事诉讼法律关系的主体

民事诉讼法律关系的主体是指依照民事诉讼法的规定参加诉讼，并享有诉讼权利和承担诉讼义务的组织、法人、公民或其他非法人团体。民事诉讼法律关系主体作为诉讼权利、义务的承担者，包括人民法院、当事人以及诉讼代理人、证人、鉴定人、翻译人员。

在民事诉讼理论中，同诉讼法律关系主体的概念相联系的，还有一个诉讼主体的概念。诉讼主体是指在民事诉讼中享有诉讼权利，承担诉讼义务，并能够通过自己的诉讼行为使诉讼程序发生、变更或者消灭的组织、法人、公民和其他非法人团体。从诉讼地位和作用着眼，诉讼主体主要是指诉讼中的当事人。由此可见，诉讼主体概念的外延比诉讼法律关系主体概念的外延更小。

（二）民事诉讼法律关系的内容

民事诉讼法律关系的内容是指主体之间由民事诉讼法确认并保证其实现的诉讼权利和诉讼义务。主体不同，其享有的诉讼权利和承担的诉讼义务也不同。

人民法院在民事诉讼中的权利和义务表现为审判上的职责。人民法院对诉讼活动进行组织和指挥，对案件作出裁判，一方面是国家赋予的权利，另一方面又是法院对国家应负的义务，这种权利和义务是统一的。

当事人（包括共同诉讼人和第三人及其法定代表人和代理人等）在诉讼中享有广泛的权利。从权利的内容来看，当事人之间的诉讼权利或者相同，或者相对应，由此形成了当事人之间的平等地位。从权利的基础和目的来看，当事人所享有的诉讼权利，以其享有的实体权利为基础，同时又是维护其实体权利的手段。在享有诉讼权利的同时，当事人应承担法定的诉讼义务，这是诉讼活动得以顺利进行的保障。当事人诉讼义务的内容，概括起来说，就是尊重其他诉讼参与人的权利，服从人民法院的指挥，并自觉地履行人民法院裁判所确定的义务。

证人、鉴定人、翻译人员参加诉讼，目的是协助人民法院查明事实，为人民法院提供认定事实的依据或者工作上的方便。基于此，法律也赋予他们一定的诉讼权利，并规定他们承担一定的诉讼义务。

（三）民事诉讼法律关系的客体

民事诉讼法律关系的客体，就是主体之间诉讼权利和义务所指向的对象。诉讼法律关系主体之间存在着各种各样的诉讼权利和义务，各个主体之间诉讼权利和义务所指向的对象即客体，也不完全相同。

人民法院和当事人在诉讼中享有各种权利并承担各种义务，进行诉讼行为的目的在于确定案件的事实真相，解决民事权益争议，这就是人民法院和当事人之间的诉讼客体。当事人有权要求人民法院查明事实真相，并对实体权利的请求是否合法、正确作出判定。当事人也有义务对自己所主张的事实和所提出的请求向人民法院作出证明。人民法院既有权利也有义务正确解决当事人的民事争议。

人民法院与证人、鉴定人、翻译人员之间诉讼法律关系的客体是案件事实。因为证人、鉴定人、翻译人员与争议的实体法律关系并无利害关系，他们在诉讼中的权利义务及其所体现出来的诉讼活动，都是围绕案件事实展开的。人民法院有权要求他们据实陈述或提供翻译，他们也有权排除干扰，根据人民法院的要求进行活动，帮助查明案情。

人民检察院在民事诉讼中的权利和义务主要是监督违法裁判。因此，人民法院与人民检察院之间诉讼法律关系的客体是裁判认定事实和适用法律的行为。

五、民事诉讼法律关系的发生、变更、消灭及法律事实

具体的民事诉讼法律关系有它发生、消灭的过程，在其存续过程中，也可以发生变更。民事诉讼法律关系的发生、变更、消灭，都是因某种法律事实引起的。诉讼上的法律事实包括法律行为和事件两类，前者指主体有意识的活动，后者指不以主体的意志为转移的客观事实。

引起民事诉讼法律关系发生、变更或者消灭的法律行为，通常称为诉讼行为。它是诉讼上的主要法律事实。诉讼行为既包括当事人的行为，如起诉、应诉、反诉、上诉、撤诉

等，也包括人民法院的行为，如受理、作出裁判等。当事人和人民法院的诉讼行为都具有一定的目的，但其目的的具体指向不同，正因为如此，当事人和人民法院的诉讼行为各有特点。

诉讼法律关系的发生、变更和消灭有时也会由事件引起，如诉讼期限届满、当事人死亡、法人消灭等。这些情况的发生，也对诉讼程序有较大影响。

司法实践案例：
民事案件应否强制当事人到庭?

【引例分析】

根据《民事诉讼法》第122条的规定，起诉必须符合下列条件：(1)原告是与本案有直接利害关系的公民、法人和其他组织；(2)有明确的被告；(3)有具体的诉讼请求和事实、理由；(4)属于人民法院受理民事诉讼的范围和受诉人民法院管辖。本案中，该百合果木销售中心与该市市委、市政府不是平等主体之间的民事法律关系，不属于人民法院受理民事诉讼的范围，因此，人民法院依法裁定不予受理。

【本章小结】

1. 民事诉讼是人民法院在当事人和其他诉讼参与人的参加下审理和解决民事案件的诉讼活动，以及在活动中产生的各种法律关系的总和，与社会生活中解决民事争议的其他方法（比如和解、调解、仲裁）相比较，具有自己的特点。

2. 民事诉讼法是国家制定的规范法院与民事诉讼参与人的诉讼活动、调整法院与诉讼参与人之间法律关系的法律规范的总和，其具有区别于其他部门法的属性、任务和效力。

3. 民事诉讼法律关系是由民事诉讼法调整从而形成的人民法院和当事人以及其他诉讼参与人之间，在诉讼中发生的诉讼权利和诉讼义务关系。它与其他法律关系有相同之处，亦有不同之处。民事诉讼法律关系有其自身的特点。

【课后练习题】

一、名词解释

民事诉讼　民事诉讼法　民事诉讼法律关系

二、思考题

1. 如何理解民事诉讼的概念?
2. 如何理解民事诉讼法的属性?
3. 民事诉讼法律关系的要素有哪些?

三、案例分析题

××县南宾镇因××县城扩大，将宏伟大队建制改为宏伟居委，原集体经济组织全体成员农转非，土地性质也通过办理土地征用手续由集体所有转为国家所有。但后来土地出让合同涉及的土地在当时经批准由宏伟居委继续使用。

数年后，南沱公司欲在该地进行房地产开发，遂与宏伟居委协商达成协议，宏伟居委将该地的土地使用权转让给南沱公司，南沱公司付补偿费32万元给宏伟居委。到××县国土局办理转让手续时，该局认为应先签订土地出让合同，补缴土地出让金后南沱公司才能用地。于是南沱公司与××县国土局签订了《国有土地使用权出让合同》，并补缴了土地出让金。南沱公司随即在该地建成商住综合楼。2012 年 8 月，宏伟居委因南沱公司迟迟未付清补偿费将南沱公司告到法院。经法院调解，南沱公司同意还款，双方达成了调解协议。达成调解协议后，南沱公司误认为给了宏伟居委补偿费，该地就应是集体土地，自己与××县国土局签订的《国有土地使用权出让合同》应当撤销，土地出让金应当退还，所以 2013 年 1 月就按照《合同法》第 54 条、《民事诉讼法》第 23 条的规定提起了民事诉讼。

××县人民法院受理了此案，将本案交由该院民事审判庭审理。审理过程中，××县国土局提出土地出让合同属行政合同，本案是行政案件，应由行政审判庭审理。

问：土地出让合同纠纷这一特殊的合同纠纷，究竟应作为民事案件还是行政案件处理?

分析要点提示：(1) 什么样的争议适用《民事诉讼法》的规定进行处理，需要根据争议的性质和法律的规定来确定。一般来说，民事法律关系的争议包括财产关系和人身关系的争议，可向人民法院提起民事诉讼，并适用《民事诉讼法》加以解决。其他性质的争议，如无法律的特别规定，不能适用《民事诉讼法》。(2) 一般认为，《国有土地使用权出让合同》是行政合同的一种，而行政合同是指行政机关为了实现行政管理目标，与相对人之间经过协商一致所达成的协议。行政合同与民事合同相比具有以下四大特征：一是行政合同当事人必有一方是行政主体；二是行政合同的目的在于履行行政职能；三是设立、变更、终止的是行政上的权利义务关系；四是行政机关对于合同的履行享有行政优益权。显然，《国有土地使用权出让合同》完全符合行政合同的概念和特征，是典型的行政合同，当然也是一种行政行为。既然是行政行为，就应根据《行政诉讼法》的规定，按照行政诉讼程序提起行政诉讼，由法院行政审判庭审查行政行为的合法性，而不是依据《民事诉讼法》提起民事诉讼。

第二章　民事诉讼法的基本原则和基本制度

【本章引例】

甲因为合同纠纷将乙诉诸法院，由审判员A、B和人民陪审员C组成了合议庭审理本案，A任审判长。在法院审理案件的过程中，甲得知审判员B是乙的弟弟，遂申请B回避。审判长A认为甲申请B回避的理由不成立，驳回了甲的回避申请。法院的做法是否正确？

【本章学习目标】

通过学习本章，你应该能够：

1. 了解民事诉讼法基本原则和基本制度的概念
2. 掌握民事诉讼法基本原则和基本制度的规范及内涵

第一节　民事诉讼法基本原则概述

一、民事诉讼法基本原则的概念

民事诉讼法的基本原则，是指在民事诉讼的整个过程中或者在重要的诉讼阶段起指导作用的准则。它体现民事诉讼法的精神实质，为人民法院的审判活动和诉讼参与人的诉讼活动指明了方向，概括性地提出了要求，因此对民事诉讼具有普遍的指导意义。我国民事诉讼法的基本原则是以我国宪法为根据，从我国社会主义初级阶段的实际情况出发，按照社会主义民主法制的要求，结合民事诉讼法的特点而确定的。

民事诉讼法的基本原则，是民事诉讼活动的本质和规律以及立法者所奉行的诉讼政策的集中体现，其基本属性有两条：内容的根本性和效力的贯彻始终性。

（1）民事诉讼法基本原则内容的根本性决定了其基本规则的地位。内容的根本性从基本原则与民事诉讼法的目的、与民事诉讼基本价值之间的关系上得以体现。

我国《民事诉讼法》的目的反映在第2条的规定上："中华人民共和国民事诉讼法的任务，是保护当事人行使诉讼权利，保证人民法院查明事实，分清是非，正确适用法律，及时审理民事案件，确认民事权利义务关系，制裁民事违法行为，保护当事人的合法权益，教育公民自觉遵守法律，维护社会秩序、经济秩序，保障社会主义建设事业顺利进行。"民事诉讼法的基本原则如辩论原则、处分原则等，不仅符合民事诉讼法之上述目的，而且最集中、最概括地体现了实现上述目的的手段要求。民事诉讼法规定的具体程序、制度、规范都是实现民事诉讼法目的的具体手段，这些手段要形成协调有序的整体，必须借助于一定的根本性的规范，这就是民事诉讼法的基本原则，它是其他具体规范（程序、制度）产生的依据。

民事诉讼的价值取向是多元的，但公正是最基本也是最重要的价值取向。民事诉讼法的基本原则不仅要求与公正的价值取向相吻合，而且总是从根本上反映立法者对公正的理解。换句话说，立法者基于其公正观而奉行一定的诉讼政策，基本原则就是立法者所制定的诉讼政策集中、概括的体现。举例来说，处分原则被一些国家作为民事诉讼法的一条基本原则，因为立法者认为民事诉讼作为解决私法关系争议的司法形式，应当尊重当事人对自己权利的支配，这样才是公正的。因此，允许当事人自由处分自己的民事权利和诉讼权利成为上述原则的内容。

（2）民事诉讼法基本原则的效力是贯彻始终的，就是说基本原则在民事诉讼法中生效的领域是完全的，对民事诉讼法的全部规范具有导向作用。通过基本原则的规制，其他的具体制度、条款的规定才能不偏离民事诉讼目的，不偏离诉讼公正的基本价值取向。需要说明的是，民事诉讼法基本原则的效力这种贯彻始终、一以贯之的属性并不表明民事诉讼法中的任何具体规定都是某一基本原则的具体化。民事诉讼作为解决民事争议的活动，是一个复杂的过程，规范这种活动过程的条文也呈现出复杂的表征，很难说所有的条款都与民事诉讼的基本原则相关。有的规定与基本原则的政策导向没有直接关系，此为其一。其二，基本原则的效力一以贯之的属性也不排除个别的例外情况，这是由实现民事诉讼目的、民事诉讼价值手段的复杂性决定的。当然，个别的例外情况决不应当与基本原则所倡导的政策性要求同日而语。当某一目的和价值可以通过并列的几种手段实现时，这些手段都不成为“基本原则”。因此，基本原则与个别例外情况的关系应当是前者作为主导、后者作为补充的关系。

二、民事诉讼法基本原则的分类

《民事诉讼法》第一章规定了一系列基本原则，法学界通常将这些原则分为两大类：第一类是根据宪法原则，参照人民法院组织法有关规定制定的基本原则。这类基本原则的特点是它不仅适用于民事诉讼，而且也适用于刑事诉讼和行政诉讼。正因为如此，这些原则就成为宪法、人民法院组织法、民事诉讼法、刑事诉讼法、行政诉讼法的共有原则，简称共有原则。这里不展开阐述。共有原则在民事诉讼法中之所以要作规定，是因为其内容对于民事诉讼来说在适用上有其特殊要求。第二类是根据民事诉讼的特殊要求制定的基本原则，反映了民事诉讼的特殊规律性，因此是民事诉讼法的特有原则，简称特有原则。

第二节　民事诉讼法的特有原则

一、当事人诉讼权利平等原则

我国《民事诉讼法》第8条规定，民事诉讼当事人有平等的诉讼权利。人民法院审理民事案件，应当保障和便利当事人行使诉讼权利，对当事人在适用法律上一律平等。法律规定的上述原则，可以概括为当事人诉讼权利平等原则，包括以下几方面的内容：

第一，双方当事人的诉讼地位完全平等。诉讼地位平等，也就是诉讼权利和义务平等。诉讼当事人在民事诉讼中，虽有原告、被告、第三人等不同的诉讼称谓，但他们在诉讼过程中的诉讼地位是平等的，不分优劣和高低。民事诉讼当事人双方，在民事诉讼中平等地享有诉讼权利，平等地承担诉讼义务。当事人的诉讼权利平等，在民事诉讼中表现为两方面：一方面，双方当事人享有相同的诉讼权利，如双方当事人都有委托代理、申请回避、提供证据、请求调解、进行辩论、提起上诉、申请执行等权利；另一方面，双方当事人享有对等的诉讼权利，如原告有提起诉讼的权利，被告有提出反驳和反诉的权利。诉讼权利和诉讼义务是互相对应的，双方当事人的诉讼权利平等，承担的诉讼义务也平等，如双方当事人都必须依法行使诉讼权利、履行诉讼义务、遵守诉讼秩序等。当然，由于当事人在诉讼中担负的具体角色不同，在某些情况下，他们所承担的诉讼义务也不尽相同，不履行诉讼义务的后果也有差异。因此，无论是从诉讼权利还是从诉讼义务来看，当事人双方平等并不意味着完全相同。

第二，双方当事人有平等地行使诉讼权利的机会，同时，人民法院平等地保障双方当事人行使诉讼权利。行使诉讼权利的具体形式有口头和书面两种。例如，为实现申请回避的权利，就要提出口头或书面的申请，说明理由；为行使辩论权，就要在法庭上提出口头的或书面的申请，说明理由，从而争取在法庭上有充分的发言机会等。人民法院在民事诉讼中处于主导地位，起组织、领导和决定性的作用。保障当事人平等地实现诉讼权利，是人民法院的职责。我国民事诉讼法已对原告和被告双方当事人的权利和义务作了平等的规定，没有这种规定，就谈不上当事人平等地行使诉讼权利，或者充其量只是对不平等的平等维护。在立法平等的前提下，人民法院为当事人创造平等地行使诉讼权利的机会，并且平等地要求当事人履行诉讼义务，不偏袒、不歧视任何一方，这样做具有重要的意义。

第三，对当事人在适用法律上一律平等。对一切诉讼当事人，不分民族、种族、性别、职业、宗教信仰、受教育程度、财产状况、居住期限，在适用法律上一律平等。任何公民，都应毫无例外地遵守法律，享受法律规定的权利，履行法律规定的义务。一切当事人的合法权利都应受到保护，一切当事人的违法行为都应受到制裁。只有这样，才能切实保护当事人的合法权益。

二、同等原则和对等原则

我国《民事诉讼法》第 5 条第 1 款规定："外国人、无国籍人、外国企业和组织在人民法院起诉、应诉，同中华人民共和国公民、法人和其他组织有同等的诉讼权利义务。"这一规定表明，我国法律对在人民法院进行民事诉讼的外国人、无国籍人、外国企业和组织，赋予同我国公民、法人和其他组织同等的诉讼权利义务，这就是同等原则。也就是说，我国民事诉讼法给予在人民法院起诉、应诉的外国人、无国籍人、外国企业和组织与我国公民、法人和其他组织同样的待遇。这种对外国人、无国籍人、外国企业和组织既不优待也不歧视，既不限制他们的诉讼权利也不增加他们的诉讼义务的态度，符合当代民事诉讼立法的总趋势，有利于发展同世界各国人民之间的友好关系。

我国《民事诉讼法》第 5 条第 2 款规定："外国法院对中华人民共和国公民、法人和其他组织的民事诉讼权利加以限制的，中华人民共和国人民法院对该国公民、企业和组织的民事诉讼权利，实行对等原则。"所谓对等原则，即外国法院对我国公民、法人和其他组织的民事诉讼权利加以限制的，我国人民法院对该国公民、企业和组织的民事诉讼权利也采取相应措施，加以限制。实行对等原则，是维护国家主权的需要，也是保护我国公民、法人和其他组织合法权益的需要。

在国际交往中，处理主权国家相互之间的关系，应当以平等互惠为基础。表现在司法上，一国法院要求他国法院对自己国家的公民、企业和组织提供诉讼上的方便，应当以自己国家的法院对他国公民、企业和组织的民事诉讼权利不加限制为前提。否则，你怎么限制人家，人家也怎么限制你，此所谓对等。我国一贯奉行互相尊重主权和领土完整、互不干涉内政、互不侵犯、平等互利、和平共处五项基本原则，并在此基础上发展同世界各国的友好关系。在审理涉外民事案件时，我国决不首先对外国公民、企业和组织的诉讼权利加以限制，而是依法确保外国当事人的诉讼权利。但是，如果外国法院对我国公民、法人和其他组织在该国的民事诉讼权利加以限制，那么，我国也将对该国公民、企业和组织的民事诉讼权利采取相应的限制措施。这样以限制对抗限制，在司法上实现了国家之间的平等。

三、法院调解自愿和合法原则

法院调解是我国民事审判工作的优良传统和成功经验，民事诉讼法把法院调解用法律条文固定下来，并将自愿、合法进行调解确定为一项基本原则。民事诉讼法作此规定，符合我国国情。

我国《民事诉讼法》第 9 条规定："人民法院审理民事案件，应当根据自愿和合法的原则进行调解；调解不成的，应当及时判决。"根据这一规定，人民法院审理民事案件时，要多做说服教育和疏导工作，促使双方达成协议，解决纠纷。

自愿、合法进行调解作为民事诉讼法的基本原则，其含义有二：

第一，人民法院受理民事案件后，应当重视调解解决。调解解决的核心是要求审判人员在办案过程中，对当事人多做思想教育工作，用国家的法律、政策启发当事人，促使双方当事人互相谅解，达成协议，彻底解决纠纷。重视调解解决，就是指民事案件中，凡能用调解的方式结案的，就不采用判决的方式结案，即使不能调解结案，需要判决结案的，也要做思想教育工作。

第二，法院调解要在自愿和合法的基础上进行，不能因为强调调解而违背自愿和合法的精神，调解不成的，应当及时判决。

坚持自愿、合法的调解原则，必须反对两种倾向：一是忽视调解的意义，把调解工作看作是可有可无的；二是滥用调解，久调不决。第二种倾向在审判实践中常常发生，必须坚决克服。调解是人民法院审结民事案件、经济纠纷案件的重要形式，但不是唯一的形式，调解无效的，应当及时判决。另外，调解一般不是诉讼的必经程序，对于那些不能调解或不具备调解条件的案件，应当判决结案。

四、辩论原则

根据我国《民事诉讼法》第 12 条的规定，民事诉讼当事人有权对争议的问题进行辩论。辩论原则是指在人民法院主持下，当事人有权就案件事实和争议问题，各自陈述自己的主张和根据，互相进行反驳和答辩，以维护自己的合法权益。

辩论既是当事人的诉讼权利，又是人民法院审理民事案件、经济纠纷案件的准则。当事人双方就有争议的问题相互进行辩驳，通过辩论揭示案件的真实情况。只有通过辩论核实的事实才能作为人民法院判决的根据。

对于辩论原则，必须掌握以下几点：

第一，辩论权的行使贯穿于诉讼的整个过程。通常的理解中，辩论只指法庭辩论，实际上这种理解并非全面。固然，法庭辩论是当事人行使辩论权的重要体现，法庭辩论最集中地反映了辩论原则的主要精神，但是，辩论绝不限于法庭辩论，它贯穿于从当事人起诉到诉讼终结的整个过程中。原告起诉后，被告即可答辩，起诉与答辩就构成了一种辩论。在诉讼的各个阶段和整个过程中，当事人双方均可通过法定的形式开展辩论。因此，在理论上有人主张，把法庭辩论称为狭义辩论，而把一般的辩论称为广义辩论。能够全面地体现辩论原则的只能是后者。

第二，辩论的内容既可以是程序方面的问题，也可以是实体方面的问题。对于程序方面的问题，如当事人是否合格、当事人的某项诉讼行为是否符合法定要求，以及代理人是否有代理权等，当事人双方均可依据自己的意志提出否定的或者肯定的意见，而对方亦可作出针锋相对的辩驳。实体方面的问题通常是辩论的焦点。

一般来说，对实体问题的辩论往往是法庭认定事实的重要依据，因为借助辩论过程，审判人员可以了解双方的观点及各自的论据，进而作出相应的评判。

第三，辩论的表现形式及方式是多种多样的。辩论既可以通过口头形式进行，也可以运用书面形式。口头形式便于当事人随时阐明自己的主张，随时对他方观点作辩驳，因此口头形式的运用较为普遍。但是，口头形式往往容易失言，表达不当或者表达时不够冷静会被对方抓住把柄。同时，口头形式只能在特定场合向特定对象进行，有一定的局限性。书面形式虽然不够灵便，同时又受当事人文化水平的限制，但能够弥补口头形式的某些缺陷。

民事诉讼中的辩论原则与刑事诉讼中的辩护原则有一定的区别。辩护原则建立在公诉权与辩护权分立的基础之上，检察机关代表国家，以公诉人的身份对刑事被告人行使追诉权，被告人处于被控诉和受审判的地位，只能就自己是否犯罪和罪行轻重进行辩护。辩论原则建立在原告和被告诉讼地位平等而又彼此对立的基础之上，双方可以相互反驳、争辩，被告还有权对原告进行反诉。

民事诉讼中的辩论原则与民事诉讼学理上的辩论主义不同。民事诉讼学理上的辩论主义（有时也译为辩论原则）其意在于限制法官的审判行为，即法官的裁判应限于当事人诉请、答辩和辩论的范围，不得逾越。

五、诚实信用原则

《民事诉讼法》第 13 条第 1 款规定的诚信原则，是指人民法院、当事人及其他诉讼参与人在审理民事案件和进行民事诉讼中必须公正、诚实、善意。

（一）对当事人及其他诉讼参与人的要求

在我国《民事诉讼法》中，对当事人及其他诉讼参与人诚实信用原则的要求表现为以下几点：

1. 关于恶意诉讼的遏止及惩戒规定

《民事诉讼法》第 115 条第 1 款规定：“当事人之间恶意串通，企图通过诉讼、调解等方式侵害国家利益、社会公共利益或者他人合法权益的，人民法院应当驳回其请求，并根据情节轻重予以罚款、拘留；构成犯罪的，依法追究刑事责任。”该条第2款规定：“当事人单方捏造民事案件基本事实，向人民法院提起诉讼，企图侵害国家利益、社会公共利益或者他人合法权益的，适用前款规定。”

2. 关于恶意逃债的惩戒规定

《民事诉讼法》第116条规定：“被执行人与他人恶意串通，通过诉讼、仲裁、调解等方式逃避履行法律文书确定的义务的，人民法院应当根据情节轻重予以罚款、拘留；构成犯罪的，依法追究刑事责任。”

3. 关于当事人与证人的真实陈述义务

司法实践中，当事人恶意提供虚假证言的情况屡见不鲜，给人民法院的审理工作造成了很大的障碍，为了解决此类问题，最高人民法院《关于适用〈中华人民共和国民事诉讼法〉的解释》（以下简称《适用民诉法解释》）第110条规定：“人民法院认为有必要的，可以要求当事人本人到庭，就案件有关事实接受询问。在询问当事人之前，可以要求其签署保证书。保证书应当载明据实陈述、如有虚假陈述愿意接受处罚等内容。当事人应当在保证书上签名或者捺印。负有举证证明责任的当事人拒绝到庭、拒绝接受询问或者拒绝签署保证书，待证事实又欠缺其他证据证明的，人民法院对其主张的事实不予认定。”

与对当事人的真实陈述义务的规定类似，《适用民诉法解释》第119条规定：“人民法院在证人出庭作证前应当告知其如实作证的义务以及作伪证的法律后果，并责令其签署保证书，但无民事行为能力人和限制民事行为能力人除外。”该解释第120条同时规定：“证人拒绝签署保证书的，不得作证，并自行承担相关费用。”

4. 关于诉讼中逾期提供证据的规定

根据《民事诉讼法》第68条的规定，当事人逾期提供证据的，人民法院应当责令其说明理由；拒不说明理由或者理由不成立的，人民法院根据不同情形可以不予采纳该证据，或者采纳该证据但予以训诫、罚款。

（二）对法官的要求

在我国《民事诉讼法》中，对法官诚实信用原则的要求表现为以下几点：

1. 禁止法官在事实认定上实施突袭

民事诉讼采取辩论原则（主义），法官只允许将裁判建立在当事人提供的事实基础之上，即当事人在辩论中所未主张之事实，法官不得作为裁判之基础。换言之，事实必须由当事人主张。当法官基于证据资料可以认定违反诚实信用原则的主要事实时，即便当事人未对上述主要事实提出主张，法官也应当进行阐明，当事人依法官的阐明而主张该事实，并与对方当事人展开辩论。法官阐明后，当事人仍不主张时，法官可以该事实作为裁判依据。

2. 禁止法官在法律适用上实施突袭

根据诚实信用原则的要求，法官应当在诉讼中及时向当事人阐明欲适用的法律及对法律的理解，以便于当事人就此问题进行辩论，以避免法官在诉讼中造成法律适用突袭的现象。我国民事诉讼法虽然没有保障当事人对法律问题听审的规定，但最高人民法院《关于民事诉讼证据的若干规定》（以下简称《证据规定》）第53条关于因为当事人主张的法律关系的性质有错误时人民法院应当将法律关系性质或者民事行为效力作为焦点问题进行审理的规定，就间接反射出对于法官法律释明义务的规定。

六、处分原则

《民事诉讼法》第 13 条第 2 款规定的处分原则，是指民事诉讼当事人有权在法律规定的范围内，处分自己的民事权利和诉讼权利。处分即自由支配，可以行使权利，也可以放弃权利。

在民事诉讼中，当事人处分的权利对象是多种多样的，可归为两大类：一是基于实体法律关系而产生的民事实体权利；二是基于民事诉讼法律关系而产生的诉讼权利。

对实体权利的处分主要表现在三个方面：第一，诉讼主体在起诉时可以自由地确定请求司法保护的范围和选择保护的方法。在民事权利发生争议或受到侵犯后，权利主体有权决定自己请求司法保护的范围。不仅如此，权利主体还可在一定程度上自行选择所受保护的方法。例如，在侵害财产所有权的纠纷中，被损害者有权就全部损害提出赔偿要求，也有权以部分损害的赔偿作为诉讼标的。同时，被损害人既有权请求返还原物，也有权要求侵权人作价赔偿。第二，诉讼开始后，原告可以变更诉讼请求，即将诉讼请求部分或全部撤回，代之以另一诉讼请求，也可以扩大（追加）或缩小（部分放弃）原来的请求范围。第三，在诉讼中，原告可以全部放弃其诉讼请求，被告可以部分或全部承认原告的诉讼请求；当事人双方可以达成或拒绝达成调解协议；在判决未执行完毕之前，双方当事人随时可就实体问题自行和解。

诉讼权利是当事人处分的另一重要对象，诉讼权利虽然属于程序意义上的权利，但往往与实体权利有关，当事人对实体权利的处分，一般是通过对诉讼权利的处分而实现的。对诉讼权利的处分主要体现在以下几个方面：第一，纠纷发生后，当事人可依自己的意愿决定是否行使起诉权。目前，立法上在起诉方面仍然采取当事人“不告不理”的做法。因此，当事人在其实体权利受到侵犯或就某一实体权利与他人发生争议时，是否诉诸法院，由当事人自行决定。只有在当事人起诉的情况下，诉讼程序才能开始，法院不强令当事人起诉，更不能在当事人不起诉的情况下主动进行审理。第二，在诉讼过程中，原告可以申请撤回起诉，从而要求人民法院终结已经进行的诉讼，也就是放弃请求法院审判、保护的诉讼权利；被告也有权决定是否提出反诉来主张自己的实体权利，借以对抗原告的诉讼请求。当事人双方都有权请求法院进行调解，请求以调解方式解决纠纷。当事人还可以依其意愿决定是否行使提供证据的权利。当事人双方都有权进行辩论，承认或否认对方提出的事实。第三，在一审判决作出后，当事人可以对未生效的判决提起上诉或不提起上诉；认为已生效的判决或调解书确有错误时，当事人有权提出申诉请求再审，是否再审由法院决定；对生效判决或者其他具有执行力的法律文书享有权利的当事人，有权决定是否申请强制执行。第四，在执行过程中，申请执行人可以撤回其申请，这种撤回申请的处分行为不影响其实体权利的继续存在。

需要注意的是，在我国民事诉讼中，当事人的处分权不是绝对的。我国法律在赋予当事人处分权的同时，也要求当事人不得违反法律规定，不得损害国家的、社会的、集体的和公民个人的利益，否则，人民法院将代表国家实行干预，即通过司法审判确认当事人某种不当的处分行为无效。我国民事诉讼中的国家干预原则具体体现为人民法院的监督，这是处分原则的另一个方面的重要内容。

七、检察监督原则

《民事诉讼法》第 14 条规定："人民检察院有权对民事诉讼实行法律监督。"民事诉讼包括民事审判和民事执行。为了进一步明确人民检察院执行监督的法律地位，《民事诉讼法》第 246 条规定："人民检察院有权对民事执行活动实行法律监督。"为了保证检察监督原则的具体施行，我国《民事诉讼法》第 219 条至第 224 条对检察监督的主体、范围和方式等作出了明确的规定。

检察监督的范围包括民事诉讼活动和民事执行活动。1991 年《民事诉讼法》对民事检察监督原则、民事抗诉作了规定。2007 年修改的《民事诉讼法》对人民检察院的抗诉进行了补充和完善，实践证明效果良好。2012 年修改的《民事诉讼法》为了解决司法实践中对生效裁决重复申请、多头审查的弊端，首先，对当事人申请检察机关抗诉的条件、检察机关对抗诉申请的审查期限、限制当事人反复申请等问题作出了明确具体的规定，理顺了检察监督与当事人申请再审的关系，完善了民事检察抗诉制度。其次，针对近年来的司法实际情况，考虑仅通过抗诉的方式对发生法律效力的判决、裁定进行监督，不能完全适应法律监督的需要，需要进一步加强和完善检察机关对民事诉讼活动的法律监督。因此，修改后的《民事诉讼法》扩大了检察监督的范围，主要体现在以下几个方面：一是明确规定人民检察院对执行活动的法律监督；二是增加规定对调解书进行法律监督；三是增加规定各级人民检察院对审判监督程序以外的其他审判程序的法律监督。

检察监督的方式包括提出检察建议和提出抗诉。检察建议与抗诉两种监督方式的区别主要体现在以下两个方面：一是抗诉可以引起再审，而检察建议不能立刻引发对生效判决、裁定、调解书的再审，但可以加强人民法院和人民检察院在审判监督方面的合作配合，能够促使人民法院发现错误、纠正错误。二是抗诉需要向上级人民检察院提出，而检察建议是人民检察院向同级人民法院发出的监督建议，需同时向上级人民检察院备案。当然，人民检察院也可以不经提出检察建议而直接提请上级检察院向同级人民法院提出抗诉。这样规定有利于上下级检察机关之间更及时地沟通情况，从而更慎重地决定是否抗诉，便于人民检察院根据不同情形实施法律监督，也利于及时纠正错误。为了保证检察监督权的施行，法律还赋予了人民检察院调查核实权。我国《民事诉讼法》第 221 条规定："人民检察院因履行法律监督职责提出检察建议或者抗诉的需要，可以向当事人或者案外人调查核实有关情况。"

综上所述，对民事诉讼活动实行法律监督，是宪法赋予检察机关的一项重要职能。人民检察院对民事诉讼活动实行法律监督，不仅有利于维护社会主义法制，保障人民法院依法行使审判权、正确审理民事案件，而且有利于保护当事人的合法权益。

第三节　民事诉讼法的基本制度

民事审判制度是一个外延十分广泛的概念，通常所讲的民事审判制度包括管辖制度、当事人制度、证据制度、审判程序制度、执行制度等，是民事诉讼法以及其他有关法律对民事审判工作的各个方面所作规定的总和。民事诉讼法的任务正是通过这些具体制度的实行得以完成的，各项具体制度的总和构成了完整的民事诉讼法。

民事审判制度调整的范围不同。有的审判制度宏观地调整民事审判工作的某个方面，这类制度有合议制度、回避制度、公开审判制度、两审终审制度等；有的审判制度微观地调整民事诉讼的某个侧面，可以视为在宏观制度指导下的微观制度，如诉讼费用制度、反诉制度、举证制度、再审制度、上诉制度、协助执行制度等。民事审判制度无论其调整范围大小，都具有重要的、不可缺少的作用。当然，由于它们调整的对象和范围不同，在功能和具体任务方面也有所不同，但这种差别不应成为我们对某些制度疏忽的原因。

合议制度、回避制度、公开审判制度、两审终审制度在民事诉讼中具有关键性的作用，是法定的基本制度，下面分别加以阐述。

一、合议制度

合议制是人民法院组成合议庭审理民事案件的制度。合议制是民主集中制原则在人民法院审判活动中的具体运用，它体现了我国法制的民主原则和我国审判制度中集体负责的精神。实行合议制，由审判人员集体组成法庭审理案件，能够充分发挥集体的智慧和力量，弥补个人知识上的缺陷和认识上的不足，保证正确处理案件，提高办案质量。

合议制与独任制是两种不同的审判组织形式。合议制是由审判员或审判员与人民陪审员组成的审判集体对民事案件进行审理并作出裁判。独任制是由一名审判员代表人民法院对民事案件进行审理并作出判决。根据我国《民事诉讼法》的规定，独任制主要适用于第一审人民法院审理简单的民事案件。具体来说，基层人民法院和它派出的法庭按简易程序和特别程序审理简单的民事案件，适用独任制。但中级人民法院对第一审适用简易程序审结或者不服裁定提起上诉的第二审民事案件，事实清楚、权利义务关系明确的，经双方当事人同意，可以由审判员一人独任审理。《民事诉讼法》第 42 条还规定了不得由审判员一人独任审理的案件类型，故这些案件仅能适用合议制。按照独任制组成的法庭，称为独任庭；按照合议制组成的法庭，称为合议庭。《民事诉讼法》第 43 条对独任制转为合议制的情形予以规定，即“人民法院在审理过程中，发现案件不宜由审判员一人独任审理的，应当裁定转由合议庭审理。当事人认为案件由审判员一人独任审理违反法律规定的，可以向人民法院提出异议。人民法院对当事人提出的异议应当审查，异议成立的，裁定转由合议庭审理；异议不成立的，裁定驳回”。

（一）第一审合议庭

《民事诉讼法》第 40 条第 1 款规定：“人民法院审理第一审民事案件，由审判员、人民陪审员共同组成合议庭或者由审判员组成合议庭。合议庭的成员人数，必须是单数。”第 2 款又规定：“适用简易程序审理的民事案件，由审判员一人独任审理。基层人民法院审理的基本事实清楚、权利义务关系明确的第一审民事案件，可以由审判员一人适用普通程序独任审理。”这就是说，人民法院审判第一审民事案件，除简单民事案件和基本事实清楚、权利义务关系明确的普通程序的案件可以适用独任制以外，其余民事案件的审判适用合议制。合议制的法庭有两种组成形式：一种是由审判员和人民陪审员共同组成合议庭。人民陪审员在人民法院参加审判期间，是审判具体民事案件的合议庭的组成人员，在合议庭内与审判员享有同等的权利。另一种是由审判员组成合议庭。由此可以看出，人民法院审理第一审民事案件的合议庭的组成具有以下特点：第一，可以吸收人民陪审员参加，也可以不吸收人民陪审员参加。是否邀请人民陪审员参加合议庭，人民法院可以根据民事案件的具体情况和审判实践的需要灵活掌握。例如，对某些专业性、技术性比较强的案件，可邀请具有有关专业知识的人民陪审员参加审判。第二，民事诉讼法对人民法院审判第一审民事案件吸收人民陪审员参加合议庭的人数比例，没有作限制性的规定。合议庭可以由两名人民陪审员与一名审判员组成，也可以由一名人民陪审员与两名审判员组成。

（二）第二审合议庭

《民事诉讼法》第 41 条第 1 款规定："人民法院审理第二审民事案件，由审判员组成合议庭。合议庭的成员人数，必须是单数。"第二审合议庭与第一审合议庭相比较，共同之处是二者人数都必须是单数；主要区别在于第一审合议庭可以吸收人民陪审员参加审理，与审判员共同组成合议庭，而第二审合议庭不吸收人民陪审员参加。

（三）再审合议庭

《民事诉讼法》第 41 条第 4 款规定："审理再审案件，原来是第一审的，按照第一审程序另行组成合议庭；原来是第二审的或者是上级人民法院提审的，按照第二审程序另行组成合议庭。"这就是说，再审合议庭如何组成，取决于原审程序。需要特别注意的是，按第一审程序再审案件，不能适用独任制，必须组成合议庭进行审理。

合议庭是一个审判集体，必须由一名审判员担任审判长。审判长由院长或者庭长指定一名审判员担任，院长或者庭长参加合议庭时，由院长或者庭长担任。审判长的职责是主持合议庭的审判工作，指挥法庭的审判活动。书记员宣布法庭纪律以后，审判长宣布开庭，即开始组织、指挥法庭的整个审判活动，如上一个审判程序完成适时地宣布转入下一阶段的审判程序，又如当事人和其他诉讼参加人在法庭上需要向证人、鉴定人发问，陈述意见或进行辩论，均需要经过审判长允许。

合议庭对案件的评议，实行少数服从多数的原则。评议应当制作笔录，由合议庭成员签名。评议中的不同意见，必须如实记入笔录。

二、回避制度

回避制度是为了保证案件公正审理而设立的一项审判制度。其内容是：人民法院审判某一民事案件，执行审判任务的审判人员或其他有关人员与案件具有一定利害关系，遇有法律规定的情形之一，应当主动退出本案的审理，当事人及其代理人也有权请求更换审判人员。

适用回避的人员是在审判活动中具有一定审判职能或代行某种职能的人。现行法律规定适用回避的对象有：参与本案审理的人民法院院长、副院长、审判委员会委员、庭长、副庭长、审判员、人民陪审员、法官助理、书记员、司法技术人员、翻译人员、鉴定人和勘验人。

上述人员的回避可以由本人主动申请，在具备下列法定情形时，所涉人员应当主动申请回避：(1) 是本案当事人或者当事人近亲属的；(2) 本人或者其近亲属与本案有利害关系的；(3) 担任过本案的证人、鉴定人、辩护人、诉讼代理人、翻译人员的；(4) 是本案诉讼代理人近亲属的；(5) 本人或者其近亲属持有本案非上市公司当事人的股份或者股权的；(6) 与本案当事人或者诉讼代理人有其他利害关系，可能影响公正审理的。

同时，《适用民诉法解释》第 44 条规定，审判人员有下列情形之一的，当事人有权申请其回避：(1) 接受本案当事人及其受托人宴请，或者参加由其支付费用的活动的；(2) 索取、接受本案当事人及其受托人财物或者其他利益的；(3) 违反规定会见本案当事人、诉讼代理人的；(4) 为本案当事人推荐、介绍诉讼代理人，或者为律师、其他人员介绍代理本案的；（5）向本案当事人及其受托人借用款物的；（6）有其他不正当行为，可能影响公正审理的。

审判人员有应当回避的情形，没有自行回避，当事人也没有申请其回避的，由院长或者审判委员会决定其回避。

在一个审判程序中参与过本案审判工作的审判人员，不得再参与该案其他程序的审判。但是，发回重审的案件，在一审法院作出裁判后又进入第二审程序的，原第二审程序中合议庭组成人员不受上述规定的限制。

我国民事诉讼法规定了回避的方式和程序。回避的方式是当事人申请和有关人员自行回避。回避的程序是：回避必须在案件开始审理时，或在法庭辩论终结前提出，并须说明理由。回避必须有严格的批准手续：院长担任审判长或者独任审判员时的回避，由审判委员会决定；审判人员的回避，由院长决定；其他人员的回避，由审判长或者独任审判员决定。是否同意回避，应作出口头的或书面的决定。当事人对不回避的决定不服，可以申请复议，复议期间不停止本案的审理。从当事人提出申请到人民法院作出决定期间，除案件需要采取紧急措施的外，被申请回避的人员应暂时停止执行有关本案的职务。

三、公开审判制度

根据《民事诉讼法》第 10 条的规定，人民法院审理民事案件实行公开审判制度。公开审判制度要求人民法院审判民事案件，除法律规定的情况外，审判过程和审判结果应当向群众公开、向社会公开，不公开审判的案件也应当公开宣判。所谓向群众公开，是指民事案件的审判过程，包括审理过程和宣告判决的结果，都允许群众旁听；法院应当在开庭审理前将审理案件的日期予以公告，以便群众旁听。所谓向社会公开，是指允许新闻记者对庭审过程和审理过程作公开报道，将案件向社会披露。

公开审判制度反映了司法文明，其积极意义是多方面的：

第一，便于接受群众监督，能够提高办案质量。把审判活动置于群众的监督之下，促使审判人员加强依法办案的观念，增强秉公执法的责任感，切实贯彻民事诉讼法的各项程序、制度，从而提高审判质量，正确解决民事纠纷。

第二，有利于当事人行使诉讼权利，更好地保护自己的实体权益。公开进行审判，能够促使人民法院保障当事人平等地行使诉讼权利，有效地防止限制当事人诉讼权利现象的发生。

第三，实行公开审判，有助于案件的审理和纠纷的解决。公开审判，有群众旁听并通过报道形成公正的社会舆论，不仅可以促使审判人员依法办案，而且对当事人和证人等也有一定的约束力，促使其如实陈述事实和提供证言，从而为法院查明案情、明确是非、正确而彻底地解决纠纷提供了可靠的保证。

第四，实行公开审判，有利于进行法制宣传教育。公开审判可以结合具体案件，讲解具体法律，使旁听的群众受到生动的法制教育，从而提高他们的法治观念，增强他们守法的自觉性，预防纠纷，减少诉讼。

根据民事诉讼法的规定，公开审判也有例外的情况。在特殊情况下，如果实行公开审判，可能造成消极的社会影响，甚至可能给国家造成难以弥补的损失，那么就不宜公开。不宜公开审判的案件有以下几种：一是涉及国家秘密的案件。国家秘密是一个广义的概念，包括党的秘密、政府的秘密和军队的秘密，以及各种技术和业务秘密。二是涉及个人隐私的案件，主要是个人生活方面不宜公开张扬的案件。三是离婚案件和涉及商业秘密的案件，当事人申请不公开审理的。这类案件常常涉及当事人更深层次的隐私，或者涉及当事人的商业利益，人民法院可以根据当事人的申请，决定不公开审理。

对于不公开审理的案件，宣判应当公开进行。

2012 年修改《民事诉讼法》后，对公开审判提出了更高层次的要求，公众可以查阅发生法律效力的判决书、裁定书，但涉及国家秘密、商业秘密和个人隐私的内容除外。

四、两审终审制度

根据《民事诉讼法》第 10 条的规定，人民法院审理民事案件，依照法律规定实行两审终审制度。所谓两审终审制，是指某民事案件经过两级人民法院审判后就告终结的制度。当事人不服一审人民法院对民事案件所作的判决、裁定，可上诉至二审人民法院，二审（即上诉审）所作的判决、裁定即为终审判决、裁定，当事人不得就此再进一步提起上诉。最高人民法院作为一审法院所作出的判决和裁定是终审判决、裁定，当事人不得对此提出上诉。此外，人民法院依照特殊程序所审理的案件，也是一审终结。总体来说，在民事审判中，两审终审是基本制度，一审终结是例外性的规定。

审级制度的确定与一个国家和社会的多种因素有关，如发案的多少、审判人员的素质、审判作风的好坏以及司法体制的制约等，这些因素都是确定审级制度时必须认真考虑的。因此，不能简单地认为审级越多越好，也不能认为审级越少越好，关键要看这样的审级制度能否保证审判质量，即能否防止和纠正错误裁判。由于上述诸因素的作用，我国历史上曾经采取过有别于现行规定的审级制度。新民主主义革命时期的根据地，曾实行过三审终审制，县为一审，地区为二审，边区高等法院则为终审。新中国成立初期，有关法规也曾允许某些案件的当事人若不服二审判决可上诉至最高人民法院。《人民法院组织法》总结审级制的历史经验，正式确定了两审终审制。

现行两审终审制符合中国国情，便于人民群众进行诉讼，也便于人民法院在其辖区内行使审判权。我国地域辽阔，交通比较不便，如果审级太多，人民群众往返不易，浪费人力物力，不利于生产和工作，而且使一些滥用诉权的人有隙可钻，缠讼不休，拖累对方。审级较少，绝大多数民事案件都在地方各级人民法院解决，群众就近打官司，有利于正常的工作和生产，而且也便于人民法院调查，有助于提高办案效率。当然，如果审级太少，以致无法保证错案得以纠正也不行。根据我国的实际情况，确立两审终审制是合适的。两审终审制完全可以保证审判质量，理由如下：其一，我国民事诉讼中的上诉审既是事实审，又是法律审，能够充分发挥上诉审的作用。其二，我国审判监督制度可以弥补审级相对较少的不足。对于人民法院已经发生法律效力的裁判，如果确有错误，还可以通过审判监督程序予以纠正。

司法实践案例：

当事人不真实陈述有无制裁措施？

【引例分析】

根据我国民事诉讼法的规定，人民法院审理民事案件，执行审判任务的审判人员或其他有关人员与案件具有一定利害关系，遇有法律规定的情形时，应当主动退出本案的审理，当事人及其代理人也有权请求更换审判人员。引例中，法院的做法存在两个错误。首先，《民事诉讼法》第47条规定：“审判人员有下列情形之一的，应当自行回避，当事人有权用口头或者书面方式申请他们回避：（一）是本案当事人或者当事人、诉讼代理人近亲属的；……”本案中，审判员B是被告乙的弟弟，因此甲有权以该理由申请B回避。其次，《民事诉讼法》第49条规定：“院长担任审判长或者独任审判员时的回避，由审判委员会决定；审判人员的回避，由院长决定；其他人员的回避，由审判长或者独任审判员决定。”本案中，审判员B的回避应当由法院院长决定，审判长A决定B的回避的做法是不符合法律规定的。

【本章小结】

1. 民事诉讼法的基本原则，是指在民事诉讼的整个过程中或者在重要的诉讼阶段起指导作用的准则。它体现民事诉讼法的精神实质，对民事诉讼具有普遍的指导意义。

2. 民事诉讼法有自己的特有原则，包括当事人诉讼权利平等原则、同等原则和对等原则、法院调解自愿和合法原则、辩论原则、诚实信用原则、处分原则、检察监督原则等。

3. 合议制度、回避制度、公开审判制度、两审终审制度在民事诉讼中具有关键性的作用，构成了民事诉讼中法定的基本制度

【课后练习题】

一、名词解释

民事诉讼法的基本原则　当事人诉讼权利平等原则　同等原则和对等原则　法院调解自愿和合法原则　辩论原则　处分原则　检察监督原则　两审终审制度　合议制度　公开审判制度　回避制度

二、思考题

1. 如何理解民事诉讼法基本原则的重要性？
2. 当事人诉讼权利平等原则的内容是什么？
3. 辩论原则的内容是什么？
4. 合议制度的作用是什么？在不同的审级中合议庭是如何组成的？

三、案例分析题

1. 甲公司向人民法院起诉乙及丙公司。起诉状中称，被告乙原是其营销部经理，被丙公司高薪挖去，在丙公司负责市场营销工作。乙利用其在甲公司所掌握的商业秘密，将甲公司的销售与进货渠道几乎全部提供给了丙公司，甲公司因此损失严重，要求乙和丙公司承担连带赔偿责任，同时申请不公开审理，以避免商业秘密泄露。

问：人民法院能否同意原告不公开审理的要求？

分析要点提示：公开审判是审判民事案件的基本制度，人民法院审理民事案件一般应公开审判，应当择期公布当事人姓名、案由和开庭的时间、地点，以便群众旁听、媒体报道。但是，涉及国家秘密或隐私的案件不能公开审理。此外，法律还规定，离婚案件或涉

及商业秘密的案件，当事人申请不公开审理的，可以不公开审理。本案中，甲公司的销售及进货渠道与甲公司的经营有重大关系，一旦公开，很可能使其损失进一步扩大。因此甲公司认为案件涉及商业秘密，申请不公开审理是合情合理的，也是符合民事诉讼法的规定和最高人民法院的司法解释的，受诉人民法院应当同意原告不公开审理的要求。

2. 张某诉韩某合伙纠纷一案，原告方请求人民法院判决解除其与被告方合伙经营饭馆的合同关系。此案经某县人民法院审理，判决解除原、被告之间的合伙关系。被告方不服，向某市中级人民法院提起上诉。二审人民法院指定审判员沈某处理此案。沈某经过调查审理，判决维持原判。

问：人民法院对此案的处理在程序上是否正确？

分析要点提示：（1）根据《民事诉讼法》第 41 条的规定，人民法院审理第二审民事案件，由审判员组成合议庭。合议庭是我国人民法院最主要的审判组织形式，除适用简易程序审理的第一审民事案件和少数适用普通程序审理的民事案件由审判员一人独任审理外，适用其他程序审理的民事案件都必须组成合议庭，合议庭成员的人数必须是单数，而且除第一审程序中的合议庭可由审判员与人民陪审员组成外，按其他程序审理的合议庭必须由审判员组成。本案中，二审人民法院指定审判员沈某一人审理此案，在程序上显然是不正确的。（2）合议制与独任制作为两种不同的审判组织形式，是根据案件的不同情况，适应不同需要而确立的。独任制适于审理简单的一审案件，合议制是审理一般案件的组织制度，我国民事诉讼中的组织形式以采用合议制为原则。

第三章　主管与管辖

◆【本章引例】

赵某与钱某系夫妻，双方长期居住于甲市A区（同时也是两人的户籍所在地）。后双方失和，赵某于2021年4月离开甲市，前往乙市B区工作并定居。随后，钱某亦于2021年5月离开甲市，前往丙市C区工作并定居。2023年10月，钱某起诉离婚。何地法院有管辖权？

◆【本章学习目标】

通过学习本章，你应该能够：

1. 掌握级别管辖和地域管辖的概念、确定标准、种类
2. 明确专属管辖和协议管辖的概念
3. 了解管辖权异议
4. 了解移送管辖

第一节　主　管

一、主管的概念

主管，是指国家机关、社会团体之间行使各自职权、履行各自职责的范围和权限。根据宪法规定，人民法院是国家审判机关，依法审判民事案件，是人民法院的职能之一。但是，在现实生活中，民事纠纷数量庞大、种类繁多、范围很广。除了人民法院之外，国家行政机关、仲裁机构和有关社会团体，也分别承担着解决一定范围内的民事纠纷的任务。为此，就需要明确哪些纠纷由人民法院解决、哪些纠纷由其他国家机关和社会团体解决，这就是主管所要解决的问题。

民事诉讼中的主管，是指人民法院依法受理和解决一定范围内民事纠纷的权限，目的是确定人民法院与其他国家机关、社会团体之间解决民事纠纷的分工，其实质是确定人民法院行使民事审判权的范围和权限。

二、法院主管民事案件的范围

《民事诉讼法》第3条规定："人民法院受理公民之间、法人之间、其他组织之间以及

他们相互之间因财产关系和人身关系提起的民事诉讼，适用本法的规定。”

人民法院主管的民事诉讼案件的主体既可以是公民、法人或其他组织，也可以是外国人、无国籍人、外国企业和组织；其内容是平等主体之间因财产关系和人身关系发生的纠纷。根据民事诉讼法及相关规定，人民法院主管的案件主要有下述几类。

（一）由民法调整的平等主体之间因人身关系和财产关系发生纠纷而引起的案件

人身关系案件是指表现为人身关系的性质但又具有财产内容的案件，如因姓名权（或名称权）、肖像权、名誉权、荣誉权等人身权而发生纠纷的案件，或因专利权、发现权、发明权、著作权等知识产权而发生纠纷的案件。财产关系案件是指因物权、债权等权益引起纠纷的案件，如因买卖、借贷、租赁财产、侵权等纠纷引起的案件。

（二）由婚姻法调整的平等主体之间因婚姻家庭关系发生纠纷而引起的案件

离婚案件，追索赡养费、扶养费、抚养费案件，继承案件，解除收养关系案件等，属于由婚姻法调整的平等主体之间因婚姻家庭关系发生纠纷而引起的案件。

上述两类案件统称为一般民事案件。

（三）由劳动法调整的用人单位与劳动者之间因劳动关系发生纠纷而引起的案件

根据《中华人民共和国劳动法》（以下简称《劳动法》）和《中华人民共和国劳动争议调解仲裁法》（以下简称《劳动争议调解仲裁法》）的规定，劳动争议案件包括：（1）因确认劳动关系发生的争议；（2）因订立、履行、变更、解除和终止劳动合同发生的争议；（3）因除名、辞退和辞职、离职发生的争议；（4）因工作时间、休息休假、社会保险、福利、培训以及劳动保护发生的争议；（5）因劳动报酬、工伤医疗费、经济补偿或者赔偿金等发生的争议；（6）法律、法规规定的其他劳动争议。因劳动法律关系发生争议的案件，当事人可以向企业劳动争议调解委员会申请调解，也可以直接向劳动争议仲裁委员会申请仲裁。当事人对仲裁裁决不服，可以自收到仲裁裁决书之日起 15 日内向人民法院提起诉讼。人民法院对此类案件依照民事诉讼法的规定予以审理和解决。

（四）由其他法律调整的社会关系发生争议，法律明确规定依照民事诉讼程序审理的案件

海事海商案件、破产案件、消费者权益保护案件、因环境污染引起的损害赔偿案件等，应依照民事诉讼程序审理。

（五）由民事诉讼法规定的适用特别程序审理的案件

选民资格案件、宣告公民失踪和宣告公民死亡案件、公示催告案件等，是由民事诉讼法规定的适用特别程序审理的案件。

第二节　管辖概述

一、管辖的概念

管辖，是指各级人民法院和同级人民法院之间受理第一审民事案件的分工和权限。在发生民事纠纷时，当事人向哪一级的哪一个法院提起诉讼，法律应当明确规定，以避免当事人投诉无门或滥诉，也避免法院之间相互推诿。

根据《人民法院组织法》第 12 条、第 13 条、第 15 条的规定，人民法院由最高人民法院、地方各级人民法院和专门人民法院组成。地方各级人民法院又分为高级人民法院、中级人民法院和基层人民法院。专门人民法院包括军事法院、海事法院、知识产权法院、金融法院等。为此，有必要将人民法院主管的民事案件在法院系统内部进行分工，以确定不同法院对第一审民事案件的分工和权限。

二、主管与管辖的关系

主管与管辖既有区别又有联系。二者的区别是：主管解决的是人民法院同其他机关、社会团体之间处理民事纠纷的权限和分工问题；而管辖解决的是人民法院系统内部受理第一审民事案件的权限和分工问题。二者的联系是：只有先确定某一民事案件由人民法院主管，才能进一步确定该案件由哪一级的哪一个人民法院管辖。

三、划分管辖范围的原则

（一）便利当事人进行诉讼和人民法院行使审判权

民事诉讼法以便利当事人行使诉权为出发点，根据法院辖区与当事人住所地、诉讼标的所在地或法律事实发生地的关系确定不同案件的管辖法院，便于当事人就近提起诉讼，便于人民法院及时调查证据和传唤证人作证，以查明案情、作出公正的裁判。

（二）均衡各级人民法院的工作负担

各级人民法院的职权分工不尽相同，中级以上的各级人民法院除受理第一审民事案件外，还负有审理上诉案件以及指导、监督下级人民法院审判工作的任务。因此，民事诉讼法规定将绝大多数的第一审民事案件交由基层人民法院管辖，逐渐减少中级以上人民法院受理第一审民事案件的数量，以保证各级人民法院分工上的基本均衡。

（三）原则规定与灵活规定相结合

民事诉讼案件具有多样性、复杂性的特点，所以，在确定管辖时，既要严格遵守法定管辖的规定，又要有一定的灵活性，以适应审判实践中出现的各种特殊情况。因此，民事诉讼法既有法定管辖的原则规定，同时又有裁定管辖的灵活规定。

（四）维护国家主权

在涉外民事诉讼中，人民法院行使司法管辖权是国家主权的重要组成部分。在确定涉外民事案件的管辖时，通过专属管辖和协议管辖的规定，扩大了人民法院对涉外民事案件管辖的范围。

四、管辖的种类

（一）法定管辖和裁定管辖

以管辖的确定是基于法律规定还是法院裁定，可将管辖分为法定管辖与裁定管辖。

法定管辖，是指法律明确规定法院对特定案件享有管辖权。法定管辖是管辖确定的基本依据。我国民事诉讼法规定的级别管辖、地域管辖、专属管辖都属于法定管辖。

裁定管辖，是指根据法院的裁定、决定确定管辖法院。裁定管辖在管辖制度中用来解决某些特殊情况，是法定管辖的补充。我国民事诉讼法规定的指定管辖、管辖权的转移等都属于裁定管辖。

（二）专属管辖和协议管辖

从管辖的确定是基于法律的强制性规定还是允许当事人协商为标准，可将管辖分为专属管辖和协议管辖。

专属管辖，是指法律强制规定某些种类的案件专属特定的法院管辖，以排除其他管辖规定或协议管辖的适用。

协议管辖，是指根据当事人的约定来确定管辖法院，又称约定管辖、合意管辖，表现了民事诉讼法对当事人的意思表示的尊重。但是，当事人对管辖法院的约定，不得违背级别管辖和专属管辖的规定。

（三）共同管辖、选择管辖和合并管辖

以诉讼关系为标准，可以将管辖分为共同管辖、选择管辖和合并管辖。

共同管辖，是指对同一诉讼案件，依法律规定两个以上人民法院都有管辖权。存在共同管辖，就可能产生人民法院管辖冲突，所以立法还有必要规定选择管辖。《民事诉讼法》第 36 条规定："两个以上人民法院都有管辖权的诉讼，原告可以向其中一个人民法院起诉；原告向两个以上有管辖权的人民法院起诉的，由最先立案的人民法院管辖。"这就是选择管辖。其含义是：法律规定两个以上的人民法院对同一诉讼都有管辖权时，原告可以选择其中一个人民法院提起诉讼；如果原告向两个以上有管辖权的人民法院起诉的，由最先立案的人民法院管辖。在司法实践中，如果原告向两个以上有管辖权的法院起诉，法院应如何处理？最高人民法院《适用民诉法解释》对此作了细化规定，即两个以上人民法院都有管辖权的诉讼，先立案的人民法院不得将案件移送给另一个有管辖权的人民法院。人民法院在立案前发现其他有管辖权的人民法院已先立案的，不得重复立案；立案后发现其他有管辖权的人民法院已先立案的，裁定将案件移送给先立案的人民法院。

合并管辖，是指对某个案件有管辖权的人民法院，可以管辖与该案有牵连的其他案件。尽管本案的受诉法院对该其他案件无管辖权，但是因为该其他案件与本案有牵连关系，该受诉法院基于审判的需要合并审理，而取得对该其他案件的管辖权。如原告提起诉讼后，被告向同一人民法院提起反诉，人民法院因为对本诉有管辖权，而取得了对反诉的管辖权。

第三节　级别管辖

一、级别管辖的概念

级别管辖，是指不同级别的人民法院之间受理第一审民事案件的分工和权限。

人民法院的组织体系分为四级：基层人民法院、中级人民法院、高级人民法院和最高人民法院。确定不同级别的人民法院管辖第一审民事案件的主要依据是：案件的性质、案件影响的大小、诉讼标的金额的大小等。案件的性质和复杂程度、案件社会影响的大小、争议标的额的大小，是民事诉讼法确定哪一个级别的法院作为审理该案的第一审人民法院的重要因素。

二、各级人民法院管辖的第一审民事案件

（一）基层人民法院管辖的第一审民事案件

《民事诉讼法》第 18 条规定："基层人民法院管辖第一审民事案件，但本法另有规定的除外。"所以，第一审民事案件原则上由基层人民法院管辖。

在人民法院组织系统中，基层人民法院数量多、分布广，审判人员的数量也多，并且没有审理上诉案件的任务，所以，一般地说，原则上将第一审民事案件都交给基层法院是比较符合法院审判均衡负担原则的。同时，由于民事纠纷的发生地、当事人住所地或者争议的财产所在地，都与基层人民法院辖区相联系，因此由基层人民法院作为第一审法院，既可方便当事人诉讼，又可方便人民法院办案。

（二）中级人民法院管辖的第一审民事案件

根据《民事诉讼法》第 19 条的规定，中级人民法院管辖下列第一审民事案件：

1. 重大涉外案件

涉外民事案件，是指民事法律关系的主体、内容、客体三者之一含有涉外因素的民事案件。重大涉外案件，是指居住在国外的当事人人数众多，或者当事人分属多国国籍，或者案情复杂，或者争议标的额较大的涉外民事案件。这类案件由中级人民法院作为一审法院。

现行《民事诉讼法》将大部分涉外民事案件划归基层人民法院管辖，只将重大涉外民事案件划归中级人民法院管辖。

最高人民法院《适用民诉法解释》第 1 条进一步解释："重大涉外案件"包括争议标的额大的案件、案情复杂的案件，或者一方当事人人数众多等具有重大影响的案件。最高人民法院《关于涉外民商事案件诉讼管辖若干问题的规定》（以下简称《涉外管辖规定》）第 3 条具体规定了以下五类案件适用：（1）涉外合同和侵权纠纷案件；（2）信用证纠纷案件；（3）申请撤销、承认与强制执行国际仲裁裁决的案件；（4）审查有关涉外民商事仲裁条款效力的案件；（5）申请承认和强制执行外国法院民商事判决、裁定的案件。

以上五类案件，根据《涉外管辖规定》第 1 条的规定，由五类法院实行集中管辖：（1）国务院批准设立的经济技术开发区人民法院；（2）省会、自治区首府、直辖市所在地的中级人民法院；（3）经济特区、计划单列市的中级人民法院；（4）最高人民法院指定的其他中级人民法院；（5）高级人民法院。

2. 在本辖区有重大影响的案件

在本辖区有重大影响的案件，是指案情复杂、涉及范围广，诉讼标的的价额较大，案发后案件处理结果的影响超出了基层人民法院的辖区范围，基层人民法院已不便行使管辖权，而由中级人民法院作为第一审管辖法院比较适宜。

3. 最高人民法院确定由中级人民法院管辖的案件

根据某些案件的特殊性，最高人民法院指定由中级人民法院管辖。这类案件有：

（1）海事、海商案件。我国在上海、天津、广州、武汉、大连、青岛、海口、厦门、宁波、北海等口岸城市设有海事法院。各海事法院的管辖区域，由最高人民法院规定。

（2）除专利行政案件外的其他专利纠纷案件。2014 年 10 月最高人民法院颁布《关于北京、上海、广州知识产权法院案件管辖的规定》，明确了北京、上海、广州知识产权法院管辖所在市辖区内的第一审专利民事案件和行政案件的范围。最高人民法院《适用民诉法解释》规定，专利纠纷案件由知识产权法院管辖、最高人民法院确定的中级人民法院管辖和基层人民法院管辖。

（三）高级人民法院管辖的第一审民事案件

《民事诉讼法》第 20 条规定："高级人民法院管辖在本辖区有重大影响的第一审民事案件。"这是因为高级人民法院的主要职能是作为中级人民法院的上诉审法院审理上诉案件，同时对本辖区内的下级人民法院的工作进行业务指导和审判监督，因此各高级人民法院审判第一审民事案件的任务不宜过重。只有当民事案件的发生和处理结果在辖区范围内有重大影响时，高级人民法院才作为第一审管辖法院。

（四）最高人民法院管辖的第一审民事案件

最高人民法院是国家最高审判机关，其主要任务是指导和监督地方各级人民法院和各专门人民法院的审判工作，审理不服高级人民法院裁判的上诉案件，并对审判过程中如何具体适用法律、法规进行司法解释。为了保证最高人民法院有效地行使上述各项职能，《民事诉讼法》第21条规定，它只受理以下第一审民事案件：

1. 在全国有重大影响的案件

在全国有重大影响的案件，由最高人民法院作为第一审管辖法院，从有利于全局出发，正确地处理案件，维护法律的严肃性。

2. 认为应当由本院审理的案件

法律赋予了最高审判机关管辖上的特殊权力，只要最高人民法院认为某一案件应由其审理，不论该案属于哪一级、哪一个人民法院管辖，它都有权将案件提上来自己审判，从而取得对案件的管辖权。这样规定可以使最高人民法院通过对某些具有代表性的典型案件的审理取得经验，以便指导全国的审判工作；可以防止地方保护主义，排除其他方面对地方法院审判工作的干扰，确保案件的审判质量。

由最高人民法院作为第一审法院审理的民事案件不能上诉。最高人民法院作出的判决、裁定送达当事人后，即发生法律效力。

第四节　地域管辖

一、地域管辖的概念

地域管辖，是指同级人民法院之间受理第一审民事案件的分工和权限。

地域管辖与级别管辖不同。级别管辖从纵向划分上、下级人民法院之间受理第一审民事案件的权限和分工，解决某一民事案件应由哪一级人民法院管辖的问题；而地域管辖从横向划分同级人民法院之间受理第一审民事案件的权限和分工，解决某一民事案件应由哪一个人民法院管辖的问题。但是，二者又是有联系的。地域管辖是在级别管辖的基础上划分的，只有在级别管辖明确的前提下，才能确定地域管辖；而要最终确定某一案件的管辖法院，则必须在确定了级别管辖之后，再通过地域管辖来进一步具体落实受诉法院。

地域管辖主要根据当事人住所地、诉讼标的物所在地或者法律事实所在地来确定，当事人住所地，诉讼标的或者法律事实的发生地、结果地在哪个人民法院辖区，案件就由该地人民法院管辖。

根据民事诉讼法的规定，地域管辖可以分为一般地域管辖和特殊地域管辖。

二、一般地域管辖

（一）一般地域管辖的原则

一般地域管辖，又称普通管辖，是指以当事人住所地与法院辖区的关系来确定管辖法院。

一般地域管辖的原则是“原告就被告”，即民事诉讼由被告所在地人民法院管辖。实行“原告就被告”原则，有利于人民法院调查、核实证据，迅速查明案情，正确处理民事纠纷；有利于传唤被告出庭应诉；有利于采取保全和先予执行措施；如果被告败诉，则有利于执行；还可以防止原告滥用诉权，给被告造成不应有的损失。

《民事诉讼法》第22条第1款规定：“对公民提起的民事诉讼，由被告住所地人民法院管辖；被告住所地与经常居住地不一致的，由经常居住地人民法院管辖。”这里所说的住所地，是指公民的户籍所在地；经常居住地，是指公民离开住所地至起诉时连续居住一年以上的地方，但公民住院就医的地方除外。根据最高人民法院《适用民诉法解释》第7条的规定，公民在其户籍迁出后尚未落户，如果没有经常居住地的，仍然以其原户籍所在地为其住所地。

《民事诉讼法》第22条第2款规定：“对法人或者其他组织提起的民事诉讼，由被告住所地人民法院管辖。”这里所说的法人或者其他组织的住所地，根据最高人民法院《适用民诉法解释》，是指法人或其他组织的主要办事机构所在地。如果法人或其他组织的主要办事机构所在地不能确定的，法人或其他组织的注册地或者登记地为住所地。

此外，根据最高人民法院《适用民诉法解释》的规定，下列诉讼也应按“原告就被告”原则确定管辖法院：

（1）双方当事人都被监禁或者被采取强制性教育措施的，由被告原住所地人民法院管辖。被告被监禁或者被采取强制性教育措施一年以上的，由被告被监禁地或者被采取强制性教育措施地人民法院管辖。

（2）原告、被告均被注销户籍的，由被告居住地人民法院管辖。

（3）夫妻双方离开住所地超过一年，一方起诉离婚的案件，由被告经常居住地人民法院管辖；没有经常居住地的，由原告起诉时被告居住地人民法院管辖。

（4）不服指定监护或者变更监护关系的案件，可以由被监护人住所地人民法院管辖。

（5）对没有办事机构的个人合伙、合伙型联营体提起的诉讼，由被告注册登记地人民法院管辖。没有注册登记，几个被告又不在同一辖区的，被告住所地的人民法院都有管辖权。

（二）一般地域管辖的例外

适用“原告就被告”原则时，一般地域管辖在某些特殊情况下，会出现无法适用或如果适用将对原告、对法院极为不便的现象，因此，民事诉讼法对“原告就被告”原则进行了必要的变通。

《民事诉讼法》第23条规定了几种例外的情况由原告住所地人民法院管辖；原告住所地与经常居住地不一致的，由原告经常居住地人民法院管辖。这些例外情况是：

（1）对不在中华人民共和国领域内居住的人提起的有关身份关系的诉讼。对于符合不在中国领域内居住、与身份有关的诉讼案件（如涉及婚姻关系、亲子关系、收养关系等案件），即可由原告住所地或者经常居住地人民法院管辖。

（2）对下落不明或者宣告失踪的人提起的有关身份关系的诉讼。在被告下落不明或者已经宣告失踪的情况下，根本无法确定其住所地或者经常居住地，由原告住所地或者经常居住地人民法院管辖，可方便原告行使诉权。

（3）对被采取强制性教育措施的人提起的诉讼。被采取强制性教育措施的人由于离开了住所地或者经常居住地，集中在特定场所接受教育矫治，人身自由受到一定的限制。如果向被告接受强制性教育措施地人民法院起诉，对原告来说十分不便，因此，法律规定由原告住所地或者经常居住地人民法院管辖。

（4）对被监禁的人提起的诉讼。正在被监禁的人，包括已决犯和未决犯，都丧失了人身自由，脱离了住所地或者经常居住地，不仅原告不便向被告被监禁地人民法院起诉，而且若由被告被监禁地人民法院管辖，很可能造成该法院工作量过大，因此，法律规定原告住所地或者经常居住地人民法院为有管辖权法院是比较恰当的。

除上述四种情况外，最高人民法院根据司法实践的需要，对例外情形进行了以下补充规定：

（1）追索赡养费、抚养费、扶养费案件的几个被告住所地不在同一辖区的，可以由原告住所地人民法院管辖。

（2）夫妻一方离开住所地超过一年，另一方起诉离婚的案件，可以由原告住所地人民法院管辖。

（3）被告被注销户籍的，由原告住所地或经常居住地人民法院管辖。

此外，最高人民法院《适用民诉法解释》对于特定情形的离婚诉讼的管辖也作出了明确规定：

（1）双方当事人均为军人或者军队单位的民事案件由军事法院管辖。

（2）在国内结婚并定居国外的华侨，如定居国法院以离婚诉讼须由婚姻缔结地法院管辖为由不予受理，当事人向人民法院提出离婚诉讼的，由婚姻缔结地或者一方在国内的最后居住地人民法院管辖。

（3）在国外结婚并定居国外的华侨，如定居国法院以离婚诉讼须由国籍所属国法院管辖为由不予受理，当事人向人民法院提出离婚诉讼的，由一方原住所地或者在国内的最后居住地人民法院管辖。

（4）中国公民一方居住在国外，一方居住在国内，不论哪一方向人民法院提起离婚诉讼，国内一方住所地人民法院都有权管辖。国外一方在居住国法院起诉，国内一方向人民法院起诉的，受诉人民法院有权管辖。

（5）中国公民双方在国外但未定居，一方向人民法院起诉离婚的，应由原告或者被告原住所地人民法院管辖。

（6）已经离婚的中国公民，双方均定居国外，仅就国内财产分割提起诉讼的，由主要财产所在地人民法院管辖。

三、特殊地域管辖

特殊地域管辖，又称特别地域管辖，是指以诉讼标的所在地或者引起民事法律关系发生、变更、消灭的法律事实所在地为标准确定的管辖。特殊地域管辖是相对于一般地域管辖而言的，是法律针对某些特殊类型的诉讼管辖作出的规定。《民事诉讼法》第 24 条至第 33 条规定了特殊地域管辖的十种情形。

（一）因合同纠纷提起的诉讼，由被告住所地或者合同履行地人民法院管辖

因合同发生纠纷，有的是因合同是否成立发生的争议；有的是因合同变更发生的争议；还有的是因合同的履行发生的争议。法律规定，因合同纠纷提起的诉讼，由被告住所地或者合同履行地人民法院管辖，便于法院查明案情，便于在必要时及时采取保全等紧急措施，以利于合同纠纷的正确解决。

司法实践中，如何确认合同履行地是比较复杂的问题。一般来说，合同履行地是指合同规定履行义务和接受该义务的地点，主要是指合同标的物交接的地点。合同的种类不同，合同履行地也不同。根据最高人民法院《适用民诉法解释》第18条、第19条、第20条的规定，主要有以下几种情况：

（1）合同履行地的确定：

1）合同约定履行地点的，以约定的履行地点为合同履行地。

2）合同对履行地点没有约定或者约定不明确，争议标的为给付货币的，接收货币一方所在地为合同履行地；交付不动产的，不动产所在地为合同履行地；其他标的，履行义务一方所在地为合同履行地。即时结清的合同，交易行为地为合同履行地。

3）合同没有实际履行，当事人双方住所地都不在合同约定的履行地的，由被告住所地人民法院管辖。

（2）财产租赁合同、融资租赁合同以租赁物使用地为合同履行地。合同对履行地有约定的，从其约定。

（3）以信息网络方式订立的买卖合同，通过信息网络交付标的的，以买受人住所地为合同履行地；通过其他方式交付标的的，收货地为合同履行地。合同对履行地有约定的，从其约定。

（二）因保险合同纠纷提起的诉讼，由被告住所地或者保险标的物所在地人民法院管辖

保险合同，是指投保人支付保险费给保险人，保险人对于投保人因自然灾害或意外事故所致的损害或责任，承担赔偿或支付一定金额的合同。因保险合同发生的纠纷，是指投保人或者保险受益人与保险人之间发生的争议。根据《保险公司管理规定》的规定，保险业务的经营主体，只限于依照《保险法》设立的保险公司以及法律、行政法规规定的其他保险组织。因保险合同纠纷提起的诉讼，被告住所地、保险标的物所在地人民法院都有管辖权。

（三）因票据纠纷提起的诉讼，由票据支付地或者被告住所地人民法院管辖

票据是指由出票人签发的、写明在一定的时间和地点由本人或者指定他人按照票面所载文义，向持票人无条件支付一定金额的有价证券。票据分为本票、汇票和支票三种。所谓票据纠纷，是指出票人或付款人与持票人之间因票据承兑等发生的争议。

因票据纠纷提起的诉讼，可以由票据支付地或者被告住所地人民法院管辖。票据支付地，即票据上载明的付款地。如果票据未载明付款地的，则票据付款人的住所地或主要营业地为票据付款地，原告可以任选其中一个人民法院起诉。

（四）因公司设立、确认股东资格、分配利润、解散等纠纷提起的诉讼，由公司住所地人民法院管辖

公司设立诉讼，指公司设立瑕疵诉讼。即使公司已经依法登记并取得营业执照而成立，其设立在实际上仍可能不符合法定条件、程序，由此引发诉讼。确认股东资格诉讼，指公司就某主体是否具有股东资格而发生的争议。公司解散指引起公司人格消灭的法律事实，公司解散诉讼则主要指公司僵局出现时，公司股东起诉请求人民法院解散公司的诉讼。基于公司诉讼的特点，最高人民法院《适用民诉法解释》明确列举了公司诉讼案件类型，包括：因股东名册记载、请求变更公司登记、股东知情权、公司决议、公司合并、公司分立、公司减资、公司增资等纠纷提起的诉讼。

人民法院在审理上述公司纠纷案件时，通常需要调阅公司的注册登记资料以及其他与争议有关的档案资料、公司的财务会计资料、公司会议决议等，因此上述案件由公司所在地法院管辖，对于诉讼及审理活动较为方便。

根据《民法典》的规定，公司以其主要办事机构所在地为住所。公司的注册地、住所之外的经营场所所在地的人民法院，对于上述公司纠纷诉讼没有管辖权。

（五）因铁路、公路、水上、航空运输和联合运输合同纠纷提起的诉讼，由运输始发地、目的地或者被告住所地人民法院管辖

运输合同纠纷，是指承运人与托运人双方在履行运输合同中发生的权利义务争议。例如，因托运的货物被损坏、丢失引起的纠纷；旅客因乘坐运输工具时人身受到伤害引起的纠纷等。对这类纠纷，运输始发地（即客运或货运合同规定的出发地点）、目的地（合同约定的客运、货运最终到达地）、被告住所地等三地人民法院都有管辖权。

（六）因侵权行为提起的诉讼，由侵权行为地或者被告住所地人民法院管辖

侵权行为，是指加害人不法侵害他人财产权利和人身权利的行为。侵权行为地包括侵害行为实施地和侵权结果发生地。

侵权行为发生后，受害人既可以向侵权行为地人民法院起诉，也可以向被告住所地人民法院起诉。根据最高人民法院《适用民诉法解释》第 25 条和第 26 条的规定，信息网络侵权行为实施地包括实施被诉侵权行为的计算机等信息设备所在地，侵权结果发生地包括被侵权人住所地。因产品、服务质量不合格造成他人财产、人身损害提起的诉讼，产品制造地、产品销售地、服务提供地、侵权行为地和被告住所地人民法院都有管辖权。

与合同等案件的法定管辖只限于某一个或几个特定的法院不同，有些侵权案件的侵权行为实施地或结果地可以特别广泛。例如反对不正当竞争案件，不正当竞争者的一个违法广告可能在全国市场上给同行业者的市场销售带来影响，其同行业者可以因不正当竞争行为在任何一个地方市场上产生的损失请求损害赔偿，不正当竞争行为地将不限于某一个地方或某几个地方，而是组成全国性市场的任何一个地方性市场。这些市场所在地法院都有管辖权。网络侵权诉讼等案件的管辖也有同样的特点。

（七）因铁路、公路、水上和航空事故请求损害赔偿提起的诉讼，由事故发生地或者车辆、船舶最先到达地，航空器最先降落地或者被告住所地人民法院管辖

铁路、公路、水上、航空事故是车辆、船舶或者航空器的所有人或管理人的侵权行为造成的。例如，火车相撞、脱轨；汽车倾覆，撞击了其他车辆、人员；轮船相撞、沉没；航空器坠毁；因排油、抛物造成环境污染和人身伤亡；等等。因这些事故引起的损害赔偿纠纷，法律规定事故发生地、车辆最先到达地（即事故发生后，车辆第一个停靠站）、船舶最先到达地（事故发生后，船舶第一个停靠港或者沉没地）、航空器最先降落地（即飞机、飞艇、卫星等最先降落地或者因事故而坠落地）、被告住所地人民法院都有权管辖。

（八）因船舶碰撞或者其他海事损害事故请求损害赔偿提起的诉讼，由碰撞发生地、碰撞船舶最先到达地、加害船舶被扣留地或者被告住所地人民法院管辖

其他海损事故，是指船舶在航行过程中，除碰撞以外发生的触礁、触岸、搁浅、浪损、失火、爆炸、沉没、失踪等事故。

因船舶碰撞或者其他海损事故造成财产、人身损害，原告追索损害赔偿的诉讼，以下四个地方的人民法院都有管辖权：(1) 碰撞发生地，即船舶碰撞的侵权行为发生的具体地点。(2) 碰撞船舶最先到达地，即船舶碰撞事故发生后，受害船舶最先到达的港口所在地。(3) 加害船舶被扣留地，即加害船舶实施侵权行为后继续航行，后被有关机关扣留的具体地点。（4）被告住所地，一般是加害船舶的船籍港所在地，即该船舶进行登记，获得航行权的具体港口。

（九）因海难救助费用提起的诉讼，由救助地或者被救助船舶最先到达地人民法院管辖

海难救助，是指对海上遇难的船舶及所载的货物或者人员给予援救。实施救助的力量，可能是从事救助的专业单位，也可能是邻近或者经过的船舶。救助活动完成后，实施救助的一方有权要求被救助的一方给付一定报酬，这就是海难救助费用。法律规定，因追索海难救助费用提起的诉讼，救助地（即实施救助行为或者救助结果发生地）、被救助船舶最先到达地（即被救助船舶经营救脱离险情后的最初到达地）人民法院都有管辖权。

（十）因共同海损提起的诉讼，由船舶最先到达地、共同海损理算地或者航程终止地的人民法院管辖

共同海损，是指海上运输中，船舶以及所载的货物遭遇海难等意外事故时，为了避免共同危险而有意地、合理地作出的特殊牺牲和支付的特殊费用。例如，为灭火而引海水入舱；为避免全船覆没而将全部或部分货物抛进大海；为进行船舶紧急修理而主动搁浅；等等。共同海损的牺牲和费用经过清算，由有关各方按比例分担。如果共同海损的全体受益人对共同海损的构成与否及分担比例等问题发生争议而诉诸法院，就是共同海损诉讼。

因共同海损提起的诉讼，船舶最先到达地、共同海损理算地或者航程终止地人民法院都有管辖权。船舶最先到达地，是对遇难船舶采取挽救措施，使其能够继续航行，最初到达的港口所在地。航程终止地，是发生共同海损船舶的航程终点。共同海损理算地，是处理共同海损损失、理算共同海损费用的工作机构所在地。我国共同海损理算机构是中国国际贸易促进委员会，地点在北京，理算适用的规则是《中国国际贸易促进委员会共同海损理算规则》。国际上通用的理算规则是《约克-安特卫普规则》。

四、专属管辖

专属管辖，是指对某些特定类型的案件，法律强制规定只能由特定的人民法院行使管辖权。

凡是专属管辖的案件，只能由法律明文规定的人民法院管辖，其他人民法院均无管辖权，从而排除了一般地域管辖和特殊地域管辖的适用。凡是专属管辖的案件，当事人双方无权以协议或约定的方式变更管辖法院，从而排除协议管辖的适用。外国的法院更没有管辖权，所以排除了外国法院行使管辖权的可能性。总之，专属管辖是排斥其他类型的法定管辖、排斥协议管辖的管辖制度。

根据《民事诉讼法》第 34 条的规定，下列案件由人民法院专属管辖：

（一）因不动产纠纷提起的诉讼，由不动产所在地人民法院管辖

不动产，是指不能够移动或者移动后会引起性质、状态的改变，从而损失其经济价值的财产，如土地、山林、草原以及土地上的建筑物等。最高人民法院《适用民诉法解释》明确了不动产纠纷的范围，包括：因不动产的权利确认、分割、相邻关系等引起的物权纠纷。农村土地承包经营合同纠纷、房屋租赁合同纠纷、建设工程施工合同纠纷、政策性房屋买卖合同纠纷，按照不动产纠纷确定管辖。同时还明确了不动产所在地的确定方式：不动产已登记的，以不动产登记簿记载的所在地为不动产所在地；不动产未登记的，以不动产实际所在地为不动产所在地。

法律规定由不动产所在地人民法院管辖，便于受诉人民法院勘验现场，调查收集证据，也便于裁判生效后的执行工作。

（二）因港口作业中发生纠纷提起的诉讼，由港口所在地人民法院管辖

港口作业中发生的纠纷主要有两类：一是在港口进行货物装卸、驳运、保管等作业中发生的纠纷；二是船舶在港口作业中由于违章操作造成他人人身或财产损害的侵权纠纷。因此类纠纷提起的诉讼，由港口所在地人民法院管辖。根据最高人民法院《关于海事法院受理案件范围的规定》，港口作业纠纷属于海事海商案件，应由该港口所在地的海事法院管辖。

（三）因继承遗产纠纷提起的诉讼，由被继承人死亡时住所地或者主要遗产所在地人民法院管辖

遗产是指死者生前的个人财产，包括动产和不动产。继承人为继承被继承人的遗产发生纠纷诉诸法院的诉讼，称为继承遗产诉讼。继承遗产诉讼，由被继承人死亡时住所地或者主要遗产所在地人民法院管辖。

被继承人死亡时住所地与主要遗产所在地一致的，则该地人民法院具有管辖权；二者不一致的，则这两个地方的人民法院都有管辖权，当事人可以任选其中一个人民法院提起诉讼。如果被继承人的遗产分散在几个人民法院辖区，应以遗产的数量和价值来确定主要遗产所在地，进而确定管辖法院。这样确定管辖，既有利于人民法院正确确定继承开始的时间、继承人与被继承人之间的关系以及遗产的范围和分配等问题，也有利于扩大人民法院对涉外继承诉讼的司法管辖权。

如果主要遗产是不动产，那么，是作为不动产纠纷还是作为遗产纠纷来确定管辖法院呢？这是要明确的问题。正确的做法是，依据遗产纠纷来确定管辖法院，即此类案件由被继承人死亡时住所地或者主要遗产所在地人民法院管辖。

五、协议管辖

协议管辖，又称合意管辖或者约定管辖，是指双方当事人在纠纷发生之前或发生之后，以合意方式约定解决他们之间纠纷的管辖法院。

《民事诉讼法》第35条规定："合同或者其他财产权益纠纷的当事人可以书面协议选择被告住所地、合同履行地、合同签订地、原告住所地、标的物所在地等与争议有实际联系的地点的人民法院管辖，但不得违反本法对级别管辖和专属管辖的规定。"协议管辖必须符合以下几个条件：

（1）当事人协议管辖的案件，限于合同或者其他财产权益纠纷案件，并且应当是第一审民事经济纠纷案件。身份关系产生的民事纠纷的当事人，不能协议选择管辖法院。《民事诉讼法》第35条中的合同纠纷，包括因合同订立、履行、变更、解除、违约等事由所产生的纠纷；其他财产权益纠纷，包括因物权、知识产权中的财产权而产生的民事纠纷，也包括当事人因同居或者在解除婚姻、收养关系后发生的财产争议，但是不动产物权纠纷仍适用《民事诉讼法》第34条的专属管辖的规定。

（2）当事人协议选择管辖法院的范围，应当是被告住所地、合同履行地、合同签订地、原告住所地、标的物所在地等与争议有实际联系的地点的人民法院。与争议有实际联系的地点，除了被告住所地、合同履行地、合同签订地、原告住所地、标的物所在地外，还包括侵犯物权或知识产权等财产权益的行为发生地等。如果当事人选择了与争议没有实际联系地区的人民法院，该协议无效。在我国司法实践中，当事人由于法律知识的欠缺，经常发生因在协议中确定多个管辖法院或约定不明确而导致管辖协议无效的情形。为了尊重当事人的真实意愿，赋予当事人协议管辖的自由，减少大面积认定管辖协议无效情形的发生，最高人民法院《适用民诉法解释》第30条规定："根据管辖协议，起诉时能够确定管辖法院的，从其约定；不能确定的，依照民事诉讼法的相关规定确定管辖。管辖协议约定两个以上与争议有实际联系的地点的人民法院管辖，原告可以向其中一个人民法院起诉。"司法实践中，如果原告向法院起诉时，当时约定的住所地发生了变化，该如何确定管辖法院？为了规制当事人通过改变住所选择有利于自己的管辖法院现象的发生，最高人民法院《适用民诉法解释》第32条规定："管辖协议约定由一方当事人住所地人民法院管辖，协议签订后当事人住所地变更的，由签订管辖协议时的住所地人民法院管辖，但当事人另有约定的除外。"

（3）必须以书面合同的形式选择管辖，包括书面合同中的协议管辖条款或者诉讼前以书面形式达成的选择管辖的协议，口头协议无效。

（4）协议管辖不得违反民事诉讼法关于级别管辖和专属管辖的规定。

此外，由于格式合同普遍含有格式管辖条款，此类条款通常排除了合同履行地、被告住所地法院的管辖权，而多拟定由方便经营者而不利于消费者诉讼的经营者所在地法院管辖。为规制其弊端，最高人民法院《适用民诉法解释》第31条规定："经营者使用格式条款与消费者订立管辖协议，未采取合理方式提请消费者注意，消费者主张管辖协议无效的，人民法院应予支持。"在司法实践中，有时合同债权人会作出为了恶意规避协议管辖约定而采取虚假转让债权给第三人的行为，为规制其弊端，最高人民法院《适用民诉法解释》第33条还明确规定："合同转让的，合同的管辖协议对合同受让人有效，但转让时受让人不知道有管辖协议，或者转让协议另有约定且原合同相对人同意的除外。"

司法实践案例：
当事人协议管辖选择法院的范围

第五节 裁定管辖

人民法院以裁定的方式确定诉讼管辖，称为裁定管辖。裁定管辖是对法定管辖的补充和变通。

一、移送管辖

移送管辖，是指已经受理案件的人民法院，因发现本法院对该案件没有管辖权，而将案件移送给有管辖权的人民法院审理。对于不属于自己管辖的案件，人民法院已经受理，为纠正这一做法，必须移送管辖，即将该案件从无管辖权的法院向有管辖权的法院移送。

移送管辖必须符合以下条件：（1）移送法院已经受理了案件；（2）移送法院经审查，

发现对该案件确无管辖权；(3) 受移送的人民法院依法对该案件具有管辖权。

人民法院移送案件后，受移送的人民法院应当及时受理案件，并进行审判。如果受移送的人民法院认为移送的该案件不属于本法院管辖时，不能将该案退回原法院，也不能再移送给自己认为有管辖权的其他人民法院，而是应当报请上级人民法院指定管辖。法律这样规定的目的是防止案件在人民法院之间反复移送，拖延时间，影响当事人行使诉权。

二、指定管辖

指定管辖，是指上级人民法院根据法律规定，以裁定的方式，指定其辖区内的下级人民法院对某一民事案件行使管辖权。

规定指定管辖的目的，在于使管辖不明的得到明确，使有争议的管辖问题得到解决，还可以使无管辖权的人民法院由于上级人民法院的指定而获得管辖权，从而解决了立法上没有明确规定的问题。

根据《民事诉讼法》第 38 条的规定，下列两种情况需要上级人民法院指定管辖：

(1) 有管辖权的人民法院由于特殊原因，不能行使管辖权的，由上级人民法院指定管辖。

所谓特殊原因是指两种情况：一是因事实上的原因，如发生了地震、水灾、火灾等情况，致使该地人民法院无法行使管辖权；二是因法律上的原因，如当事人申请回避或者审判人员自行回避，致使某一基层人民法院出现无法组成合议庭，不能行使管辖权的情况。遇有上述情况，就需要上级人民法院指定管辖。

(2) 人民法院之间因管辖权发生争议，由争议双方协商解决；协商解决不了的，报请它们的共同上级人民法院指定管辖。

根据最高人民法院《适用民诉法解释》第 41 条的规定，人民法院之间发生管辖争议时，其共同上级人民法院应当作出裁定。下级人民法院应当中止审理。指定管辖裁定作出前，下级人民法院对案件作出判决、裁定的，上级人民法院应当在裁定指定管辖的同时，一并撤销下级人民法院的判决、裁定。

三、管辖权的转移

管辖权的转移，是指经上级人民法院的决定或同意，将某一案件的诉讼管辖权由下级人民法院转移给上级人民法院，或者由上级人民法院转移给下级人民法院。前者也称提审，后者则为提令管辖。管辖权的转移，是对级别管辖的补充和变通。

(一) 管辖权转移的情形

根据《民事诉讼法》第 39 条的规定，管辖权的转移有以下两种情况：

1. 上级向下级转移

如上级人民法院认为确有必要时，可以将本院管辖的第一审民事案件交下级人民法院审理，但应当报请其上级人民法院批准。这种转移，下级人民法院必须服从，并将案件的审理结果及时报送上级人民法院。

最高人民法院《适用民诉法解释》第 42 条规定，可以在开庭前交下级人民法院审理的第一审民事案件包括：破产程序中有关债务人的诉讼案件；当事人人数众多且不方便诉讼的案件；最高人民法院确定的其他类型案件。在程序上，人民法院交下级人民法院审理前，应当报请其上级人民法院批准。上级人民法院批准后，人民法院应当裁定将案件交下级人民法院审理。

2. 下级向上级转移

上级人民法院为了总结审判工作经验，以便指导和监督下级人民法院的工作，依法提审下级人民法院管辖的第一审民事案件，从而发生管辖权自下而上的转移。

下级人民法院对本院管辖的第一审民事案件，如果认为由自己行使审判权确有困难，如该案中的当事人一方就是受诉法院的工作人员，或者案情复杂、涉及面广、政策界限不清等，需要由上级人民法院审理的，也可以报请上级人民法院审理。

上述两种情况都是管辖权的转移。不过，下级人民法院的报请只有得到上级人民法院的批准后，案件的管辖权才由下级人民法院转移到上级人民法院。上级人民法院不同意的，案件仍应由有关的下级人民法院管辖。

（二）管辖权转移与移送管辖的区别

管辖权转移与移送管辖同属于裁定管辖，并且用词上易于混淆，但二者有很大的区别，表现在：

（1）管辖权的转移是有管辖权的人民法院把案件的管辖权转交给本来无管辖权的人民法院，其性质是移交案件的管辖权；移送管辖则是无管辖权的人民法院把不属于自己管辖的案件移送给有管辖权的人民法院，其性质是案件的移送，而不是管辖权的移送。

（2）管辖权的转移是在上、下级人民法院之间进行的，是对级别管辖的补充；而移送管辖一般是在同级人民法院之间进行，是对地域管辖规定的落实。

（3）管辖权转移的案件，当下级人民法院报请上级人民法院审判案件时，须经上级人民法院批准。上级人民法院提审下级人民法院有管辖权的案件，下级人民法院必须移送。上级人民法院在确有必要时将应由自己审理的案件交由下级人民法院审理时，应当经其上级人民法院批准；否则，不得转移。在移送管辖中，只要受诉人民法院认为本院对该案没有管辖权，即可移送案件，无须报请上级人民法院批准。同时法律规定，受移送人民法院不得拒绝接受移送的案件。

第六节 管辖权异议、应诉管辖与管辖恒定

一、管辖权异议

管辖权异议，是指人民法院受理民事案件以后，当事人向受诉人民法院提出的不服该法院对本案行使管辖权的意见或主张。管辖权异议，是民事诉讼法赋予当事人的一项诉讼权利，对于保障和落实法定管辖的规定，克服民事审判中的地方保护主义，也有积极意义。

《民事诉讼法》第 130 条第 1 款规定：“人民法院受理案件后，当事人对管辖权有异议的，应当在提交答辩状期间提出。人民法院对当事人提出的异议，应当审查。异议成立的，裁定将案件移送有管辖权的人民法院；异议不成立的，裁定驳回。”当事人提出管辖权异议，必须符合以下几个条件：

第一，提出管辖权异议的主体只能是本案的被告。

被告是被原告指控侵犯了其民事权益或与其发生了权益争议，并被人民法院通知应诉

的人。如果被告认为受诉人民法院对本案没有管辖权，则有权依法提出异议。受诉人民法院是原告根据民事诉讼法的规定而确定的，原告的起诉表明他认同受诉法院的管辖权，因此不得再提出管辖权异议。

第二，当事人对管辖权有异议的，应当在提交答辩状期间提出。

依照民事诉讼法的规定，被告应当在收到人民法院发送的起诉状副本之日起 15 日内提出答辩状。在提交答辩状期间，被告可以在提出答辩状的同时提出管辖权异议，也可以只提出管辖权异议，而不提交答辩状。但是，当事人对受诉法院的管辖权有异议的，必须在法定的答辩期间提出。

第三，当事人一般应当通过书面方式提出管辖权异议。

当事人在提交答辩状期间，应通过书面方式提出管辖权异议。

当事人提出的管辖权异议符合上述几个条件的，人民法院应当依法进行审查。经审查，认为异议成立的，人民法院即应作出书面裁定，然后将案件移送有管辖权的人民法院审理；认为异议不成立的，也应作出裁定予以驳回。裁定应当送达双方当事人。根据民事诉讼法的规定，当事人对受诉人民法院的裁定不服，有权在接到裁定书后 10 日内向上一级人民法院提起上诉。在上一级人民法院作出终审裁定后，当事人应当按照裁定确定的管辖法院进行诉讼。

二、应诉管辖

《民事诉讼法》第 130 条第 2 款规定：“当事人未提出管辖异议，并应诉答辩或者提出反诉的，视为受诉人民法院有管辖权，但违反级别管辖和专属管辖规定的除外。”按照这一规定，当事人如果在答辩期间未提出管辖异议并应诉答辩的，视为受诉人民法院有管辖权，但是违反《民事诉讼法》第 18 条、第 19 条、第 20 条、第 21 条、第 34 条有关级别管辖和专属管辖的规定的除外。

《民事诉讼法》第 130 条中被告“应诉答辩”的具体情形，应包括被告出庭、被告就本案的实体内容进行答辩和陈述等活动。具有上述情形之一的，即为应诉答辩。

司法实践案例：
仅有部分被告应诉答辩的，立案法院是否有管辖权？

三、管辖恒定

管辖恒定，是指管辖权的确定以原告起诉时为准，此后无论案件情况有何变化，案件始终由受诉法院管辖。管辖恒定制度的主要目的在于保证案件得到及时审理，防止诉讼的延误。

管辖恒定是一项重要的管辖原则，其具体内容如下：

（1）案件受理后，受诉人民法院的管辖权不受当事人住所地、经常居住地变更的影响。比如，在一般地域管辖中，案件由被告所在地人民法院管辖，原告起诉时，被告住所地在甲地，甲地人民法院受理了此案。诉讼过程中，被告住所地变更为乙地，依管辖恒定原则，该案的管辖权并不因此而发生转移，即该案仍由甲地人民法院管辖。

（2）原告起诉时，依法律规定某人民法院对该案有管辖权，在该案审理过程中，该案始终由该人民法院管辖，而不随客观情形的变化发生管辖权的转移。

（3）原告起诉时，依法律规定受诉人民法院并无管辖权，但受诉人民法院未发现，当事人也未提出异议，受诉人民法院对案件进行实体审理后，即视为受诉人民法院对该案有管辖权，此后不得变更管辖法院。

管辖权异议与管辖恒定，分别从不同角度对管辖权的行使进行了限定。这两项规则的运用，有利于管辖权的正确行使，保证了纠纷能及时得到处理。

【引例分析】

本章引例中，乙市B区人民法院有管辖权。根据最高人民法院《适用民诉法解释》第12条第2款的规定，夫妻双方离开住所地超过一年，一方起诉离婚的案件，由被告经常居住地人民法院管辖；没有经常居住地的，由原告起诉时被告居住地人民法院管辖。同时，根据该司法解释第4条的规定，公民的经常居住地是指公民离开住所地至起诉时已连续居住一年以上的地方，但公民住院就医的地方除外。在本案中，被告赵某在乙市B区工作并居住超过一年，因此，乙市B区人民法院有管辖权。

【本章小结】

1. 主管是指人民法院依法受理和解决一定范围内民事纠纷的权限，目的是确定人民法院与其他国家机关、社会团体之间解决民事纠纷的分工，实质是确定人民法院行使民事审判权的范围和权限。人民法院民事诉讼主管的范围限于公民之间、法人之间、其他组织之间以及他们相互之间因人身关系和财产关系所产生的纠纷。

2. 管辖是指确定各级人民法院和同级人民法院之间受理第一审民事案件的分工和权限。按照不同的标准，管辖可分为法定管辖和裁定管辖，专属管辖和协议管辖，共同管辖、选择管辖和合并管辖等不同种类。不同种类的管辖又各自有其自身的确定原则和依据。正确确定民事案件的管辖，有利于人民法院及时正确地行使审判权，避免法院之间相互推诿或争夺管辖权；亦有利于当事人充分、有效地行使诉权，避免当事人投诉无门现象的出现。

【课后练习题】

一、名词解释

级别管辖　地域管辖　专属管辖　协议管辖

二、思考题

1. 简述管辖恒定原则。
2. 简述管辖权异议的条件及效力。

三、案例分析题

甲公司与乙公司签订一份供货合同，约定甲公司向乙公司提供一套价值300万元的机器设备，履行地点为乙公司，乙公司在收到机器设备后10日内付清货款。如双方在合同履行中发生纠纷，可向各自所在地法院起诉。合同签订后，甲公司向乙公司提供机器设备比合同约定时间晚了1个月，乙公司以甲公司违约为由拒付货款。甲公司遂依据合同约定，先后向甲公司所在地法院（以下简称甲地法院）和乙公司所在地法院（以下简称乙地法院）提起诉讼，要求乙公司支付货款及违约金。

问：(1) 甲地法院和乙地法院是否有管辖权？为什么？(2) 甲地法院立案受理甲公司的起诉后，乙地法院能否也受理甲公司的起诉？为什么？(3) 如果乙地法院不知甲地法院已经立案而受理了甲公司的起诉，在程序上应如何处理？(4) 如果乙地法院立案受理了甲公司的起诉，并且不愿放弃管辖权而与甲地法院产生管辖权争议，程序上该如何处理？

分析要点提示：(1)《民事诉讼法》第35条规定："合同或者其他财产权益纠纷的当事人可以书面协议选择被告住所地、合同履行地、合同签订地、原告住所地、标的物所在地等与争议有实际联系的地点的人民法院管辖，但不得违反本法对级别管辖和专属管辖的规定。"最高人民法院《适用民诉法解释》第30条第2款规定："管辖协议约定两个以上与争议有实际联系的地点的人民法院管辖，原告可以向其中一个人民法院起诉。"本案中的管辖协议条款有效，甲地法院和乙地法院均有管辖权。(2)《民事诉讼法》第36条规定："两个以上人民法院都有管辖权的诉讼，原告可以向其中一个人民法院起诉；原告向两个以上有管辖权的人民法院起诉的，由最先立案的人民法院管辖。"最高人民法院《适用民诉法解释》第36条规定，人民法院在立案前发现其他有管辖权的人民法院已先立案的，不得重复立案；立案后发现其他有管辖权的人民法院已先立案的，裁定将案件移送给先立案的人民法院。本案中，甲公司不能同时向甲地法院和乙地法院起诉，而应向其中一个法院起诉。甲地法院已经立案受理甲公司的起诉，乙地法院就不能再重复立案。(3) 本案中，如果乙地法院不知甲地法院已经立案而受理了甲公司的起诉，根据前述规定，乙地法院应该将案件移送给甲地法院。(4) 按照最高人民法院《适用民诉法解释》第40条的规定，发生管辖权争议的两个人民法院因协商不成报请它们的共同上级人民法院指定管辖时，双方为同属一个地、市辖区的基层人民法院的，由该地、市的中级人民法院及时指定管辖；同属一个省、自治区、直辖市的两个人民法院的，由该省、自治区、直辖市的高级人民法院及时指定管辖；双方为跨省、自治区、直辖市的人民法院，高级人民法院协商不成的，由最高人民法院及时指定管辖。同时，最高人民法院《适用民诉法解释》第41条规定，人民法院之间发生管辖权争议时，其共同上级人民法院应当作出裁定。下级人民法院应当中止审理。指定管辖裁定作出前，下级人民法院对案件作出判决、裁定的，上级人民法院应当在裁定指定管辖的同时，一并撤销下级人民法院的判决、裁定。本案中，甲地法院、乙地法院应中止审理，报请其共同上级人民法院指定管辖。

第四章　民事诉讼当事人概述

◆【本章引例】

2023 年 8 月，某小学三年级学生小强（9 周岁）之母李女士发现其名下信用卡异常消费 10 余次，共计 20 000 元。后得知系小强私自使用上述信用卡进行游戏充值。李女士认为小强仅 9 周岁，属于限制民事行为能力人，其充值行为需要法定代理人代理或同意、追认。后李女士主动与游戏公司沟通说明情况，希望游戏公司退回充值费用，游戏公司明确表示拒绝退回。李女士遂以原告的身份向法院起诉游戏公司，法院未予受理。李女士更改原告后，法院予以受理。李女士应将原告变更为谁？李女士在诉讼中应属于何种地位？

◆【本章学习目标】

通过学习本章，你应该能够：

1. 掌握当事人的概念和特征
2. 明确当事人的民事诉讼权利能力与民事诉讼行为能力的区别
3. 了解当事人在诉讼中享有的诉讼权利和应履行的诉讼义务

第一节　民事诉讼当事人的概念、特征及称谓

一、民事诉讼当事人的概念

（一）民事诉讼当事人及相关概念

1. 民事诉讼当事人

民事诉讼当事人，是指因民事权益发生争议或者受到侵害，以自己的名义进行诉讼、受人民法院裁判约束、与民事案件有利害关系的人。

当事人是民事诉讼的主体，是构成民事诉讼不可或缺的重要因素之一。第一审民事诉讼中的当事人有狭义和广义之分。狭义的当事人包括原告和被告；广义的当事人除原告、被告外，还包括诉讼中的第三人。

2. 民事诉讼参加人

民事诉讼参加人，是指按照法律规定和民事诉讼的需要参加到民事诉讼中来的主体，包括：当事人（原告、被告、共同诉讼人、第三人）和诉讼代理人（法定代理人、委托代

理人）。《民事诉讼法》第五章“诉讼参加人”，规定了当事人和代理人两类参加诉讼的主体。

3. 民事诉讼参与人

民事诉讼参与人，是指按照法律规定和民事诉讼的需要参与到民事诉讼案件中来的主体。民事诉讼参与人既包括诉讼参加人，也包括证人、鉴定人、翻译人员等。

（二）民事诉讼当事人主体类型

《民事诉讼法》第51条第1款规定：“公民、法人和其他组织可以作为民事诉讼的当事人。”《民事诉讼法》立法时使用了当时《民法通则》使用的民事主体术语“公民、法人和其他组织”，《民法总则》将民事主体“公民”和“其他组织”修改为科学、合理的“自然人”和“非法人组织”，《民法典》也采用了这种称谓，因此，民事诉讼主体类型为自然人、法人和非法人组织三种。

1. 自然人

现行民事诉讼法中的当事人称谓，是采用《民法通则》中的不当称谓。实际上，在民事诉讼中，应该是指自然人，而非公民，公民是宪法上的称谓。《民法总则》修正不当的公民称谓，采用了自然人的称谓。《民法典》采用了民事主体自然人的称谓，该法第2条规定：“民法调整平等主体的自然人、法人和非法人组织之间的人身关系和财产关系。”民事诉讼自然人当事人包括：所有成年人、未成年人，所有享有公民权、未享有公民权的人，所有中国人、外国人和无国籍人。

通常自然人当事人均以自己的名义参加诉讼。

2. 法人

法人作为民事诉讼当事人时，由其法定代表人进行诉讼。法人的法定代表人以依法登记的为准，但法律另有规定的除外。依法不需要办理登记的法人，以其正职负责人为法定代表人；没有正职负责人的，以其主持工作的副职负责人为法定代表人。

在诉讼中，法人的法定代表人变更的，由新的法定代表人进行诉讼，并应向人民法院提交新的法定代表人身份证明书。原法定代表人进行的诉讼行为有效。法定代表人变更，但未完成登记，变更后的法定代表人参加诉讼的，人民法院可以准许。

3. 非法人组织

《民法通则》中规定的民事主体无“其他组织”，《民法通则》颁布之前和颁布后，为了解决涉及这些客观存在，但又不是法人的社会组织的民事纠纷，《民事诉讼法》规定了其他组织可以作为民事诉讼的当事人，即将非法人组织称为“其他组织”。按照民事诉讼法的规定，其他组织由其主要负责人为代表人进行民事诉讼。

《民法总则》中明确规定了“非法人组织”这种民事主体，其第四章为“非法人组织”。《民法典》中采用了“非法人组织”称谓，其第一编第四章为“非法人组织”，其第102条将非法人组织定义为，“不具有法人资格，但是能够依法以自己的名义从事民事活动的组织”。

依据最高人民法院之前的民诉法司法解释及现行《适用民诉法解释》第52条的规定，《民事诉讼法》第51条规定的其他组织是指合法成立、有一定的组织机构和财产，但又不具备法人资格的组织，包括：（1）依法登记领取营业执照的个人独资企业；（2）依法登记领取营业执照的合伙企业；（3）依法登记领取我国营业执照的中外合作经营企业、外资企业；（4）依法成立的社会团体的分支机构、代表机构；（5）依法设立并领取营业执照的法人的分支机构；(6) 依法设立并领取营业执照的商业银行、政策性银行和非银行金融机构的分支机构；(7) 经依法登记领取营业执照的乡镇企业、街道企业；(8) 其他符合本条规定条件的组织。在《民法总则》颁布实施后，民事诉讼法及其司法解释中的“其他组织”应改为“非法人组织”，《民法典》实施后同理亦然。

《适用民诉法解释》第 53 条规定：“法人非依法设立的分支机构，或者虽依法设立，但没有领取营业执照的分支机构，以设立该分支机构的法人为当事人。”即此类分支机构，不能按照其他组织的规定参加民事诉讼，只能以其法人为当事人。

另外，《适用民诉法解释》第 68 条规定，居民委员会、村民委员会或者村民小组与他人发生民事纠纷的，居民委员会、村民委员会或者有独立财产的村民小组为当事人。该规定使居民委员会、村民委员会和村民小组享有其他组织的诉讼待遇，此处“其他组织”即非法人组织。

司法实践案例：
业主委员会是否具有民事诉讼主体资格？

二、民事诉讼当事人的特征

(一) 当事人是与民事案件有利害关系的人

与民事案件有利害关系的当事人包括以下两种：

1. 与民事案件有直接利害关系的人

与民事案件有直接利害关系的人，是指与本案诉讼标的有直接利害关系的人，通常就是指本案民事实体权利义务关系的双方，即发生民事权益争议的直接双方或者民事权益受侵害与加害的直接双方。例如，两个法定继承人为各自的继承份额发生争议而进行诉讼，这两个继承人是与继承法律关系有直接利害关系的人，是本案的双方当事人。又如，行路人以驾车人撞伤自己为由，起诉请求损害赔偿，行路人与驾车人是本案受害与加害的直接双方，因此是本案的当事人。

此外，依据最高人民法院《适用民诉法解释》第 62 条的规定，以利害关系确定当事人的还有下列情形，以行为人为当事人：(1) 法人或者其他组织应登记而未登记，行为人即以该法人或者其他组织名义进行民事活动的；(2) 行为人没有代理权、超越代理权或者代理权终止后以被代理人名义进行民事活动的，但相对人有理由相信行为人有代理权的除外；(3) 法人或者其他组织依法终止后，行为人仍以其名义进行民事活动的。因《民法典》的实施，此处的“其他组织”应为“非法人组织”。

2. 与民事案件有法律上的利害关系的人

与民事案件有法律上的利害关系的人，是指虽与本案诉讼标的无直接的利害关系，但基于法律规定与本案发生一定的权利义务关系的人。即本案的一方或者双方不是本案民事实体权利义务关系的直接双方，但是却有法定的权利或者义务以当事人的名义参加本诉讼。

与民事案件有法律上的利害关系的人成为当事人，通常必须由法律明确规定，而且必须是与本案有直接利害关系的人自己无法行使诉权，并且也无法或没有委托他人代理诉讼。如不满足此必要的前提，与诉讼标的无直接利害关系的人不能成为当事人。

与民事案件有法律上的利害关系的当事人主要有以下几种：

（1）财产代管人。依照法律规定、约定或者有关部门的指定，行使权利管理他人的财产的人，是财产代管人。财产代管人不是财产的所有者，一旦其所管理的财产被他人侵害或者被他人主张权利，财产代管人无法及时得到财产所有人的授权，或者根本无法获得财产所有人的授权，为了财产所有人的利益，该代管人可以依法以自己的名义参加诉讼。例如《民法典》第42条、第43条关于失踪人的财产代管人管理制度。当其所管理的失踪人财产被他人侵占时，该代管人有权以自己的名义起诉，成为与诉讼标的无直接利害关系的当事人。因所代管的财产与他人发生争议时，财产代管人既可以成为原告，也可以成为被告。

（2）遗嘱执行人与遗产管理人。在继承法律关系中，接受被继承人的遗托，负责分割遗产或者监督遗产分割与使用的人，是遗嘱执行人。遗嘱执行人在执行遗产分割或者监督工作中，如因遗产受到他人侵害或者发生争议，遗嘱执行人有权以当事人身份参加诉讼，既可以成为原告，也可以成为被告。根据《民法典》第1145条的规定，遗产管理人是指自然人死亡，无遗嘱执行人时，继承人依法推选的，或者继承人共同担任的，或者无继承人或继承人均放弃时，依法管理并分割或处置遗产的个人或组织。同理，遗产管理人在管理遗产、分割或处理工作中，因他人与遗产有争议或提出主张而发生诉讼，遗产管理人以当事人的身份进行诉讼。

（3）财产清算人。在破产程序和其他清盘程序中，全面接管破产或清盘单位法人职权，进行财产清算和善后处理的人，是财产清算人。如破产程序中的清算组，全面接管破产或清盘企业，行使法人机构的全部职权。财产清算人依法在被清算单位以外产生，通常是由数名不同身份成员组成清算组（包括组长、会计师、审计师、律师和其他专业人员）。财产清算人有权以该企业的名义、以该企业法定代表人的身份参加诉讼，成为民事案件的原告或被告。

（4）代位权人。依据法律规定，在债务人怠于行使对第三人的到期债权时，代位债务人直接向次债务人（第三人）行使债权的人，是代位权人。代位权人不是次债务人的直接利害关系人，是因法律规定而产生的有法律上的利害关系的人。代位权人可以直接起诉次债务人。

（5）公益诉讼人。《民事诉讼法》第58条第1款规定："对污染环境、侵害众多消费者合法权益等损害社会公共利益的行为，法律规定的机关和有关组织可以向人民法院提起诉讼。"这些"法律规定的机关和有关组织"并不一定是社会公共利益的受害者，即一般与案件并无直接利害关系，而是经由法律规定而具备诉讼主体资格。

（6）其他有法律上利害关系的人，比如：对侵害死者遗体、遗骨以及姓名、肖像、名誉、荣誉、隐私等行为提起诉讼的，死者的近亲属为当事人；自然人死亡后，其著作权等知识产权的人身权利受到侵犯，死者的继承人可以提起诉讼；提供劳务一方因劳务造成他人损害，受害人提起诉讼的，以接受劳务一方为被告；法人或者非法人组织的工作人员执行工作任务造成他人损害的，该法人或者非法人组织为当事人。

（二）当事人是以自己的名义进行诉讼的人

当事人必须以自己的名义进行诉讼。以他人名义参加诉讼的是代理人。本章引例中，小强是案件的当事人，小强的母亲李女士只能以法定诉讼代理人的身份参加到诉讼程序中，所以李女士最终是以小强的名义起诉的。

（三）当事人是受法院裁判约束的人

民事案件一经法院受理、审理和裁判，其生效裁判即对当事人产生法律上的效力。法院发生法律效力的裁判或者调解协议，对当事人均有拘束力。当事人应当自觉遵守并自觉履行生效的裁判，否则法院可以采取强制措施。

民事诉讼当事人必须全部符合上述三个特征，否则不能称为民事诉讼当事人。

三、民事诉讼当事人的称谓

（一）原告

原告，是指因民事权益发生争议或者受到侵害的利害关系人，为维护自己的或者受其保护的民事权益，向人民法院起诉、提出民事诉求的一方当事人。通常，人民法院受理一方当事人的起诉请求后，该当事人原告的称谓从此确立。即使诉讼中的对方当事人提出反诉，反诉与本诉合并审理的，本诉原告的称谓也不变更。

原告不仅是起诉的一方，而且是首先起诉的一方。司法实践中，遇有双方当事人分别起诉的，先起诉的一方为原告。按参加诉讼的主动性不同，原告可以分为三种：主动起诉的原告、主动参加诉讼的共同原告、被通知参加共同诉讼的原告。

民事诉讼实行“不告不理”的原则：原告不起诉，人民法院不能主动审理民事争议；原告主动起诉，人民法院才能受理，才能启动民事诉讼程序。非诉讼程序的启动，也同此理：申请人不申请，人民法院不主动启动非诉讼程序。

（二）被告

被告，是指被原告声称与其发生民事权益争议或者侵犯了其民事权益的对方当事人。被告是被原告起诉的另一方当事人，经人民法院通知或者传唤参加民事诉讼。

通常情况下，民事诉讼既不能没有原告，也不能缺少被告。原告与被告，相互对立，不可或缺。原告起诉时无法指出明确被告的，诉讼不能成立。

（三）诉讼第三人

民事诉讼中的第三人，是指除原告、被告之外参加诉讼的第三方的当事人。根据我国民事诉讼法的规定，我国民事诉讼中的第三人，通常是指有独立请求权的第三人和无独立请求权的第三人。有独立请求权的第三人相当于原告，但不是共同原告；无独立请求权的第三人有两种，一种是辅助型的，另一种是被告型的，但不是共同被告。（详见第七章“诉讼第三人”）。2012 年我国《民事诉讼法》修正时，增加了第三人撤销之诉，故我国民事诉讼中的第三人还包括有权提起撤销之诉的第三人。

第二节 当事人的民事诉讼权利能力与民事诉讼行为能力

一、当事人的民事诉讼权利能力

（一）当事人民事诉讼权利能力的概念

当事人的民事诉讼权利能力，又称当事人能力，是指一定的主体能够享有民事诉讼权利、承担民事诉讼义务的能力，即作为民事诉讼当事人的主体资格。

通常情况下，当事人的民事诉讼权利能力与民事权利能力相适应。凡具有民事权利能力、能够进行民事活动的主体，通常也具有民事诉讼权利能力，能够成为民事诉讼的当事人。但是，法律也作出一些特殊规定，授权一些没有实体民事权利能力的人享受诉讼权利能力，成为诉讼当事人。比如，法律规定的诉讼担当的情形。

享有民事诉讼权利能力，是作为民事诉讼当事人的必要前提。不享有民事诉讼权利能力的人，是不具备民事诉讼主体资格能力的人，不能成为民事诉讼当事人。作为民事诉讼中的原告、被告和第三人，都必须具有民事诉讼权利能力。一般情况下，未经合法登记、不具备独立法人或者独立组织资格的单位，没有民事诉讼权利能力（但法律或司法解释有特别规定的除外）。自然人一般均享有民事诉讼权利能力，不存在没有民事诉讼权利能力的问题。

（二）当事人民事诉讼权利能力的取得和消灭

根据民事诉讼法的规定，以下三类人可以成为民事诉讼当事人：自然人、法人和非法人组织。自然人与法人、非法人组织的民事诉讼权利能力在取得和消灭的方式上有所不同。

1. 自然人的民事诉讼权利能力的取得与消灭

自然人的民事诉讼权利能力因出生而取得，与其生命紧密相连。其民事诉讼权利能力的期限，始于出生、终于死亡。

已经死亡的人没有诉讼权利能力，不能成为诉讼当事人。在诉讼中，如果一方当事人死亡，需要等待继承人表明是否参加诉讼的，裁定中止诉讼。人民法院应当及时通知继承人作为当事人承担诉讼，被继承人已经进行的诉讼行为对承担诉讼的继承人有效。尚未出生的人一般不具有诉讼权利能力，因而通常也不能成为诉讼当事人。《民法典》第 16 条规定："涉及遗产继承、接受赠与等胎儿利益保护的，胎儿视为具有民事权利能力。但是，胎儿娩出时为死体的，其民事权利能力自始不存在。"在此情形下，该胎儿是否具有民事诉讼权利能力？目前存在不同的观点。我们认为胎儿应当具有民事诉讼当事人资格，因此视为具有民事权利能力。但是，若有涉及遗产继承和接受赠与的诉讼发生，因为尚未命名，可以以其母之胎儿之类的称谓为诉讼当事人，其母或其父为法定诉讼代理人。

本章引例中，小强具有民事诉讼权利能力，可以成为案件的当事人。

2. 法人、非法人组织的民事诉讼权利能力的取得与消灭

法人、非法人组织的民事诉讼权利能力，因依法成立而取得。法人、非法人组织的依法设立及存在，是其享有民事诉讼权利能力的前提。其诉讼权利能力的期限，始于成立、终于被撤销或者终止。依照法律规定，法人、非法人组织的民事诉讼权利能力，可以因某种情况暂时被中止或者被替代者行使。例如，企业破产或者清盘时，其民事诉讼权利能力由人民法院指定的清算组行使。

企业法人解散的，依法清算并注销前，以该企业法人为当事人；未依法清算即被注销的，以该企业法人的股东、发起人或者出资人为当事人。

二、当事人的民事诉讼行为能力

（一）当事人民事诉讼行为能力的概念

当事人的民事诉讼行为能力，又称诉讼能力，是指能够以自己的行为行使诉讼权利、履行诉讼义务并且使自己的行为产生法律上效力的能力，即当事人亲自进行诉讼活动的资格。

民事诉讼行为能力与民事行为能力基本相适应，但是两者在具体划分上有所不同。民事诉讼行为能力，分为有民事诉讼行为能力和无民事诉讼行为能力两种；民事行为能力，则分为有民事行为能力、无民事行为能力和限制民事行为能力三种。有民事行为能力的人，均有民事诉讼行为能力；无民事行为能力和限制民事行为能力的人，均没有民事诉讼行为能力。

享有民事诉讼行为能力，是诉讼主体亲自参加民事诉讼的前提。没有民事诉讼行为能力的人，其行为不能在民事诉讼中产生预期的法律效力。

当事人的民事诉讼行为能力与民事诉讼权利能力具有不同的法律后果。当事人的民事诉讼权利能力是其成为一般民事诉讼当事人、享有诉讼权利和履行诉讼义务应具备的法律上的资格；当事人的民事诉讼行为能力则是当事人能够亲自实施诉讼行为、行使诉讼权利和履行诉讼义务的能力。没有民事诉讼行为能力而具有民事诉讼权利能力的人，虽然不能亲自实施有效的诉讼行为，但不妨碍其可作为诉讼当事人。

（二）当事人民事诉讼行为能力的取得和消灭

自然人、法人和非法人组织的民事诉讼行为能力在取得和消灭的时间上有所不同。

1. 自然人的民事诉讼行为能力的取得、消灭与恢复

（1）自然人取得民事诉讼行为能力，必须全部满足以下两个条件：第一，自然人因年满 18 周岁而取得民事诉讼行为能力。16 周岁以上不满 18 周岁的，以自己的劳动收入为主要生活来源的自然人，也是具有民事诉讼行为能力的人。第二，自然人能够进行民事诉讼活动并能够正确辨认自己的行为。具有一定的知觉、智力和思维能力的自然人，是享有民事诉讼行为能力的人。

（2）有以下两种情况之一的，自然人的民事诉讼行为能力消灭：第一，自然人因死亡而丧失民事诉讼行为能力。这是通常情况下自然人的民事诉讼行为能力消灭的原因，也称永久性消灭方式。第二，自然人因丧失知觉、智力或者正常的思维能力而丧失民事诉讼行为能力。这是特殊情况下自然人的民事诉讼行为能力消灭的原因，也称暂时性消灭方式。自然人丧失知觉、智力或者正常的思维能力，其民事诉讼行为由其法定代理人代理行使。因上述第二种原因丧失民事诉讼行为能力的自然人，可以因知觉、智力或者正常思维能力的恢复，而恢复民事诉讼行为能力。恢复民事诉讼行为能力的自然人，其民事诉讼行为可以亲自行使，其法定代理人的代理权自行丧失。

2. 法人、非法人组织的民事诉讼行为能力的取得与消灭

（1）法人、非法人组织，因合法成立、依法登记而取得民事诉讼行为能力。

（2）法人、非法人组织，因被撤销、终止而消灭民事诉讼行为能力。

第三节 当事人的诉讼权利和诉讼义务

一、当事人在诉讼中可享有的主要诉讼权利

当事人在诉讼中可享有的主要诉讼权利有：请求司法保护权（包括起诉权、反诉权、请求财产保全权等）、委托代理权、申请回避权、收集及提供证据权、辩论权、请求调解权、自行和解权、提起上诉权、申请执行权、查阅和复制本案有关诉讼材料与法律文书权、申请再审权等。

二、当事人在诉讼中应履行的主要诉讼义务

当事人在诉讼中应履行的主要诉讼义务有：依法行使诉讼权利、遵守诉讼秩序、履行生效的法律文书。

诉讼权利是否行使，通常由当事人自由处分；当事人对应履行的诉讼义务不履行，则要承担一定的法律后果，包括受到法律制裁。

【引例分析】

本章引例中，李女士并非游戏服务合同的直接缔约方，不是与本案有直接利害关系的人；法律也没有特别规定其可以成为本案的当事人，因此也不具有法律上的利害关系。本案中小强作为购买游戏充值服务的一方，是与诉讼标的有直接利害关系的人，应当成为本案原告。本案被告为游戏服务合同的相对方，即游戏公司，因此游戏公司应作为被告。

李女士应将原告变更为小强，被告为游戏公司，李女士可作为小强的法定诉讼代理人参与本案审理程序。

依据法律规定，未成年人具有诉讼权利能力，但不具有诉讼行为能力。因此，小强对游戏公司提起的诉讼只能由其监护人李女士代为行使，变更当事人的行为也只能由法定代理人李女士行使。

【本章小结】

1. 民事诉讼当事人，是指因民事权益发生争议或者受到侵害，以自己的名义进行诉讼、受人民法院裁判约束、与民事案件有利害关系的人。

2. 第一审民事诉讼当事人的称谓包括原告、被告和第三人。

3. 民事诉讼当事人应当具备民事诉讼权利能力；亲自进行民事诉讼活动的当事人应当具备民事诉讼行为能力。

【课后练习题】

一、名词解释

当事人　原告　被告　当事人民事诉讼权利能力　当事人民事诉讼行为能力

二、思考题

1. 什么是民事诉讼当事人？其有何特征？
2. 什么是民事诉讼权利能力？其与民事权利能力有何联系、区别？
3. 什么是民事诉讼行为能力？其与民事行为能力有何联系、区别？
4. 民事诉讼当事人有哪些主要的诉讼权利与诉讼义务？

三、案例分析题

1. 张李氏老人患病住院，邻居周大姐和居委会垫付了部分住院费用，尚欠医院费用若干，并面临欠费停药。张李氏有三个子女，他们相互推诿，谁都不愿意偿还周大姐和居委会垫付的费用，也不愿意交住院费用，并且拒绝支付赡养费。周大姐、居委会、医院得知情况后非常气愤，均表示要起诉张李氏的三个子女，以追讨包括医疗费用在内的赡养费。

问：如果本案以赡养纠纷为案由，原告应当是数个还是一个？具体应当是哪些人？

分析要点提示：(1) 原告应当是与案件有利害关系的人。赡养纠纷的利害关系双方是赡养人和被赡养人。就本案来说，利害关系双方是张李氏老人和她的三个子女。(2) 案例中涉及的欠费和垫付属于债务关系。本案以赡养纠纷为案由，原告只能是张李氏老人，而不包括周大姐、居委会、医院等。

2. 陈阿根的同村老乡陈发财在某建筑公司工地当工头，陈阿根被陈发财招募到工地打工。工地工程完工后，陈发财以公司没有结账为由拒绝发放工资。陈阿根和工友们准备向法院起诉讨要欠薪。

问：陈阿根应当诉告谁？如果以某建筑公司为被告，被告人如何具体列明？

分析要点提示：(1) 诉讼中只要求被告是明确的（确实存在、有具体的姓名和地址等）即可以成为形式上的被告，原告有权选择以谁为被告。原告只有准确地选择被告，才能取得应有的诉讼效果，诉告不准确必将被法院驳回。通常只有与本案有利害关系的人才是合适的被告。(2) 本案的利害关系是劳动关系。陈阿根和陈发财是否发生劳动关系是本案的关键。本案中陈阿根和陈发财不构成劳动关系，故不应当以陈发财为被告。陈发财招募的农民工为某建筑公司工作，该公司与陈阿根等工友发生劳动关系。陈阿根应当诉告该建筑公司。(3) 某建筑公司属于法人单位，以单位（包括法人、非法人组织等）为被告，除应列明单位名称和资料外，还应同时列明法定代表人姓名和资料。

3. 黎明亮和赵微微夫妇坐出租车去医院做围生期例行检查，途中遇车祸，赵微微腹部受到冲撞和挤压。经医院检查诊断：胎儿受到一定程度的损伤，但损伤程度无法确定。双方经协商无法达成赔偿协议。黎明亮和赵微微欲以胎儿名义提出诉讼。

问：黎明亮和赵微微夫妇的起诉是否得当？为什么？

分析要点提示：以胎儿名义起诉是否得当，首先应当考察胎儿是否具有自然人的诉讼权利能力。自然人的民事诉讼权利能力始于出生、终于死亡。胎儿尚未出生，不能被视为自然人，当然也就不能享有自然人的民事诉讼权利能力，故不能以胎儿名义起诉。

第五章 共同诉讼人

【本章引例】

张琳与张山系姐弟关系，2023 年 6 月 30 日 20 时许，张山因疾病发作被送往医院，经抢救无效死亡。张琳认为其弟张山的死亡系由于医院诊疗过程中存在重大过错所致，并申请医疗事故鉴定。鉴定意见为医院的诊疗行为存在过错，应承担主要责任。张琳支出医疗费、鉴定费等各项费用共计 8 万余元。后张琳起诉至法院，要求医院赔偿死亡赔偿金、医疗费、丧葬费、鉴定费等各项费用共计 50 万元。法院受理后查明，张山与其前妻生有一子张南，张山离婚后未再婚，其父母已经去世，除张琳外无其他兄弟姐妹。庭审过程中，张琳申请追加张南参加诉讼，法院并未依职权或依当事人申请予以追加。法院的做法是否妥当？

【本章学习目标】

通过学习本章，你应该能够：

1. 掌握必要共同诉讼的概念和特征
2. 掌握普通共同诉讼的概念和特征
3. 了解应当共同参加诉讼的当事人的具体范围
4. 了解必要共同诉讼的分类

第一节 共同诉讼人的概念与特征

一、共同诉讼人的概念

共同诉讼，是指一个案件中的当事人一方或者双方有两人以上共同参加的诉讼。共同诉讼，与单一诉讼相对应。单一诉讼，是指一个案件的每一方当事人都只有一人。共同诉讼中的“两人”，是指两个独立的民事主体，可以包括两个以上的自然人、法人或者非法人组织。两个以上的同一方当事人，称为共同诉讼人。原告一方有两人以上的，称为共同原告；被告一方有两人以上的，称为共同被告。

二、共同诉讼人的特征

（一）同一方当事人为两人以上

在民事诉讼中，有时只有一方当事人是两人以上，有时双方当事人都是两人以上。一个民事案件中，只要有一方当事人是两人以上的，即为共同诉讼。

（二）法院把两个以上的当事人合并为一方进行审理

两个以上的当事人共同参加同一诉讼，有两种方式：其一，当事人共同起诉或者在诉讼中请求参加；其二，由法院通知当事人参加诉讼。无论哪一种方式，都必须由法院确认为同一方当事人；由法院列为共同原告，或者列为共同被告，或者列为共同第三人。法院未明确列为共同诉讼人的，不是共同诉讼。

三、共同诉讼和共同诉讼人的分类

根据立法规定及诉的合并原理，把共同诉讼划分为必要的共同诉讼和普通的（非必要）共同诉讼两种，共同诉讼的当事人也因此可以分为必要的共同诉讼人和普通的（非必要）共同诉讼人。

司法实践案例：
原告依据多个法律关系合并提出多项诉讼请求，且各法律关系间具有一定事实关联，法院是否可以合并审理？

第二节　必要的共同诉讼人

一、必要的共同诉讼人的概念

必要的共同诉讼，是指一个案件当事人的一方或者双方为两人以上，参加诉讼的同一方当事人之间具有共同的诉讼标的，因而所有当事人必须共同参加的诉讼。对一个案件的诉讼标的有共同权利或者共同义务的同一方当事人，为必要的共同诉讼人。

必要的共同诉讼是一种不可分之诉，共同诉讼人之间，对诉讼标的有共同的权利和义务。必要的共同诉讼人通常应当共同起诉、共同应诉，人民法院通常应当一同审理、一并裁判。

二、必要的共同诉讼的特征

必要的共同诉讼，除具有共同诉讼的一般特征外，还具备以下独有的特征：

（一）共同诉讼人对诉讼标的具有共同的权利和义务

共同诉讼人对诉讼标的具有共同的权利和义务，是指数个当事人对同一个有争议的实体法律关系有共同的权利和义务。例如，数个合伙人共同对某公司主张合伙期间的同一债权，这数个当事人就是必要的共同诉讼人，该案件就是必要的共同诉讼。因本案的诉讼标的——债权是数个合伙人共同享有的，不是某一个合伙人个人享有的。

（二）共同诉讼人通常必须共同参加同一诉讼

共同诉讼人通常必须共同参加同一诉讼，是指一般情况下应当共同参加诉讼的当事人不能另行单独诉讼，法院一般也不能把本案分离为几个案件进行审理。例如，数个合伙人因共同的债权而成为必须共同参加诉讼的必要共同诉讼人，当事人不得单个独立提出主张。

必须共同进行诉讼的当事人没有参加诉讼的，人民法院应当依照《民事诉讼法》第135条的规定，通知其参加诉讼；当事人也可以向人民法院申请追加。人民法院对当事人提出的申请，应当进行审查，申请理由不成立的，裁定驳回；申请理由成立的，书面通知被追加的当事人参加诉讼。

人民法院追加共同诉讼的当事人时，应当通知其他当事人。应当追加的原告，已明确表示放弃实体权利的，可不予追加；既不愿意参加诉讼，又不放弃实体权利的，仍应追加为共同原告，其不参加诉讼，不影响人民法院依法对案件进行审理和作出判决。

此外，对被追加的被告，如果不愿意参加诉讼的，法院一般可以对其进行缺席判决，但对符合拘传条件的被告，则可以通过拘传，强制其到庭参加诉讼。

三、必要的共同诉讼的分类

依据民事诉讼理论和诉讼实务，必要共同诉讼可以分为固有的必要共同诉讼和类似的必要共同诉讼。

（一）固有的必要共同诉讼

固有的必要共同诉讼，是指同一案件当事人一方或双方为两人以上，其诉讼标的是共同的，同一方当事人必须共同参加诉讼，法院必须一并审理、合一判决的共同诉讼。固有的必要共同诉讼中的同一方共同诉讼人为固有的必要共同诉讼人。

（二）类似的必要共同诉讼

类似的必要共同诉讼，是指虽然两人以上对争议的诉讼标的有共同的关系，但有选择权的当事人选择共同诉讼时，同一方当事人才必须共同参加诉讼，法院应当一并审理、合一判决的诉讼。类似的必要共同诉讼的同一方共同诉讼人为类似的必要共同诉讼人。

类似的必要共同诉讼是否成立，取决于原告起诉时的选择。有选择权的当事人，如果选择单一诉讼而没有选择共同诉讼，本案就不能成为共同诉讼。在司法实践中，当事人的选择权必须在法律规定的前提下实施。例如，因产品质量致人损害的纠纷中，原告可以依法选择单独起诉产品生产者或者产品销售者，也可以选择共同起诉产品生产者和产品销售者。

四、应当共同参加诉讼的情形

各民事主体的诉讼标的是否是共同的，主要由民事实体法规定。《民事诉讼法》和《适用民诉法解释》对应当共同参加诉讼的情形有具体规定。按照规定，有下列情形之一的，人民法院应当将其作为共同诉讼处理：

（1）共有财产受到他人侵害，部分共有权人起诉的，其他共有权人应当列为共同原告。

（2）遗产继承纠纷中的部分继承人起诉，人民法院应当通知其他继承人作为共同原告参加诉讼；被通知的继承人不愿意参加诉讼而又未明确表示放弃继承权的，人民法院仍应将其列为共同原告。

(3) 因代理行为产生纠纷，原告起诉被代理人和代理人，要求承担连带责任的，被代理人和代理人为共同被告。原告起诉代理人和相对人，要求承担连带责任的，代理人和相对人为共同被告。

(4) 因保证合同纠纷提起诉讼，债权人向保证人和被保证人一并主张权利的，人民法院应当将保证人和被保证人列为共同被告。保证合同约定为一般保证债权人仅起诉保证人的，人民法院应当通知被保证人作为共同被告参加诉讼；债权人仅起诉被保证人的，可以只列被保证人为被告。

(5) 借用业务介绍信、合同专用章、盖章的空白合同书或者银行账户的，出借单位与借用人列为共同被告。

(6) 企业法人合并的，因合并前的民事活动发生的纠纷，以合并后的企业为当事人；企业法人分立的，因分立前的民事活动发生纠纷，以分立后的各企业为共同诉讼人。

(7) 在诉讼中，未依法登记领取营业执照的个人合伙的全体合伙人为共同诉讼人。个人合伙有依法核准登记的字号的，应在法律文书中注明登记的字号。全体合伙人可以推选代表人；被推选的代表人，应由全体合伙人出具推选书。

(8) 在诉讼中，个体工商户以营业执照上登记的业主为当事人。有字号的，以营业执照上登记的字号为当事人，但应同时注明该字号经营者的基本信息。营业执照上登记的业主与实际经营者不一致的，以业主和实际经营者为共同诉讼人。

(9) 以挂靠形式从事民事活动，当事人请求由挂靠人和被挂靠人依法承担民事责任的，该挂靠人与被挂靠的企业为共同诉讼人。

(10) 在劳务派遣期间，被派遣的工作人员因执行工作任务造成他人损害的，以接受劳务派遣的用工单位为当事人。当事人主张劳务派遣单位承担责任的，该劳务派遣单位为共同被告。

(11) 无民事行为能力人、限制民事行为能力人造成他人损害的，无民事行为能力人、限制民事行为能力人和其监护人为共同被告。

五、必要共同诉讼人共同的民事诉讼行为能力

必要共同诉讼人在民事诉讼中有其共同的一面，也有其独立的一面。一方面，各共同诉讼人均是有民事诉讼权利能力的独立民事主体，其民事诉讼行为能力是相对独立的。另一方面，因其诉讼标的的共同性，其民事诉讼行为能力又具有一定的共同性，各必要共同诉讼人的民事诉讼行为能力的独立性是有限制的。即必要共同诉讼人在行使共同的权利或履行共同的义务时，通常应当共同进行。共同诉讼人在诉讼中的共同权利和共同义务，既包括实体上的权利和义务，也包括程序上的权利和义务。

涉及共同诉讼人的共同权利和共同义务的诉讼行为，由共同诉讼人共同所为的，或者个别共同诉讼人的诉讼行为经全体共同诉讼人同意的，对全体共同诉讼人发生法律效力；不是由共同诉讼人共同所为的，或者个别共同诉讼人的诉讼行为不能代表全体共同诉讼人意志的，其诉讼行为不能对全体共同诉讼人发生法律效力。《民事诉讼法》第 55 条第 2 款规定："共同诉讼的一方当事人对诉讼标的有共同权利义务的，其中一人的诉讼行为经其他共同诉讼人承认，对其他共同诉讼人发生效力；对诉讼标的没有共同权利义务的，其中

一人的诉讼行为对其他共同诉讼人不发生效力。”

第三节　普通的共同诉讼人

一、普通的共同诉讼人的概念

普通的共同诉讼，又称非必要的共同诉讼，是指一个案件的当事人一方或者双方为两人以上，参加诉讼的同一方当事人的诉讼标的属于同一种类，经当事人请求、人民法院许可，通知所有当事人共同参加的诉讼。此类诉讼同一方两个以上的当事人，为普通的共同诉讼人。

普通的共同诉讼是一种可分之诉，共同诉讼人之间对诉讼标的无共同的权利和义务。共同诉讼人可以一同起诉，也可以分别起诉。人民法院可以合并审理，也可以分开审理。人民法院合并审理时，应当分别确认每个共同诉讼人的权利和义务。

二、普通的共同诉讼的特征

普通的共同诉讼，除具有共同诉讼的一般特征外，还具备以下独有的特征：

（一）普通共同诉讼人各自的诉讼标的属同一种类

与必要的共同诉讼有很大不同的是，普通的共同诉讼的同一方当事人之间并没有共同的诉讼标的，只是各共同诉讼人与对方当事人之间的诉讼标的属于同一种类。在必要的共同诉讼中，各共同诉讼人与对方当事人之间的诉讼标的不仅是共同的，而且是同一的；必要的共同诉讼中的诉讼标的只有一个。而在普通的共同诉讼中，各共同诉讼人与对方当事人之间的诉讼标的，不是一个，而是数个；每一个共同诉讼人分别与对方当事人之间都有一个诉讼标的。

各共同诉讼人可以分别与对方当事人进行单独的诉讼，但由于这些诉讼标的是同一种类，为诉讼便利和经济起见，法律规定这些诉讼可以合并在一个案件中进行审理。例如，某物业管理公司诉其管理的某住宅小区内五户居民拖欠物业管理费一案中，物业公司分别与五户居民发生物业管理费的纠纷，居民们是各自独立的诉讼当事人。实际上，本案有五个关于物业管理费的诉讼标的，是由五起纠纷合并成为一个案件的。这五起纠纷能够合并为一个案件的必要条件之一，就是共同诉讼人各自的诉讼标的属于同一种类。

（二）各普通共同诉讼人有共同的对方当事人

各共同诉讼人有共同的对方当事人，是普通的共同诉讼的又一个重要特征，也是构成普通的共同诉讼的要件之一。

有时，普通的共同诉讼表现为一个原告诉数个共同被告。例如，在上述案例中，虽然有五个被告，但是原告却只有一个，即这五个被告的对方当事人——原告是同一个人。

有时，普通的共同诉讼还可以表现为原告一方为数人，被告一方为同一人。例如，三个独立的消费者共同诉同一个销售商出售不合格商品。

有时，普通的共同诉讼也可以表现为数个原告诉数个被告。但是，原告、被告双方至少有一方是一个“整体”。所谓“整体”，是指同一方数个当事人对本案诉讼标的具有共同的权利和义务。这是一种必要的共同诉讼与非必要的共同诉讼的竞合。例如，三个独立的养鱼人共同诉排放污水导致鱼死亡的三个合伙人兴办的合伙企业。三个合伙人属于共同侵权，具有共同的利害关系，是必要的共同诉讼人，他们作为一个整体是各养鱼人的必要共同被告；三个独立的养鱼人各自所养的鱼分别遭受损失，他们之间没有共同的利害关系，在同一案件中只是因为同样的请求而成为普通的共同诉讼人。

（三）原告对数人起诉构成普通的共同诉讼

普通的共同诉讼的构成不是必须的，决定权在于提起诉讼的一方当事人。例如，在上述物业管理纠纷的案例中，物业公司可以分五次起诉，使之成为五个案件；也可以一并起诉，请求人民法院合并为一个案件，从而成为普通的共同诉讼①。物业公司不一并起诉的，人民法院不能依职权通知其他业主参加同一诉讼。被起诉的一方，可以对人民法院的主管权与管辖权依法提出异议，但是，在已被人民法院认可的共同诉讼中，共同被告人不得自行退出。

（四）共同诉讼的成立必须经人民法院许可

普通的共同诉讼，通常由对方当事人一同起诉而参加。但是，当事人自行合并提出诉讼，未经人民法院许可，并不必然形成共同诉讼。普通的共同诉讼的成立，必须经人民法院许可，人民法院对可以合并的诉讼应当予以合并审理。

三、普通的共同诉讼人各自独立的民事诉讼行为能力

由于普通的共同诉讼人之间没有共同的权利和义务，因此他们的民事诉讼行为能力也是各自独立的。无论是从实体上还是从程序上而言，任何一个普通的共同诉讼人都可以完全独立地行使自己的权利或者履行自己的义务，这与必要的共同诉讼人之间存在的民事诉讼行为能力的相关性和限制性，有较大的区别。

【引例分析】

本章引例中，医院是侵权人，张山的近亲属有权请求侵权人承担侵权责任。赔偿权利人是指因侵权行为或者其他致害原因直接遭受人身损害的受害人、依法由受害人承担扶（抚）养义务的被扶（抚）养人以及死亡受害人的近亲属。《民法典》中规定的近亲属，包括配偶、父母、子女、兄弟姐妹、祖父母、外祖父母、孙子女、外孙子女。

因此，张琳与张南应作为共同的赔偿权利人，依法属于共同原告，受理该案的法院未依职权或依当事人申请追加张南作为原告，属于遗漏必须进行共同诉讼的当事人。

【本章小结】

1. 当事人一方有两人以上，并具有共同的诉讼标的或同一种类的诉讼标的，为共同诉讼。

2. 必要的共同诉讼人对本案诉讼标的具有共同和同一的关系。依据当事人是否有选择权，共同诉讼可以分为固有的必要共同诉讼和类似的必要共同诉讼。

3. 普通（非必要）的共同诉讼人各有各的同一种类的诉讼标的。

【课后练习题】

一、名词解释

共同诉讼　必要的共同诉讼　普通的共同诉讼　固有的必要共同诉讼　类似的必要共

① 理论上应当如此，有利于提高诉讼效率，但事实上，当前的司法实务中这种共同诉讼极为少见。

同诉讼

二、思考题

1. 什么是必要的共同诉讼？其有何特征？
2. 哪些当事人按规定应当共同参加诉讼？
3. 什么是普通的共同诉讼？其有何特征？
4. 必要的共同诉讼与普通的共同诉讼有何区别？
5. 固有的必要共同诉讼与类似的必要共同诉讼有何区别？

三、案例分析题

1. 第四章“案例分析题 1”中，如果原告张李氏只诉告三个子女中的两人，问：法院可否只判决两个子女承担赡养责任？为什么？

分析要点提示：(1) 法院可否只判决两个子女承担赡养责任，关键看本案是否属于必要的共同诉讼。本案诉讼标的是赡养义务，赡养人对此义务具有共同性，故属于必要共同诉讼。(2) 本案究竟属于固有的共同诉讼还是属于类似的共同诉讼，主要看原告是否有选择权。原告是否有选择权则应当看实体法和程序法的具体规定。此案中，张李氏的三个子女均负有赡养义务，他们对于张李氏的赡养义务是共同的，属必要的共同诉讼，人民法院必须合并审理。他们必须作为共同被告一起参加诉讼，以便人民法院查明案情，并确定每个人应尽多少赡养义务。

2. 第四章“案例分析题 2”中，如果陈阿根和五个工友一起向法院起诉讨要欠薪，问：法院可否作为一个案件受理？可否作为六个案件受理？为什么？

分析要点提示：(1) 是否可以作为一个案件受理，主要看是否为共同诉讼。本案符合共同诉讼的构成要件，但诉讼标的仅仅是同一种类，故为普通的共同诉讼。(2) 法院对普通的共同诉讼可以并案审理，也可以分案审理。因此，法院可以作为一个案件受理，也可以作为六个案件分别受理。

3. 第四章“案例分析题 3”中，如果黎明亮和赵微微夫妇以自己的名义共同起诉，诉告出租车司机和出租车公司，问：黎明亮和赵微微夫妇的共同诉讼能否成立？为什么？

分析要点提示：(1) 共同诉讼能否成立，不仅看一方当事人是否为数人，还要看共同诉讼人之间是否存在共同的或者同类的诉讼标的。(2) 原告一方必须均与本案有利害关系。本案受伤的是赵微微，黎明亮并未受伤，所以与本案有利害关系的是赵微微而非黎明亮，因此两人不能成为共同原告。但是共同诉讼也能成立，赵微微可以单独诉告出租车司机和出租车公司，也可以一同起诉出租车司机和出租车公司。

第六章　代表人诉讼

【本章引例】

张三、李四、王五、丁六等 21 位自然人分别与某房地产公司签订商品房买卖合同，分别购买某区独立商业 2 号楼 10 单元 1 层 000131 号至 000168 号房屋。房屋规划用途为独立商业服务，层高为 5.2 米。张三等 21 人在办理房屋过户手续前、查看待交付房屋时，发现某房地产公司在张三等 21 人房屋室内空间上方安装了中央空调的管道设备，占去张三等 21 人房屋顶端空间 2 米多。张三等 21 人联名起诉某房地产公司。法院要求张三等人推选出 3 名代表人进行诉讼。法院的要求是否有法律依据？

【本章学习目标】

通过学习本章，你应该能够：

1. 了解并辨别诉讼代表人和共同诉讼人的区别
2. 了解并辨别人数确定的诉讼代表人和人数不确定的诉讼代表人的区别
3. 了解并辨别两种代表人诉讼的不同诉讼程序
4. 了解并辨别两种代表人诉讼的不同裁判效力
5. 了解公益诉讼制度

第一节　诉讼代表人与代表人诉讼

一、诉讼代表人的概念

代表人诉讼，是指具有共同或者同种类民事权益的一方当事人人数众多，依法推举或者法院指定代表人进行诉讼，其他当事人不直接参与诉讼活动，但法院裁判的效力及于全体当事人的制度。经依法推举或者指定直接进行诉讼活动的人，称为诉讼代表人；其余不直接参加诉讼活动的人，是被代表的诉讼当事人。

代表人诉讼制度，是共同诉讼制度的特殊形式，是共同诉讼制度与诉讼代理制度的结合。它是解决群体性纠纷的一种最有效、最经济的诉讼方式。

二、代表人诉讼的特征

（一）一方当事人人数众多

依照法律规定，构成代表人诉讼，必须有一方当事人人数众多。这里所说的人数众多，一般是指 10 人以上。

代表人诉讼是以共同诉讼为基础发展起来的一种多数当事人诉讼的形式，因此代表人诉讼与共同诉讼有不少相同之处，例如，至少有一方当事人是多数人；每个当事人通常是独立的诉讼主体；同一方当事人的诉讼标的是共同的或者属于同一种类。但是，代表人诉讼的构成与共同诉讼在人数上有差别：在代表人诉讼中，有一方当事人的人数为 10 人以上；在共同诉讼中，有一方或者双方当事人的人数为 2 人以上。现行法律对代表人诉讼和共同诉讼的人数都作了下限的规定，但都没有直接规定上限。一般认为对代表人诉讼人数的下限规定，是对共同诉讼人数的上限规定，即同一方当事人的人数在 2 人以上 10 人以下（不含 10 人）的，为共同诉讼；同一方当事人的人数在 10 人以上（含 10 人）的，为代表人诉讼。

（二）诉讼行为由诉讼代表人实施

1. 多数当事人不直接实施诉讼行为

代表人诉讼制度的特征和构成要件之一是诉讼由代表人进行，其余当事人并不直接参加诉讼。其余当事人虽然不直接进行诉讼活动，但是仍然不失其本案诉讼当事人的地位。

2. 全体当事人可以自行推举 2 至 5 名当事人为诉讼代表人

诉讼代表人通常由全体当事人在当事人中选举产生；当事人推举不出或者无法推举代表人的，也可以由法院在当事人中指定。一方当事人人数很多时，可以分成数个小组，各组分别推举各自的代表人。当事人可以推举 2 至 5 名诉讼代表人直接参加诉讼，每位诉讼代表人可以委托 1 至 2 人作为诉讼代理人。

3. 诉讼代表人与法定代表人的区别

在民事诉讼中，单位参加诉讼时也由其代表人进行。单位的代表人是该单位的组成人员之一。此代表人与彼代表人虽然在名称上相似，但却有本质的不同，其主要区别如下：

（1）代表人产生的方法不同。法人和非法人组织参加诉讼时，由其主要领导人作为诉讼中的代表人。由于其代表人地位的确立由法律直接规定，因而其全称为法定代表人。而在人数众多的诉讼中，诉讼代表人通常是由当事人自己选举产生的。法人或非法人组织的法定代表人是代表法人或非法人组织从事民事活动的负责人，在民事诉讼中他们代表其法人或非法人组织进行诉讼，或者委托诉讼代理人进行诉讼；诉讼代表人仅在代表人诉讼中为诉讼行为，他们有本质的不同。

（2）被代表的当事人不同。法定代表人依法只代表某个单位参加诉讼，由于单位是一个由众多人员和财产组成的实体，因此只能由能够代表它的主要负责人进行诉讼。而诉讼代表人则代表众多的单个当事人参加诉讼。

4. 诉讼代表人与诉讼代理人的区别

诉讼代表人在民事诉讼中自己本身为当事人，同时也代表其他当事人进行诉讼，这与诉讼代理人代理他人进行诉讼有一定的相同之处，并且诉讼代表人和诉讼代理人的身份都是经当事人授权产生的。但是，两者仍有很大的区别：

（1）身份不同。诉讼代表人具有双重身份，既是本案的当事人又是本案的代表人；诉讼代理人是单一身份，只是本案的代理人，不是本案的当事人。

（2）权限产生方法不同。诉讼代表人是经当事人选举或法院指定产生的。诉讼代理人是依法律规定或者经当事人授权产生的。

（3）权限范围不同。诉讼代表人的权限范围，限于维护自己及被代表的当事人的利益，其处分权受到严格的限制。诉讼代理人的权限范围，由法律规定或者当事人直接授权。根据法律规定的诉讼代理权限，其处分权一般不受限制；依照当事人授权的代理权限，受当事人授权范围的限制。诉讼代表人通常只能进行类似一般代理的诉讼活动，遇有涉及处分权限的行为，例如，变更、放弃诉讼请求或者承认对方当事人的诉讼请求，进行和解，需要全体被代表人的授权。

（三）法院裁判的效力及于全体当事人

在代表人诉讼中，被代表的当事人虽然不直接参加诉讼，但是法院对案件所作的裁判，效力同样及于其身，甚至及于将来参诉的当事人。这是代表人诉讼区别于其他诉讼形式的最重要特征之一，也是构成代表人诉讼的要件之一。

司法实践案例：
当事人人数众多时是否可以只推选一人作为诉讼代表人进行诉讼?

三、代表人诉讼制度的作用

（一）代表人诉讼制度使人数众多的当事人加入同一诉讼成为现实

人数众多的案件，如果适用一般的诉讼程序则很难解决。例如，一化工厂有毒原料泄漏，致使数千人受害，数千人诉告化工厂。如果适用一般的共同诉讼，由一个法院的一个合议庭用上一年时间也未必能解决。适用代表人诉讼制度就不同了，当事人不必一一到庭，只由 2 至 5 名诉讼代表人直接参加诉讼，法院在数月内即可审理完结。

（二）及时保障众多当事人的民事权益，维护社会安定

代表人诉讼制度最重要的价值在于，通过法院及时、有效地行使审判权，既保障了众多当事人的民事权益，也维护了社会安定。在众多当事人的民事权益受到侵害时，如不及时解决纠纷，维护当事人的合法权益，必将使众多当事人的生产、生活发生困难，很有可能引发社会动乱。及时、正确地适用代表人诉讼制度，可以有效地避免这种现象的发生。

四、代表人诉讼形式的分类

以起诉或参加诉讼的人数是否确定为划分标准。依据《民事诉讼法》第 56 条、第 57 条的规定，代表人诉讼形式可以分为人数确定的代表人诉讼和人数不确定的代表人诉讼两种。

第二节　人数确定的代表人诉讼

一、人数确定的代表人诉讼的概念

人数确定的代表人诉讼，就是指诉讼标的是共同的或者同一种类的众多当事人，明确共同参加同一诉讼，人民法院予以合并审理的诉讼形式及其制度。

二、人数确定的代表人诉讼的特有特征

（一）同一方当事人的诉讼标的是共同的或者是同一种类的

人数众多的一方当事人，具有共同的诉讼标的或者诉讼标的属于同一种类，是人数确定的代表人诉讼的特征之一。此特征与共同诉讼的特征类似，但区别于人数不确定的代表人诉讼。

（二）人数众多的一方当事人的人数是确定的

人数确定，是指人数众多的一方当事人参加诉讼的人数是明确的。当事人人数是否确定，应从以下几个方面考察：其一，本案纠纷直接涉及的当事人人数确定；其二，知道或者应当知道自己权益受到侵害的当事人人数确定；其三，愿意或者应当参加诉讼的当事人人数确定。本章引例中，房屋购买人的人数是明确的，符合人数确定的代表人诉讼的特征。

（三）诉讼代表人应当由选举产生

在人数确定的代表人诉讼中，诉讼代表人必须由其所代表的全体当事人选举产生，不能由人民法院指定产生。如果当事人选举不出代表人，依据最高人民法院《适用民诉法解释》第76条的规定，按照以下方法处理：可以由全体当事人推选共同的代表人，也可以由部分当事人推选自己的代表人；推选不出代表人的当事人，在必要的共同诉讼中可以自己参加诉讼，在普通的共同诉讼中可以另行起诉。

上述三个人数确定的代表人诉讼的特有特征以及前述代表人诉讼的共同特征，共同构成人数确定的代表人诉讼的基本要件。

三、人数确定的代表人诉讼的程序

（一）选举诉讼代表人并提起诉讼

1. 选举诉讼代表人

（1）诉讼代表人的选举。一方当事人人数众多、超过10人的，应当依法推举代表人参加诉讼；未当选代表人的当事人，不直接进行诉讼活动。当事人人数特别多的，应当分组分别选举。参加诉讼的代表人原则上不应超过5人。选举不出代表人的，根据最高人民法院《适用民诉法解释》第76条的规定处理。

（2）诉讼代表人的条件。我国民事诉讼法没有直接规定诉讼代表人应当具备什么条件。根据民事诉讼法关于当事人条件的一般性规定及诉讼代表人的产生方式，诉讼代表人应当具备以下条件：第一，必须是本案具有诉讼权利能力的当事人；第二，必须是有诉讼行为能力的当事人；第三，经全体或者部分当事人选举产生。此外，我们认为还应当具备第四个条件，即代表人与其他当事人具有共同利益，完全能够代表所有当事人的意愿。

2. 提起诉讼

由当事人自己或者诉讼代表人向法院提交起诉状。

（二）诉讼代表人出庭进行诉讼

人数众多的诉讼由代表人直接进行诉讼；未当选代表人的当事人一般不直接参加诉讼。诉讼代表人在诉讼中可以依法聘请诉讼代理人进行诉讼，但是，诉讼代表人仍应当出

庭，亲自进行必要的诉讼活动。

诉讼代表人的代表权限有：

（1）一般代表权限。根据《民事诉讼法》第56条的有关规定，诉讼代表人的诉讼行为对其所代表的当事人发生法律效力。诉讼代表人的代表权限只限于一般代表权限。诉讼代表人在行使一般代表权限时，通常不需要一一征求被代表的当事人的同意。

（2）特别授权的代表权限。诉讼代表人未经所代表的当事人特别授权，不能行使处分权。诉讼代表人变更、放弃诉讼请求或者承认对方当事人的诉讼请求、进行和解，必须经过被代表的当事人全体同意，才能发生法律效力。

（三）法院依照普通程序审理

法院审理代表人诉讼的案件，不能适用简易程序，应当适用普通程序。因为代表人诉讼的案件涉及众多当事人，影响比较大，也比较复杂。

（四）法院裁判

法院依照代表人诉讼程序制作的裁判文书，应当依法送达所有当事人。在当事人人数确定的代表人诉讼中，法院应当适用法定的送达方法，有效地将裁判文书送达各当事人。

法院制作的裁判发生法律效力后，其效力不仅及于直接参加诉讼的诉讼代表人，也同时及于本案未直接参加诉讼的全部当事人。但是，对未报名参加诉讼或者另行起诉的另案当事人，人民法院裁判的效力一般不直接及于其身。

第三节　人数不确定的代表人诉讼

一、人数不确定的代表人诉讼的概念

人数不确定的代表人诉讼，是指诉讼标的是同一种类的众多当事人在起诉时，尚有部分有权参加同一诉讼的不明的当事人未能参加诉讼，但在一定条件下人民法院的裁判效力可以及于未同期参加诉讼的当事人的诉讼形式及其制度。

二、人数不确定的代表人诉讼的特有特征

（一）同一方当事人的诉讼标的为同一种类

根据《民事诉讼法》第57条的规定，在人数不确定的代表人诉讼中，同一方当事人的诉讼标的只能是同一种类的。如果同一方当事人的诉讼标的是共同的，不能适用人数不确定的代表人诉讼制度。

（二）人数众多的一方当事人的人数不确定

人数不确定，是指在参加诉讼的人数众多的一方当事人之外，还有多少同类权利的人尚不明确，或者即便知道具体人数但不知道这些人是谁。但是，已经登记参加诉讼的当事人的范围应当是确定的，否则，诉讼将无法进行。

（三）诉讼代表人既可以由当事人推举产生，也可以由法院指定

根据最高人民法院《适用民诉法解释》第77条的规定，在人数不确定的代表人诉讼中，诉讼代表人应当按照以下三种方式产生：（1）由报名参加诉讼的当事人（即提起诉讼的当事人）推选产生；（2）当事人推选不出代表人，可以由人民法院提出人选与当事人协商确定；（3）协商不成的，也可以由人民法院在起诉的当事人中指定代表人。

（四）法院裁判的效力及于未同期参加诉讼的权利人

在人数不确定的代表人诉讼中，实际当事人分为两部分：一部分是起诉后先行参加诉讼的当事人；另一部分是未与前一部分的当事人同期参加诉讼，而是在法院裁判作出后才提出诉讼请求的权利人。法院依照人数不确定的代表人诉讼程序审理后，作出的生效裁判的效力不仅及于先期参加诉讼的当事人，还可以及于后期提出诉讼请求的权利人。但是，后期未提出请求或者未在法定期限内提出请求的，法院前期裁判的效力不及于其身。

三、人数不确定的代表人诉讼的程序

（一）人数众多的当事人提起诉讼

在诉讼标的是同一种类的案件中，同一方当事人人数众多的，既可以由各当事人分别起诉，法院依法合并在一个案件中审理；也可以由当事人推选的代表人代表所有当事人起诉。

（二）法院受理并发出公告

在人数不确定的代表人诉讼中，有一个与众不同的特殊程序，即受理公告程序。根据最高人民法院《适用民诉法解释》的规定，人民法院受理诉讼标的是同一种类、当事人一方人数众多且在起诉时人数不确定的案件，可以发出公告，说明案件情况和诉讼请求，通知权利人在一定期间内向人民法院登记。根据最高人民法院《适用民诉法解释》的规定，公告期由人民法院根据具体案件的情况决定，最短不得少于 30 日。

根据《民事诉讼法》第 57 条的规定向人民法院登记的权利人，应当证明其与对方当事人的法律关系和所受到的损害。证明不了的，不予登记，权利人可以另行起诉。人民法院的裁判在登记的范围内执行。未参加登记的权利人提起诉讼，人民法院认定其请求成立的，裁定适用人民法院已作出的判决、裁定。

公告期内，向法院登记的权利人即为本案的诉讼当事人；超过公告期，人民法院即可进行审理并作出裁判。

适用受理公告程序应当注意以下问题：其一，受理公告的期限，不是除斥权利人权利的时效，而是确定法院对案件进行实体审理的期间。其二，受理公告的程序不是每个案件的必经程序。《民事诉讼法》第 57 条只规定人民法院可以发出公告，没有规定人民法院必须发出公告；是否进行公告，人民法院可以根据案件情况自行决定。其三，此公告期属于法定的指定期间。

（三）推举或者指定代表人参加诉讼

与人数确定的代表人诉讼不同的是，在人数不确定的代表人诉讼中，代表人产生的方法不限于当事人推举。在当事人推举不出代表人时，由法院与参加登记的权利人协商确定；经过协商确定不了的，可以由法院指定代表人。

人数不确定的诉讼代表人的权限与人数确定的诉讼代表人的权限基本相同。一般情况下，诉讼代表人的诉讼行为对其所代表的当事人发生效力。

在审判实践中，应当从以下两个方面注意防止代表人越权代表的现象：第一，人民法院指定的代表人，在代表当事人行使处分权时，应当征求所代表的全体当事人的同意，对此人民法院应当予以特别监督和必要的干预。第二，诉讼中的代表人依法行使处分权，效力只及于参加登记并且是其所代表的那一部分当事人。分组推举的诉讼代表人，只能代表推举他的那一部分当事人，不能代表其余的当事人。在人数不确定的代表人诉讼中，还存在一部分人数不明的权利人没有参加诉讼，因此诉讼代表人依法行使的处分权，效力不能及于未参加诉讼的权利人。

（四）人民法院依照普通程序审理

对人数不确定的代表人诉讼，法院应当组成合议庭，适用普通程序审理。

第四节 特别代表人诉讼

2019 年我国《证券法》进行了第二次修订。为增强投资者保护力度及完善投资者保护机制，在我国民事诉讼法代表人诉讼的基础上，《证券法》第 95 条第 3 款规定了“默示加入、明示退出”的特别代表人诉讼，2020 年 7 月最高人民法院发布实施了《关于证券纠纷代表人诉讼若干问题的规定》。至此，我国民事诉讼代表人诉讼制度形成了以《民事诉讼法》为根据的普通代表人诉讼和以《证券法》为补充的特别代表人诉讼两种类型。

一、特别代表人诉讼的概念

特别代表人诉讼，是指在确定人数众多的当事人时，以默示加入、明示退出为原则的，可以委托专门机构为诉讼代表人的，有别于《民事诉讼法》已有规定的代表人诉讼的代表人诉讼制度。

我国《证券法》第 95 条规定：“投资者提起虚假陈述等证券民事赔偿诉讼时，诉讼标的是同一种类，且当事人一方人数众多的，可以依法推选代表人进行诉讼。对按照前款规定提起的诉讼，可能存在有相同诉讼请求的其他众多投资者的，人民法院可以发出公告，说明该诉讼请求的案件情况，通知投资者在一定期间向人民法院登记。人民法院作出的判决、裁定，对参加登记的投资者发生效力。投资者保护机构受五十名以上投资者委托，可以作为代表人参加诉讼，并为经证券登记结算机构确认的权利人依照前款规定向人民法院登记，但投资者明确表示不愿意参加该诉讼的除外。”关于代表人诉讼，我国《民事诉讼法》第 56 条、第 57 条这样规定：当事人一方人数众多的共同诉讼，可以由当事人推选代表人进行诉讼。诉讼标的是同一种类、当事人一方人数众多在起诉时人数尚未确定的，人民法院可以发出公告，说明案件情况和诉讼请求，通知权利人在一定期间向人民法院登记。向人民法院登记的权利人可以推选代表人进行诉讼；推选不出代表人的，人民法院可以与参加登记的权利人商定代表人。人民法院作出的判决、裁定，对参加登记的全体权利人发生效力。未参加登记的权利人在诉讼时效期间提起诉讼的，适用该判决、裁定。《证券法》的规定与《民事诉讼法》的规定有所不同，《证券法》立法宗旨在于给权利受损的中小投资者提供便利、低成本的维权工具，以规制虚假陈述、内幕交易、操纵市场等严重损害投资者的合法权益，损害资本市场健康发展的违法犯罪行为。

二、特别代表人诉讼的特征

与我国《民事诉讼法》设置的代表人诉讼制度有所不同，特别代表人诉讼具有以下特征：

第一，诉讼代表人不同。普通代表人诉讼的代表人是当事人一方众多群体中的成员，特别代表人诉讼的代表人是投资者保护机构。

第二，群体一方的当事人加入诉讼的原则不同。普通代表人诉讼的群体一方当事人加入诉讼需要“明示加入”，即根据《民事诉讼法》第 57 条的规定，向法院申请登记加入诉讼，成为诉讼当事人；而特别代表人诉讼是“默示加入”或“明示退出”，即根据《证券法》第 95 条及最高人民法院司法解释的规定，人民法院已经依法发布权利登记公告，投资者保护机构在公告期间受 50 名以上权利人的特别授权，可以作为代表人参加诉讼。先受理的人民法院不具有特别代表人诉讼管辖权的，应当将案件及时移送有管辖权的人民法院。但是不同意加入特别代表人诉讼的权利人可以提交退出声明，原诉讼继续进行。投资者明确表示不参加诉讼的，应在公告期间届满后 15 日内向法院声明退出。未声明退出者，视为同意参加该代表人诉讼。声明退出的投资者可以另行起诉。

第三，级别管辖不同。普通代表人诉讼因为其群体性纠纷的性质，根据最高人民法院的司法解释，通常由基层人民法院管辖；证券纠纷代表人诉讼，无论是普通的还是特别的代表人诉讼，虽然也是群体性纠纷，但因其属于证券投资领域的群体性纠纷，根据最高人民法院 2003 年施行的《关于审理证券市场因虚假陈述引发的民事赔偿案件的若干规定》、2020 年施行的《关于证券纠纷代表人诉讼若干问题的规定》及 2020 年修正的《关于对与证券交易所监管职能相关的诉讼案件管辖与受理问题的规定》，由有关中级人民法院管辖。即证券纠纷代表人诉讼案件，由省、自治区、直辖市人民政府所在的市、计划单列市和经济特区中级人民法院或者专门人民法院管辖。对多个被告提起的诉讼，由发行人住所地有管辖权的中级人民法院或者专门人民法院管辖；对发行人以外的主体提起的诉讼，由被告住所地有管辖权的中级人民法院或者专门人民法院管辖。特别代表人诉讼案件，由涉诉证券集中交易的证券交易所、国务院批准的其他全国性证券交易场所所在地的中级人民法院或者专门人民法院管辖。

第四，调解力度不同。根据最高人民法院的司法解释，证券纠纷代表人诉讼，无论是普通的还是特别的代表人诉讼，均实行着重调解的原则；非证券纠纷普通代表人诉讼不强调着重调解。

三、特别代表人诉讼的特殊程序

（一）合并管辖

人民法院已经发布权利登记公告，投资者保护机构在公告期间受 50 名以上权利人的特别授权，可以作为代表人进行诉讼。先受理同样案件的法院不具有特别代表人诉讼管辖权的，应当将案件及时移送有管辖权的人民法院。

（二）公告

权利人范围确定后，人民法院应当发出权利登记公告。权利登记公告除普通代表人诉讼公告的内容外，还包括投资者保护机构的基本情况、对投资者保护机构的特别授权、投资者声明退出的权利及期间、未声明退出的法律后果等。

（三）由一个投资者保护机构为代表人

对同一代表人诉讼，原则上由一个投资者保护机构作为代表人进行诉讼。若两个以上的投资者保护机构分别接受 50 名以上投资者委托，作为代表人进行诉讼的，两机构应协商处理；协商不成的，由人民法院指定其中一个作为代表人进行诉讼。

第五节　代表人诉讼与民事公益诉讼的区别

民事公益诉讼制度是我国2012年修正的《民事诉讼法》确立的一项新型诉讼制度。《民事诉讼法》第58条第1款规定："对污染环境、侵害众多消费者合法权益等损害社会公共利益的行为，法律规定的机关和有关组织可以向人民法院提起诉讼。"该规定解决了制约开展民事公益诉讼的"瓶颈性"问题——原告资格，具有划时代的意义。民事公益诉讼的创立是在我国立法中落实科学发展观的重要体现，是创新社会管理的一个重要举措。

由于初学者比较容易将民事公益诉讼制度与代表人诉讼制度混淆，故在此设专节介绍民事公益诉讼及其与代表人诉讼的区别。

一、民事公益诉讼案件范围

（一）区分民事公益诉讼与民事私益诉讼

若要正确理解《民事诉讼法》第58条第1款的规定，首先要区分什么是民事公益诉讼、什么是民事私益诉讼。

一般认为，民事公益诉讼，是指基于维护受到损害的公共利益，由特定的诉讼主体依法向人民法院提起的民事诉讼。该公共利益属于社会利益范畴，其利益主体不特定、不具体，是比较广泛意义上的人民和社会的利益。

只有在公共利益受到损害时，才可基于维护社会公共利益提起公益诉讼。如果针对污染环境、侵害消费者合法权益的行为，直接请求保护个体利益，则不属于民事公益诉讼的范围，而属于一般普通民事诉讼，即私益诉讼。公共利益的核心在于公共性，涉及不特定多数人的利益。

民事公益诉讼人实际上就是指民事公益诉讼的起诉人，或者进一步说，就是在法律上有资格提起民事公益诉讼的诉讼主体。

公益诉讼人与诉讼代表人的区别，实际上就是民事公益诉讼与民事私益诉讼的区别。尽管代表人诉讼涉及众多当事人，但诉讼目的是维护特定的个人或集体的民事利益，故仍然属于私益诉讼。

（二）区分民事公益诉讼与行政公益诉讼

当事人因行政机关不作为或对其处理决定不服等事宜提起的诉讼，系行政诉讼。

同时，我们还应区分民事公益诉讼与行政公益诉讼。虽然目前关于行政公益诉讼还无明确定义，但通常可以认为，无直接或者明确利害关系的当事人对行政行为不服提起的行政诉讼为行政公益诉讼。其诉讼的性质属于行政诉讼，不属于民事诉讼。民事诉讼法规定的公益诉讼属于民事诉讼，尽管有时民事公益诉讼是由行政机关提起的，但仍然属于民事诉讼。

（三）暂定但不限于两类民事公益诉讼

《民事诉讼法》第58条第1款对民事公益诉讼的案件范围采取了列举加概括式的规定，主要列举了两类公益诉讼案件，即"污染环境"和"侵害众多消费者合法权益"案件。

从立法表述来看，可以提起民事公益诉讼的案件包括但不限于"污染环境"和"侵害众多消费者合法权益”这两类案件。也就是说，民事公益诉讼的适用范围还可以根据实践的发展稳步拓展。

但是，鉴于民事公益诉讼还处于初步施行阶段，最高人民法院建议，目前的适用范围应暂限于“污染环境”和“侵害众多消费者合法权益”这两类情形为宜。

二、民事公益诉讼起诉主体

（一）法律规定的机关和组织可以提起民事公益诉讼

根据《民事诉讼法》第 58 条第 1 款的规定，我国可以向人民法院提起公益诉讼的主体是法律规定的机关和有关组织。目前，我国《消费者权益保护法》《环境保护法》《海洋环境保护法》，规定了以下特定的机关和有关组织可以提起公益诉讼：

1. 海洋环境监督管理部门

针对破坏海洋生态、海洋水产资源、海洋保护区，造成国家重大损失的行为，由法定的机关提起公益诉讼。《海洋环境保护法》第 114 条第 2 款规定：“对污染海洋环境、破坏海洋生态，给国家造成重大损失的，由依照本法规定行使海洋环境监督管理权的部门代表国家对责任者提出损害赔偿要求。”该条款是赋权条款，将海洋生态环境损失索赔权赋予行使海洋环境监督管理权的部门。同时，该条第 3 款规定：“前款规定的部门不提起诉讼的，人民检察院可以向人民法院提起诉讼。前款规定的部门提起诉讼的，人民检察院可以支持起诉。”赋予检察机关支持起诉及在海洋环境监督管理部门不起诉时单独起诉的权力。

在国家层面，我国的海洋环境监督管理部门是生态环境部下设的海洋生态环境司，由其负责全国海洋生态环境监管工作。同时，生态环境部直属的各海域生态环境监督管理局，地方生态环境行政部门下设的海洋生态环境处、科等机构，负责各自管辖范围内的海洋生态环境保护工作。

2. 环境保护公益组织

《环境保护法》第 58 条第 1 款规定：“对污染环境、破坏生态，损害社会公共利益的行为，符合下列条件的社会组织可以向人民法院提起诉讼：（一）依法在设区的市级以上人民政府民政部门登记；（二）专门从事环境保护公益活动连续五年以上且无违法记录。”第 2 款规定：“符合前款规定的社会组织向人民法院提起诉讼，人民法院应当依法受理。”同时第 3 款也限定：“提起诉讼的社会组织不得通过诉讼牟取经济利益。”

目前，我国各级各类的环保组织有数千家之多，以民间环保组织居多。《环境保护法》第 58 条对提起环境公益诉讼的主体设定了条件和“门槛”，其目的在于保证公益诉讼的质量和效率。

最高人民法院《关于审理环境民事公益诉讼案件适用法律若干问题的解释》（以下简称《审理环境公益案件的解释》）中对《环境保护法》第 58 条规定的公益诉讼主体作出以下解释：

（1）可以认定为《环境保护法》第 58 条所规定的“社会组织”的情形，是指：依照法律、法规的规定，在设区的市级以上人民政府民政部门登记的社会团体、基金会以及社会服务机构等。

（2）可以认定为《环境保护法》第 58 条所规定的“设区的市级以上人民政府民政部门”的情形，是指：设区的市，自治州、盟、地区，不设区的地级市，直辖市的区以上人民政府民政部门。

（3）可以认定为《环境保护法》第 58 条所规定的“专门从事环境保护公益活动”的情形，是指：社会组织章程确定的宗旨和主要业务范围是维护社会公共利益，且从事环境保护公益活动的。

（4）可以认定为《环境保护法》第 58 条所规定的“无违法记录”的情形，是指：社会组织在提起诉讼前 5 年内未因从事业务活动违反法律、法规的规定受过行政、刑事处罚的。

3. 消费者权益保护组织

（1）消费者协会。

《消费者权益保护法》第 47 条规定：“对侵害众多消费者合法权益的行为，中国消费者协会以及在省、自治区、直辖市设立的消费者协会，可以向人民法院提起诉讼。”

我国的消费者协会基本上均由行政部门组建或管理，但均属于具有独立法人资格的社会组织。目前，全国县以上消费者协会已达 3 000 多个，法律并没有赋予这些协会都可以提起公益诉讼，而仅仅赋予中国消费者协会以及在省、自治区、直辖市设立的消费者协会，可以向人民法院提起公益诉讼。我国在省、自治区、直辖市这一层级设立了 31 个消费者协会。也就是说，全国实际上可以提起公益诉讼的消费者协会有 32 个（包括全国性的中国消费者协会）。

（2）其他消费者组织。

其他消费者组织是否具有提起公益诉讼的资格，法律没有明确地作出规定。但依据《消费者权益保护法》第 36 条、第 39 条规定的精神，其他消费者组织也具有提起公益诉讼的资格。

其他消费者组织提起公益诉讼的，按照最高人民法院高民智的官方解释①，应当同时符合下列条件：1）依法登记成立的非营利性的消费者协会；2）按照其章程长期实际专门从事消费者权益保护公益事业；3）有专职的消费者权益保护专业技术人员和法律工作人员 10 人以上；4）提起的诉讼符合其章程规定的设立宗旨、服务区域、业务范围。

（二）检察机关提起公益诉讼制度的建立

法学界和社会各界对检察机关提起公益诉讼的呼唤已经持续了几十年。直至 2017 年 6 月 27 日，第十二届全国人民代表大会常务委员会第二十八次会议通过《关于修改〈中华人民共和国民事诉讼法〉和〈中华人民共和国行政诉讼法〉的决定》，明确将检察机关提起公益诉讼写入这两部法律。《民事诉讼法》第 58 条第 2 款规定：“人民检察院在履行职责中发现破坏生态环境和资源保护、食品药品安全领域侵害众多消费者合法权益等损害社会公共利益的行为，在没有前款规定的机关和组织或者前款规定的机关和组织不提起诉讼的情况下，可以向人民法院提起诉讼。前款规定的机关或者组织提起诉讼的，人民检察院可以支持起诉。”《行政诉讼法》第 25 条第 4 款规定：“人民检察院在履行职责中发现生态环境和资源保护、食品药品安全、国有财产保护、国有土地使用权出让等领域负有监督管理职责的行政机关违法行使职权或者不作为，致使国家利益或者社会公共利益受到侵害的，应当向行政机关提出检察建议，督促其依法履行职责。行政机关不依法履行职责的，

---

① 具体内容参见《人民法院报》2012 年 12 月 7 日最高人民法院民事审判庭署名为“高民智”的司法解释《关于民事公益诉讼的理解与适用》。

人民检察院依法向人民法院提起诉讼。”至此，我国法律正式授权检察机关可以提起公益诉讼，其中既包括民事公益诉讼，也包括行政公益诉讼。这是自中国共产党第十八届四中全会公报中明确提出我国要“探索建立检察机关提起公益诉讼制度”后的主动实践和积极探索。

为进一步规范和落实检察机关提起公益诉讼的各项程序条件、权利义务等，2018 年 3 月 1 日，最高人民法院和最高人民检察院联合发布了《最高人民法院、最高人民检察院关于检察公益诉讼案件适用法律若干问题的解释》（以下简称《关于检察公益诉讼案件适用法律若干问题的解释》），其中确立了检察机关提出公益诉讼的规则。2020 年 12 月 29 日，公布修正后的《关于检察公益诉讼案件适用法律若干问题的解释》，于 2021 年 1 月 1 日正式实施。

1. 检察机关提起民事公益诉讼的一般性规则

人民检察院以公益诉讼起诉人身份提起民事公益诉讼，分别依照民事诉讼法、行政诉讼法享有相应的诉讼权利，履行相应的诉讼义务。

人民检察院办理公益诉讼案件，可以向有关行政机关以及其他组织、公民调查收集证据材料；有关行政机关以及其他组织、公民应当配合；需要采取证据保全措施的，依照民事诉讼法、行政诉讼法相关规定办理。

人民法院开庭审理人民检察院提起的公益诉讼案件，应当在开庭 3 日前向人民检察院送达出庭通知书。人民检察院不服人民法院第一审判决、裁定的，可以向上一级人民法院提起上诉。人民法院审理第二审案件，由提起公益诉讼的人民检察院派员出庭，上一级人民检察院也可以派员参加。

2. 检察机关提起民事公益诉讼的特殊规则

（1）应当依法公告并且处于候补起诉主体。

《关于检察公益诉讼案件适用法律若干问题的解释》第 13 条规定：“人民检察院在履行职责中发现破坏生态环境和资源保护，食品药品安全领域侵害众多消费者合法权益，侵害英雄烈士等的姓名、肖像、名誉、荣誉等损害社会公共利益的行为，拟提起公益诉讼的，应当依法公告，公告期间为三十日。公告期满，法律规定的机关和有关组织、英雄烈士等的近亲属不提起诉讼的，人民检察院可以向人民法院提起诉讼。”

根据该条的规定，人民检察院在发现存在环境公益损害或消费者公益损害行为并计划以检察院名义提出民事公益诉讼的，应当进行公告，公告法定期间为 30 日。公告期内，若法律规定的机关和有关组织主动提起相应的公益诉讼的，人民检察院则不向法院提起诉讼，若公告期满后，有权提起相应公益诉讼的主体未提出诉讼的，人民检察院可以其名义向人民法院提起诉讼。

（2）起诉条件。

根据《关于检察公益诉讼案件适用法律若干问题的解释》第 14 条、第 15 条的规定，人民检察院提起民事公益诉讼，符合《民事诉讼法》第 122 条第 2 项、第 3 项、第 4 项① 及本解释规定的起诉条件的（包括提供：民事公益诉讼起诉书，并按照被告人数提出副本；被告的行为已经损害社会公共利益的初步证明材料；检察机关已经履行公告程序、征

① 《民事诉讼法》第 122 条第 2 至 4 项的规定分别是：有明确的被告；有具体的诉讼请求和事实、理由；属于人民法院受理民事诉讼的范围和受诉人民法院管辖。

询英雄烈士等的近亲属意见的证明材料），人民法院应当登记立案。

（3）被告反诉的限制。

根据《关于检察公益诉讼案件适用法律若干问题的解释》第 16 条的规定，人民检察院提起的民事公益诉讼案件中，被告以反诉方式提出诉讼请求的，人民法院不予受理。

（4）法院释明权的主动行使。

根据《关于检察公益诉讼案件适用法律若干问题的解释》第 18 条的规定，人民法院认为人民检察院提出的诉讼请求不足以保护社会公共利益的，可以向其释明变更或者增加停止侵害、恢复原状等诉讼请求。

（5）检察院主动撤诉的审查标准。

根据《关于检察公益诉讼案件适用法律若干问题的解释》第 19 条的规定，民事公益诉讼案件审理过程中，人民检察院诉讼请求全部实现而撤回起诉的，人民法院应予准许。

检察机关提起公益诉讼是民事诉讼法、行政诉讼法确立的特殊诉讼制度，拓展了检察监督的内涵和外延，是检察机关履行法律监督职能的新方式，进一步丰富和完善了中国特色的检察公益诉讼制度，走出了司法保护公益的中国道路。

（三）暂不允许自然人提起公益诉讼

由于公益诉讼的特殊性，诉讼主体必须经过法律授权才可以提起公益诉讼。我国法律虽然提倡个人对危害国家利益、集体利益和多数人利益的行为可以提出批评、监督和举报，但没有授权自然人可以提起民事公益诉讼，即我国目前尚未开放自然人提起公益诉讼。

三、民事公益诉讼的起诉条件

虽然中国共产党第十八届四中全会《中共中央关于全面推进依法治国若干重大问题的决定》（以下简称《决定》）明确指出了要在我国实行立案登记制度，最高人民法院也公布了立案登记制度，但是，提起民事诉讼仍然需要合乎一定的法定条件，否则不能达到预期的效果。基于此，最高人民法院《适用民诉法解释》第 282 条仍然规定：“环境保护法、消费者权益保护法等法律规定的机关和有关组织对污染环境、侵害众多消费者合法权益等损害社会公共利益的行为，根据民事诉讼法第五十八条规定提起公益诉讼，符合下列条件的，人民法院应当受理：（一）有明确的被告；（二）有具体的诉讼请求；（三）有社会公共利益受到损害的初步证据；（四）属于人民法院受理民事诉讼的范围和受诉人民法院管辖。”

同时，最高人民法院在《审理环境公益案件的解释》中还对环境公益诉讼的起诉规定了特别的要件：法律规定的机关和有关组织依据《民事诉讼法》第 58 条、《环境保护法》第 58 条等法律的规定，对已经损害社会公共利益或者具有损害社会公共利益重大风险的污染环境、破坏生态的行为提起的诉讼，符合《民事诉讼法》第 122 条第 2 项、第 3 项、第 4 项规定的，人民法院应予受理。《审理环境公益案件的解释》第 8 条还提出了具体的起诉要求：“提起环境民事公益诉讼应当提交下列材料：（一）符合民事诉讼法第一百二十一条①规定的起诉状，并按照被告人数提出副本；（二）被告的行为已经损害社会公共利

① 现为《民事诉讼法》第 124 条。

益或者具有损害社会公共利益重大风险的初步证明材料；（三）社会组织提起诉讼的，应当提交社会组织登记证书、章程、起诉前连续五年的年度工作报告书或者年检报告书，以及由其法定代表人或者负责人签字并加盖公章的无违法记录的声明。”

特别值得注意的是，最高人民法院在现行民事诉讼法关于起诉条件的基础上，对公益诉讼增加了两个特别的限制和要求：（1）环境公益诉讼必须针对已经损害社会公共利益或者具有损害社会公共利益重大风险的污染环境、破坏生态的行为；（2）提起公益诉讼必须具有并提供社会公共利益受到损害的初步证据。

四、民事公益诉讼的管辖

最高人民法院《适用民诉法解释》《审理环境公益案件的解释》等现行司法解释对民事公益诉讼的管辖作出下述规定。

（一）公益诉讼案件一般由侵权行为地或者被告住所地中级人民法院管辖

（1）公益诉讼案件由侵权行为地或者被告住所地中级人民法院管辖，但法律、司法解释另有规定的除外。

（2）环境民事公益诉讼案件由污染环境、破坏生态行为发生地、损害结果地或者被告住所地的中级以上人民法院管辖。

（3）因污染海洋环境提起的公益诉讼，由污染发生地、损害结果地或者采取预防污染措施地的海事法院管辖。

（二）授权高级人民法院对本辖区内的环境公益诉讼的管辖做适当调整

（1）经最高人民法院批准，高级人民法院可以根据本辖区环境和生态保护的实际情况，在辖区内确定部分中级人民法院受理第一审环境民事公益诉讼案件。

中级人民法院管辖环境民事公益诉讼案件的区域由高级人民法院确定。

（2）中级人民法院认为确有必要的，可以在报请高级人民法院批准后，裁定将本院管辖的第一审环境民事公益诉讼案件交由基层人民法院审理。

（三）原则上先立案的人民法院有管辖权

（1）对同一侵权行为分别向两个以上人民法院提起公益诉讼的，由最先立案的人民法院管辖，必要时由它们的共同上级人民法院指定管辖。

（2）同一原告或者不同原告对同一污染环境、破坏生态行为分别向两个以上有管辖权的人民法院提起环境民事公益诉讼的，由最先立案的人民法院管辖，必要时由它们的共同上级人民法院指定管辖。

五、民事公益诉讼的审理

（一）原告诉讼请求与法院释明

1. 原告的诉讼请求

原则上，民事公益诉讼的原告可以依据《民法典》的规定，请求责任人承担停止侵害、排除妨碍、消除危险、恢复原状、赔偿损失等责任。《审理环境公益案件的解释》第18条也规定：“对污染环境、破坏生态，已经损害社会公共利益或者具有损害社会公共利益重大风险的行为，原告可以请求被告承担停止侵害、排除妨碍、消除危险、修复生态环境、赔偿损失、赔礼道歉等民事责任。”

公益诉讼原告可以依法向法院请求判令被告承担诉讼的合理费用。《审理环境公益案件的解释》第22条规定："原告请求被告承担以下费用的，人民法院可以依法予以支持：（一）生态环境损害调查、鉴定评估等费用；（二）清除污染以及防止损害的发生和扩大所支出的合理费用；（三）合理的律师费以及为诉讼支出的其他合理费用。"

2. 法院的释明

原告诉讼请求不足以保护公共利益的，法院应当予以释明。《审理环境公益案件的解释》第9条规定："人民法院认为原告提出的诉讼请求不足以保护社会公共利益的，可以向其释明变更或者增加停止侵害、修复生态环境等诉讼请求。"

3. 反诉不予受理

人民法院不受理公益诉讼被告的反诉。《审理环境公益案件的解释》第17条规定："环境民事公益诉讼案件审理过程中，被告以反诉方式提出诉讼请求的，人民法院不予受理。"最高人民法院、最高人民检察院《关于检察公益诉讼案件适用法律若干问题的解释》第16条规定："人民检察院提起的民事公益诉讼案件中，被告以反诉方式提出诉讼请求的，人民法院不予受理。"但是，公益诉讼的被告可以依法另行起诉；符合法定起诉条件的，人民法院应当另案受理。

4. 重复公益诉讼不予受理

公益诉讼案件的裁判发生法律效力后，其他依法具有原告资格的机关和有关组织就同一侵权行为另行提起公益诉讼的，人民法院裁定不予受理，但法律、司法解释另有规定的除外。

《审理环境公益案件的解释》第28条规定："环境民事公益诉讼案件的裁判生效后，有权提起诉讼的其他机关和社会组织就同一污染环境、破坏生态行为另行起诉，有下列情形之一的，人民法院应予受理：（一）前案原告的起诉被裁定驳回的；（二）前案原告申请撤诉被裁定准许的，但本解释第二十六条规定的情形除外。环境民事公益诉讼案件的裁判生效后，有证据证明存在前案审理时未发现的损害，有权提起诉讼的机关和社会组织另行起诉的，人民法院应予受理。"

《审理环境公益案件的解释》第29条规定："法律规定的机关和社会组织提起环境民事公益诉讼的，不影响因同一污染环境、破坏生态行为受到人身、财产损害的公民、法人和其他组织依据民事诉讼法第一百一十九条[①]的规定提起诉讼。"

（二）开庭前的准备程序

1. 5日内送达起诉状副本

依据民事诉讼法及相关司法解释，人民法院受理公益诉讼案件后，应当在立案之日起5日内将起诉状副本发送被告，并公告案件受理情况。但在人民法院受理人民检察院提起的民事公益诉讼案件中，人民检察院已履行诉前公告程序的，人民法院立案后不再进行公告。

2. 10日内告知相关行政主管部门

人民法院受理民事公益诉讼案件后，应当在10日内书面告知相关行政主管部门。比如，在受理环境公益诉讼后，应当在10日内书面告知对被告负有环境资源保护监督管理责任的主管部门。

---

① 现为《民事诉讼法》第122条。

3. 依法列加共同诉讼人

(1) 人民法院受理民事公益诉讼案件后，依法可以提起诉讼的其他机关和有关组织，可以在开庭前向人民法院申请参加诉讼。人民法院准许参加诉讼的，列为共同原告。

(2) 有权提起诉讼的其他机关和社会组织在公告之日起 30 日内申请参加诉讼，经审查符合法定条件的，人民法院应当将其列为共同原告；逾期申请的，不予准许。

(3) 自然人、法人和非法人组织以其人身、财产受到损害为由申请参加诉讼的，告知其另行起诉。

（三）证据调查程序

(1) 公益诉讼案件的举证责任原则上依照《民事诉讼法》和最高人民法院《关于民事诉讼证据的若干规定》执行。

(2) 对于审理环境民事公益诉讼案件需要的证据，人民法院认为必要的，应当调查收集。

(3) 对于应当由原告承担举证责任且为维护社会公共利益所必要的专门性问题，人民法院可以委托具备资格的鉴定人进行鉴定。

(4) 当事人申请通知有专门知识的人出庭，就鉴定人作出的鉴定意见或者就因果关系、生态环境修复方式、生态环境修复费用以及生态环境受到损害至修复完成期间服务功能丧失导致的损失等专门性问题提出意见的，人民法院可以准许。

专家意见经质证，可以作为认定事实的根据。

(5) 原告在诉讼过程中承认的对己方不利的事实和认可的证据，人民法院认为损害社会公共利益的，应当不予确认。

（四）和解、调解及撤诉

1. 可以和解、调解

(1) 民事公益诉讼案件可以和解、调解。

对民事公益诉讼案件，当事人可以和解，人民法院可以调解。

(2) 民事公益诉讼案件的和解或者调解协议必须公告。

当事人达成和解或者调解协议后，人民法院应当将和解或者调解协议进行公告。公告期不得少于 30 日。

(3) 民事公益诉讼案件的和解或者调解协议公告期满后，由人民法院出具调解书。

公告期满后，人民法院经审查，和解或者调解协议不违反社会公共利益的，应当出具调解书；和解或者调解协议违反社会公共利益的，不予出具调解书，继续对案件进行审理并依法作出裁判。

调解书应当写明诉讼请求、案件的基本事实和协议内容，并应当公开。

2. 辩论终结后通常不得撤诉

(1) 民事公益诉讼案件的原告在法庭辩论终结后申请撤诉的，人民法院不予准许。

(2) 当事人以达成和解协议为由申请撤诉的，不予准许。

但是，负有环境资源保护监督管理职责的部门依法履行监管职责而使原告诉讼请求全部实现，原告申请撤诉的，人民法院应予准许。在检察机关提起的民事公益诉讼案件审理过程中，人民检察院诉讼请求全部实现而撤回起诉的，人民法院应予准许。

六、民事公益诉讼的诉讼费用

民事公益诉讼的诉讼费用，原则上依据国务院发布的《诉讼费用交纳办法》执行。但是最高人民法院充分考虑到民事公益诉讼原告在费用上的困难，因此在《审理环境公益案件的解释》中特别规定："原告交纳诉讼费用确有困难，依法申请缓交的，人民法院应予准许。败诉或者部分败诉的原告申请减交或者免交诉讼费用的，人民法院应当依照《诉讼费用交纳办法》的规定，视原告的经济状况和案件的审理情况决定是否准许。"

【引例分析】

本案 21 位房屋购买人联名起诉，属于当事人一方人数众多的民事诉讼，应当适用代表人诉讼制度。依照《民事诉讼法》和《适用民诉法解释》的规定，当事人一方人数超过 10 人的为人数众多，应当推举 2 至 5 名代表人进行诉讼。法院要求当事人推举 3 名代表人进行诉讼，符合法律规定。

【本章小结】

1. 一方当事人人数众多的，应当适用代表人诉讼制度。
2. 代表众多的当事人进行诉讼活动的人是诉讼代表人。
3. 人数确定的代表人诉讼的诉讼标的可以是共同的，也可以是同一种类的；人数不确定的代表人诉讼的诉讼标的只能是同一种类的。
4. 法定的机关和组织可以依法提起环境公益诉讼、消费者权益公益诉讼。

【课后练习题】

一、名词解释

代表人诉讼　诉讼代表人　人数确定的代表人诉讼　人数不确定的代表人诉讼　公益诉讼

二、思考题

1. 代表人诉讼制度有何特征？
2. 人数确定的代表人诉讼有何特征？
3. 人数不确定的代表人诉讼有何特征？
4. 两种代表人诉讼制度有何区别？
5. 代表人诉讼制度与共同诉讼制度有何联系与区别？
6. 现行公益诉讼有哪几种？哪些主体可以提起？

三、案例分析题

1. 第四章"案例分析题 2"中，陈阿根和 35 个工友向法院起诉讨要欠薪。

问：陈阿根和 35 个工友可否一同起诉？一同起诉后形成何种形式的诉讼？为什么？起诉后适用哪些具体程序？

分析要点提示：依据法律规定和本章的原理来看，陈阿根和 35 个工友具有类似的诉讼请求，因此他们可以一同起诉，一同起诉后形成普通共同诉讼。但原告方人数众多，若全部都参加诉讼将造成很大的不便，因此可由陈阿根和 35 个工友推选出不超过 5 名的诉讼代表人，代表 36 个原告参加诉讼，此时就形成人数确定的代表人诉讼，适用关于代表人诉讼的诉讼程序。

2. 我国沿海某地的海岸线散布着大小养殖场数百个。在一段时间内，各养殖场陆续发生大面积养殖海产死亡现象。经过检验，海水中含有不应有的有毒化学成分。该有毒化学成分来源于某化工厂的非法排放。某化工厂拒不承认非法排放的事实。各养殖场的负责人纷纷向律师寻求诉讼赔偿的方案。

问：如果你是律师，应当如何帮助当事人维权？

分析要点提示：（1）告知当事人寻求权利救济的途径。（2）帮助当事人收集证据。（3）其他途径无法解决时，动员当事人联合起来进行代表人诉讼。受害的各养殖场具有同类的诉讼请求，因此养殖场可以一同起诉，并推选出不超过 5 名的诉讼代表人进行诉讼，以形成代表人诉讼。

3. 某国外知名品牌笔记本电脑存在重大设计缺陷，既不如实告知我国用户，也不召回。基于同样的缺陷，该厂商却赔偿了某发达国家的消费者巨额的赔偿金。我国部分用户自发组织起来，共同聘请律师向法院提起了诉讼。

问：从诉讼主体状况看，法院是否应当受理？如果受理，应当适用什么程序？具体应当如何适用？

分析要点提示：（1）法院是否受理，主要看原告的诉讼主体是否适格。本案中我国部分用户自发组织起来，以受害者身份向法院起诉，其诉讼主体资格是没有疑问的，法院应当受理。（2）按照法律规定和本章原理确定适用的程序。本案中应当适用人数不确定的代表人诉讼。（3）具体程序的适用要明确到起诉、受理、公告、选举或指定代表人、开庭、裁判等。就本案所适用的具体程序，可以参考本章关于人数不确定的代表人诉讼具体程序的内容。

第七章　诉讼第三人

【本章引例】

朱老爹育有两女，分别为朱珠和朱玉。朱珠和朱玉长期在国外生活，朱老爹的饮食起居全由保姆李姐照顾。朱老爹因感念李姐的照顾，欲将其名下位于上海市松江区广富林路1188弄的房屋一套无偿赠与李姐，两人签署了书面的遗赠扶养协议。后朱老爹去世，朱珠和朱玉因该房屋的继承问题产生纠纷，并向上海市松江区人民法院起诉。法院受理后，李姐请求参加诉讼，要求法院根据遗赠扶养协议确认该房屋属于其所有。法院将李姐列为本案第三人。法院的做法是否有法律依据？

【本章学习目标】

通过学习本章，你应该能够：

1. 了解并辨别两种诉讼第三人的概念、特征和区别
2. 辨别有独立请求权第三人与共同原告的区别
3. 辨别无独立请求权第三人与共同被告的区别

第一节　诉讼第三人的概念、特征及作用

一、诉讼第三人的概念与分类

（一）诉讼第三人的概念

民事诉讼中的第三人，是指对他人之间的诉讼标的提出独立的请求，或者虽未提出独立的请求但案件审理的结果与其有法律上的利害关系，因而参加到他人已经开始的诉讼中，成为原告、被告以外的第三方面的当事人。

（二）诉讼第三人的分类

因参加诉讼的原因和主观意愿不同，诉讼第三人可分为有独立请求权的第三人和无独立请求权的第三人两种。

二、诉讼第三人的特征

（一）参加诉讼的目的是维护自己相对独立的民事权益

参加诉讼的第三人，无论其是否提出独立的诉讼请求，都是为了维护自己的权益，所

以均以自己的名义参加诉讼。正因为其为了维护自己的权益、以自己的名义参加诉讼，所以才属于当事人范畴。

参加诉讼的第三人通常都有自己独立的民事权益，并不必然与其他当事人有共同的利益。诉讼第三人以这种独立的诉讼地位区别于共同诉讼人。

（二）参加诉讼的原因是对他人之间的诉讼标的提出独立的请求，或者案件处理的结果与其有利害关系

诉讼第三人参加诉讼，必须具有以下原因之一：对他人之间的诉讼标的提出独立的请求；他人之间的诉的结果与其有一定的利害关系。没有上述原因之一的，不构成第三人之诉。

（三）参加诉讼的时间是他人之间的诉讼已经开始但尚未结束

第三人参加诉讼的时间应当在他人之间的诉讼已经开始但尚未结束期间。他人之间的诉讼已经开始，是指诉讼已经提起、人民法院已经受理；尚未结束，是指人民法院的裁判尚未作出，诉讼程序尚未结束。

诉讼期间应当包括第一审和第二审期间。依据最高人民法院《适用民诉法解释》的规定，在第一审中未参加诉讼的第三人，申请参加第二审程序的，人民法院可以准许。

（四）由人民法院确定可否合并审理

第三人参加诉讼，可以经第三人本人请求或者其他当事人提议，有时也由法院依职权直接确定。在第三人请求或者其他当事人建议的情况下，须由法院决定是否予以合并审理。通常情况下，有第三人参加的诉讼并不一定是必须合并的诉讼，人民法院确定是否合并的权限比较大。这与必要的共同诉讼不可分开审理的情形有很大不同。

诉讼第三人的上述四个特征，与当事人的一般特征共同构成诉讼第三人的要件。

三、诉讼第三人的作用

（一）维护当事人合法权益、保障司法公正

吸收第三人参加诉讼，可以使基于同一事实的不同纠纷在同一案件中得到公平、合理、彻底的解决，避免在诉讼中因不能全面举证、不能全面审理而导致人民法院对同一事实作出相互矛盾的裁判，从而维护当事人合法权益、保障司法公正。

（二）提高诉讼效率

民事诉讼在保障司法公正的前提下，应当最大限度地提高诉讼效率，以便更好、更快地为社会提供司法保障。本诉和第三人之诉的合并，虽然不像必要的共同诉讼那样必须合并，但是，凡是可以合并审理的，法院仍然应当予以合并。

（三）便于人民法院审理案件和当事人参加诉讼

便利人民法院审理案件，便利当事人参加诉讼，是我国民事诉讼立法和司法实践一贯追求的目标。把第三人之诉与本诉合并审理，既有利于法院全面审理、公正裁判，也有利于各方当事人一并参加诉讼，节省时间和金钱。

第二节　有独立请求权的第三人

一、有独立请求权的第三人的概念

有独立请求权的第三人，是指对他人之间的诉讼标的提出独立的请求，因而参加到已经开始的诉讼中来的除原告、被告以外的第三方面的当事人。

有独立请求权的第三人参加的诉讼，实际上是两个诉的合并。原告、被告之间的诉，是本诉；第三人提起的诉，称第三人之诉。法院把本诉和独立请求权第三人之诉合并审理，便形成了有独立请求权的第三人参加的诉讼。

二、有独立请求权的第三人的法律地位

有独立请求权的第三人，在诉讼中对本诉的诉讼标的提出独立的请求，因而其实质上是既反对本诉的原告又反对本诉的被告。在合并进来的第三人之诉中，其地位相当于原告；本诉的原告和被告，在该第三人之诉中则相当于第三人的被告。

有独立请求权的第三人，是完全独立的诉讼当事人，在诉讼中享有与其他诉讼当事人（尤其是原告）完全平等的诉讼权利，并承担相应的诉讼义务。但是，完全平等不等于完全相同，在一定的条件下，其诉讼权利仍受其身份、地位的限制。例如，有独立请求权的第三人虽然也享有撤诉权，但是只能撤回其提起的第三人之诉，不能撤回本诉；有独立请求权的第三人，因其主动要求参加诉讼，所以不能对案件的管辖权提出异议。

三、有独立请求权的第三人的特征

有独立请求权的第三人除具有第三人的共同特征外，还具有下述特征。

（一）对他人之间所争议的诉讼标的提出独立的请求权

1. 有独立的请求权在程序上就是指有独立的诉权

对他人之间所争议的诉讼标的，权利人自认为有独立的请求权，就可以提出请求。但是，该请求能否受理、可否成立，则由法院依法确定。当事人享有诉权、提出符合起诉条件的请求，人民法院应当予以受理。在实体上能否获得起诉人所期待的利益，则有待于人民法院经过审理并作出判决来确定。因此，从程序上而言，有独立的请求权，不是根据其能否获得所期望的独立利益确定的，而是依据其在本案中是否享有独立诉权确定的。

2. 有全部的独立请求权和有部分的独立请求权

对他人之间的诉讼标的有独立的请求权，包括有全部的独立请求权和有部分的独立请求权。有全部的独立请求权，是指对他人之间的诉讼标的有权提出全部的独立请求权。例如，第三人认为原告和被告所争议的三间房屋应归自己一人所有，因而对三间房屋提出全部的请求，则该第三人属于有全部的独立请求权的第三人。有部分的独立请求权，是指对他人之间的诉讼标的有权提出部分的独立请求权。例如，第三人认为原告和被告所争议的三间房屋中的一间应当归自己所有，因而对这一间房屋提出请求，则该第三人属于有部分的独立请求权的第三人。不论第三人是享有全部的请求权，还是享有部分的请求权，其请求权都必须是独立的，不能与原告或者被告任何一方分享。与他人共同享有请求权的人，是必要共同诉讼人中的原告，不是第三人之诉中的有独立请求权的第三人。

（二）其地位相当于原告而异于原告

有独立请求权的第三人的地位相当于原告，是就其在第三人之诉中的地位而言的。在合并后的诉讼中，为与共同诉讼人相区别，其只能担当第三人的角色，但享有与原告基本相同的诉讼权利。

（三）同时以本诉的原告和被告为起诉对象

在有独立请求权的第三人之诉中，有独立请求权的第三人起诉的对方当事人，是本诉

的原告和被告，实际上其以本诉的原告和被告为其被告，提起一个独立的诉讼请求。

四、有独立请求权的第三人与必要共同诉讼人的区别

（一）诉讼标的上的区别

必要共同诉讼人之间只有一个共同的诉讼标的。有独立请求权的第三人与本诉的原告之间没有共同的诉讼标的。在有独立请求权的第三人参加的诉讼中，分别存在两个独立的诉讼标的：在本诉中，原告与被告之间有一个独立的诉讼标的；在第三人之诉中，第三人与原告、被告之间另有一个独立的诉讼标的。

（二）实体关系上的区别

必要共同诉讼人之间，在实体上都具有共同的权利和共同的义务。有独立请求权的第三人与原告、被告之间，在实体关系上非但没有共同的权利和义务，反而是对立的。

（三）请求权上的区别

必要共同诉讼人的请求权是共同的，应当共同行使，通常不能独立行使；即使部分必要的共同诉讼人先行提起诉讼，其余共同诉讼人也应当一同参加诉讼。有独立请求权的第三人在行使请求权时，可以独立行使，不以原告、被告的意志为转移，即使本诉的原告撤回本诉，有独立请求权的第三人之诉也可以独立成诉。

（四）合并审理的强制性上的区别

必要共同诉讼多数属于不可分之诉，人民法院通常必须一并审理。有独立请求权的第三人之诉与本诉之间，没有必须合并审理的强制性规定，人民法院可以根据实际情况决定是否合并审理。

（五）诉讼地位上的区别

必要的共同诉讼人，不是作为诉讼中的共同原告，就是成为诉讼中的共同被告。被人民法院通知参加诉讼的共同诉讼人，必须参加到原告或者被告一方。有独立请求权的第三人并不参加诉讼中的任何一方，而且，在诉讼中只能作为相当于原告地位的第三人，不能成为原告、被告或者相当于被告地位的当事人。

（六）参诉时间上的区别

必要共同诉讼人可以在诉讼开始时与其他共同诉讼人同时参加诉讼，也可以在诉讼开始后参加。必要的共同诉讼人如果在第一审时未参加诉讼，第二审时也应当将其追加进来。有独立请求权的第三人只能在诉讼开始后但尚未结束前参加诉讼。有独立请求权的第三人未参加第一审诉讼的，在第二审中，除经法院调解能够达成协议的以外，原则上不能列为第三人。

（七）参诉方式上的区别

必要的共同诉讼，可以由共同诉讼人共同起诉，也可以经法院通知参加，即使不愿意参加诉讼，也应当追加为当事人。有独立请求权的第三人之诉，都是由有独立请求权的第三人主动请求参加的，人民法院一般不依职权主动通知其参加。

第三节　无独立请求权的第三人

一、无独立请求权的第三人的概念

无独立请求权的第三人，是指对他人之间的诉讼标的虽然没有独立的请求权，但案件

的处理结果与其有法律上的利害关系，因而参加到他人之间的诉讼中的第三方的当事人。

二、无独立请求权的第三人的法律地位

（一）相对独立的一方当事人

无独立请求权的第三人虽无独立的请求权，但仍是相对独立的一方当事人。审判实践中，有时确实会出现无独立请求权的第三人为了使自己不承担实体责任，或者积极支持原告一方，或者积极支持被告一方的情形。但是，这种表面上显露的利益合作关系，并不能掩盖其与本诉当事人之间实质上的分歧。无独立请求权的第三人与本诉的诉讼标的无直接利害关系，不能成为本诉的共同原告或共同被告。

（二）通常与本诉有间接的利害关系

无独立请求权的第三人虽然与本诉的诉讼标的无直接利害关系，但是与本诉的当事人却存在一定的利害关系。无独立请求权的第三人与本诉的原告或者被告存在利害关系，这就使其与本诉发生了间接的利害关系。无独立请求权的第三人与本诉被告之间存在直接的利害关系的情形更为常见。如果无独立请求权的第三人与本案所有当事人都没有任何利害关系，便不符合当事人的基本要件，不能成为诉讼第三人。

三、无独立请求权的第三人的特征

（一）本诉的审理结果与其有法律上的利害关系

1. 有法律上的利害关系是指有牵连关系

无独立请求权的第三人参加诉讼的原因，是本诉的审理结果与其有法律上的利害关系。无独立请求权的第三人与本诉的当事人之间存在本诉以外的另一个法律关系，而该法律关系与本诉的法律关系之间有一定的牵连关系。这种牵连关系主要表现在：如果人民法院确定本诉一方当事人承担实体义务，最终将可能导致第三人承担此义务。

2. 可能存在法律上的利害关系

在人民法院审理终结前，本诉审理的结果与第三人是否有法律上的利害关系，还是一个悬而未决的问题。是否确实有法律上的利害关系，是否确实应当由第三人承担实体义务，需要通过人民法院依照法定程序进行审理后作出判决确定。在诉讼中被列为无独立请求权的第三人，如果与案件没有必然的牵连关系，不是必须承担义务的当事人，人民法院则在判决中不确定其承担义务。但是，因其参加了整个诉讼过程，仍应将其列为第三人。

（二）处于准当事人地位

无独立请求权的第三人一般应当属于当事人，但是由于其在诉讼中的诉讼权利受到一定的限制，所以常常处于准当事人的地位。

根据《民事诉讼法》第 59 条第 2 款和最高人民法院《适用民诉法解释》的有关规定，无独立请求权的第三人的诉讼权利有以下法律上的限制：第一，作为独立的当事人，通常情况下，享有当事人的诉讼权利；第二，作为准当事人地位的当事人，无权放弃、变更诉讼请求或者撤诉；第三，作为被人民法院合并审理而追加的当事人，无权在一审中提出管辖权异议；第四，人民法院的判决未确定其承担实体义务时，不得提起上诉（但判决其承担民事责任的，有权提起上诉），亦不得申请再审。

（三）通常被动参加诉讼

由于无独立请求权的第三人对他人之间的诉讼标的没有独立的请求权，因而也就不能提出独立的诉讼请求。无独立请求权的第三人通常只能是被动参加诉讼，由人民法院依职权通知（追加）其为第三人。有时原告在起诉时一并列举，有时被告在诉讼中要求加列，而最终是否能够被列为第三人由人民法院决定。《民事诉讼法》第 59 条第 2 款规定的无独立请求权的第三人主动要求参加诉讼的情形，较为罕见。

司法实践案例：
民间借贷纠纷案件中，借款人的配偶未参加诉讼，人民法院能否依职权追加其为被告或第三人参加诉讼？

四、无独立请求权的第三人与有独立请求权的第三人的区别

（一）参加诉讼的原因不同

有独立请求权的第三人参加诉讼的原因，是对本诉原告和被告之间所争议的诉讼标的有独立的请求权；无独立请求权的第三人参加诉讼的原因，是案件的处理结果与其有法律上的利害关系。

（二）参加诉讼的方式不同

有独立请求权的第三人因主张实体权利，主动起诉而参加诉讼；通常情况下，无独立请求权的第三人是经人民法院通知而被动参加诉讼的。

（三）诉讼地位不同

有独立请求权的第三人在诉讼中的地位相当于原告，但又异于本诉的原告；无独立请求权的第三人在诉讼中的地位通常相当于被告，但又异于本诉的被告。

（四）诉讼权利不同

有独立请求权的第三人享有当事人应当享有的几乎所有诉讼权利；无独立请求权的第三人虽然诉讼地位常常相当于被告，但是并不享有被告所有的诉讼权利，其诉讼权利受到一定的限制。

【引例分析】

本章引例里的李姐，在他人（朱珠和朱玉）已经开始的诉讼中提出诉讼请求，要求参加诉讼。李姐的请求既反对原告，又反对被告，并且是针对原、被告之间的诉讼标的提出独立的诉讼请求。李姐对诉讼标的提出了全部的独立请求权，可作为独立的诉讼当事人。李姐符合有全部的独立请求权的第三人的所有要件，因此法院将其列为诉讼第三人是正确的。

【本章小结】

1. 诉讼第三人是原告、被告以外第三方面的当事人。

2. 有独立请求权的第三人是独立的当事人，享有当事人的诉讼权利和义务。

3. 无独立请求权的第三人表面上可能站在原告或被告一边，实际上仍然是相对独立的当事人，但其诉讼权利受到一定限制。

【课后练习题】

一、名词解释

诉讼第三人　有独立请求权的第三人　无独立请求权的第三人

二、思考题

1. 什么是有独立请求权的第三人?
2. 有独立请求权的第三人与必要共同诉讼人有何区别?
3. 什么是无独立请求权的第三人?
4. 无独立请求权的第三人与有独立请求权的第三人有何区别?

三、案例分析题

1. 某造船厂承接某公司订制的特种远洋考察船一艘。该船交付后在使用过程中发现专用勘察设备存在多处严重缺陷和故障。为此某公司向法院起诉某造船厂。某造船厂在诉讼中辩称，造船厂按照行业惯例将专用勘察设备转包给某专用设备厂，该转包是经过某公司同意的，如果勘察设备出问题不应当找造船厂，应当找某专用设备厂。

问：本案当事人应当如何确定?

分析要点提示：(1) 本案中某造船厂与案件的处理有直接利害关系，是适格的被告。(2) 某专用设备厂虽与本案无直接利害关系，但案件处理结果与其有利害关系，即可能让其承担赔偿责任，所以应当以第三人身份参加诉讼。

2. 蔡某乘坐某出租汽车公司的出租车去公司上班，途中出租车与市公交总公司第三电车公司的18路无轨电车相撞。蔡某与出租车司机均受伤住院。经交通民警现场勘验认定，公交车负主要责任，出租车负次要责任。蔡某仅治疗费就花了37 000余元。蔡某要求某出租汽车公司支付医疗费和其他损失费，双方未能达成协议。

问：如果蔡某提起诉讼，当事人的地位应当如何确定?

分析要点提示：(1) 蔡某在合同违约和损害赔偿之间可以选择一个案由提起诉讼。(2) 无论选择哪个案由起诉，均应将有直接利害关系的人作为被告。(3) 如果选择合同违约，该直接利害关系人是某出租汽车公司，但可以追加第三电车公司为无独立请求权的第三人。(4) 如果选择损害赔偿，就列两公司为共同诉讼人。

3. 滕某与金达公司签订某项目的承包合同，因原承包人不愿意退出该项目，合同未能履行。滕某诉告金达公司要求继续履行合同。金达公司属村办企业，该村村委会认为合同无效。村委会想参加诉讼。

问：本案当事人地位应当如何确定? 为什么?

分析要点提示：诉讼当事人地位应当按照不告不理原则确定。本案中滕某诉告金达公司要求继续履行合同，则应将滕某列为原告、将金达公司列为被告。村委会认为合同无效，则可以有独立请求权的第三人的身份，以起诉的方式参加诉讼。原承包人在诉讼中亦处于诉讼第三人的地位，如果其提出独立请求，列为有独立请求权的第三人；如果其未提出独立请求，则可列为无独立请求权的第三人。

第八章　诉讼代理人

【本章引例】

陈小兰（13岁）前往一家超市选购糖果，因未找到收款人及收银台，便走到超市门口想询问超市员工。但超市老板张兵与黄丽却怀疑陈小兰盗窃物品，于是两人合力将陈小兰捆绑在超市门口的电线杆上，并在陈小兰脖子上悬挂“小偷”的牌子当街示众，时间长达半个小时。直至围观群众报警，派出所民警到场后，陈小兰方得以脱身。事发后，陈小兰的祖父陈三汉将其带到医院进行检查，发现陈小兰患上了创伤后应激反应症，目前正处于发病期。因此，陈三汉以陈小兰的名义提起诉讼，诉告张兵与黄丽侵害名誉权，要求精神损害赔偿。经查明，陈小兰父母早亡，无兄弟姐妹，与祖父共同生活。陈三汉是否有权代理陈小兰进行诉讼？陈三汉是否有权委托诉讼代理人代为进行诉讼？

【本章学习目标】

通过学习本章，你应该能够：

1. 了解诉讼代理人的法律特征
2. 了解法定代理人的产生和诉讼地位
3. 了解委托代理人的特点和诉讼地位

第一节　诉讼代理人概述

根据法律规定或当事人的授权为一方当事人进行诉讼的行为，称为诉讼代理。代理当事人进行诉讼行为的权限，称为诉讼代理权。行使诉讼代理权的人，称为诉讼代理人。诉讼代理人具有如下法律特征：

（1）诉讼代理人必须以被代理人的名义进行诉讼。民事诉讼是在当事人之间发生的，当事人是民事权利的享有者和民事义务的承担者。诉讼代理人所从事的一切诉讼行为，都必须以被代理人的名义进行，并对被代理的当事人发生法律效力。诉讼代理人只是代理当事人进行诉讼活动，自己并不承担诉讼产生的法律后果。

（2）同一诉讼代理人只能代理一方当事人，不能同时代理双方当事人。诉讼代理人代理当事人诉讼的目的是维护被代理人的合法权益。由于双方当事人在诉讼中存在利害冲突，因此，诉讼代理人在同一诉讼中只能代理一方当事人进行诉讼。

（3）诉讼代理人是维护被代理人利益的诉讼参加人。诉讼代理人与诉讼没有直接的利害关系，他参加诉讼是为了维护被代理人的利益，其代理诉讼行为所产生的法律后果，直接由被代理人承担。如果是为了维护自己的利益而参加诉讼，他就是当事人或第三人，而不是诉讼代理人。

诉讼代理制度，是民事诉讼法的组成部分，具有重要的意义。一方面，它为具有诉讼权利能力而无诉讼行为能力的当事人，提供进行诉讼、维护权利的手段；为那些虽能自己进行诉讼但缺乏法律知识的人提供诉讼上的帮助，维护其合法权益。另一方面，诉讼代理人代理当事人为诉讼行为，便于法院及时审理民事纠纷案件，解决当事人的民事权益纠纷。

代理当事人为诉讼行为的人，因代理权的来源不同而有所不同。根据我国民事诉讼法的规定，有基于法律规定享有代理权的法定代理人，有基于当事人委托授权代为诉讼行为的委托代理人。诉讼代理人的代理权发生的原因不同，代理的权限范围就不同，代理人在诉讼上的地位、权利、义务也不尽相同，因而成为相互区别的代理制度。

第二节　法定代理人

一、法定代理人的概念

根据法律规定行使代理权的人，称为法定代理人。根据我国《民事诉讼法》第 60 条的规定，无诉讼行为能力人由他的监护人作为法定代理人代为诉讼。由此可见，民事诉讼中法定代理人的代理权，是根据民事诉讼法直接规定产生的，既不取决于代理人的意思表示，也不取决于被代理人的意思表示，而取决于法律规定。为了保护无行为能力人和限制行为能力人的社会利益，法律规定一定的人作为无行为能力人和限制行为能力人的法定代理人，不但赋予他们代理的权利，而且要求他们承担代理的义务。在我国这种义务不仅是法定代理人对被代理人的义务，也是法定代理人对社会应尽的义务。法律规定，法定代理人之间互相推诿代理责任的，由人民法院指定其中一人代为诉讼，法定代理人应该依法代理当事人进行诉讼，代为行使诉讼权利、承担诉讼义务，维护当事人的合法权益。

二、法定代理人的诉讼地位

由于法定代理人是基于监护权而进行诉讼代理，因此法定代理人的诉讼代理权非常广泛。法定代理人的意思表示，视为当事人的意思表示；法定代理人所进行的一切诉讼行为，均视为当事人的行为，与当事人在诉讼上的行为具有同样的法律效力。法定代理人在民事诉讼中居于与当事人类似的法律地位，他有权代理当事人的一切诉讼行为，不仅有权代为处分当事人的诉讼权利，如起诉、上诉等，而且有权处分当事人的实体权利，如放弃诉讼请求、承认诉讼请求以及达成调解协议等。

法定代理人虽然居于与当事人类似的诉讼地位，但他与诉讼标的毕竟没有直接的利害关系，不是实体权利的直接享有者和实体义务的直接承担者。因此，法定代理人代为诉讼行为所产生的一切法律后果，仍直接由被代理的当事人承担。也正是由于法定代理人不是当事人，因此当他在进行诉讼中死亡或者因故不能行使诉讼代理权时，人民法院只能中止诉讼，而不得终结诉讼。

三、法定代理权的消灭

在民事诉讼进行中，法定代理人的诉讼代理权因一定情况的出现而消灭。具体而言，导致法定代理权消灭的情况有如下三种。

（一）法定代理人死亡或丧失诉讼行为能力

法定代理人在诉讼中死亡，其法定代理权自然归于消灭。法定代理人在诉讼中丧失诉讼行为能力，已无法代理当事人实施诉讼行为，其法定代理权也即行消灭。

（二）被代理的当事人取得或恢复诉讼行为能力

法定代理人是由于当事人无诉讼行为能力而代为诉讼的，在诉讼进行中，如果未成年的当事人达到成年而取得诉讼行为能力，患精神病的当事人痊愈而恢复诉讼行为能力，他们便可以亲自进行诉讼，法定代理权因此而消灭。

（三）法定代理人失去对当事人的监护权

法定代理权是以监护权为基础而产生的代理权，当法定代理人在诉讼进行中失去监护权时，其法定代理权亦随之消灭。例如，如果法定代理人是作为未成年当事人的养父或养母代为诉讼，其法定代理权在诉讼中随收养关系的解除而消灭。又如，法定代理人在诉讼中因不履行监护职责或者侵害被监护人的合法权益，而被人民法院撤销其法定监护人资格时，其法定代理权便因监护权的丧失而消灭。

四、指定法定代理人及指定程序

在诉讼中，无民事行为能力人、限制民事行为能力人的监护人是他的法定代理人。事先没有确定监护人的，可以由有监护资格的人协商确定；协商不成的，由人民法院在他们之中指定诉讼中的法定代理人。

当事人没有依法具有监护资格的人的，依据《民法典》第 32 条的规定，由民政部门担任监护人，也可以由具备履行监护职责条件的被监护人住所地的居民委员会、村民委员会担任。诉讼由民政部门作为法定代理人，或者由作为监护人的居民委员会、村民委员会作为法定代理人。

司法实践案例：
父母利用法定代理人身份签署的损害未成年子女利益的偿债协议是否对其生效？

第三节　委托代理人

一、委托代理人的概念

受当事人、法定代理人的委托代为诉讼的人，称为委托代理人。在实际生活中，一些当事人或者由于某些原因难以亲自进行诉讼，或者因缺乏法律知识和诉讼经验而希望在诉讼中获得他人的法律帮助，委托代理制度因此产生，以便当事人能够委托专业人士为诉讼代理人代其进行诉讼，充分行使其诉讼权利和履行诉讼义务，更好地维护其合法权益。委托代理有如下特点：

第一，代理权的产生基于当事人、法定代理人的授权，即委托代理人的诉讼代理权来自委托人的委托行为。无诉讼行为能力的当事人应当由其法定代理人进行委托，有诉讼行为能力的当事人可以亲自委托；法人、非法人组织作为当事人的，应由其法定代表人进行委托。

第二，代理的权限和事项一般由委托人自行决定。委托代理人的代理权范围，通常取决于委托人的意志。委托代理人必须受授权范围的限制，在受托的权限范围内代为诉讼行为。

第三，当事人、法定代理人必须向受诉人民法院提交授权委托书。在委托代理中，授权委托书既是表明委托人取得代理人资格的诉讼文书，又是确定代理权限范围的证明文书。授权委托书必须说明委托事项和权限，并由委托人签名或盖章。身居国外的中国公民委托诉讼代理人的授权委托书，还必须经我国驻该国的使、领馆证明，没有使、领馆的，由爱国华侨的团体证明，以保证委托的真实性。

一方面，我国《民事诉讼法》为充分保证当事人行使委托他人代理诉讼的权利，对委托代理人的范围规定得比较广泛。另一方面，《民事诉讼法》为了保证当事人获得更专业的法律服务，又对委托代理人的范围作了适当的限制。

根据《民事诉讼法》第 61 条的规定，当事人、法定代理人可以委托 1 至 2 人作为诉讼代理人。下列人员可以被委托为诉讼代理人：（1）律师、基层法律服务工作者；（2）当事人的近亲属或者工作人员；（3）当事人所在社区、单位以及有关社会团体推荐的自然人。

依据《适用民诉法解释》，以上规定中：可以当事人近亲属名义作为诉讼代理人的，包括与当事人有夫妻、直系血亲、三代以内旁系血亲、近姻亲关系以及其他有抚养、赡养关系的亲属。可以当事人工作人员的名义作为诉讼代理人的，是指与当事人有合法劳动人事关系的职工。有关社会团体推荐的自然人担任诉讼代理人的，应当符合下列条件：（1）社会团体属于依法登记设立或者依法免予登记设立的非营利性法人组织；（2）被代理人属于该社会团体的成员，或者当事人一方住所地位于该社会团体的活动地域；（3）代理事务属于该社会团体章程载明的业务范围；（4）被推荐的自然人是该社会团体的负责人或者与该社会团体有合法劳动人事关系的工作人员；（5）专利代理人经中华全国专利代理人协会推荐，可以在专利纠纷案件中担任诉讼代理人。

二、委托代理人的诉讼地位

委托代理人在当事人授权范围内代理当事人行使诉讼权利，履行诉讼义务，代为诉讼行为。委托代理人在代理的权限范围内的诉讼行为和接受诉讼行为，视为当事人的诉讼行为和接受诉讼行为，在法律上对当事人发生效力。因此，当事人有代理人的，在一般民事案件、经济纠纷案件中，当事人可以不出庭。但是，法律规定，离婚案件有诉讼代理人的，本人除不能表达意志的以外，仍应出庭，确因特殊情况无法出庭的，必须向人民法院提交书面意见。这是因为离婚案件涉及身份关系，具有与其他案件不同的特点，反映在诉讼程序上自应有不同的规定。调解是处理离婚案件的法定程序，离婚或者不离婚，取决于双方感情是否已彻底破裂，破裂与否的事实、和好是否有望等，不是代理人所能决定和表达的。

三、委托代理权的取得、变更和消灭

（一）委托代理权的取得

委托代理权的取得，必须由委托人向人民法院提交他亲自签名或者盖章的授权委托书，经人民法院审查同意后，委托代理权即认为取得。

诉讼代理人除根据《民事诉讼法》第 62 条规定提交授权委托书外，还应当按照《适用民诉法解释》第 88 条的规定向人民法院提交相关材料：

（1）律师应当提交律师执业证、律师事务所证明材料；（2）基层法律服务工作者应当提交法律服务工作者执业证、基层法律服务所出具的介绍信以及当事人一方位于本辖区内的证明材料；（3）当事人的近亲属应当提交身份证件和与委托人有近亲属关系的证明材料；（4）当事人的工作人员应当提交身份证件和与当事人有合法劳动人事关系的证明材料；（5）当事人所在社区、单位推荐的自然人应当提交身份证件、推荐材料和当事人属于该社区、单位的证明材料；（6）有关社会团体推荐的自然人应当提交身份证件和符合《适用民诉法解释》第 87 条规定条件的证明材料。

当事人向人民法院提交的授权委托书，应当在开庭审理前送交人民法院。诉讼实务中，通常法院要求当事人或委托人提交的委托书载明具体委托权限，并要求委托书中逐项列明委托权限，不允许笼统写“一般代理”或“全权代理”。若授权委托书仅写“全权代理”而无具体授权的，诉讼代理人无权代为承认、放弃、变更诉讼请求，进行和解，提出反诉或者提起上诉。

适用简易程序审理的案件，双方当事人同时到庭，法院迳行开庭审理的，可以当场口头委托诉讼代理人，由人民法院记入笔录。

（二）委托代理权的变更

委托代理权的变更，是指在诉讼代理权成立后，委托人改变原来授予的代理权权限范围。这种变更包括两种情况：一是扩大原来的代理权权限范围，例如，在原来的一般授权的基础上又增加某些授权；二是缩小原来的代理权权限范围，即部分撤回原来的某些特别授权，例如，撤回进行调解的代理权。诉讼代理权变更时，当事人应当书面告知人民法院，并由人民法院通知对方当事人。

（三）委托代理权的消灭

委托代理权基于下列原因而消灭：

（1）诉讼终结。诉讼终结，委托的代理任务业已完成，诉讼代理权限即告消灭。委托代理人只就一个诉讼程序进行代理，例如在第一审程序进行代理，第一审程序结束后，诉讼代理权即告消灭。如果当事人提起上诉，在第二审程序委托代理人，应另行出具授权委托书。

（2）委托代理人死亡或者丧失诉讼行为能力。

（3）委托人解除委托或者代理人辞去代理。解除委托或辞去代理均使委托人与代理人之间的代理关系不复存在，委托代理权便因失去基础而消灭。解除委托、辞去代理必须由当事人书面告知人民法院，并由人民法院通知对方当事人。

【引例分析】

本章引例中，陈小兰只有 13 岁，属无诉讼行为能力的人，她作为原告参加诉讼必须由其监护人作为法定代理人。法定代理人的代理权是根据实体法（民法、婚姻法）的规定产生的，而不是根据被代理人的委托授权产生的，这是法定代理与委托代理的重要区别。根据《民法典》第27条的规定，父母是未成年子女的监护人。未成年人的父母已经死亡或者没有监护能力的，由未成年人有监护能力的祖父母、外祖父母担任监护人；祖父母、外祖父母死亡或者没有监护能力的，由兄、姐担任监护人；兄、姐死亡或者没有监护能力的，或者没有兄、姐的，由其他愿意担任监护人的个人或者组织担任监护人，但须经未成年人住所地的居民委员会、村民委员会或者民政部门同意。引例中的陈小兰父母已死亡，其与祖父陈三汉共同生活，因此陈三汉可以担任法定代理人。法定代理人可以代理当事人参加诉讼活动，也可以委托其他人作为委托代理人参加诉讼。因此，陈三汉有权代理陈小兰进行诉讼，也有权委托其他人作为诉讼代理人代为进行诉讼。

【本章小结】

1. 根据法律规定或当事人的授权为一方当事人进行诉讼行为的人，是诉讼代理人。诉讼代理人包括法定代理人和委托代理人两种。

2. 根据法律规定为无民事行为能力人或限制民事行为人进行诉讼行为的人，是法定代理人。法定代理人通常由被代理人的监护人担任。无监护人或者监护人相互推诿的，按照有关程序指定监护人或者直接指定法定代理人。

3. 根据当事人或者法定代理人的委托为被代理人进行诉讼行为的人，是委托代理人。

【课后练习题】

一、名词解释

诉讼代理人　法定代理人　委托代理人

二、思考题

1. 诉讼代理人与当事人有什么区别与联系？

2. 法定代理人与委托代理人有何不同？

三、案例分析题

1. 张某与李某结婚后不到一年，李某精神病发作，张某起诉要求离婚。李某父母已经去世，其兄、姐二人均不愿意担任法定代理人，离婚诉讼无法进行。

问：本案应当如何进行下去？

分析要点提示：精神病人属于无民事诉讼行为能力人，可以成为诉讼当事人，但不能进行诉讼行为，应由监护人担任法定代理人进行诉讼。由于其父母死亡，根据《民法典》第28条的规定，其兄、姐属于具有法定监护责任的人，应当担任法定代理人。几个有监护职责的同一顺序法定代理人相互推诿的，按照《民法典》第31条的规定，由被监护人住所地的居民委员会、村民委员会或者民政部门指定监护人，该监护人为法定代理人。被指定的监护人若对指定不服的，可以向人民法院申请指定监护人，该监护人为法定诉讼代理人。有关当事人也可以直接向人民法院申请指定监护人。

2. 律师王某接受赵某委托代理其对李某提起损害赔偿诉讼，代理权限为一般诉讼行为代理，无调解、和解、承认或变更诉讼请求之类的特别授权。法庭审理时赵某没有出庭，由代理人王某出庭。法庭辩论结束后，独任审判员主持调解。王某、李某均同意调解，王某代表赵某作出重大让步，达成调解协议。法庭通知三日后领取调解书。三日后赵某来法院，要求撤销调解书。

问：法院对赵某的要求应当如何处理？

分析要点提示：过去委托代理权限分一般代理和特别代理，但是法院早已不允许当事人笼统表示为“一般代理”或“特别代理”，而是要求在授权委托书上具体列明委托权限。委托人必须向法庭提交授权委托书。若代理权限只限于代理出庭，代理调查、取证，代理发表代理词、答辩词、辩论词，无提起反诉、应诉、撤诉、调解、和解、上诉，代理当事人承认、变更、放弃诉讼请求等代为行使实体处分权类的权利的，代理人的处分行为对被代理人不发生法律效力。本案赵某只授予律师王某一般性的代理权限，无特别授权事项，故王某无权同意调解，更无权放弃任何实体权利。调解协议未得到赵某的追认，因此调解协议无效，应予撤销。

第九章　民事诉讼证据概述

【本章引例】

李某因在钱某的饭馆里吃了不洁食物，发生食物中毒，造成身体、经济上的损害。双方就赔偿数额发生争执，诉至法院。庭审过程中，李某出示了三张医药费单据。钱某对其中一张单据无异议，但对另两张单据分别提出异议，认为其中一张单据属于美容性质的单据，与治疗食物中毒无关；另一张单据数额过高，不真实。法院当庭认定了无异议的医药费单据为本案证据；有异议的高额医药费单据待调查后决定是否认定；美容性质的单据不属于本案证据，予以排除。法院的做法是否正确？

【本章学习目标】

通过学习本章，你应该能够：

1. 了解民事诉讼证据的概念
2. 掌握民事诉讼证据的“三性”
3. 分清民事诉讼证据的学理分类
4. 运用民事诉讼证据的法定种类

第一节　民事诉讼证据的概念、特征与证明力

一、民事诉讼证据的概念

民事诉讼证据，是指在民事诉讼中用以证明和确认案件事实的各种证明材料。诉讼中的证据有两层含义：其一，用作证明案件事实的证明材料；其二，用作定案的证明材料。前者的范围包含后者。证据材料反映或者证明的事实通常是案件事实，但证据材料本身并不必然与案件事实画等号。

在民事诉讼中使用的证据，通常由当事人提供，人民法院只有在必要时才进行调查取证。人民法院应当依据《民事诉讼法》第 66 条的规定，对当事人提供的不同形式的证据进行调查，查证属实，才能作为认定事实的根据。

无论是当事人提供的证据材料，还是法院调查收集的证据材料，都必须经过法庭质证后，才能进行甄别、确认出用作定案根据的证据。

二、民事诉讼证据的特征

（一）证据的真实性

证据的真实性，是指证据能够真实反映客观事实并能够达到令人确信的真实程度。

证据能够真实反映客观事实，是指证据本身是客观的或者反映的事实是客观的。前者主要是指未经过任何加工的原始证明材料，如原始的文书、物件原件等。后者是指对客观发生的事实进行真实再现的证明材料，如真实可靠的鉴定、录音、录像、证人证言等。为了保证诉讼证据的真实性，法律规定，在诉讼中故意提供不真实的证据，要承担相应的伪证责任。

证据能够达到令人确信的真实程度，是指事实裁判者内心对证据的真实性达到确信的状态。再客观的证据材料，都需要经过事实裁判者的主观认识和主观判断，才可能被作为定案根据。从某种意义上说，事实裁判者内心是否相信证据材料的真实性，是证据材料能否证明案件事实的关键。对证据的内心确信程度，是一个复杂的主观思维的过程和状态，很难用统一的、具体的标准化的描述予以表示，更难用具体的法律条文予以规制。对证据的内心确信是否准确，取决于事实裁判者的法律素质、办案经验、识别判断能力等因素。我国的事实裁判者是法官（有时还包括人民陪审员）。《最高人民法院关于民事诉讼证据的若干规定》（以下简称《证据规定》）规定，审判人员应当依照法定程序，全面、客观地审核证据，依据法律的规定，遵循法官职业道德，运用逻辑推理和日常生活经验，对证据有无证明力和证明力大小独立进行判断，并公开判断的理由和结果。据此，法官根据法律规定与自由心证相结合确定证据的真伪（该规定未直接出现“自由心证”一词，但包含“自由心证”之意）。

证据能够真实反映客观事实并能够达到令人确信的真实程度，是两个并列且相互依存的要件，缺一不可。这个观念，反映了对证据事实客观真实与主观真实相统一的追求：证据材料提供者用书面、口头或其他方式表述的材料力求达到主、客观真实的统一；事实裁判者对证据的判断力求达到主、客观真实的统一。

基于客观世界的无限性、复杂性和人类主观认识的局限性、片面性，我们还不可能完全地、绝对地认识一切客观真实。审判实践中难免会有一些客观事实没有被发现或者没有被认识，主要原因是没有主、客观统一的真实证据的支持。这种现象，并不影响我们对业已发现的证据的真实性的追求。

证据的真假通常只能通过心证判断，法律难以完全规定哪些是真、哪些是假。只有历史上的法定证据时期才由法律直接确定证据的真假状态，因其规定过于机械，已被历史抛弃。现代法律至多能够概要地规定一个证明标准，概要地指引事实裁判者确定证据及其事实真假和存在与否。这种引导，也是主观的引导、主观上的判断，从这个意义上说，认定的证据及事实是主观上的真实。但我国法律也作出了一些证据证明力的规定，依此类规定判断证据的真实性只占证据判断的一部分，多数情况下仍需通过自由心证判断。我国法官依照法律规定，根据自由心证判断证据的真伪不能一概称其具有法律上的真实。

所以，诉讼证据的真实性，实际上既不是绝对的主观真实，也不是绝对的客观真实，更不是法律上的真实；而是相对的真实、有限的真实，是一种法律职业判断下的真实，是追求主观真实与客观真实相统一的真实。我们通过追求证据材料本身的真实性，把握案件事实的真实性。

（二）证据的关联性

证据的关联性，是指证据与本案待证事实之间存在内在的、必然的联系，并且证据所证明的事实属于本案需要证明的事实。

证据与本案待证事实之间存在内在的、必然的联系，是指每一个证据与所要证明的案件事实之间的必然逻辑联系。在现实世界里，不是每一个真实存在的事实材料都能够成为证据，只有那些与所要证明的案件事实存在内在的必然联系的材料，才可以列入本案证据材料的范围。

证据与待证事实之间的关联性通常有两种表现：一是作为证据所反映的事实本身就是待证事实的一部分或者全部；二是证据反映的事实仅与待证事实有某种间接的联系，能够为待证事实提供一定的证明。证据与待证事实之间的关联性，能够反映证据的证明力。证据与待证事实之间的内在联系越密切、越直接，其证明力越强；反之，则越弱，直至没有证明力。

证据所证明的事实属于本案争议的事实，实际上是指待证事实或者证明得出的事实应当是本案需要证明的事实。待证事实或者证明得出的事实如果不是需要证明的事实，该证据材料与本案就没有关联性，因而就没有证据力，应当排除。例如，本章引例中，当事人提供的美容性质的单据虽然真实，但只能证明美容的开支，不是本案争议的事实，与损害后果的事实毫不相干，不属于本案证据材料的范围，法院应当当庭否定，并退还当事人，不列入本案卷宗。

证据与本案待证事实之间存在内在的、必然的联系，并且证据所证明的事实属于本案需要证明的事实，是证据关联性的两个并列的要件。后者是前者的前提。这一观念所反映的证据关联性的要求，不仅及于证据本身，而且及于证据所要证明的事实。

（三）证据的合法性

证据的合法性，是指作为民事案件定案依据的证据必须符合各项法律规定的形式、程序和许可性。证据的合法性包括以下三个方面的含义：

1. 证据的形式合法

《民事诉讼法》第 66 条明确规定了证据的八种形式，即当事人的陈述、书证、物证、视听资料、电子数据、证人证言、鉴定意见和勘验笔录。证据种类是基于证据的表现形式所作的法律上的分类。证据材料只有具备这八种形式，才能成为民事诉讼证据。《民事诉讼法》除了在宏观上对证据形式作出明确规定外，对每一种证据的具体形式也有一定的要求。例如，鉴定意见必须采用书面形式，并由鉴定人签名或者盖章。证明材料不具备这些形式，不符合这些要求，便不能作为民事诉讼的定案根据。

2. 证据的取得合法

证据必须合法取得，才可以用作证明案件事实的证据。当事人、代理人、人民法院应当按照法定的程序收集、调查、提供证据。依据《适用民诉法解释》的规定，对以严重侵害他人合法权益、违反法律禁止性规定或者严重违背公序良俗的方法形成或者获取的证据，不得作为认定案件事实的根据。

3. 证据提交和认定的程序合法

作为定案根据的证据，都应当在法庭上出示并由双方当事人进行质证。对技术性较强的专门性问题需要鉴定的，应当委托具备资格的鉴定人进行鉴定。未经法定程序取得、认定的证明材料，不能作为认定案件事实的根据。

同时，按照《民事诉讼法》及其司法解释的规定，证据应当在法律规定或者法院指定的期间提交，超过提交证据期间的，需要承担相应的法律后果。

真实性、关联性、合法性三个特征，通常称为“证据三性”，是从不同的侧面分析民事诉讼定案证据的特性。任何一种诉讼证据，只要以其作为定案根据，都必须同时具备上述三个特征，缺一不可。

三、民事诉讼证据的证明力

证据的证明力，是指证据材料能够证明案件事实所达到的证明程度，包括证据材料的证明力之有无、证明力之大小以及证明力之独立与补强。

《民事诉讼法》第 67 条第 3 款规定：“人民法院应当按照法定程序，全面地、客观地审查核实证据。”《证据规定》第 85 条进一步规定：“人民法院应当以证据能够证明的案件事实为根据依法作出裁判。审判人员应当依照法定程序，全面、客观地审核证据，依据法律的规定，遵循法官职业道德，运用逻辑推理和日常生活经验，对证据有无证明力和证明力大小独立进行判断，并公开判断的理由和结果。”

从上述规定可以看出，对证据证明力的判断，首先依照法律规定，法律没有规定的由法官依据心证判断。法律规定与法官心证相结合，可以防止法官恣意使用心证。

第二节　民事诉讼证据的分类

一、本证与反证

按照证据与证明责任的关系，可以划分为本证和反证。本证，是指负有证明责任的一方当事人提出的用于证明自己所主张事实的证据。反证，是指没有证明责任的一方当事人提出的用于证明对方主张事实不成立的证据。通常认为，本证和反证与当事人在诉讼中是原告还是被告没有关系，而与证据是否由承担证明责任的人提出有直接关系。

民事诉讼中就同一个事实而言，有时只有本证没有反证，有时只有反证没有本证，有时本证与反证同时存在。通常情况下，没有反证或者反证不成立，则本证成立；反证成立，则本证不成立。反证成立，是指反证的证明力强于本证；本证成立，是指本证的证明力强于反证。如果本证和反证的证明力相当，双方当事人应当另行收集新的证据，用于加强各自的本证或者反证。

学理上把证据分为本证和反证，主要是为了解决谁有责任提出证据证明案件事实的问题。本证与反证的区分，与其证明力大小一般没有直接关系。证明力大小，主要取决于证明所能达到的确信程度，但有时也取决于证明责任的负担。根据《适用民诉法解释》的规定，对负有举证证明责任的当事人提供的证据，人民法院经审查并结合相关事实，确信待证事实的存在具有高度可能性的，应当认定该事实存在。对一方当事人为反驳负有举证证明责任的当事人所主张事实而提供的证据，人民法院经审查并结合相关事实，认为待证事实真伪不明的，应当认定该事实不存在。法律对于待证事实所应达到的证明标准另有规定的，从其规定。

应当注意的是，反证和证据抗辩不同。证据抗辩是一方当事人就对方当事人提供的证据，指出它的不真实、不合法或者无关联，从而否定其证明作用，但是并没有举出新的证据。对当事人的证据抗辩，人民法院可以令其说明理由并提出根据，以便对发生争议的证据材料进行审查，从而辨别真伪。

二、直接证据与间接证据

依照证据能否直接证明案件事实，可以分为直接证据和间接证据。直接证据，是指能够直接证明案件事实的证据。例如，借条能够直接证明借贷关系成立，所以是该借贷关系的直接证据。间接证据，是指不能单独、直接证明案件事实，只能间接证明案件事实的证据。直接证据的证明力强于间接证据。只要经过查证属实，有时单凭一个直接证据就可以认定有关案件事实。任何一个间接证据都不能直接确定有关案件事实。一个间接证据往往会得出很多可能性，无法确实锁定某个事实。但一定条件下，运用间接证据也能够确定案件事实。这个条件就是必须具备若干个间接证据，并且将这些间接证据综合在一起，经过推理和分析，能够得出唯一的结论，能够确实锁定某一案件事实。

在民事诉讼中，有时直接证据难以取得或者真伪莫辨，就需要收集和运用间接证据。有些民事案件没有直接证据，或者由于各种原因一时收集不到直接证据，只能从收集间接证据入手，依靠间接证据查明案件事实。间接证据可以用来鉴别直接证据，是审查直接证据是否真实的手段之一。

运用间接证据应当注意以下几个问题：（1）每一个间接证据都必须查证属实。如果间接证据本身不真实，据此得出的关于案件事实的结论也不可能真实。（2）若干间接证据必须形成一个完整的证明体系。一个间接证据是不能证明案件事实的，必须收集到足够数量的间接证据。同时，还要注意若干间接证据之间有没有逻辑联系，是否形成了一个完整的证明体系。（3）若干间接证据之间必须协调一致。如果若干间接证据之间有互相矛盾的现象，应当排除矛盾，继续收集新的间接证据。（4）从若干间接证据形成的证明体系中，只能得出唯一结论。如果从若干间接证据形成的证明体系中，可以推导出两个以上的结论，说明间接证据的数量不足，证明体系尚不完善，应当继续收集新的间接证据，以使证明体系形成一条“证据锁链”，锁定唯一的结论；如果收集不到足够数量的间接证据，无法锁定唯一的事实，则证明不能成立。

三、原始证据与派生证据

依照证据是否直接来源于原始出处，可以分为原始证据和派生证据。原始证据，是指直接来源于原始出处的证据，通常称为“第一手材料”。例如，遗嘱的手稿、合同书的原本、耳闻目睹案件事实的证人证言等，都属于原始证据。派生证据，是指从原始出处衍生出来的证据，通常称为“第二手材料”。例如，遗嘱的抄本、合同书的复印件、从他人那里听到的有关情况等。

通常认为，原始证据的证明力强于派生证据的证明力。因为原始证据与派生证据相比，直接来源于原始出处，可靠程度较高，证明作用也就较大。派生证据则不然，由于在复制、传抄、转述过程中可能会出现差错，其可靠程度低；特别是几经转手的派生证据，其可靠程度更低；有些派生证据还很容易被伪造、变造，如在复印文件时对原件内容进行变造。因此，在诉讼中应当尽量收集、运用原始证据。但是，派生证据也不是一无是处，仍具有一定的作用：如果一时无法取得原始证据，可以通过派生证据进一步寻找原始证据；经过核对的派生证据还可以用来替代原始证据。重视原始证据的同时，也不能忽视派生证据的作用。为了减少差错，我们应当尽量收集转手次数较少的派生证据。

《民事诉讼法》第73条规定："书证应当提交原件。物证应当提交原物。提交原件或者原物确有困难的，可以提交复制品、照片、副本、节录本。提交外文书证，必须附有中文译本。"《证据规定》第11条亦规定："当事人向人民法院提供证据，应当提供原件或者原物。如需自己保存证据原件、原物或者提供原件、原物确有困难的，可以提供经人民法院核对无异的复制件或者复制品。"《适用民诉法解释》第111条进一步规定："民事诉讼法第七十三条规定的提交书证原件确有困难，包括下列情形：（一）书证原件遗失、灭失或者毁损的；（二）原件在对方当事人控制之下，经合法通知提交而拒不提交的；（三）原件在他人控制之下，而其有权不提交的；（四）原件因篇幅或者体积过大而不便提交的；（五）承担举证证明责任的当事人通过申请人民法院调查收集或者其他方式无法获得书证原件的。前款规定情形，人民法院应当结合其他证据和案件具体情况，审查判断书证复制品等能否作为认定案件事实的根据。"

第三节　民事诉讼证据的种类

一、当事人的陈述

（一）当事人的陈述的概念与特征

1. 当事人的陈述的概念

当事人的陈述，是指当事人就有关案件事实向人民法院所作的叙述。当事人的陈述作为证据，必须同时符合以下两个条件：

（1）只有对案件事实有证明意义的陈述才可以作为证据。当事人在诉讼中所作的陈述可能很多，但并不是所有内容都具有证据意义，只有在诉讼中向人民法院所作的对特定案件事实有证明意义的陈述，才能成为诉讼证据。

（2）只有记入法院审理笔录或者收入卷宗的当事人的陈述才能作为证据。当事人的陈述可以用口头或书面两种形式表达。作为证据，当事人的陈述通常应当依法在人民法院开庭时当庭表达，记入法院庭审笔录；也可以用书面形式提交法院，经审查核实后收入卷宗。

2. 当事人的陈述的特征

与其他证据相比，当事人的陈述最主要的特征是其具有两面性：一方面，当事人是案件有关事实的亲身经历者，最了解案件事实，最能够提供案件真实情况；另一方面，当事人是民事案件的利害关系人，容易从自身利益出发，在陈述中夸大或者缩小某些事实，有时甚至歪曲事实真相，作出虚假陈述。

（二）一般陈述与承认陈述

当事人的陈述，可以分为一般陈述和承认陈述两种。当事人不具有承认性质的陈述，为一般陈述。当事人承认，是指一方当事人就对方当事人提出的诉讼请求或者事实主张表示认可的陈述。一方当事人承认对方当事人的诉讼请求或者事实主张，经人民法院确认，可以免除对方当事人的举证责任。

当事人在诉讼上的承认分为认诺和自认两种。认诺，是指承认对方当事人的诉讼请求；自认，是指承认对方当事人主张的事实。

当事人的承认通常应当是用口头或者书面的方式作出的明确意思表示，即明示。但是，根据《证据规定》的规定，对一方当事人陈述的事实，另一方当事人既未表示承认也未否认，经审判人员充分说明并询问后，其仍不明确表示肯定或者否定的，视为对该项事实的承认。此外，当事人委托诉讼代理人参加诉讼的，除授权委托书明确排除的事项外，诉讼代理人的自认视为当事人的自认。当事人在场对诉讼代理人的自认明确否认的，不视为自认。

当事人承认可以免除对方当事人的举证责任。但是，当事人在法庭辩论终结前撤回承认并经对方当事人同意，或者有充分证据证明其承认行为是在受胁迫或者重大误解情况下作出的，该承认不成立。一方承认不成立的，不能免除对方当事人的举证责任。

（三）当事人的陈述的效力

由于当事人的陈述具有两面性特征，当事人的陈述通常需要借助其他证据与之相互印证。因此，人民法院对当事人的陈述，既要重视其证明价值，又不能轻信，应当结合其他证据进行综合分析。

根据法律规定，当事人对自己的主张，只有本人陈述而不能提出其他相关证据的，其主张不予支持。但对方当事人认可的除外。

一方当事人发表于己不利的自认陈述，通常可以产生免除对方当事人证明责任的效力。最高人民法院《适用民诉法解释》第92条明确规定："一方当事人在法庭审理中，或者在起诉状、答辩状、代理词等书面材料中，对于己不利的事实明确表示承认的，另一方当事人无需举证证明。"但是，"对于涉及身份关系、国家利益、社会公共利益等应当由人民法院依职权调查的事实，不适用前款自认的规定"。同时，还规定："自认的事实与查明的事实不符的，人民法院不予确认。"

（四）当事人签署据实陈述保证书

据实陈述保证书制度，是最高人民法院贯彻落实诚实信用原则、改善诉讼中当事人虚假陈述状况的一项重要举措。最高人民法院《适用民诉法解释》第110条规定："人民法院认为有必要的，可以要求当事人本人到庭，就案件有关事实接受询问。在询问当事人之前，可以要求其签署保证书。"同时要求："保证书应当载明据实陈述、如有虚假陈述愿意接受处罚等内容。当事人应当在保证书上签名或者捺印。"并规定："负有举证证明责任的当事人拒绝到庭、拒绝接受询问或者拒绝签署保证书，待证事实又欠缺其他证据证明的，人民法院对其主张的事实不予认定。"《证据规定》第65条、第66条进一步规定："人民法院应当在询问前责令当事人签署保证书并宣读保证书的内容。保证书应当载明保证据实陈述，绝无隐瞒、歪曲、增减，如有虚假陈述应当接受处罚等内容。当事人应当在保证书上签名、捺印。当事人有正当理由不能宣读保证书的，由书记员宣读并进行说明。""当事人无正当理由拒不到场、拒不签署或宣读保证书或者拒不接受询问的，人民法院应当综合案件情况，判断待证事实的真伪。待证事实无其他证据证明的，人民法院应当作出不利于该当事人的认定。"

二、书证

（一）书证的概念与特征

1. 书证的概念

书证，是指用文字、符号、图形等形式记载的内容所表达的意思来证明案件事实的证据。

2. 书证的特征

作为民事诉讼中的证据，书证除了具有一般诉讼证据的三个共有特征外，还有以下不可或缺的自有特征：

（1）文字、符号、图形是书证表达意思的基本形式。最常见的书证是用文字书写、印制或刻制的；其次是用特定符号或图形作为表达形式。例如，有特定符号的商标。

（2）文字、符号、图形以书面及其他物质为载体。最常见的书证是各种各样的纸制书面材料。例如，房契、合同书、结婚证、私人书信等。有时也以金属、陶瓷、石头、塑料以及竹木等材料为载体。例如，寄存物品时发给的铜牌等。

（3）书证以其记载的内容直接表达意思证明案件事实。凡不是以其内容直接表达意思，需要通过说明、考察甚至鉴定才能解析其信息的，不是书证。以文字、符号、图形等形式所记载的内容直接表达的意思证明案件事实，是书证区别于其他一切证据的基本特征。

（4）书证以其固定不变的意思表示证明案件事实。书证所表达的含义通常固定不变，不随时间、记忆的变化而变化。书证的这个特征也要求书证必须保持原始状态，不能涂改、伪造，否则将影响其证明力。

（二）文书书证的分类和运用

文书是书证最主要的形式，文书在民事诉讼中使用最多，种类和形式也较多。为更好地使用文书书证，按不同的标准，对文书作如下分类：

1. 按制作主体不同，分为公文书和私文书

公文书，是指国家公务人员在其法定的职权范围内制作的文书。例如，人民法院制作的判决书、婚姻登记机关制作的结婚证、仲裁机关制作的裁决书等。私文书，通常是指个人或非公单位制作的文书。例如，个人或者非公单位制作的借据、遗嘱、书信、函电等。

区分公文书和私文书是因为：二者在判断文书证明效力的审查判断方式和侧重点上有所不同。对公文书的判断侧重于是否有关单位及其公务人员在职权范围内制作的；对私文书的判断则侧重于是否有制作人本人的签名或印章。司法实践中，由于对私文书的质疑常常多于对公文书的质疑，所以对私文书的审查通常严于对公文书的审查。

最高人民法院认为，公文书一般可以推定为真实。《适用民诉法解释》第114条规定："国家机关或者其他依法具有社会管理职能的组织，在其职权范围内制作的文书所记载的事项推定为真实，但有相反证据足以推翻的除外。必要时，人民法院可以要求制作文书的机关或者组织对文书的真实性予以说明。"

最高人民法院对单位提出的书面证据，提出如下要求：单位向人民法院提出的证明材料，应当由单位负责人及制作证明材料的人员签名或者盖章，并加盖单位印章。人民法院就单位出具的证明材料，可以向单位及制作证明材料的人员进行调查核实。必要时，可以要求制作证明材料的人员出庭作证。单位及制作证明材料的人员拒绝人民法院调查核实，或者制作证明材料的人员无正当理由拒绝出庭作证的，该证明材料不得作为认定案件事实的根据。

2. 按内容不同，分为处分性文书和报道性文书

处分性文书，是指以设立、变更或者消灭一定法律关系为内容，能引起一定法律后果的文书。例如，委托书、合同书、协议书等。报道性文书，是指以报道具有法律意义的事

实为内容，通常不能引起法律关系产生的文书。例如，账簿、日记、告知他人某种法律事实的信函等。

通常认为，就同一案件事实的认定，处分性文书能够直接证明该事实，因而效力强于报道性文书；报道性文书虽然对该事实也有一定的证明作用，但其证明有时只具有间接性。

3. 按形式不同，分为普通文书和特别文书

普通文书，是指只要求有一定的意思表示，不要求特定形式的文书。例如，收据、借条。特别文书，是指不仅有一定的意思表示，而且具有特定形式的文书。例如，海运提单、土地使用权证书、经公证或认证的涉外委托书。

通常情况下，特别文书制作严谨、内容完善、真实程度高，其证明力强于普通文书。

4. 按制作方式不同，分为原本、正本、副本、节录本、复印件

原本，又称原件，是指制作人制作的原始文本。正本，是指依照原本抄写或印制、对外具有正式文本效力的文书。副本，是指依照正本抄写或印制、具有与正本同样效力的文本。节录本，是指对原本或正本的内容部分摘抄形成的文本。复印件，是指将原本或正本经复印机复制的文本。

根据《民事诉讼法》及有关司法解释的规定，书证应当提交原件。提交原件确有困难的，可以提交复制件、照片、副本和节录本。提交节录本的，应当注明文件的名称和出处，并由有关单位盖章证明。提交外文书证的，必须附有中文译本。提交复印件，应当与原件核对无误，必要时须经有关部门认证。例如，无法提交营业执照原本时，应当提交加盖市场监督管理机关认证印章的复印件。

最高人民法院《适用民诉法解释》第 111 条规定："民事诉讼法第七十三条规定的提交书证原件确有困难，包括下列情形：（一）书证原件遗失、灭失或者毁损的；（二）原件在对方当事人控制之下，经合法通知提交而拒不提交的；（三）原件在他人控制之下，而其有权不提交的；（四）原件因篇幅或者体积过大而不便提交的；（五）承担举证证明责任的当事人通过申请人民法院调查收集或者其他方式无法获得书证原件的。前款规定情形，人民法院应当结合其他证据和案件具体情况，审查判断书证复制品等能否作为认定案件事实的根据。"

（三）责令对方当事人提交书证的制度

根据《适用民诉法解释》第 112 条的规定，书证在对方当事人控制之下的，承担举证证明责任的当事人可以在举证期限届满前书面申请人民法院责令对方当事人提交。如果申请理由成立的，人民法院应当责令对方当事人提交，因提交书证所产生的费用，由申请人负担。对方当事人无正当理由拒不提交的，人民法院可以认定申请人所主张的书证内容为真实。

《适用民诉法解释》第 113 条规定，持有书证的当事人以妨碍对方当事人使用为目的，毁灭有关书证或者实施其他致使书证不能使用行为的，人民法院可以依照《民事诉讼法》第 114 条的规定，对其处以罚款、拘留。

涉及责令对方当事人提交书证的制度，《证据规定》又作出了进一步的规定，主要需要注意以下问题：

（1）当事人根据《适用民诉法解释》第 112 条的规定，申请人民法院责令对方当事人提交书证的，申请书应当载明所申请提交的书证名称或者内容、需要以该书证证明的事实

及事实的重要性、对方当事人控制该书证的根据以及应当提交该书证的理由。

（2）对方当事人否认控制书证的，人民法院应当根据法律规定、习惯等因素，结合案件的事实、证据，对于书证是否在对方当事人控制之下的事实作出综合判断。

（3）人民法院对当事人提交书证的申请进行审查时，应当听取对方当事人的意见，必要时可以要求双方当事人提供证据、进行辩论。

（4）根据《证据规定》第 47 条的规定，下列情形，控制书证的当事人应当提交书证：一是控制书证的当事人在诉讼中曾经引用过的书证；二是为对方当事人的利益制作的书证；三是对方当事人依照法律规定有权查阅、获取的书证；四是账簿、记账原始凭证；五是人民法院认为应当提交书证的其他情形。上述所列书证，涉及国家秘密、商业秘密、当事人或第三人的隐私，或者存在法律规定应当保密的情形的，提交后不得公开质证。

（5）当事人申请提交的书证不明确、书证对于待证事实的证明无必要、待证事实对于裁判结果无实质性影响、书证未在对方当事人控制之下或者不符合《证据规定》第 47 条规定情形的，人民法院不予准许。当事人申请理由成立的，人民法院应当作出裁定，责令对方当事人提交书证；理由不成立的，通知申请人。

（6）控制书证的当事人无正当理由拒不提交书证的，人民法院可以认定对方当事人所主张的书证内容为真实。

（7）控制书证的当事人存在《适用民诉法解释》第 113 条规定情形的，人民法院可以认定对方当事人主张以该书证证明的事实为真实。

三、物证

（一）物证的概念与特征

1. 物证的概念

物证，是指以其外部形态、内在属性以及存在空间来证明案件事实的物体和痕迹。

外部形态，是指物证的外观，包括形状、颜色、图纹等；内在属性，是指物证的物理属性、化学成分、内部结构、质量等；存在空间，是指物证所处的位置、环境、状态、与其他物体的关系等；物体，是指物证以物质的形式出现，不仅是物品，包括人眼可见的和不可见的物质，以及固体、液体和分子、细胞等物质，有时还包括遗体等；痕迹，是指物证的物体表面因外力作用形成的印迹或者特定空间遗留的形象。

发生质量争议的机器、钢材、建筑物或者其他产品，被撞坏的轮船、车辆等，都可以成为物证。

2. 物证的特征

（1）物证具有较强的客观性。物证表现为物质形态，并以存在为前提。物证是客观存在的物品，其内部和外部的特征又是它本身所固有的，无主观意思的表现，在历史上曾被认为是最可靠的证据之一。

（2）物证一般具有不可替代的特定性。通常情况下，作为物证的物品是不可替代的，一经替换，就难以反映待证事实的本来面目。这种特点在特定物上的表现尤为明显，种类物有时也可以成为特定物。例如，霉烂变质的稻种、损坏的汽车等。

（二）物证在诉讼中的运用

在民事诉讼中，物证常常可以直接用来认定案件事实，也常被用来鉴别当事人的陈述、证人证言等证据的真伪。

依据我国民事诉讼法的规定，物证应当提交原物。但是，有时确实无法或难以提交原物，也可以提交复制品或照片。例如，交通事故的现场照片、珍贵文物的照片等。复制品或照片应当是原物的真实写照。

在审判实践中，有时会遇到同一证据材料既是书证又是物证的情况。例如，原告以书面遗嘱为证，请求人民法院把全部遗产判归他一人继承。被告则以同一书面遗嘱为证，指出被继承人的签字是伪造的。在前一种情况下，该书面遗嘱为书证；在后一种情况下，该书面遗嘱为物证。这是因为，前者用来证明待证事实的是书面遗嘱的内容表示的意思；后者用来证明待证事实的是书面遗嘱的外部形态，即签字的笔迹。

四、视听资料

（一）视听资料的概念与特征

1. 视听资料的概念

视听资料，是指能够以其摄录并保存的声音和图像证明案件事实的证据。视听资料包括录音资料和影像资料，记录在胶带、胶片、钢丝、磁带等介质上。

2. 视听资料的特征

（1）视听资料的载体特殊。视听资料的载体包括录音带、录像带、胶片等特殊介质。视听资料通常需要通过特殊的视听设施才能再现。

（2）有些视听资料能够形象地证明案件事实。例如，录音既能以其内容证明案件事实，又能以音调、音色等反映出这些内容出自何人之口；录像既能以连续图像反映出人的行为过程，又能显现行为人与周围的人和物的关系。视听资料的这些功能是一般书证和物证所不具备的。

（3）视听资料易于保存，便于携带和使用。多数视听资料体积小、重量轻，易于保存、携带。视听资料可以在视听设施上反复播映、查阅。

（4）视听资料易于被伪造和修改。视听资料一般都可以复制、修改和剪辑，也易于伪造。所以，使用视听资料证明案件事实不能存有疑点。如有疑点，就需要其他证据予以佐证，以消除疑点；否则，不能单独作为证据使用。

（二）视听资料在诉讼中的运用

1. 合法取得视听资料

非法获得的视听资料，不能作为定案证据使用。非法获得的视听资料，是指使用法律法规禁止的手段、以侵害合法权益的方式取得的视听资料等。

司法实践中，未经对方同意，私自录音、录像或者拍摄的视听资料，是否合法、能否作为诉讼证据使用，应当根据具体情况加以判断，不能一概论之。没有侵害他人合法权益、没有违背公序良俗、没有违反法律禁止性规定获得的视听资料，即便未经对方同意，也可以作为合法证据使用。

2. 严格审查视听资料的真实性

基于视听资料易于被伪造和修改的特征，对视听资料的审查应当严于其他证据。依据《证据规定》的有关规定，存有疑点的视听资料不能单独作为证据使用，需要其他证据加以佐证补强其证明效力；不能补强的，应当予以排除。

《证据规定》规定，当事人以视听资料作为证据的，应当提供存储该视听资料的原始载体。

五、电子数据

（一）电子数据的概念和特征

1. 电子数据的概念

电子数据，是指以电子、光学、磁或者类似手段生成、发送、接收或者储存的信息证明案件事实的证据。

2. 电子资料的范围

最高人民法院《适用民诉法解释》认为，电子数据包括通过电子邮件、电子数据交换、网上聊天记录、博客、微博客、手机短信、电子签名、域名等形成或者存储在电子介质中的信息。

存储在电子介质中的录音资料和影像资料，适用电子数据的规定。

学术界认为，电子数据资料应该包括以下三个方面内容：（1）应用无线、有线通信技术产生的资料。例如，电报、电传、传真等。（2）应用电子或微电子处理器产生的资料。例如，储存于芯片中的图文数据、智能信息卡等。（3）应用网络技术产生的资料。例如，网页、电子邮件、电子文档、电子相册、电子聊天记录、博客、微信以及相关数据库内的资料等。

《证据规定》第 14 条规定："电子数据包括下列信息、电子文件：（一）网页、博客、微博客等网络平台发布的信息；（二）手机短信、电子邮件、即时通信、通讯群组等网络应用服务的通信信息；（三）用户注册信息、身份认证信息、电子交易记录、通信记录、登录日志等信息；（四）文档、图片、音频、视频、数字证书、计算机程序等电子文件；（五）其他以数字化形式存储、处理、传输的能够证明案件事实的信息。"

3. 电子数据的特征

电子数据的特征与视听资料基本相同。此外，还有一些独有的特征：（1）部分电子数据具有易逝性，特别容易消失或者被删除，需要及时保存和保全；（2）部分电子数据具有易变性，特别容易被删改。

（二）电子数据在诉讼中的运用

1. 电子数据的立法

我国《民法典》中有关于电子数据的规定，在《电子签名法》中有更进一步的规定。

国际上主要有联合国国际贸易法委员会分别于 1996 年制定的《电子商务示范法》和 1999 年制定的《电子签名统一规则（草案）》。

2. 电子数据的采集

基于电子数据的特点，一般应当提前保存电子数据，如有必要应当公证保全或者申请诉前保全。

3. 电子数据的判断

根据《证据规定》的规定，当事人以电子数据作为证据的，应当提供原件。电子数据的制作者制作的与原件一致的副本，或者直接来源于电子数据的打印件或其他可以显示、识别的输出介质，视为电子数据的原件。存有疑点的电子数据不能单独作为定案证据，应当结合其他证据形成证据链才能作为定案依据。

六、证人证言

（一）证人证言的概念与特征

1. 证人证言的概念

证人，是指了解案件有关情况并在诉讼中作证的人。我国的证人不包括当事人。证人是了解案件事实，对所了解的事实具有辨别能力，并能正确表达的人。证人证言，是指证人向法院就其知晓的案件事实所作的陈述或证词。

证人通常应当是特定的自然人，如果机关、团体、企业事业单位了解案件的有关情况，应由其有关负责人或者知情人出庭作证，并由其单位在书面证词上加盖公章。

2. 证人证言的特征

（1）证人的资格限制较少。除法律明确规定不能作证的人以外，其他了解案件情况的人通常都有资格作证。法律没有明确限制证人的年龄、智力，与案件有利害关系或者与当事人有亲疏关系的人也不限制其证人资格。

（2）证人证言通过口头和书面两种形式表达。证人证言主要通过口头方式在法庭上直接表达，也可用口头和书面两种形式同时表达；证人确有困难不能出庭口头陈述的，可依照法律和法院许可的其他方式表达。聋哑人可以用手语或书面方式表达。

（3）证人证言具有一定的主观性。证人证言是证人对其知道或者经历的事情所作的回忆性表述。其观察、感受是否客观，其表述是否客观，受其观察力、记忆力、表达力以及其他因素的影响很大。

（二）证人证言在诉讼中的运用

基于证人证言的上述特征，与其他证据相比，对证人证言的规范和审查比较严格。

1. 不能作为本案证人的人员

（1）本案的审判人员、检察人员、翻译人员。为保持公正和中立，这些人不允许作为本案证人。

（2）本案的诉讼代理人。因其与证人的地位相互冲突，按我国法律规定一般不能作为证人。

（3）不能正确表达意思的人。因其难以作出客观真实的陈述，不能作为证人。法律和司法解释没有明确列举规定哪些人是不能正确表达意志的人，但是《证据规定》作出了概括性的反面规定：无民事行为能力人或者限制民事行为能力人所作的与其年龄、智力状况或者精神健康状况不相当的证言，不能单独作为认定案件事实的根据。依此推理，待证事实与其年龄、智力状况或者精神健康状况相适应的无民事行为能力人和限制民事行为能力人，可以作为证人。

2. 当事人可以申请证人出庭作证

当事人及其代理人在诉讼中，不仅可以提供证人证言，而且可以向法院申请证人出庭作证。依据最高人民法院《适用民诉法解释》第117条的规定，当事人申请证人出庭作证的，应当在举证期限届满前提出申请，并经人民法院许可。人民法院对当事人的申请予以准许的，应当在开庭审理前通知证人出庭作证。

为了保证证人能够正常地出庭作证，《民事诉讼法》第77条明确规定，证人因履行出庭作证义务而支出的交通、住宿、就餐等必要费用以及误工损失，由败诉一方当事人负担。当事人申请证人作证的，由该当事人先行垫付。《证据规定》进一步规定，证人出庭作证后，可以向人民法院申请支付证人出庭作证费用。证人有困难需要预先支取出庭作证费用的，人民法院可以根据证人的申请在出庭作证前支付。《适用民诉法解释》第 118 条规定了证人费用的标准，证人因履行出庭作证义务而支出的交通、住宿、就餐等必要费用，按照机关事业单位工作人员差旅费用和补贴标准计算；误工损失按照国家上年度职工日平均工资标准计算。人民法院准许证人出庭作证申请的，应当通知申请人预缴证人出庭作证费用。

3. 证人应当签署如实作证保证书

最高人民法院《适用民诉法解释》规定了证人签署如实作证保证书制度，即人民法院在证人出庭作证前应当告知其如实作证的义务以及作伪证的法律后果，并责令其签署保证书，但无民事行为能力人和限制民事行为能力人除外。证人签署保证书适用《适用民诉法解释》关于当事人签署保证书的规定。证人拒绝签署保证书的，不得作证，须自行承担相关费用。

《证据规定》进一步规定，人民法院应当要求证人在作证之前签署保证书，并在法庭上宣读保证书的内容。但无民事行为能力人和限制民事行为能力人作为证人的除外。证人确有正当理由不能宣读保证书的，由书记员代为宣读并进行说明。证人拒绝签署或者宣读保证书的，不得作证，并自行承担相关费用。证人保证书的内容适用当事人保证书的规定。

4. 证人应当出庭作证、接受质询

证人有按时出庭作证、如实提供证言的义务。证人出庭作证，是为了接受质询。未经质证的证人证言，不能作为定案根据。对此，《证据规定》规定，人民法院应当要求证人出庭作证，接受审判人员和当事人的询问。证人在审理前的准备阶段或者人民法院调查、询问等双方当事人在场时陈述证言的，视为出庭作证。双方当事人同意证人以其他方式作证并经人民法院准许的，证人可以不出庭作证。无正当理由未出庭的证人以书面等方式提供的证言，不得作为认定案件事实的根据。

5. 证人出庭确有困难情况的处理

依据《民事诉讼法》第 76 条的规定，经人民法院通知，证人应当出庭作证，但有下列情形之一的，经人民法院许可，可以通过书面证言、视听传输技术或者视听资料等方式作证：（1）因健康原因不能出庭的；（2）因路途遥远，交通不便不能出庭的；（3）因自然灾害等不可抗力不能出庭的；（4）其他有正当理由不能出庭的。

6. 证人作证时的禁止用语以及不得旁听

根据《证据规定》的规定，证人应当客观陈述其亲身感知的事实，作证时不得使用猜测、推断或者评论性语言。证人作证前不得旁听法庭审理，作证时不得以宣读事先准备的书面材料的方式陈述证言。证人言辞表达有障碍的，可以通过其他表达方式作证。证人应当就其作证的事项进行连续陈述。当事人及其法定代理人、诉讼代理人或者旁听人员干扰证人陈述的，人民法院应当及时制止，必要时可以依照《民事诉讼法》第 113 条的规定进行处罚。审判人员可以对证人进行询问。当事人及其诉讼代理人经审判人员许可后可以询问证人。询问证人时其他证人不得在场。人民法院认为有必要的，可以要求证人之间进行对质。

7. 法官对证人证言的审查判断，心证作用比较大

《证据规定》第 96 条规定："人民法院认定证人证言，可以通过对证人的智力状况、

品德、知识、经验、法律意识和专业技能等的综合分析作出判断。”

七、鉴定意见

（一）鉴定意见的概念与特征

1. 鉴定意见的概念

鉴定意见，是指鉴定人对与案件有关的专门性问题进行科学分析研究后所作的判断意见。鉴定人，是指受法定部门或法院指定的部门指派对专门问题进行科学鉴定的专家。

在民事诉讼中，常常会遇到审判人员难以判断的专门性问题。为了查明案件事实，必须由具有专门知识的专家对专门性问题进行科学鉴定。民事诉讼中常见的鉴定有医学鉴定、文书鉴定、审计鉴定、物证鉴定等。

2. 鉴定意见的特征

鉴定意见最主要的特征，是其具有专业性、科学性和中立性以及法定程序性。鉴定意见的专业性，是指鉴定意见由专业部门的专业人员对专门问题鉴定得出的专门结论；鉴定意见的科学性，是指鉴定意见是运用科学原理、使用科学手段鉴定得出的科学结论；鉴定意见的中立性，是指鉴定意见是由完全中立的部门和人员鉴定得出的中立结论；鉴定意见的法定程序性，是指其严格依照法定的程序确定鉴定部门和鉴定人员，依照法定的程序进行鉴定，依照法定的程序制作鉴定意见。

（二）申请鉴定和选定鉴定部门

依据《民事诉讼法》第 79 条第 1 款的规定，当事人可以就查明事实的专门性问题向人民法院申请鉴定。当事人申请鉴定的，由双方当事人协商确定具备资格的鉴定人；协商不成的，由人民法院指定。

《证据规定》进一步规定，人民法院在审理案件过程中认为待证事实需要通过鉴定意见证明的，应当向当事人释明，并指定提出鉴定申请的期间。当事人申请鉴定，应当在人民法院指定期间内提出，并预交鉴定费用。逾期不提出申请或者不预交鉴定费用的，视为放弃申请。对需要鉴定的待证事实负有举证责任的当事人，在人民法院指定期间内无正当理由不提出鉴定申请或者不预交鉴定费用，或者拒不提供相关材料，致使待证事实无法查明的，应当承担举证不能的法律后果。人民法院准许鉴定申请的，应当组织双方当事人协商确定具备相应资格的鉴定人。当事人协商不成的，由人民法院指定。

从上述法律规定看，鉴定以当事人申请为主，即鉴定主要由当事人申请而提起。但是，《民事诉讼法》第 79 条第 2 款又规定，人民法院对专门性问题认为需要鉴定的，应当委托具备资格的鉴定人进行鉴定。因此，对于符合依职权调查收集证据条件，并且又属于专门性问题的，人民法院应当依职权委托鉴定，在询问当事人的意见后，指定具备相应资格的鉴定人。对此，《证据规定》进一步规定，人民法院依职权委托鉴定的，可以在询问当事人的意见后，指定具备相应资格的鉴定人。人民法院在确定鉴定人后应当出具委托书，委托书中应当载明鉴定事项、鉴定范围、鉴定目的和鉴定期限。

当事人一方在起诉前或者诉讼中自行委托有关单位和人员作出的鉴定，如医疗诊断书、产品检验单等，如果对方当事人承认或同意，经人民法院确认，可以作为定案根据。

（三）鉴定意见的形式要求和鉴定人的权利义务

根据《证据规定》的规定，鉴定人应当在人民法院确定的期限内完成鉴定，并提交鉴定书。鉴定人无正当理由未按期提交鉴定书的，当事人可以申请人民法院另行委托鉴定人进行鉴定。人民法院准许的，原鉴定人已经收取的鉴定费用应当退还；拒不退还的，依照《证据规定》第 81 条第 2 款的规定处理。

人民法院对鉴定人出具的鉴定书，应当审查是否具有下列内容：（1）委托法院的名称；（2）委托鉴定的内容、要求；（3）鉴定材料；（4）鉴定所依据的原理、方法；（5）对鉴定过程的说明；（6）鉴定意见；（7）承诺书。鉴定书应当由鉴定人签名或者盖章，并附鉴定人的相应资格证明。委托机构鉴定的，鉴定书应当由鉴定机构盖章，并由从事鉴定的人员签名。

人民法院收到鉴定书后，应当及时将副本送交当事人。当事人对鉴定书的内容有异议的，应当在人民法院指定期间内以书面方式提出。对于当事人的异议，人民法院应当要求鉴定人作出解释、说明或者补充。人民法院认为有必要的，可以要求鉴定人对当事人未提出异议的内容进行解释、说明或者补充。当事人在收到鉴定人的书面答复后仍有异议的，人民法院应当根据《诉讼费用交纳办法》第 11 条的规定，通知有异议的当事人预交鉴定人出庭费用，并通知鉴定人出庭。有异议的当事人不预交鉴定人出庭费用的，视为放弃异议。双方当事人对鉴定意见均有异议的，分摊预交鉴定人出庭费用。

鉴定人出庭费用按照证人出庭作证费用的标准计算，由败诉的当事人负担。因鉴定意见不明确或者有瑕疵需要鉴定人出庭的，出庭费用由其自行负担。人民法院委托鉴定时已经确定鉴定人出庭费用包含在鉴定费用中的，不再通知当事人预交。

鉴定人享有下列权利：（1）有权了解进行鉴定所需要的案件材料；（2）必要时有权询问当事人和证人；（3）有权获得报酬和其他费用，如鉴定费、出庭的差旅费、误工工资等。

鉴定人应履行下列义务：（1）不得弄虚作假。鉴定人故意提供虚假鉴定意见的，应负法律责任。《证据规定》规定，鉴定开始之前，人民法院应当要求鉴定人签署承诺书。承诺书中应当载明鉴定人保证客观、公正、诚实地进行鉴定，保证出庭作证，如作虚假鉴定应当承担法律责任等内容。鉴定人故意作虚假鉴定的，人民法院应当责令其退还鉴定费用，并根据情节，依照《民事诉讼法》第 114 条的规定进行处罚。人民法院应当组织当事人对鉴定材料进行质证。未经质证的材料，不得作为鉴定的根据。经人民法院准许，鉴定人可以调取证据、勘验物证和现场、询问当事人或者证人。（2）依据《民事诉讼法》第 81 条的规定，当事人对鉴定意见有异议或者人民法院认为有必要出庭的，鉴定人应当出庭作证。经人民法院通知，鉴定人拒不出庭作证的，鉴定意见不得作为认定事实的根据；支付鉴定费用的当事人有权要求返还鉴定费用。依据立法精神，鉴定人出庭确有困难的，可以依照《民事诉讼法》第 76 条规定的办法，采用远程视听传输技术接受质证。

（四）申请重新鉴定的情形

当事人对鉴定意见有异议，有权向人民法院申请重新鉴定。《证据规定》第 40 条规定："当事人申请重新鉴定，存在下列情形之一的，人民法院应当准许：（一）鉴定人不具备相应资格的；（二）鉴定程序严重违法的；（三）鉴定意见明显依据不足的；（四）鉴定意见不能作为证据使用的其他情形。存在前款第一项至第三项情形的，鉴定人已经收取的鉴定费用应当退还。拒不退还的，依照本规定第八十一条第二款的规定处理。对鉴定意见的瑕疵，可以通过补正、补充鉴定或者补充质证、重新质证等方法解决的，人民法院不予准许重新鉴定的申请。重新鉴定的，原鉴定意见不得作为认定案件事实的根据。"

《证据规定》第 41 条规定："对于一方当事人就专门性问题自行委托有关机构或者人

员出具的意见，另一方当事人有证据或者理由足以反驳并申请鉴定的，人民法院应予准许。”

（五）鉴定意见的效力与专家质询

鉴定意见的特征，决定了鉴定意见具有很强的权威性，也决定了鉴定意见具有较强的证明力。人民法院对鉴定意见通常不作实质审查，通过法庭质证和形式审查便可以作为定案的证据。

当事人虽然可以对鉴定意见提出不同意见，但是其意见往往不具有专业水准，因而难以被法院接受。所以，《民事诉讼法》第 82 条规定，当事人可以申请人民法院通知有专门知识的人出庭，就鉴定人作出的鉴定意见或者专业问题提出意见。根据上述法律规定，如果具有专门知识的人提出的意见，足以推翻原鉴定意见或确有理由的，人民法院应视情形给予重新鉴定或者迳行判决。

此外，《证据规定》还规定，鉴定意见被采信后，鉴定人无正当理由撤销鉴定意见的，人民法院应当责令其退还鉴定费用，并可以根据情节，依照《民事诉讼法》第 114 条的规定对鉴定人进行处罚。当事人主张鉴定人负担由此增加的合理费用的，人民法院应予支持。人民法院采信鉴定意见后准许鉴定人撤销的，应当责令其退还鉴定费用。

（六）专家辅助人制度

《民事诉讼法》《适用民诉法解释》《证据规定》都规定了专家辅助人制度。《民事诉讼法》第 82 条规定：“当事人可以申请人民法院通知有专门知识的人出庭，就鉴定人作出的鉴定意见或者专业问题提出意见。”依据法律和司法解释的规定，对专家辅助人应作如下理解适用：

（1）专家辅助人是对案件所涉及的鉴定或事实，在专门领域里具有专门知识的人。

（2）专家辅助人只能就鉴定意见或者案件事实所涉及的事实提出专家意见，不能超出范围。

（3）专家辅助人只能依一方当事人的申请出庭提出意见，不能由法院依职权指定。

（4）专家辅助人在法庭上就专业问题提出的意见，视为当事人的陈述。

（5）当事人申请专家辅助人出庭的，应当在举证期限届满前提出。

（6）一方当事人可以申请 1 至 2 名具有专门知识的人出庭。

（7）人民法院准许当事人申请的，相关费用由提出申请的当事人负担。

（8）人民法院可以对出庭的具有专门知识的人进行询问。经法庭准许，当事人可以对出庭的具有专门知识的人进行询问，当事人各自申请的具有专门知识的人可以就案件中的有关问题进行对质。

（9）具有专门知识的人不得参与专业问题之外的法庭审理活动。

八、勘验笔录

（一）勘验笔录的概念

勘验笔录，是指人民法院工作人员对民事案件涉案现场或物证进行实地或实物勘查检验时所作的记录，包括笔录、照片、示意图等。在民事诉讼中，双方当事人争执的标的物、用以证明案件事实的物证，有许多是不便或根本无法提交法庭的。人民法院为查明案件真实情况，通常由审判人员或法院委派的人亲临现场进行勘查、检验、丈量或测试，取得勘验笔录。

人民法院认为有必要的，可以根据当事人的申请或者依职权对物证或者现场进行勘验。人民法院进行勘验时，应当保护他人的隐私和尊严。

人民法院可以要求鉴定人参与勘验。必要时，可以要求鉴定人在勘验中进行鉴定。

（二）勘验笔录的制作、形成

勘验是一种由人民法院收集证据的活动，是对证据的固定和保全。因此，勘验必须由人民法院的审判人员和其他工作人员严格按照《民事诉讼法》规定的程序进行。根据《民事诉讼法》第 83 条的规定，勘验物证或者现场，勘验人必须出示人民法院的证件，并邀请当地基层组织或者当事人所在单位派人参加。勘验时，当事人或者当事人的成年家属应当到场，拒不到场的，不影响勘验的进行。有关单位和个人根据人民法院的通知，有义务保护现场，协助勘验工作。勘验人应当将勘验情况和结果制作笔录，由勘验人、当事人和被邀参加人签名或者盖章。勘验笔录，应当由法院工作人员准确地制作。勘验笔录是对物证或者现场的真实反映，必须客观，不能掺杂主观的推测。

《证据规定》进一步规定，人民法院应当在勘验前将勘验的时间和地点通知当事人。当事人不参加的，不影响勘验进行。当事人可以就勘验事项向人民法院进行解释和说明，可以请求人民法院注意勘验中的重要事项。人民法院勘验物证或者现场，应当制作笔录，记录勘验的时间与地点、勘验人、在场人、勘验的经过与结果，由勘验人、在场人签名或者盖章。对于绘制的现场图应当注明绘制的时间、方位、测绘人姓名、身份等内容。

（三）勘验笔录的效力

通常情况下，人民法院制作的勘验笔录具有较强的证明力。勘验笔录的证明力取决于其是否如实地反映了物证或者现场的真实情况。如果勘验时粗心大意，勘验笔录不能如实反映物证或者现场的真实情况，就不能作为认定案件事实的根据。当事人对勘验笔录提出确有理由的质疑时，人民法院应当对勘验笔录进行核查。

司法实践案例：
测谎结果是否可以作为定案的依据？

【引例分析】

本案原告李某在法庭上出示的三张医药费单据，属于书面形式的证明材料。在法庭调查过程中，被告钱某对这三张单据分别表述出不同的观点。法院也根据不同情况作出了不同的认定：

原告提出的第一份证据材料，被告无异议，法院根据本案已经发生的损害事实，当庭认定了该证据的证明力。这是因为该证据材料在真实性、关联性和合法性上均无疑问。

原告提出的第二份证据材料，被告认为属于美容性质的单据，不属于治疗食物中毒费用范围。法院认为被告的异议有理，该证据材料不符合证据关联性的要求，因此当庭予以排除。

原告提出的第三份证据材料，被告提出了异议，但是法院没有当庭确定是否可以作为本案证据。被告认为该单据所列费用过高，不真实。不真实的证据材料不可以作为本案证据。但是，该医药费单据是否真实，难以当庭确认，需要通过调查核实才能确定。

【本章小结】

1. 民事诉讼证据，是指在民事诉讼中用以证明和确认案件事实的各种证明材料。诉讼中的证据有两层含义：其一，用作证明案件事实的证明材料；其二，用作定案的证明材料。

2. 作为定案根据的证据，必须具备“证据三性”，即真实性、关联性、合法性，缺一不可。

3. 区分本证和反证可以正确确定举证责任；区分原始证据和派生证据有利于辨明证据的证据能力和证明力；区分直接证据和间接证据可以指引证据收集和运用。

4. 八种法定的证据种类各有其基本定义，各有其法定的运用规则。

【课后练习题】

一、名词解释

本证　反证　派生证据　直接证据　书证　物证　视听资料　电子数据　证人证言　鉴定意见　勘验笔录

二、思考题

1. 什么是民事诉讼证据？

2. 民事诉讼定案证据具有哪些特征？

3. 简述民事诉讼证据的种类。

三、案例分析题

1. 某君单位离家较远，每天骑车到地铁站存车处，再坐地铁去上班。有一天某君下班回到地铁站存车处，却找不到自己的高档自行车。某君找存车处理论，存车处认为自己收费很低，不应承担全部责任。某君想到法院告存车处，但手里只有一枚存车处发给的铜牌为证。

问：存车铜牌能够证明什么事实？能否证明存放了一辆高档自行车？存车铜牌是哪一种法定证据？

分析要点提示：(1) 存车处对存车人发放存车牌，存车人取走自行车时则收回存车牌。持有存车牌的人可以证明存过车的事实。(2) 目前的证据无法证明某君在存车处存放过高档自行车。(3) 存车牌是以牌子上的文字或者符号证明存车或保管车的事实，应当属于书证。

2. 在一起银行告储户不当得利的案件中，银行提出了以下证据：A. 证明被告在银行取款的录像；B. 银行职员证明被告取款前收支平衡的证言；C. 目击证人证明被告从银行取走两万元的证言；D. 银行存款资料证明被告取走一万元的记录。

问：以上哪一个证据既是原始证据又是直接证据？

分析要点提示：(1) A、B、C、D 都是本案第一手的原始证据。(2) 本案需要证明的事实是被告多提取一万元的事实。(3) 能够直接证明被告多提取一万元事实的证据只有C，其余证据均为间接证据。

3. 原告认为与被告之间存在房屋买卖关系，被告认为与原告之间存在房屋租赁关系。原告所举证据如下：未经双方当事人签字的房屋买卖合同文本；知情人证明合同文本条款是双方协商拟订的；被告通知其入住房屋的通知书；被告亲笔书写的“第一个月房款收据”。被告提供的证据则有：写有被告姓名的房产证；知情人证明双方房屋买卖合同没有谈成。同时被告答辩：写有收到第一个月房款 2 000 元的收据是房屋月租金收据；未签字的合同文本原约定首付购房款 10 万元。

问：双方当事人提供的证据中，哪些是直接证据，哪些是间接证据？能否断定本案房屋买卖合同成立还是房屋租赁合同成立？

分析要点提示：(1) 本案双方当事人提供的证据都不是直接证据。(2) 每一个间接证据又都无法单独证明双方存在的是买卖关系还是租赁关系。(3) 综合正反两方面的间接证明材料，进行比较、分析和推理，不难得出以下结论：现有证据不足以认定房屋买卖合同关系的存在，而被告主张的租赁关系应当是存在的。

第十章　证明对象、证明责任、证明标准

【本章引例】

王某（女）向法院起诉，要求与李某（男）离婚，并要求分割10万元夫妻共同财产。在诉讼中，李某不同意离婚，并否认有10万元夫妻共同财产。王某向法院提交数份证人证言及医院证明，证实李某经常为生活琐事打骂王某，王某曾经被李某打伤而住院。王某在诉讼中向法院陈述了夫妻双方共同积攒10万元以及这10万元由丈夫李某保存的经过，并怀疑丈夫李某将这笔钱存在了银行。但王某未能进一步提供有关10万元财产的证据，法院也无法查到李某的任何存款。法院判决：原告、被告夫妻感情确已破裂，准予离婚；10万元夫妻共同财产查无实据，驳回分割10万元夫妻共同财产的请求。法院的判决是否正确？

【本章学习目标】

通过学习本章，你应该能够：

1. 了解证明对象及其范围，并了解无须证明的事实范围
2. 认清证明责任的概念与特征
3. 熟练掌握证明责任的分配原则
4. 了解证明标准的含义、内容和意义

第一节　证明对象

一、证明对象的概念及范围

（一）证明对象的概念

民事诉讼的证明对象，是指在民事诉讼中需要用证据加以证明的有关案件事实，也称为证明客体或证明标的。需要证明的有关案件事实，主要是指由实体法规范规定的法律要件事实。根据某一实体法规范的规定，当存在一定法律要件事实时，就会引起某种民事权利义务关系的发生、变更和消灭。在民事诉讼中，是否存在这些法律要件事实，必须由当事人提出主张并加以证明；法院在审理中对这些争议的事实进行认定，作出裁判。

当事人依据实体法规范主张的法律要件事实，是证明对象的主要内容和范围。依据我国现行的法律规定，程序事实、证据事实、外国法和特定的经验法则，也需要使用证据加以证明，它们也是证明对象的内容和范围。

（二）证明对象的范围

当事人在诉讼中可能会举出许多不同的事实，并不是每一个事实都需要证明，只有那些对解决民事争议具有法律意义的事实，才属于证明对象。在不同类别的民事案件中，甚至同一类别的不同民事案件中，其证明对象都会有所不同。依据法律规定和审判实践的经验，民事诉讼的证明对象可以概括为以下几类：

1. 当事人主张的实体法上的事实

实体法上的事实，是指由民事实体法规定的，能够引起民事法律关系发生、变更或者消灭的事实。实体法上的事实主要有以下四种：

（1）发生民事权利义务关系的法律事实。例如，合同纠纷案件中，原、被告之间订立合同的事实；收养关系纠纷案件中，原、被告之间存在收养关系的事实；损害赔偿纠纷案件中，被告侵权给原告造成损害的事实；等等。

（2）变更民事权利义务关系的法律事实。例如，债务纠纷案件中，原告已经转让或者偿还部分债务的事实；合同纠纷案件中，双方已经变更合同的事实；本章引例中，原告王某所提供的婚姻关系破裂的事实；等等。

（3）妨碍民事权利义务关系产生的法律事实。例如，追究违约责任的案件中，合同无效或者不可抗力的事实；医疗事故纠纷案件中，患者正常死亡的事实或者正常医疗风险范围的事实；等等。

（4）消灭民事权利义务关系的法律事实。例如，债务纠纷案件中，债务人已经偿还全部债务的事实；合同纠纷案件中，合同已经双方协商解除的事实；继承纠纷案件中，继承人放弃继承权的事实；肖像权纠纷案件中，肖像权人已经死亡的事实；等等。

2. 程序法上的事实

程序法上的事实，是指由民事诉讼法规定的，能够引起民事诉讼法律关系发生、变更或者消灭的事实。例如，案件不属于人民法院主管或者不应由受诉人民法院管辖的事实；原告不是本案利害关系人的事实；当事人申请审判人员回避所依据的事实；生效裁判严重违反法定程序应予再审的事实；当事人申请顺延诉讼期间的合法理由事实；等等。

3. 证据事实

证据事实是指民事诉讼证据材料本身。依据《民事诉讼法》第 66 条第 2 款的规定，证据必须查证属实，才能作为认定事实的根据。在民事诉讼中，一方当事人有时会对对方当事人举出的某一证据材料提出合理的疑问，如果不对这一证据材料本身加以证明，便不能据此作出认定案件事实的结论。因此，证据事实本身也是证明对象。

4. 与案件有关的其他事实

由于民事案件种类繁多，情况复杂，有些案件还存在上述三种事实之外的证明对象。例如，专门性的知识、特别领域里的常识、其他地区的风俗习惯、地方性的法规、外国法的有关规定等。这些事实，是通常不为常人所知的事实，需要经过证明使人确信。

二、不需要证明的事实

依据最高人民法院《证据规定》的规定，下列事实无须当事人举证证明法院即可认定：

（一）自然规律以及定理、定律

自然规律、自然现象、科学定理、定律，已经为人们普遍认识或者早已被证明过，不可能被当事人推翻，所以无须证明。

（二）众所周知的事实

众所周知的事实，是指在一定范围内为人们广为知晓的事实，包括生活常识、道德、习俗或者有重大影响的事件等广为人知的事实。这些事实通常没有必要再去证明。

但是，对方当事人有相反的证据足以反驳该事实的，不能免除其证明责任。

（三）根据法律规定推定的事实

推定的事实包括法律上推定的事实和事实上推定的事实。

法律上推定的事实，是指运用法律规定推定得出的事实，即法律规定以某一事实的存在为基础，并直接根据该事实认定待证事实是否存在。法律上的推定是直接由法律规定了某事实存在便可认定待证事实的存在，因此当事人对待证事实无须加以证明。

法律上的推定，只要其前提事实成立，推定就成立，对方当事人通常难以推翻。但是，最高人民法院的司法解释规定，对方当事人有相反的证据足以反驳该事实的，该推定不能成立，不能免除其证明责任。

（四）事实上推定的事实

事实上推定的事实，是指根据已知事实和日常生活经验法则推定出的另一事实，即利用已知的事实为前提，以经验法则推论待证事实的存在。由于经验法则反映了已知事实与推定事实之间的高度盖然性联系，因此可以免除当事人的证明责任。

事实上的推定，由于其具有高度盖然性，对方当事人可以提出足够的相反证据予以反驳。对方当事人有相反的证据足以反驳该事实的，该推定不能成立，不能免除其证明责任。

（五）已为人民法院发生法律效力的裁判所确认的基本事实

已为人民法院发生法律效力的裁判所确认的基本事实，又称预决的事实。已经为生效法律文书确定的基本事实没有必要另行证明。

但是，如果对方当事人有相反的证据足以推翻已为生效裁判所确认的基本事实，主张该事实的当事人仍然要负举证责任。

（六）已为仲裁机构的生效裁决所确认的事实

法律明确规定，仲裁机构的生效裁决与法院的生效裁判具有同样的法律效力。因此，已为仲裁机构的生效裁决所确认的事实也无须证明。

但是，如果对方当事人有相反的证据足以推翻已为生效裁决所确认的事实，主张该事实的当事人仍然要负举证责任。

（七）已为有效公证文书所证明的事实

公证机构及其公证员依照法定程序所作的公证证明，是具有法律效力的证明。已为有效公证文书所证明的事实，在诉讼中不需要另行证明，但是有相反证据足以推翻公证证明的除外。

（八）当事人在诉讼上承认的事实

最高人民法院《适用民诉法解释》第 92 条规定：一方当事人在法庭审理中，或者在起诉状、答辩状、代理词等书面材料中，对于已不利的事实明确表示承认的，另一方当事人无须举证证明。

但是，对于涉及身份关系、国家利益、社会公共利益等应当由人民法院依职权调查的事实，不适用前述自认的规定。同时，如果自认的事实与查明的事实不符的，人民法院也不予确认。

《证据规定》对当事人在诉讼上的承认进一步规定如下：

（1）在诉讼过程中，一方当事人陈述的于己不利的事实，或者对于己不利的事实明确表示承认的，另一方当事人无须举证证明。在证据交换、询问、调查过程中，或者在起诉状、答辩状、代理词等书面材料中，当事人明确承认于己不利的事实的，适用上述规定。

（2）一方当事人对于另一方当事人主张的于己不利的事实既不承认也不否认，经审判人员说明并询问后，其仍然不明确表示肯定或者否定的，视为对该事实的承认。

（3）当事人委托诉讼代理人参加诉讼的，除授权委托书明确排除的事项外，诉讼代理人的自认视为当事人的自认。当事人在场对诉讼代理人的自认明确否认的，不视为自认。

（4）普通共同诉讼中，共同诉讼人中一人或者数人作出的自认，对作出自认的当事人发生效力。必要共同诉讼中，共同诉讼人中一人或者数人作出自认而其他共同诉讼人予以否认的，不发生自认的效力。其他共同诉讼人既不承认也不否认，经审判人员说明并询问后仍然不明确表示意见的，视为全体共同诉讼人的自认。

（5）一方当事人对于另一方当事人主张的于己不利的事实有所限制或者附加条件予以承认的，由人民法院综合案件情况决定是否构成自认。

（6）《适用民诉法解释》第96条第1款规定的事实，不适用有关自认的规定。《适用民诉法解释》第96条第1款规定："民事诉讼法第六十七条第二款规定的人民法院认为审理案件需要的证据包括：（一）涉及可能损害国家利益、社会公共利益的；（二）涉及身份关系的；（三）涉及民事诉讼法第五十八条规定诉讼的；（四）当事人有恶意串通损害他人合法权益可能的；（五）涉及依职权追加当事人、中止诉讼、终结诉讼、回避等程序性事项的。"

（7）自认的事实与已经查明的事实不符的，人民法院不予确认。有下列情形之一，当事人在法庭辩论终结前撤销自认的，人民法院应当准许：一是经对方当事人同意的；二是自认是在受胁迫或者重大误解情况下作出的。人民法院准许当事人撤销自认的，应当作出口头或者书面裁定。

社会热点：

调解和解中对案件事实的认可是否构成自认？

司法实践案例：

诉讼调解中认可的与实体权利相关的事实是否属于自认或认诺？

第二节 证明责任

一、证明责任的概念与特征

（一）证明责任的概念

证明责任，是指诉讼当事人在诉讼中应当承担的举出证据证明其主张的事实，以及不能证明所要承担的不利后果。

证明责任可以分为行为责任与结果责任。行为责任，是指当事人对自己的主张提出诉讼请求或者反驳对方诉讼请求所依据的事实有责任提供证据加以证明。结果责任，是指没有证据或者证据不足以证明当事人的事实主张的，由负有举证责任的当事人承担不利后果。

（二）证明责任的特征

1. 证明责任的主体是诉讼当事人

首先，诉讼中的当事人负有举证责任；法院只有查证的职责，没有举证的责任。其次，对某一个诉讼请求或者事实的证明责任，只能由一方当事人承担，不能由双方当事人同时承担。最后，提出主张的诉讼当事人，通常应当承担证明责任。但是，有时也有一些例外的规定。证明责任的具体分配由法律和司法解释规定。

2. 证明责任的客体是当事人所主张的诉讼请求及其事实

当事人承担的证明责任的客体（或称对象），是当事人在诉讼中主张的需要证明的诉讼请求及其相关事实。当事人在诉讼中需要证明的事实，主要包括实体法上的事实、程序法上的事实以及证据事实和其他事实。

3. 证明责任的性质属法律责任

《民事诉讼法》第 67 条第 1 款规定：“当事人对自己提出的主张，有责任提供证据。”“责任”一词，无论是从法理上还是从词义上，通常都与“义务”相联系。但是，责任不仅包含义务，还应包括不尽义务的后果。现行民事诉讼法只规定了举证的行为责任，没有直接规定后果责任。《证据规定》补充规定了当事人不举证或者举证不足、举证不能的，应“承担不利后果”。

根据《民事诉讼法》第 52 条的规定，当事人有权收集、提供证据。把当事人提供证据，作为一项权利予以规定，似与该法第 67 条义务性的规定有所冲突。其实不然，第 52 条的规定着眼于保障当事人的诉权，把举证权利作为赋予当事人享有的诉讼权利之一；而第 67 条的规定着眼于当事人举证行为责任的负担。前者属于当事人的诉讼权利，后者属于当事人的诉讼义务或者责任。

4. 不履行举证责任的后果为主张不成立

不履行举证责任，是指提出主张的当事人不举证、举证不能或者所举证据不足以证明案件事实。不举证是指完全不履行举证责任义务。举证不能是指因客观原因无法举证。所举证据不足以证明案件事实，是指未能完全履行举证责任义务。对于当事人举证不能的，人民法院应当依职权调查收集证据；对于当事人举证不足的，人民法院也可以依职权调查收集证据；对于当事人不举证的，人民法院一般不应当依职权调查收集证据。在没有足够的证据可以证明当事人所主张的事实能够成立的情况下，当事人的主张便不能成立。主张不能成立是当事人应当承担的“不利后果”。

当事人不履行举证责任或者举证不足，可能会导致败诉的后果，但并不必然导致败诉。败诉危险的存在，不能等同于败诉后果的发生。更何况，当事人的主张并不都与胜诉有关。例如，有些程序法上的主张，一方当事人不履行举证责任或者举证不足，人民法院可以根据本案其他证据事实作出裁判。

二、证明责任的分配

（一）证明责任分配的一般原则

《民事诉讼法》第 67 条第 1 款规定：“当事人对自己提出的主张，有责任提供证据。”该规定被归纳为“谁主张，谁举证”原则。但是，“谁主张，谁举证”的原则规定不够具体明确。所以，最高人民法院《适用民诉法解释》第 90 条第 1 款进一步规定：“当事人对自己提出的诉讼请求所依据的事实或者反驳对方诉讼请求所依据的事实，应当提供证据加以证明，但法律另有规定的除外。”《证据规定》第 1 条规定：“原告向人民法院起诉或者被告提出反诉，应当提供符合起诉条件的相应的证据。”

《适用民诉法解释》第 91 条对证明责任分配的一般原则作出了以下规定：“人民法院应当依照下列原则确定举证证明责任的承担，但法律另有规定的除外：（一）主张法律关系存在的当事人，应当对产生该法律关系的基本事实承担举证证明责任；（二）主张法律关系变更、消灭或者权利受到妨害的当事人，应当对该法律关系变更、消灭或者权利受到妨害的基本事实承担举证证明责任。”《适用民诉法解释》和《证据规定》均受“法律要件分类说”的影响，对证明责任的分配作出以上具体规定。法律要件分类说把待证事实分为产生或者存在权利的事实、妨碍权利产生的事实和权利消灭的事实等。

在民事诉讼中，谁主张相应的事实，谁就应当对该事实加以证明，否则就要承担不利的后果。主张免责事由的，一般应当由主张免责的当事人证明免责事由的存在。所以，《适用民诉法解释》第 90 条第 2 款规定，人民法院“在作出判决前，当事人未能提供证据或者证据不足以证明其事实主张的，由负有举证证明责任的当事人承担不利的后果”。

《证据规定》对原件原物证据、动产和不动产证据的提交作出了进一步的规定，具体内容如下：

（1）当事人向人民法院提供证据，应当提供原件或者原物。如需自己保存证据原件、原物或者提供原件、原物确有困难的，可以提供经人民法院核对无异的复制件或者复制品。

（2）以动产作为证据的，应当将原物提交人民法院。原物不宜搬移或者不宜保存的，当事人可以提供复制品、影像资料或者其他替代品。人民法院在收到当事人提交的动产或者替代品后，应当及时通知双方当事人到人民法院或者保存现场查验。

（3）当事人以不动产作为证据的，应当向人民法院提供该不动产的影像资料。人民法院认为有必要的，应当通知双方当事人到场进行查验。

（二）证明责任的倒置

证明责任作为一种法律上的责任，不是法律上的权利，不能随意变更或者转移。但是，有时提出主张的一方当事人举证有一定困难，对方当事人举证则更容易些，若仍然依据证明责任的一般原则进行责任分配，则可能存在不合理、不公正的现象。在一些特殊情况下，法律规定提出主张的一方当事人不用举证，改由对方当事人承担举证责任，即实行证明责任倒置。

证明责任倒置是相对于正置而言的，是证明责任分配一般原则的例外。证明责任倒置通常由法律明确规定，法官不得任意将证明责任的分配加以倒置。

我国《民法典》和《专利法》等法律对证明责任分配的特殊规则作出了规定，具体内容如下：

(1)《专利法》第 66 条第 1 款规定：专利侵权纠纷涉及新产品制造方法的发明专利的，制造同样产品的单位或者个人应当提供其产品制造方法不同于专利方法的证明。此条规定不是由主张侵权的人证明其被侵权，而是由被主张侵权的人证明其不侵权；制造同样产品的单位或者个人对其产品制造方法不同于专利方法，证明不了的，承担侵权的不利后果。

(2)《民法典》第 1230 条规定：因污染环境、破坏生态发生纠纷，行为人应当就法律规定的不承担责任或者减轻责任的情形及其行为与损害之间不存在因果关系承担举证责任。此条规定侵权行为的因果关系不是由受害人举证证明，而是由加害人证明；加害人就其行为与损害结果之间不存在因果关系证明不了的，承担赔偿的不利后果。法律规定免责事由的证明责任原本就应由加害人承担的，不属于倒置。

(3)《民法典》第 1170 条规定：二人以上实施危及他人人身、财产安全的行为，其中一人或者数人的行为造成他人损害，能够确定具体侵权人的，由侵权人承担责任；不能确定具体侵权人的，行为人承担连带责任。危险行为与损害结果之间存在因果关系本应由提出损害主张的人承担举证责任，此处倒置为被主张的人承担。

值得注意的是，民事诉讼中的证明责任倒置，有时只是部分证明责任发生倒置。例如，上述环境污染的损害赔偿诉讼，只发生因果关系证明责任的倒置，不发生免责事由证明责任的倒置。

另外，还有些情况惯常被认为发生证明责任倒置的，其实并未倒置。例如，以下两种类型案件证明责任的分配：

(1)《民法典》第 1253 条规定：建筑物、构筑物或者其他设施及其搁置物、悬挂物发生脱落、坠落造成他人损害，所有人、管理人或者使用人不能证明自己没有过错的，应当承担侵权责任。所有人、管理人或者使用人赔偿后，有其他责任人的，有权向其他责任人追偿。主张自己无过错属于免责事由，主张者应承担证明责任。

(2)《民法典》第 1245 条规定：饲养的动物造成他人损害的，动物饲养人或者管理人应当承担侵权责任；但是，能够证明损害是因被侵权人故意或者重大过失造成的，可以不承担或者减轻责任。主张受害人有过错属于主张免责事由，主张者应承担证明责任。

上述情形符合“谁主张，谁举证”的分配原则，没有发生证明责任的倒置。

第三节　证明标准

一、证明标准的概念

证明标准，是指在诉讼中认定案件事实所应达到的证明程度，是法官判断待证事实是否成立的基准。

证明标准与证明责任、诉讼结果、法院（法官）裁判有密切的关系。待证事实是否达到证明标准，主要通过对证据的判断得出结论。待证事实达到证明标准的，法院（法官）

应当据此裁判。待证事实未达到证明标准、处于真伪不明状态的，法院（法官）可以依据证明责任分配的原则作出对负有证明责任的当事人不利的裁判。

明确证明标准，对当事人、法官均有重要意义。对当事人而言，可以有目的地收集、准备达到证明标准的证据进行诉讼，避免盲目诉讼，避免有利的诉讼失利。对不负有举证责任一方的当事人，可以提出合理异议或者举出相反证据使对方的证明达不到证明标准。对法官而言，判断待证事实是否成立是以证明标准为基准的。无论待证事实是否达到证明标准，法院（法官）都应当作出裁判。当确认待证事实达到证明标准时，法院（法官）应当认定该事实成立；当待证事实未达到证明标准时，法院（法官）应当依照法定程序指导当事人补充证据或者依职权调查，仍然达不到证明标准的，认定该事实不成立。

二、民事诉讼的证明标准

（一）民事诉讼的证明标准为高度盖然性

民事诉讼的证明标准，无法用具体的尺度衡量，而是运用抽象的盖然性的证明要求。盖然性，是指从证据资料上判断待证事实是否存在的某种可能性。待证事实存在与否的可能性从低到高，有较低盖然性、较高盖然性和高度盖然性之分。较低盖然性，是指证明只达到较低的可信程度，以至于法官无法肯定该事实是否可能确实如此。较高盖然性，是指证明达到较高的确信程度，法官相信该事实确实如此有较大的可能性。高度盖然性，是指证明达到高度确信程度，法官相信该事实确实如此有极大的可能性。

最高人民法院《适用民诉法解释》第 108 条第 1 款和第 2 款规定了高度盖然性的证明标准："对负有举证证明责任的当事人提供的证据，人民法院经审查并结合相关事实，确信待证事实的存在具有高度可能性的，应当认定该事实存在。对一方当事人为反驳负有举证证明责任的当事人所主张事实而提供的证据，人民法院经审查并结合相关事实，认为待证事实真伪不明的，应当认定该事实不存在。"同时第 3 款还规定："法律对于待证事实所应达到的证明标准另有规定的，从其规定。"

民事诉讼中一般实行高度盖然性证明标准，但是，在一些特殊类型的案件中，对于举证特别困难、权利亟待救济、处于社会弱势的当事人，仅要求较高的盖然性。这是为了减轻举证特别困难当事人的举证负担，有利于平等保护当事人的实体权益。

（二）与刑事诉讼证明标准的主要区别

民事诉讼的证明标准与刑事诉讼有所不同：民事诉讼实行高度盖然性证明标准；刑事诉讼的证明标准要求达到使法官确信并能排除一切合理怀疑的程度。刑事诉讼证明标准的要求高于民事诉讼证明标准的要求。这种区别是基于两种诉讼的目的、手段和结果不同。刑事诉讼往往动用国家机器收集定罪量刑的证据，并且涉及人的生命与自由，一旦出错无法弥补。民事诉讼中的人身和财产关系通常不会涉及人的生命与自由，并且是由毫无侦查手段的当事人自己收集证据。如果要求民事诉讼具有与刑事诉讼一样高的证明标准，很多民事权利就难以得到保护。

由于有些事项的特殊性，民事诉讼中对这些事项也采取排除合理怀疑的严格证明标准。因此，《适用民诉法解释》第 109 条规定："当事人对欺诈、胁迫、恶意串通事实的证明，以及对口头遗嘱或者赠与事实的证明，人民法院确信该待证事实存在的可能性能够排除合理怀疑的，应当认定该事实存在。"《证据规定》第 86 条进一步规定："当事人对于欺诈、胁迫、恶意串通事实的证明，以及对于口头遗嘱或赠与事实的证明，人民法院确信该待证事实存在的可能性能够排除合理怀疑的，应当认定该事实存在。与诉讼保全、回避等程序事项有关的事实，人民法院结合当事人的说明及相关证据，认为有关事实存在的可能性较大的，可以认定该事实存在。”

【引例分析】

民事诉讼实行“谁主张，谁举证”的原则，当事人对自己在诉讼中提出的主张应当举出证据加以证明。本章引例中的原告王某在诉讼中向法院陈述了夫妻双方共同积攒10万元以及这10万元由被告李某保存的经过。当事人的陈述虽然是一种法定的证据形式，但是这种证据材料通常不能作为独立证据使用，依法应当由其他证据加以佐证。法律规定这种证据事实本身也是证明对象，需要证明。

本案原告除自己的陈述外，未能举出进一步的证据证实夫妻共同财产的存在。原告怀疑被告把这笔钱存在银行，但是原告无权到银行查账。法院依据原告提供的证据线索去银行调查取证，但是没有查到有利于原告的证据。本案没有任何其他证据可以证明原告的陈述是真实的，因而也就证明不了10万元夫妻共同财产的存在，法院也就无法支持其分割财产的请求。

【本章小结】

1. 民事诉讼的证明对象包括：当事人主张的实体法上的事实、程序法上的事实、证据事实和与案件有关的其他事实。

2. 当事人需要证明的实体法上的事实包括：(1) 发生民事权利义务关系的法律事实；(2) 变更民事权利义务关系的法律事实；(3) 妨碍民事权利义务关系产生的法律事实；(4) 消灭民事权利义务关系的法律事实。

3. 下列事实无须当事人举证证明法院即可认定：(1) 自然规律以及定理、定律；(2) 众所周知的事实；(3) 根据法律规定推定的事实；(4) 事实上推定的事实；(5) 已为人民法院发生法律效力的裁判所确认的基本事实；(6) 已为仲裁机构的生效裁决所确认的事实；(7) 已为有效公证文书所证明的事实；(8) 当事人在诉讼上承认的事实。

4. 承担证明责任的一般原则是“谁主张，谁举证”。

5. 为公平起见，司法实践中免除以下主张者的责任，实行证明责任倒置：(1) 专利侵权纠纷涉及新产品制造方法的发明专利的，制造同样产品的单位或者个人应当提供其产品制造方法不同于专利方法的证明。(2) 因污染环境、破坏生态发生纠纷，行为人应当就法律规定的不承担责任或者减轻责任的情形及其行为与损害之间不存在因果关系承担证明责任。(3) 二人以上实施危及他人人身、财产安全的行为，其中一人或者数人的行为造成他人损害，能够确定具体侵权人的，由侵权人承担责任；不能确定具体侵权人的，行为人承担连带责任。

当事人主张免责事由的，由主张者举证，不实行证明责任倒置。

6. 民事诉讼的证明标准为高度盖然性。

【课后练习题】

一、名词解释

证明对象　法律上推定的事实　事实上推定的事实　证明责任　行为责任　结果责任

证明责任倒置　证明标准　高度盖然性　较高盖然性

二、思考题

1. 民事诉讼的证明对象是什么？
2. 民事诉讼中哪些事实是需要证明的？
3. 民事诉讼中哪些事实是无须证明的？
4. 什么是民事诉讼的证明责任？证明责任有何特征？
5. 当事人分配证明责任有何原则？
6. 人民法院是否承担举证责任？为什么？

三、案例分析题

1. 赵某起诉某设备租赁公司，要求被告履行租赁特种设备的合同并赔偿延期交付租赁物的损失；被告反驳原告是个人，不具有租赁特种设备的主体资格，合同不成立。

问：按照证明责任分配的原则，本案原告和被告各自应当举出哪些证据证明哪些事实？

分析要点提示：（1）原告应举出其主张的租赁关系存在的依据——租赁合同书（虽无争议，但属于起诉的依据，仍需提交）；应举出其主张的损失事实的证据以及损失事实与违约之间的因果关系的证明。（2）被告应举出租赁特种设备需要特别主体资格的证据或者证明。

2. 张某诉告其同父异母之弟，要求平分父亲的遗产；被告辩称，原告早在20世纪40年代已经登报声明脱离与家庭的一切关系，放弃一切财产权利。原告、被告均年事已高，分别委托自己的子女为特别代理人代理一切诉讼事务。原告的特别代理人否认存在声明放弃的事实，要求被告举证。被告的特别代理人认为登报声明属于众所周知的事实，不需要证明。

问：该登报声明的事实是否属于不需要证明的事实？

分析要点提示：（1）在报纸上公开刊登过的事实，通常可以构成众所周知的事实，可以认定为不需要证明的事实。（2）如果是刊登在发行量不大的地方报纸，或者刊登在并不醒目的位置，即便报纸公开刊登过，也不能构成众所周知的事实。（3）20世纪40年代的登报声明，因年代久远而无人知晓，不属于众所周知的事实。

3. 杨某因胆囊疾病住院治疗，医生诊断需要手术切除胆囊。手术后杨某仍然腹痛，认为医院治疗和手术不当，属于医疗责任事故，要求医院赔偿。

问：本案有哪些事实需要证明？证明责任如何分配？

分析要点提示：（1）本案需要证明的事实主要有杨某在该医院治疗和手术的事实、杨某经该院治疗痊愈或者诊治不当的事实、杨某因诊治不当造成损失的事实。（2）杨某应承担举证责任证明的事实主要有杨某在该医院治疗和手术的事实、杨某因诊治不当造成损失的事实。（3）医院是否诊治不当的事实，通常应由人民法院指定的法定鉴定机构鉴定，不需要当事人自己提交证据加以证明。（4）医院应当就不存在医疗过错承担举证责任。

第十一章　证据的收集、提交、保全

◆【本章引例】

金某诉某证券公司越权抛售其股票，挪用其资金，要求某证券公司偿还当期股票本金并赔偿其损失。由于能证明证券公司侵权的证据储存在被告电脑和账簿里，原告无法收集，因此，原告请求法院对证券公司的电脑和账簿采取证据保全措施。法院依职权搜查证券公司的电脑和账簿，查到了有关证据，并将有关材料从电脑中复制到移动硬盘上。法院对搜查的经过和搜查到的材料做了笔录，证券公司的财务人员在笔录上签了字。法院的做法是否妥当？

◆【本章学习目标】

通过学习本章，你应该能够：

1. 熟悉调查收集证据的主体和程序要求
2. 了解举证时限与证据交换具体规定
3. 掌握诉讼证据保全的主体和程序规定

第一节　证据的调查与收集

一、当事人及其诉讼代理人收集、提供证据

（一）收集、提供证据既是当事人的诉讼权利也是其诉讼义务

根据《民事诉讼法》第 52 条第 1 款的规定，当事人有权收集、提供证据；根据该法第 64 条的规定，代理诉讼的律师和其他诉讼代理人有权调查收集证据。法律赋予当事人及其诉讼代理人调查收集证据和提供证据的诉讼权利，是为了保障当事人充分地行使诉权，同时也是为了保证当事人及时有效地承担举证责任。

当事人依法提供证据，同时也是其法定的诉讼义务。民事诉讼基于当事人承担证明责任的原理，实行当事人举证的制度，即证据应当由当事人向人民法院提供。当事人在起诉前和诉讼中应当充分准备好证据材料，及时向法院提交必要的证据。依据《证据规定》的规定，当事人应当准备的证据材料包括两个方面：一是与起诉或反诉条件有关的证据；二是与诉讼请求有关的证据。

（二）《证据规定》对当事人提供证据的要求

当事人及其诉讼代理人调查收集证据应当符合法定的证据形式，应当使用合法的手段获取证据。依据《证据规定》的规定，当事人向人民法院提供的证据应当符合一定的要求。

当事人向人民法院提供证据，应当提供原件或者原物。如需自己保存证据原件、原物或者提供原件、原物确有困难的，可以提供经人民法院核对无异的复制件或者复制品。

若当事人向人民法院提供的证据是在我国领域外形成的，则该证据应当经所在国使领馆予以认证，或者履行相关的证明手续。若当事人向人民法院提供的证据是在我国香港、澳门、台湾地区形成的，应当履行相关的证明手续。当事人向人民法院提供外文书证或者外文说明资料，应当附有中文译本。

当事人应当对其提交的证据材料逐一分类编号，对证据材料的来源、证明对象和内容作简要说明，签名盖章，注明提交日期，并依照对方当事人人数提交副本。人民法院收到当事人提交的证据材料，应当出具收据，注明证据的名称、份数和页数以及收到的时间，由经办人员签名或者盖章。

二、人民法院依职权调查收集证据

根据《民事诉讼法》的规定，调查收集证据的主体有两个：一个是当事人及其诉讼代理人；另一个是人民法院。赋予当事人调查收集证据的权利，使得当事人能够顺利负担举证责任；赋予人民法院调查收集证据的权力，更有利于人民法院作出公正合理的裁判。

（一）人民法院依法主动调查收集必要的证据

按照民事诉讼的基本原理，法院一般不宜主动依职权调查收集证据，调查收集证据是当事人的基本权利和义务。法院主动调查收集证据违背当事人平等原则、处分原则和辩论（主义）原则。但是，在程序性事项的职权范围内，法院应当依职权调查收集证据。此外，对于有损国家利益、社会公共利益或者他人合法权益的行为，人民法院有权主动干预，对于相关事实的证据，也应当依职权调查收集。

根据《民事诉讼法》第 67 条第 2 款的规定，人民法院认为审理案件需要的证据，人民法院应当调查收集。依据《证据规定》和《适用民诉法解释》的规定，《民事诉讼法》第 67 条规定的人民法院认为审理案件需要的证据包括：（1）涉及可能损害国家利益、社会公共利益的；（2）涉及身份关系的；（3）涉及《民事诉讼法》第 58 条关于公益诉讼规定的；（4）当事人有恶意串通损害他人合法权益可能的；（5）涉及依职权追加当事人、中止诉讼、终结诉讼、回避等程序性事项的。除上述 5 种情形外，人民法院调查收集证据，应当依照当事人的申请进行，不得主动进行。

《适用民诉法解释》第 97 条还规定了人民法院调查收集证据的程序，即“人民法院调查收集证据，应当由两人以上共同进行。调查材料要由调查人、被调查人、记录人签名、捺印或者盖章”。

（二）人民法院依当事人的申请调查收集证据

由于民事诉讼当事人及其诉讼代理人调查收集证据的手段和能力有限，有些证据无法自行获得，为了体现诉讼的公平和正义，根据《民事诉讼法》第 67 条第 2 款的规定，当事人及其诉讼代理人因客观原因不能自行收集的证据，人民法院应当调查收集。

依据《证据规定》和《适用民诉法解释》的规定，《民事诉讼法》第 67 条第 2 款规定的当事人及其诉讼代理人因客观原因不能自行收集的证据包括：（1）证据由国家有关部门保存，当事人及其诉讼代理人无权查阅调取的；（2）涉及国家秘密、商业秘密或者个人隐私的；（3）当事人及其诉讼代理人因客观原因不能自行收集的其他证据。

人民法院依当事人的申请调查收集证据，需要注意以下问题：

（1）当事人申请调查收集的证据，与待证事实无关联、对证明待证事实无意义或者其他无调查收集必要的，人民法院不予准许。

（2）当事人及其诉讼代理人申请人民法院调查收集证据，应当在举证期限届满前提交书面申请。申请书应当载明被调查人的姓名或者单位名称、住所地等基本情况、所要调查收集的证据名称或者内容、需要由人民法院调查收集证据的原因及其要证明的事实以及明确的线索。

（3）人民法院调查收集可能需要鉴定的证据，应当遵守相关技术规范，确保证据不被污染。

（4）当事人申请人民法院调查收集的证据位于中华人民共和国领域外，人民法院可以依照证据所在国与中华人民共和国缔结或者共同参加的国际条约中规定的方式，或者通过外交途径调查收集。在所在国法律不禁止的情况下，人民法院可以采用下列方式调查收集：一是对具有中华人民共和国国籍的当事人、证人，可以委托中华人民共和国驻当事人、证人所在国的使领馆代为取证；二是经双方当事人同意，通过即时通信工具取证；三是以双方当事人同意的其他方式取证。

三、《证据规定》对调查书证、物证、视听资料、电子数据的要求

《证据规定》对调查书证、物证、视听资料、电子数据提出了要求。这些规定主要是为了保证证据的合法性，并且主要是针对人民法院的调查人员提出的。但是，当事人及其诉讼代理人在调查证据时也应当注意参照这些要求进行，以确保证据的合法有效。

人民法院调查收集的书证，可以是原件，也可以是经核对无误的副本或者复制件。书证是副本或者复制件的，应当在调查笔录中说明来源和取证情况。

人民法院调查收集的物证应当是原物。被调查人提供原物确有困难的，可以提供复制品或者影像资料。提供复制品或者影像资料的，应当在调查笔录中说明取证情况。

人民法院调查收集视听资料、电子数据，应当要求被调查人提供原始载体。提供原始载体确有困难的，可以提供复制件。提供复制件的，人民法院应当在调查笔录中说明其来源和制作经过。

社会热点：
以“陷阱取证”的方式收集的证据效力如何？

司法实践案例：
以“陷阱取证”的方式收集证据是否合法？

第二节　举证时限与证据交换

一、举证时限

（一）举证时限的概念

举证时限，是指当事人向人民法院提交有效证据的时间限制。在诉讼中向人民法院提交证据，是当事人的权利。超过举证时限没有提交证据的，当事人应当承担逾期提交证据的法律后果。

民事诉讼实行举证时限，具有以下重要意义和功能：

（1）追求公平诉讼，防止诉讼突袭。诉讼中，一方当事人故意不在起诉时和开庭前提交证据，而在开庭时突然举出大量证据，致使缺乏诉讼经验的对方当事人无法当庭开展有力的反击，就此给法官留下深刻的印象，以至于影响法官的判断和裁判。这样的诉讼行为违背公平诉讼的原则，在学理上称之为诉讼突袭或证据突袭。要求当事人在规定的时限内提交证据，证据材料在开庭前向双方当事人公开，可以使双方当事人在法庭上有准备、有针对性地进行质证，有利于法官了解事实全貌，作出正确的判断和裁判。因此，《民事诉讼法》第 68 条第 1 款明确规定："当事人对自己提出的主张应当及时提供证据。"

（2）提高诉讼效率，防止拖延诉讼。有经验的当事人及其诉讼代理人，面对诉讼突袭通常会采取拖延战术，要求鉴定或补充证据。法官对突如其来的证据材料通常也会同意对方当事人的请求，择期另行开庭，致使原定的开庭目标无法实现。在限定的时间内举证可以避免无谓的诉讼拖延，提高开庭的效率。

（3）有利于法院及时整理诉讼争点，指导当事人围绕争议焦点开展诉讼活动；有利于法院及时、准确地对证据材料进行认证。

在我国的多数地区，当事人的法律常识和诉讼经验普遍比较缺乏，很多当事人无法聘请律师，举证时限对这些当事人的限制可能会使其失去胜诉的机会。为避免这种现象的发生，人民法院除了应当严格依据《证据规定》的规定及时向当事人送达举证通知书以外，还应当有针对性地进行明确、详细的有效释明；否则，举证时限有可能变成新的不公。

（二）通常情况下举证时限的确定

根据《民事诉讼法》第 68 条第 2 款的规定，人民法院根据当事人的主张和案件审理情况，确定当事人应当提供的证据及其期限。《适用民诉法解释》第 99 条规定："人民法院应当在审理前的准备阶段确定当事人的举证期限。举证期限可以由当事人协商，并经人民法院准许。人民法院确定举证期限，第一审普通程序案件不得少于十五日，当事人提供新的证据的第二审案件不得少于十日。举证期限届满后，当事人对已经提供的证据，申请提供反驳证据或者对证据来源、形式等方面的瑕疵进行补正的，人民法院可以酌情再次确定举证期限，该期限不受前款规定的限制。"《证据规定》第 51 条进一步规定："举证期限可以由当事人协商，并经人民法院准许。人民法院指定举证期限的，适用第一审普通程序审理的案件不得少于十五日，当事人提供新的证据的第二审案件不得少于十日。适用简易程序审理的案件不得超过十五日，小额诉讼案件的举证期限一般不得超过七日。举证期限届满后，当事人提供反驳证据或者对已经提供的证据的来源、形式等方面的瑕疵进行补正的，人民法院可以酌情再次确定举证期限，该期限不受前款规定的期间限制。”

根据《民事诉讼法》第 68 条第 2 款的规定，当事人在人民法院指定的举证期限内提供证据确有困难的，可以向人民法院申请延长期限，人民法院根据当事人的申请适当延长。依据《适用民诉法解释》第 100 条的规定，当事人申请延长举证期限的，应当在举证期限届满前向人民法院提出书面申请。申请理由成立的，人民法院应当准许，适当延长举证期限，并通知其他当事人。延长的举证期限适用于其他当事人。申请理由不成立的，人民法院不予准许，并通知申请人。

（三）特殊情形下举证时限的确定

依据《证据规定》第 55 条的规定，存在下列情形的，举证期限按照如下方式确定：

（1）当事人依照《民事诉讼法》第 127 条规定提出管辖权异议的，举证期限中止，自驳回管辖权异议的裁定生效之日起恢复计算；

（2）追加当事人、有独立请求权的第三人参加诉讼或者无独立请求权的第三人经人民法院通知参加诉讼的，人民法院应当依照《证据规定》第 51 条的规定为新参加诉讼的当事人确定举证期限，该举证期限适用于其他当事人；

（3）发回重审的案件，第一审人民法院可以结合案件具体情况和发回重审的原因，酌情确定举证期限；

（4）当事人增加、变更诉讼请求或者提出反诉的，人民法院应当根据案件具体情况重新确定举证期限；

（5）公告送达的，举证期限自公告期届满之次日起计算。

（四）举证时限的效力

根据《民事诉讼法》第 68 条及《适用民诉法解释》第 101 条的规定，当事人逾期提供证据的，人民法院应当责令其说明理由；必要时可以要求其提供相应的证据。当事人因客观原因逾期提供证据，或者对方当事人对逾期提供证据未提出异议的，视为未逾期。

当事人因故意或者重大过失逾期提供的证据，人民法院不予采纳。但该证据与案件基本事实有关的，人民法院应当采纳，并依照《民事诉讼法》第 68 条、第 118 条第 1 款的规定予以训诫、罚款。当事人非因故意或者重大过失逾期提供的证据，人民法院应当采纳，并对当事人予以训诫。

当事人一方要求另一方赔偿因逾期提供证据致使其增加的交通、住宿、就餐、误工、证人出庭作证等必要费用的，人民法院可予支持。

此外，需要注意的是，根据《证据规定》第 53 条的规定，“诉讼过程中，当事人主张的法律关系性质或者民事行为效力与人民法院根据案件事实作出的认定不一致的，人民法院应当将法律关系性质或者民事行为效力作为焦点问题进行审理。但法律关系性质对裁判理由及结果没有影响，或者有关问题已经当事人充分辩论的除外。存在前款情形，当事人根据法庭审理情况变更诉讼请求的，人民法院应当准许并可以根据案件的具体情况重新指定举证期限。”

二、证据交换

（一）证据交换的概念

证据交换，是指举证期限届满后、开庭审理前，人民法院组织双方当事人公开并交换各自提交的证据材料。我国的证据交换制度，有明显的区别于国外相关制度的特点。例如，由法院主持交换，不是由当事人自行交换。

证据交换制度的意义在于：（1）有利于人民法院在开庭前确定双方当事人争议的主要问题，提高庭审效率；（2）有利于当事人之间明确争议焦点，在庭审前做好充分的准备；（3）有利于促使双方当事人明辨是非，达成和解或者调解协议。

（二）证据交换的启动

根据《民事诉讼法》的规定，证据交换不是每一个案件的必经程序，需要开庭审理的，通过要求当事人交换证据等方式，明确争议焦点。

（三）证据交换的期间和时间

人民法院通过组织证据交换进行审理前准备的，证据交换之日举证期限届满。证据交换的时间可以由当事人协商一致并经人民法院认可，也可以由人民法院指定。当事人申请延期举证经人民法院准许的，证据交换日相应顺延。

（四）证据交换的程序

根据《证据规定》的规定，证据交换应当在审判人员的主持下进行。在证据交换的过程中，审判人员对当事人无异议的事实、证据应当记录在卷；对有异议的证据，按照需要证明的事实分类记录在卷，并记载异议的理由。人民法院通过证据交换，确定双方当事人争议的主要问题。

当事人收到对方的证据后有反驳证据需要提交的，人民法院应当再次组织证据交换。人民法院对逾期提供证据的当事人处以罚款的，可以结合当事人逾期提供证据的主观过错程度、导致诉讼迟延的情况、诉讼标的金额等因素，确定罚款数额。

第三节　民事诉讼证据的保全

一、证据保全的概念和特征

（一）证据保全的概念

民事诉讼证据保全，是指人民法院对于可能灭失或者以后难以取得的证据，根据当事人的申请或者依职权对该证据采取固定和保护措施。

（二）证据保全的特征

1. 民事诉讼中证据保全的主体是人民法院

证据保全有诉讼中的证据保全、诉讼前的证据保全，由人民法院依据《民事诉讼法》的规定进行。诉讼前的证据保全，还可以由公证机构依据公证法的规定进行；必要时，也可以由市场监督管理、税务、公安、海关等机关依据其他法律规定进行。

2. 当事人申请和法院依职权并行

通常情况下，证据保全是人民法院根据当事人的申请进行的；但是，遇有紧急、必要的情况，也可以由人民法院依职权主动进行。法律规定人民法院可以依职权主动采取证据保全措施，是为了防止证据的灭失，保证实质意义上的司法公正。审判实践中，有些当事人认为自己“有理”，但是由于“无据”，最终导致败诉。事先把可能灭失的证据保全起来，可以避免这种“有理无据”的事情发生。但是人民法院依职权主动采取保全措施只能发生在诉讼中，诉前证据保全必须经由当事人申请才能启动。

3. 证据保全属司法行为，必要时可采用强制手段

由于证据保全是人民法院行使审判权的一种具体职权表现，属于民事诉讼中的司法活动，因此，在人民法院保全证据的过程中，遇到阻碍的，可以采取强制手段进行；对妨害证据保全的行为人，可以采取强制措施。

4. 被保全的证据是认定案件事实的重要证据

应予保全的证据必须是认定案件事实的重要证据，证据如不予以保全，可能影响案件事实的认定。如果该证据不予保全，即使将来无法采集，也不会影响案件事实的认定，则无保全的必要。

5. 证据保全应当及时进行

证据保全的时间性要求较强。人民法院应当在证据灭失或者难以取证的事实发生前采取保全措施。证据保全通常应当在开庭审理前完成。

二、证据保全的适用情形

根据《民事诉讼法》第 84 条的规定，人民法院适用证据保全措施，主要有以下几种情形：（1）证据随时都有可能灭失。例如，证人因年老或者患病，随时都有可能死亡的紧急情况；作为证据的物品，属于容易腐坏、变质的东西，随时可能失去证明作用的紧急情况。本章引例里的被告随时可能修改、删除侵权交易的记录，就属于证据随时可能灭失的情形。（2）如不及时取证，以后将难以取得。例如，证人将出国远行，长期在国外生活，以后难以联系、询问、出庭等紧急情况。

三、证据保全的程序和方法

（一）证据保全的开始

1. 当事人申请证据保全

诉讼中的当事人根据《民事诉讼法》第 84 条第 1 款规定申请证据保全的，可以在举证期限届满前书面提出。当事人应当向人民法院提交书面保全申请书。申请书应当载明下列事项：（1）申请保全的证据种类和内容；（2）申请保全的证据与案件事实的关系，即能够证明什么案件事实；（3）申请保全此项证据的理由以及采取何种保全措施等。

当事人的申请经人民法院审查批准，制发批准证据保全的裁定书；人民法院认为没有保全必要的，裁定驳回申请，并说明理由。

证据保全可能对他人造成损失的，人民法院应当责令申请人提供相应的担保。《证据规定》进一步规定，当事人或者利害关系人申请采取查封、扣押等限制保全标的物使用、流通等保全措施，或者保全可能对证据持有人造成损失的，人民法院应当责令申请人提供相应的担保。担保方式或者数额由人民法院根据保全措施对证据持有人的影响、保全标的物的价值、当事人或者利害关系人争议的诉讼标的金额等因素综合确定。

2. 人民法院依职权保全证据

人民法院根据案件的具体需要，可以不经当事人的申请，直接裁定对有关证据予以证据保全。证据保全的裁定，由合议庭或者独任审判员制作、署名，并加盖人民法院印章。

（二）证据保全的效力

由人民法院裁定保全的证据，与人民法院依职权调查收集的其他证据有同等效力。诉讼证据一经保全，即免除了当事人提供该项证据的责任。但是，被保全的证据并不一定必然成为定案根据，还需要进一步地综合审查判断，才能得出结论。

（三）证据保全的措施和方法

在审判实践中，依被保全的证据种类和具体情形不同，分别依法采用不同的保全措施。

根据《证据规定》的规定，人民法院进行证据保全，可以要求当事人或者诉讼代理人到场。根据当事人的申请和具体情况，人民法院可以采取查封、扣押、录音、录像、复制、鉴定、勘验等方法进行证据保全，并制作笔录。在符合证据保全目的的情况下，人民法院应当选择对证据持有人利益影响最小的保全措施。例如，对证人证言，一般用询问证人、取得证言笔录的方法，也可以用录音、录像的方法。对物证，一般用勘验、取得勘验笔录的方法，也可以根据需要采取交由鉴定部门鉴定、取得鉴定意见的方法。对书证，一般用复印、拍照的方法。能够由法院保管的证据，如某些文书、证照或物证等，则应及时调取到法院附卷保存。

证据保全通常由人民法院的审判人员、书记员进行，也可由法警或专门的执行组织进行，必要时采取强制手段完成保全措施。

证据保全的其他程序，适用《民事诉讼法》第九章的有关规定。

四、诉前证据保全

证据保全属于诉讼保全的一种，一般由人民法院在诉讼中，或依当事人申请或依职权采取相应的保全措施。但是，有些准备起诉的当事人，遇到急需证据保全的情况，也应当得到人民法院的司法救济。根据《民事诉讼法》第 84 条第 2 款的规定，因情况紧急，在证据可能灭失或者以后难以取得的情况下，利害关系人可以在提起诉讼或者申请仲裁前向证据所在地、被申请人住所地或者对案件有管辖权的人民法院申请保全证据。

《证据规定》进一步规定，人民法院采取诉前证据保全措施后，当事人向其他有管辖权的人民法院提起诉讼的，采取保全措施的人民法院应当根据当事人的申请，将保全的证据及时移交受理案件的人民法院。

需要注意的是，根据法律规定，申请证据保全错误造成财产损失，当事人请求申请人承担赔偿责任的，人民法院应予支持。

【引例分析】

本章引例中，法院对证券公司的搜查和取证，是根据当事人的申请依法采取的证据保全措施。通常情况下，法院可以根据具体需要分别采取查封、扣押、录音、录像、复制、鉴定、勘验等方法进行证据保全，并制作笔录。需要注意的是，法律规定不可能穷尽所有的证据保全方法，因此使用了“等”字。搜查亦是一种获取证据的强制手段，司法机关

（包括法院）在必要时可依法定程序适用，刑事案件中可以适用，民事案件中也同样可以适用。本案如不适用搜查措施，有关交易的电子资料和账簿将难以取得，并有可能被篡改或者毁灭。所以，法院根据当事人的申请及时采取搜查措施是必要的。

法院将搜查过程中发现的电子证据材料，复制到移动硬盘上，带回法院保管，是对电子证据的保全。

【本章小结】

1. 收集、提供证据是当事人的诉讼权利，也是其诉讼义务。

2. 人民法院认为审理案件必需的证据，或者当事人及其诉讼代理人因客观原因无法自行收集的证据，人民法院应当调查收集。

3. 在诉讼中当事人超过举证时限没有向人民法院提交证据的，应当承担逾期提交证据的法律后果。

4. 证据交换不是每一个案件的必经程序，需要开庭审理的，通过要求当事人交换证据等方式，明确争议焦点。

5. 人民法院根据当事人申请或者依照职权适用证据保全措施，主要适用以下情形：证据随时都有可能灭失；如不及时取证，以后将难以取得。

【课后练习题】

一、名词解释

举证时限　证据交换　证据保全

二、思考题

1. 调查收集证据的主体有哪些？人民法院在什么情形下调查收集证据？

2. 调查收集证据应遵循什么原则和程序？

3. 简述逾期举证应当承担的法律后果。

4. 证据交换适用于哪些案件？

5. 诉讼证据保全如何启动？诉讼证据保全适用于哪些情形？

三、案例分析题

1. 第十章“案例分析题 2”中，法院认为 20 世纪 40 年代的登报声明不属于当今众所周知的事实，要求原告举证证明。原告手里无此证据，地方或国家图书馆可能有此报纸收藏。原告去图书馆查找，但中华人民共和国成立前的报刊均不对公众开放。法院指定的提交证据的时间就要到期。

问：本案原告怎么办？如果图书馆同意查阅，不同意复印，如何取证？

分析要点提示：（1）原告可以依法向法院提出申请，要求法院调查收集该证据。（2）如果图书馆同意查阅，不同意复印，可以采取抄录的方法，并请求图书馆核对抄录件后加盖公章。

2. 田某对镇政府提起违约索赔诉讼，仅索赔依据的原始凭证就有 4 000 份。

问：法院是否应当在开庭前举行证据交换？本案如何交换原始凭证？

分析要点提示：（1）因本案证据较多，如果需要开庭审理，法院在开庭前可以举行证据交换。（2）原始凭证应当复印后交换。

3. 李某与赵某订有水果销售合作合同。合同约定赵某在产地收货、发货，李某负责在北京接货并销售，双方按照收货地价格加五成的价格结账。李某去货场接货，发现部分水果已经腐烂并有蔓延趋势。李某与赵某交涉，赵某认为可能是运输不当导致，并且也不会那么严重，坚持按照合同价格结算。李某不同意。

问：本案的关键证据是什么？李某如何保存本案证据？

分析要点提示：（1）本案的关键证据是水果已经部分腐烂、不符合销售标准的证据，造成腐烂的原因和责任是运输方、供货方还是赵某的相关证据。（2）李某可以向人民法院申请诉前证据保全。

第十二章 证据的审查与判断

◆【本章引例】

桑某起诉要求全某偿还欠款。原告桑某向法院提交了被告全某的借款条。法院开庭时，原告出示了被告手书的借款条。被告对借款条无异议，但向法院陈述了其已经还债的经过。被告没有提出其他证据。一审法院数日后判决认定被告还债事实成立，驳回原告的诉讼请求。原告不服一审判决，提起上诉。原告律师在阅卷时发现，一审卷宗里有一份未在法庭质证中出示的还款收据。原告律师对该证据的真实性提出了异议，同时指出一审法院在证据质证和审查程序上的错误。二审法院以一审法院严重违反审判程序为由，裁定撤销了一审判决。二审法院对一审判决的撤销是否正确？

◆【本章学习目标】

通过学习本章，你应该能够：

1. 了解审查证据的原则、方法
2. 熟悉质证的规定和程序
3. 掌握判断和确认证据的原则、技巧

第一节 证据的审查

一、审查证据的含义

审查证据，是指人民法院在当事人和其他诉讼参与人的参加下，通过法庭审理的方式，对案件的全部证据逐一进行审查核实的诉讼活动。

人民法院审查证据，主要是审查证据的真实性、合法性和关联性。

从广义上讲，人民法院的审判人员在法庭以外对证据进行分析、研究和讨论，也属于审查证据的工作。但是，现行法律规定的审查证据，仅指在法庭上进行的审查活动。

二、当庭公开审查证据的原则和方法

根据《民事诉讼法》第 12 条和第 71 条的规定，审查证据的工作应当在当事人和其他诉讼参与人的参加下，依法公开进行。在诉讼中，不论是当事人提供的证据，还是由人民

法院依职权调查收集的证据，人民法院都应当在开庭时公开审查核实。人民法院审查核实证据时，应当当庭出示或者宣读，允许双方当事人质证和辩论。没有在开庭时公开出示的证据，不能作为定案的根据。

人民法院审查证据主要采取逐项审查和综合审查相结合的方法进行。逐项审查，是指审查每一个证据本身是否真实、合法。综合审查，就是把本案相关证据联系在一起，审查各相关证据彼此之间能否互相印证，排除无关的证据材料，找出互相矛盾的证据，经过进一步调查核实，剔除不真实、不合法的证据材料。

三、对各种证据的审查

（一）对当事人的陈述的审查

1. 审查当事人的陈述是否有其他证据印证

对当事人的陈述，人民法院一定要依照《民事诉讼法》第 78 条的规定，结合案件的其他证据进行审查。审查要点有二：一是要分析其内容是否合乎情理；二是要审查与本案其他证据有无矛盾现象。通常情况下，如果没有其他证据相印证，就不能仅凭一方当事人的陈述确定案件事实，对方当事人承认的除外。《证据规定》第 89 条第 1 款规定，当事人在诉讼过程中认可的证据，人民法院应当予以确认。但法律、司法解释另有规定的除外。

2. 审查当事人的承认是否真实合法

通常情况下，当事人承认的事实是不需要证明的事实。但是，对于当事人的承认，也不可盲目相信。要审查当事人的承认是否出于误解，是否在威胁、欺诈下所作的承认，以及是否具有双方共谋侵害国家利益、集体利益或者第三者利益的情况等。《证据规定》第 89 条第 2 款规定，“当事人对认可的证据反悔的，参照《最高人民法院关于适用〈中华人民共和国民事诉讼法〉的解释》第二百二十九条的规定处理。”《适用民诉法解释》第 229 条规定：“当事人在庭审中对其在审理前的准备阶段认可的事实和证据提出不同意见的，人民法院应当责令其说明理由。必要时，可以责令其提供相应证据。人民法院应当结合当事人的诉讼能力、证据和案件的具体情况进行审查。理由成立的，可以列入争议焦点进行审理。”

（二）对书证的审查

1. 审查书证的来源是否可信

《民事诉讼法》第 70 条第 2 款规定：“人民法院对有关单位和个人提出的证明文书，应当辨别真伪，审查确定其效力。”民事诉讼中的书证包括原件和复制件，均应审查其来源是否可靠，尤其应注意对节录本、复印件等复制件的审查。如果书证为节录本，应当审查有无注明文件的名称、出处和有关单位盖章。如果书证是复制件，应当向举证人核实，对方当事人不予承认，举证人又不能提供原件或者原件线索，无法核实的，不能作为认定事实的根据。

2. 审查书证的形式是否合法

法律对有些书证规定了严格的形式要求。为了保证书证的真实性与合法性，对这些书证的形式要进行严格审查。例如，对有关单位提供的证明文书，要审查有无盖章；对合同书，要审查是否经过双方签字、盖章等。不具备法定形式的书证，不能作为认定事实的根据。据此，《证据规定》作出了进一步的规定，具体需要注意以下问题：

（1）公文书证的制作者根据文书原件制作的载有部分或者全部内容的副本，与正本具有相同的证明力。在国家机关存档的文件，其复制件、副本、节录本经档案部门或者制作原本的机关证明其内容与原本一致的，该复制件、副本、节录本具有与原本相同的证明力。

（2）私文书证的真实性，由主张以私文书证证明案件事实的当事人承担举证责任。私文书证由制作者或者其代理人签名、盖章或捺印的，推定为真实。私文书证上有删除、涂改、增添或者其他形式瑕疵的，人民法院应当综合案件的具体情况判断其证明力。

3. 审查书证的内容是否真实

书证以其内容证明案件事实，但其内容有可能被伪造或篡改，也有可能不明确或不具体。因此，对书证的内容必须认真分析，内容虚假的书证，不能作为认定事实的根据。

（三）对物证的审查

1. 审查物证的原物、原貌

应审查物证是否原物，是否保持了发生纠纷时的原始状态。当事人无法提交原物而提交复制品的，应审查复制品是否与原物一致，是否能代替原物作为证据。

2. 运用科学的手段和方法进行鉴定、勘验

如果物证涉及审判人员无法解决的专门性问题，应当交由法定鉴定部门进行科学鉴定。对不便移动的物证应当进行勘验。

（四）对视听资料的审查

1. 视听资料应当当庭播放

视听资料的特点是可以反复播放，只有通过播放才能了解其内容。视听资料当庭播放后，由双方当事人进行质证。

2. 审查视听资料是否经过加工

视听资料的另一个特点是易于加工、复制和伪造。所以，应当从以下几个方面进行审查：（1）审查其是原件还是复制品。如果是复制品，应当尽量寻找原件核实。（2）审查是否经过剪辑、修改。如果经过剪辑、修改，也应当核对原件。（3）结合本案其他证据审查视听资料是否真实、有无伪造。例如，询问当事人或者其他知情人，与之进行核对。

（五）对电子数据的审查

电子数据的专业性比较强，往往需要借助专业人员解读和鉴定。由专家解读和鉴定，可以减轻人民法院的工作量，也可以减少误读误判。

根据《证据规定》的规定，人民法院对于电子数据的真实性，应当结合下列因素综合判断：（1）电子数据的生成、存储、传输所依赖的计算机系统的硬件、软件环境是否完整、可靠；（2）电子数据的生成、存储、传输所依赖的计算机系统的硬件、软件环境是否处于正常运行状态，或者不处于正常运行状态时对电子数据的生成、存储、传输是否有影响；（3）电子数据的生成、存储、传输所依赖的计算机系统的硬件、软件环境是否具备有效的防止出错的监测、核查手段；（4）电子数据是否被完整地保存、传输、提取，保存、传输、提取的方法是否可靠；（5）电子数据是否在正常的往来活动中形成和存储；（6）保存、传输、提取电子数据的主体是否适当；（7）影响电子数据完整性和可靠性的其他因素。人民法院认为有必要的，可以通过鉴定或者勘验等方法，审查判断电子数据的真实性。

电子数据存在下列情形的，人民法院可以确认其真实性，但有足以反驳的相反证据的除外：（1）由当事人提交或者保管的于己不利的电子数据；（2）由记录和保存电子数据的中立第三方平台提供或者确认的；（3）在正常业务活动中形成的；（4）以档案管理方式保管的；（5）以当事人约定的方式保存、传输、提取的。电子数据的内容经公证机关公证

的，人民法院应当确认其真实性，但有相反证据足以推翻的除外。

（六）对证人证言的审查

1. 审查证人证言的来源及形成条件

证人耳闻目睹了案件事实，其证言可靠性较大，但证人以间接得到的消息作证的，要进一步查明其来源是否可靠，没有可靠来源的证言，不能作为认定事实的根据。另外，案件事实发生时证人所处的客观环境对他观察、了解案件事实有很大影响，也应注意审查。

2. 审查证人与本案有无利害关系

审查证人与案件本身有无利害关系，与本案当事人有无利害关系。在我国民事诉讼中，证人不论与本案当事人之间存在亲疏恩怨的关系，还是与案件处理结果有一定的利害关系，都可以作为证人出庭作证。但是，如果证人与当事人之间存在亲疏或者恩怨关系，或者与案件本身有利害关系，均会对其证言的客观性产生一定的影响，有的证人甚至有意作伪证。因此，对与当事人有利害关系或者与案件本身有利害关系的证人证言，一定要认真审查核实各个细节，以确定其内容的可信程度。对此类证人证言，在其真伪不明时，如无其他证据相佐证，人民法院不宜将其作为认定案件事实的证据。

3. 审查证人的作证能力

证人提供的证言，往往受他本人的道德品质、认识能力、表达能力、记忆力、年龄等诸多主观因素的影响。一般来说，觉悟高、人品好的人，往往不贪私利、不怕打击，能够实事求是地提供证言；而觉悟低、人品差的人，则往往可能在证言中掺杂虚假成分，甚至有意作伪证。至于认识能力、表达能力、记忆力和年龄等因素，也往往影响证人证言的可靠程度。据此，《证据规定》规定，人民法院认定证人证言，可以通过对证人的智力状况、品德、知识、经验、法律意识和专业技能等的综合分析作出判断。

（七）对鉴定意见的审查

鉴定意见一般是由人民法院直接委托的部门和专家作出的，通常不需要特殊的审查，只需在庭审中宣读即可。人民法院应当审查的鉴定意见主要有两种情形：一是当事人对鉴定意见有异议，需要通过质证审查；二是一方当事人自行委托的机构和专家作的鉴定意见需要审查认定。主要审查以下几个方面：（1）提供鉴定的材料是否充分可靠；（2）鉴定人是否具有鉴定资格，或者具有较高水平的专业知识和经验；（3）鉴定方法是否可靠；（4）鉴定人是否有应当回避的情形；（5）鉴定人是否受到外界的干扰。

（八）对勘验笔录的审查

法院制作的勘验笔录一般不需要作特别的审查。但在审判实践中，有时勘验笔录不是本案审判人员勘验制作的，而是本院其他司法人员勘验制作的，还可能是委托其他人民法院勘验制作的。为了保证勘验笔录的合法性和真实性，应当从以下几个方面进行审查：（1）勘验对象是否原物、原貌、原状；（2）勘验笔录是否法定人员依照法定程序制作的；（3）勘验笔录是否全面、准确地反映勘验对象的真实情况。

第二节　质　证

一、质证的概念

质证，又称法庭质证，是指当事人及其诉讼代理人在法庭主持下，围绕证据的真实性、合法性、关联性以及证明力的有无、大小，进行说明、提出疑问和展开辩论。

质证的意义在于，使法官通过了解双方当事人对证据的态度和意见，进一步全面了解案件事实，形成正确的事实判断。依据《适用民诉法解释》和《证据规定》的规定，证据应当在法庭上出示，由当事人相互质证。未经质证的证据，不能作为认定案件事实的依据。

法庭上的对质、询问也是质证的形式。法庭上的对质，是指案外人对案件有关事实或专门问题在法庭上相互进行说明或者质疑。例如，证人之间进行对质、由当事人各自申请的具有专门知识的人员就有关案件中的问题进行对质。法庭上的询问，是指在法庭上就有关事项提出问题要求对方回答。例如，法官对当事人、证人的询问，当事人对对方当事人、证人、鉴定人的询问。当事人有权在质证时对对方当事人、证人、鉴定人进行询问，但询问前须征得法官的同意。《证据规定》第 82 条规定："经法庭许可，当事人可以询问鉴定人、勘验人。询问鉴定人、勘验人不得使用威胁、侮辱等不适当的言语和方式。"询问是质证程序中的一项重要的常见内容，对质只有在必要时才进行。

二、质证主体

质证主体，是指质证活动中对证据进行说明、提出疑问的当事人及其诉讼代理人。质证主体的范围主要包括一审中的原告、被告、第三人及其诉讼代理人，二审中的上诉人、被上诉人及其诉讼代理人等。

人民法院是质证程序的主持人、发问者和聆听者，不是质证的主体。

人民法院在质证中，应当尊重当事人质证主体的地位。审判人员在法庭质证过程中，应当避免与当事人及其代理人发生辩论和争执。

三、质证客体

质证客体，是指质证活动的对象，即证据。质证客体的范围包括当事人向人民法院提交的证据和经当事人申请由人民法院调查收集的证据。《证据规定》第 2 条第 2 款规定："当事人因客观原因不能自行收集的证据，可申请人民法院调查收集。"

质证的对象包括一切法定的证据种类，主要包括书证、物证、视听资料、电子数据、证人证言，也包括当事人的陈述、鉴定意见、勘验笔录，不包括非法定证据种类。

人民法院调查收集的证据也应纳入质证的范围。《证据规定》第 62 条第 2 款规定："人民法院根据当事人申请调查收集的证据，审判人员对调查收集证据的情况进行说明后，由提出申请的当事人与对方当事人、第三人进行质证。"第 3 款规定："人民法院依职权调查收集的证据，由审判人员对调查收集证据的情况进行说明后，听取当事人的意见。"由此可见，当事人有权对人民法院调查收集的证据发表异议。当事人提出的意见确有理由的，人民法院应当及时撤销该证据的证明资格。

四、质证程序

（一）质证顺序

质证按下列顺序进行：（1）原告出示证据，被告、第三人与原告进行质证；（2）被告出示证据，原告、第三人与被告进行质证；（3）第三人出示证据，原告、被告与第三人进行质证。

（二）出示说明与质证方式

当事人出示证据，应当说明该证据要证明什么事实，必要时还应当说明该证据为什么能够证明该事实。提供证据的一方当事人应当依照法官的指示，回答对方当事人就该证据提出的疑问。

质证方式主要有以下几种，即一诉一质、一事一质和一证一质。

一诉一质，是指案件有两个以上独立的诉讼请求的，当事人可以逐个出示证据进行质证。一诉一质有利于分别说明哪些证据证明哪个诉或哪个诉讼请求。

一事一质，是指当事人就某一事实提供的证据，可以一并出示，一并质证。一事一质有利于提高质证效率。

一证一质，是指人民法院应当要求当事人对另一方当事人提供的证据，一一发表质证意见。发表质证意见的内容主要有两类：其一，无异议，认可；其二，有异议，不认可。对对方当事人提供的证据有异议的，应当就证据的"真实性、合法性、关联性以及证明力的有无、大小"提出具体意见。一证一质有利于明确当事人的质证意见。

质证程序中以一证一质为基本原则。有时为了提高庭审效率，法庭要求当事人就证明同一事实或者同类事实的证据材料一并质证，但提出质证意见的一方仍然应当一一提出具体的质证意见。

五、具体质证要求

（一）对原件、原物的质证

对书证、物证、视听资料进行质证时，当事人有权要求出示证据的原件或者原物，但有下列情况之一的除外：

（1）出示原件或者原物确有困难并经人民法院准许出示复制件或者复制品的；

（2）原件或者原物已不存在，但有证据证明复制件、复制品与原件或原物一致的。

（二）对当事人陈述的质证

当事人应当就案件事实作真实、完整的陈述。对当事人陈述进行质证应当注意以下问题：

（1）当事人的陈述与此前陈述不一致的，人民法院应当责令其说明理由，并结合当事人的诉讼能力、证据和案件具体情况进行审查认定。

（2）当事人故意作虚假陈述妨碍人民法院审理的，人民法院应当根据情节，依照《民事诉讼法》第114条的规定进行处罚。

（3）人民法院认为有必要的，可以要求当事人本人到场，就案件的有关事实接受询问。人民法院要求当事人到场接受询问的，应当通知当事人询问的时间和地点、拒不到场的后果等内容。

（4）当事人在审理前的准备阶段或者人民法院调查、询问过程中发表过质证意见的证据，视为质证过的证据。

（5）当事人要求以书面方式发表质证意见，人民法院在听取对方当事人意见后认为有必要的，可以准许。人民法院应当及时将书面质证意见送交对方当事人。

（三）对证人证言的质证

对证人证言的质证，需要注意以下问题：

（1）不能正确表达意思的人，不能作为证人。待证事实与其年龄、智力状况或者精神健康状况相适应的无民事行为能力人和限制民事行为能力人，可以作为证人。

（2）当事人申请证人出庭作证的，应当在举证期限届满前向人民法院提交申请书。申请书应当载明证人的姓名、职业、住所、联系方式，作证的主要内容，作证内容与待证事实的关联性，以及证人出庭作证的必要性。符合《适用民诉法解释》第 96 条第 1 款规定法院依职权收集证据情形的，人民法院应当依职权通知证人出庭作证。

（3）人民法院准许证人出庭作证申请的，应当向证人送达通知书并告知双方当事人。通知书中应当载明证人作证的时间、地点，作证的事项、要求以及作伪证的法律后果等内容。当事人申请证人出庭作证的事项与待证事实无关，或者没有通知证人出庭作证必要的，人民法院不予准许当事人的申请。

（4）证人确有困难不能出庭作证，申请以书面证言、视听传输技术或者视听资料等方式作证的，应当向人民法院提交申请书。申请书中应当载明不能出庭的具体原因。符合《民事诉讼法》第 76 条规定的不能出庭情形的，人民法院应当准许。

（5）证人经人民法院准许，以书面证言方式作证的，应当签署保证书；以视听传输技术或者视听资料方式作证的，应当签署保证书并宣读保证书的内容。

（6）当事人及其诉讼代理人对证人的询问与待证事实无关，或者存在威胁、侮辱证人或不适当引导等情形的，审判人员应当及时制止。必要时可以依照《民事诉讼法》第 113 条、第 114 条的规定进行处罚。

（7）证人故意作虚假陈述，诉讼参与人或者其他人以暴力、威胁、贿买等方法妨碍证人作证，或者在证人作证后以侮辱、诽谤、诬陷、恐吓、殴打等方式对证人打击报复的，人民法院应当根据情节，依照《民事诉讼法》第 114 条的规定，对行为人进行处罚。

（四）对鉴定意见的质证

对鉴定意见进行质证，主要需要注意以下问题：

（1）鉴定人依法出庭作证的，人民法院应当在开庭审理 3 日前将出庭的时间、地点及要求通知鉴定人。委托机构鉴定的，应当由从事鉴定的人员代表机构出庭。

（2）鉴定人应当就鉴定事项如实答复当事人的异议和审判人员的询问。当庭答复确有困难的，经人民法院准许，可以在庭审结束后书面答复。人民法院应当及时将书面答复送交当事人，并听取当事人的意见。必要时，可以再次组织质证。

（3）鉴定人拒不出庭作证的，鉴定意见不得作为认定案件事实的根据。人民法院应当建议有关主管部门或者组织对拒不出庭作证的鉴定人予以处罚。当事人要求退还鉴定费用的，人民法院应当在 3 日内作出裁定，责令鉴定人退还；拒不退还的，由人民法院依法执行。当事人因鉴定人拒不出庭作证申请重新鉴定的，人民法院应当准许。

（4）当事人依照法律规定，申请有专门知识的人出庭的，申请书中应当载明有专门知识的人的基本情况和申请的目的。人民法院准许当事人申请的，应当通知双方当事人。

（5）审判人员可以对有专门知识的人进行询问。经法庭准许，当事人可以对有专门知识的人进行询问，当事人各自申请的有专门知识的人可以就案件中的有关问题进行对质。有专门知识的人不得参与对鉴定意见质证或者就专业问题发表意见之外的法庭审理活动。

需要注意的是，涉及国家秘密、商业秘密和个人隐私或者法律规定的其他应当保密的证据，不得公开质证。但是，仍然应当在不公开开庭时质证。

第三节　证据的判断和确认

一、判断证据的概念

判断证据，通常是指人民法院在审查证据的基础上确认证据证明力的诉讼活动。判断证据是人民法院运用证据认定案件事实，适用法律解决民事纠纷的关键活动。

判断证据与审查证据是两个不同的概念：（1）审查证据主要解决证据的证据能力问题，即可否作为本案的证据；判断证据主要解决证据的证明力问题，即能否证明本案的事实、能够证明到什么程度。（2）审查证据的工作，在当事人和其他诉讼参与人的参加下，依法公开进行；判断证据的工作，由审判组织单独进行研究确认，不公开进行（但应公开认定结果）。

判断证据与审查证据有密切的联系，证据的审查与判断是一个连续的过程，不可截然分割：（1）审查证据是判断证据的前提和基础；（2）判断证据是审查证据的后续和结果。

二、判断证据的标准

判断某一证据有无证明力，或者判断具体证据证明力的大小，是判断证据人员的一个心理活动过程。对证据的证明力作出判断，应当遵循一定的原则和标准。由于人们个体之间认识能力的差异，对于同样的证据，不同的审判人员、不同的法院有可能会作出不同的判断结果。为了统一标准，我国民事诉讼法和相关司法解释对证据的判断作出了原则性的规定。

《适用民诉法解释》第108条确立的高度盖然性的证明标准，是人民法院判断证据的基本标准。

三、非法证据排除规则

《适用民诉法解释》第106条规定："对以严重侵害他人合法权益、违反法律禁止性规定或者严重违背公序良俗的方法形成或者获取的证据，不得作为认定案件事实的根据。"

四、认证

（一）认证的概念

认证，是指人民法院对经过质证或者当事人无异议的证据，公开确认其有无证明资格、能否证明相关事实。认证的主体是人民法院。认证的形式包括：当庭口头认定，并记录在卷；在判决书中一并认定。

（二）认证的要求

依据《适用民诉法解释》和《证据规定》的规定，人民法院应当以证据能够证明的案件事实为根据依法作出裁判。审判人员应当依照法定程序，全面、客观地审核证据，依据法律的规定，遵循法官职业道德，运用逻辑推理和日常生活经验，对证据有无证明力和证明力大小独立进行判断，并公开判断的理由和结果。全面、客观地审核证据，是对认证的基本方法要求。按照法定程序、公开判断的理由和结果，是对认证的程序要求。对证据有无证明力和证明力大小独立进行判断，是对认证的目的要求。依据法律规定、运用逻辑推理和日常生活经验法则，是对认证的法律依据和心理依据的要求。

（三）认证方法

1. 对单一证据的审核认定

审判人员对单一证据可以从下列方面进行审核认定：（1）证据是否原件、原物，复印件、复制品与原件、原物是否相符；（2）证据与本案事实是否相关；（3）证据的形式、来源是否符合法律规定；（4）证据的内容是否真实；（5）证人或者提供证据的人，与当事人有无利害关系。

2. 对全案证据的综合审查认定

审判人员对案件的全部证据，应当从各证据与案件事实的关联程度、各证据之间的联系等方面进行综合审查判断。

（四）对有关证据证明力的认定

人民法院应当依据法律规定的证据规则和证明标准，对证据的证明力作出认定。当事人在诉讼过程中认可的证据，人民法院应当予以确认。但法律、司法解释另有规定的除外。一方当事人控制证据无正当理由拒不提交，对待证事实负有举证责任的当事人主张该证据的内容不利于控制人的，人民法院可以认定该主张成立。

（五）不能单独作为定案依据的证据

根据《证据规定》的规定，下列证据不能单独作为认定案件事实的根据：（1）当事人的陈述；（2）无民事行为能力人或者限制民事行为能力人所作的与其年龄、智力状况或者精神健康状况不相当的证言；（3）与一方当事人或者其代理人有利害关系的证人陈述的证言；（4）存有疑点的视听资料、电子数据；（5）无法与原件、原物核对的复制件、复制品。

（六）当事人在调解与和解中的认可的认定

在民事诉讼中，当事人为达成调解协议或者和解协议作出妥协而认可的事实，不得在后续的诉讼中作为对其不利的根据，但法律另有规定或者当事人均同意的除外。

社会热点：
质证中，证据被对方当事人销毁，法院如何对证据进行审查和判断？

司法案例：
证据复印件的效力如何认定？

五、证据判断结论的宣告

人民法院对证据判断的结论，应当向当事人宣告。宣告证据判断结论的方式有两种：一是当庭口头宣告；二是书面裁判宣告。人民法院对不具有证明力的证据材料，可以当庭口头宣告予以排除；对双方当事人无异议的具有证明力的证据材料，可以当庭口头宣告予以确认。人民法院当庭确认或者排除证据材料的活动，就是审判实践中所称的“当庭认证”。对一方当事人提出异议的证据材料，人民法院无法当庭确认其证明力的，应经过鉴定或者查证予以认证。人民法院对本案当事人提供的所有证据材料，以及作为本案定案根据的所有证据，都应当在书面裁判中作出肯定或者否定的判断结论。《证据规定》规定，人民法院应当在裁判文书中阐明证据是否采纳的理由。对当事人无争议的证据，是否采纳的理由可以不在裁判文书中表述。

【引例分析】

人民法院用作定案根据的证据材料，应当查证属实。法院审查证据，首先应当依照法定程序进行，未依法定程序审查，不能作为定案的根据。本章引例中，二审法院之所以撤销了一审法院的判决，就是因为一审法院没有把作为定案根据的还债收据在法庭审理时当庭出示，更没有让双方当事人质证。这样的证明材料虽然可能是真实的，但是未在庭审时当庭出示，未经当事人质证，法院不能直接将其作为定案的根据。二审法院以一审法院严重违反审判程序为由裁定撤销一审判决，是正确的。

【本章小结】

1. 法院用作定案根据的证据材料，应当查证属实。人民法院审查证据，应当依照法定程序，在开庭时公开出示并经当事人质证；未经法定程序审查的证据，不能作为定案根据。

2. 质证是由当事人及其诉讼代理人在法庭上围绕证据的真实性、合法性、关联性以及证明力的有无、大小，进行说明、提出疑问。

3. 审判人员应当依照法定程序，全面、客观地审核证据，依据法律规定，遵循法官职业道德，运用逻辑推理和日常生活经验法则，对证据有无证明力和证明力大小独立进行判断，并公开判断的理由和结果。

【课后练习题】

一、名词解释

质证　法庭上的对质　法庭上的询问　认证

二、思考题

1. 审查证据的主体是谁？主要审查什么？
2. 什么是公开审查证据的原则？
3. 法院如何审查各种证据？
4. 法庭质证应当按照什么程序进行？
5. 法官认证有何法定要求？
6. 如何认定证据的证明力？

三、案例分析题

1. 在某一民事案件的审理过程中，原告一方因无法获得作为档案材料存放在某单位的证据，申请法院进行调查。法院依法提取了档案材料的复制件。

问：庭审中对该复制件是否需要质证？为什么？应当如何进行质证？

分析要点提示：（1）当事人一方因客观原因无法取得的证据，可以申请法院调查取证。经当事人申请法院调查取证的材料，属于提出申请一方当事人的证据。该证据应当当庭质证。(2) 法院在法庭调查阶段，宣读（可摘要宣读）该材料，说明提取的原因、时间、地点和人员，并交对方当事人查验、提出意见。

2. 原告陈某向法院提交了诉讼前用录音电话录下的录音带。该录音带中原告陈某催被告吕某归还 5 万元借款，被告吕某称“没有钱，爱上哪儿告上哪儿告去”。诉讼中被告吕某辩称该录音未经其同意，属于偷录，是不合法证据；并且录音的内容是关于另一笔已经了结了的债务，与本案无关。

问：该录音带能否作为证据使用？法院可否据此认定 5 万元借款事实成立？法院依据什么作出判断？

分析要点提示：(1) 本案原告提交的录音没有违反法律禁止性规定。按照《证据规定》，当事人收集证据未违反法律禁止性规定的，可以使用。(2) 如果录音无法判断是另一笔债务，并且被告不能举出相反的证据证明该录音是关于另一笔已经了结了的债务，法院可以据此认定 5 万元借款的事实成立。(3) 法官依据现有证据，使用较高盖然性的证明标准，通过自由心证作出判断。

3. 患者甲与医院发生医疗纠纷。甲认为由于该医院误诊，导致其疾病没有得到及时治疗，造成了健康、财产和精神上的损害，故向法院提起诉讼，要求医院承担相应的民事责任。甲提出病历和 X 光片保存在医院，只要医院出示病历和 X 光片就可以证明医院对此是否负有责任。

问：原告对何种争议事实负有举证责任？X 光片属于民事诉讼法规定的何种证据？假设医院工作人员称 X 光片不在病案里，无法提交，法院如何裁判？

分析要点提示：原告对以下争议事实负有举证责任：(1) 甲在该医院就诊的事实、误诊的事实、损害数额的依据。(2) X 光片属于视听资料。(3) 由于病历等有关资料保存在医院，在医院无正当理由拒不提供该资料时，法院就可以推定原告的相关主张成立。

第十三章 期间与送达

◆【本章引例】

严某与张某夫妻感情破裂，严某向法院提起诉讼，要求与张某离婚。因为张某怀有身孕，人民法院判决不准二人离婚，并于2022年12月16日向严某送达了判决书。2023年1月3日，严某通过邮局寄出了上诉状。原告是在上诉期间内提出的上诉吗？

◆【本章学习目标】

通过学习本章，你应该能够：

1. 掌握期间和期日的含义
2. 明确期间的计算和期间的延误
3. 了解送达的方式和种类

第一节 期 间

一、期间的概念和种类

（一）期间的概念

期间，就是诉讼期间，是指民事诉讼中，人民法院、当事人或其他诉讼参与人各自完成某项诉讼行为，或会合一起共同完成某项诉讼行为必须遵守的期限。

期间有多方面的诉讼意义：第一，及时解决纠纷，防止诉讼拖延。第二，促进法院依法组织和指挥诉讼的进程，及时、正确地解决纠纷，维护法律的严肃性、权威性。第三，当事人、其他诉讼参与人在诉讼期间内所为诉讼行为，只要符合法律规定，就会产生相应的诉讼法律后果。

（二）期间的种类

1. 狭义的期间和期日

期间分为狭义的期间和期日。

（1）狭义的期间，专指人民法院、当事人或其他诉讼参与人各自完成某项诉讼行为的一段时限。例如：人民法院收到起诉状，登记立案后，应于5日内向被告送达起诉状副本；被告应在收到起诉状副本15日内提出答辩状等。这些规定均属于狭义的期间的规定。

(2) 期日，是指人民法院、当事人或其他诉讼参与人会合在一起进行诉讼行为必须遵守的时日。人民法院开庭日、宣判日等，是人民法院、当事人或其他诉讼参与人会合在一起共同完成某项诉讼行为所必须遵守的时日，一般由人民法院根据案件的具体情况指定。

期日与狭义的期间有着明显的区别：第一，期日是一个时间点，只规定开始的时间，不规定终止的时间；而狭义的期间有始期和终期，是一段期限。第二，期日被确定后，人民法院和当事人及其他诉讼参与人，必须在期日会合一起进行某种诉讼行为；而狭义的期间自开始计算至诉讼主体在期间届满前的任何时刻，都可以单独进行诉讼行为。第三，期日都是由人民法院指定的，确切的日期和具体的时刻也只能由法院指定；而狭义的期间有的由法律规定，有的由人民法院指定。第四，期日因特殊情况的发生，可以变更；而法定期间一般是不能变更的，指定期间可以变更。

2. 法定期间和指定期间

(1) 法定期间，是指法律规定的期间。法律规定某项诉讼行为只能在一定的时间内完成，诉讼参与人超越规定的期间为某项诉讼行为，其所为的诉讼行为就不发生效力。例如根据《民事诉讼法》第 171 条的规定，当事人不服地方人民法院第一审判决、裁定的，提起上诉的期间分别为 15 日、10 日。如果当事人超过了上诉期间，其上诉行为不会产生引起上诉审的后果。同时，诉讼期间对人民法院也有约束作用。例如，根据《民事诉讼法》第 152 条的规定，人民法院适用第一审普通程序审理民事诉讼案件的诉讼期间（也叫审限）是 6 个月。有特殊情况需要延长的，由本院院长批准，可以延长 6 个月。还需要延长的，报请上级人民法院批准。未经批准，不得随意延长审限。

法定期间有不变期间与可变期间之分。人民法院不得变更不变期间。不变期间一般不适用中止、中断、延长的规定。

以下期间属于不变期间：1）第三人提起撤销之诉的期间；2）当事人对生效判决及裁定不服申请再审的期间；3）当事人对生效的调解书申请再审的期间；4）必要共同诉讼人未参加诉讼的，依照《民事诉讼法》第 211 条第 8 项规定申请再审的期间；5）当事人、利害关系人对人民法院作出的确认调解协议、准许实现担保物权的裁定不服，申请异议的期间；6）案外人对法院依据《民事诉讼法》第 238 条作出的驳回其执行异议裁定不服，认为原判决、裁定错误损害其民事权益的，向法院申请再审的期间；7）利害关系人因正当理由不能在除权判决前向人民法院申报的，自知道或者应当知道判决公告之日起一年内向法院起诉的期间。

对于可变期间，人民法院可以根据当事人申请或依职权予以变更。例如，根据《民事诉讼法》第 286 条的规定，在我国领域内没有住所的当事人，提起上诉的期间为 30 日，不能在法定期间内上诉的，可以申请延期，是否准许，由人民法院决定。涉外民事诉讼的上诉期间 30 日，就是法律明确规定的可变期间。

(2) 指定期间，是指人民法院依职权指定诉讼参与人为某种诉讼行为或与诉讼参与人一起为某种诉讼行为的期限。例如，法院指定当事人限期补正起诉状中的欠缺等。指定期间的特点是，指定的期间可以是一段时限，也可能是一个期日。如果是一段时限，法院则可以确定期间的长短及延展，同时也可变更，所以，指定期间都是可变期间。

指定期间是法律赋予人民法院的一项权力，该项权力的行使既不能超越范围，也不能与法定期间相冲突。指定期间要明确而具体，指定期间的长短应与实施行为的难易程度相适应，既不能过长，也不能太短。期间一经指定，就不要轻易变动；否则，会使当事人或其他诉讼参与人无所适从。

3. 约定期间

约定期间，是指当事人根据法律规定，协商一致并经法院认可的期间。例如，当事人可以约定举证期限。《适用民诉法解释》第 99 条第 1 款规定："人民法院应当在审理前的准备阶段确定当事人的举证期限。举证期限可以由当事人协商，并经人民法院准许。"

二、期间的计算

诉讼是在一定的期间内进行的。期间的起止，关系到人民法院职权和职责的实现，关系到当事人、其他诉讼参与人诉讼权利的行使，关系到当事人实体权益的保护与实现，对于期间的起始和终止如何计算的问题必须认真对待。

（一）期间以时、日、月、年计算

民事诉讼法中以时起算的期间从次时起算；以日、月、年计算的期间从次日起算。例如《民事诉讼法》规定，人民法院采取诉讼保全措施，在接受当事人的申请后，情况紧急的，应在 48 小时内作出裁定并开始执行。如果当事人提出申请是在 10 时，那么计算这一期间时就应从 11 时开始起算。再如，《民事诉讼法》规定当事人不服第一审人民法院的判决，提起上诉的期间为 15 日，期间的计算就应从判决书送达的次日开始起算。

期间以月计算的，不分大月、小月；以年计算的，不分平年、闰年。期间届满的日期，应当是届满那个月对应于开始月份的那一天；没有对应于开始月份的那一天的，应当是届满那个月的最后一天。例如，在一起宣告失踪的案件中，人民法院于 2023 年 2 月 28 日公告寻找下落不明人，公告期间为 3 个月，公告期届满日期在 2023 年 5 月 28 日。在该日期下落不明人还未出现的，人民法院就可以判决宣告下落不明人失踪。

期间届满的最后一日是法定休假日的，以法定休假日后的第一日为期间届满的日期。例如，当事人不服判决的上诉期为 15 日，若第 15 日正好是星期天，那么就应以星期天的次日为期间届满的日期。虽然期间的最后一日是法定休假日，但法定休假日有变通规定的，应以实际休假日的次日为期间的最后一日。

（二）期间不包括在途时间

诉讼文书在期满前交邮的，不算过期。所谓在途时间，是指人民法院需要通过邮寄送达诉讼文书时，或者是当事人需要通过邮寄递交诉讼文书时，诉讼文书在邮寄途中用去的时间。确定期满前是否交邮，应以邮局的邮戳为凭，只要邮戳上的时间证明在期间届满前当事人或人民法院已将需邮寄的诉讼文书交付邮局，就不算过期。

三、期间的耽误

期间的耽误，是指当事人及其诉讼代理人在法律规定或者人民法院指定的期间内，没有完成应当进行的诉讼行为。

由于延误的原因不同，期间耽误的法律后果也有所不同。由于当事人或其诉讼代理人主观上故意或过失，导致了期间耽误，其直接后果是，当事人失去了在规定的期间内行使某种权利的机会。

如果由于客观上不可抗拒的事由或者其他正当理由造成了期间的耽误，法律上则给予补救的机会。根据《民事诉讼法》第 86 条的规定，当事人因不可抗拒的事由或其他正当理由耽误期限的，在障碍消除后的10日内，可以申请顺延期限。客观上不可抗拒的事由，是指在当时的条件下，当事人无法预测也不可能避免的事实和理由。例如洪水造成的交通中断、战争的爆发等，使当事人无法进行诉讼行为。其他正当理由，是指除了客观上不可抗拒的事由之外，不可归责于当事人的其他客观情况。

应当注意，顺延期限是指把耽误了的诉讼期间如实补上去，不是重新开始计算。当事人申请顺延后，是否准许延长，由人民法院决定。

第二节　送　达

一、送达的概念和特点

送达，是指人民法院依照法律规定的程序和方式，将诉讼文书送交当事人或其他诉讼参与人的行为。

送达是人民法院单方实施的诉讼行为，对人民法院与当事人、其他诉讼参与人之间的诉讼法律关系的发生、变更和消灭有重大意义。

送达的特点是：(1) 送达的主体是法院。当事人或其他诉讼参与人向人民法院递交诉讼文书，不能称其为送达。(2) 送达的对象是当事人或其他诉讼参与人。当事人和其他诉讼参与人之间、法院之间相互递送材料以及法院对其他单位或个人发送材料，都不是送达。(3) 送达的内容是各种诉讼文书，例如起诉状副本、开庭通知书、判决书、裁定书等。(4) 送达必须按法定的程序和方式进行。不按照法定的程序和方式进行，送达将不会产生相应的法律效果。

执行送达任务，向当事人及其他诉讼参与人履行送达义务的人，称为送达人。接受法院送达的诉讼文书的当事人或其他诉讼参与人，称为受送达人。依法将诉讼文书交给受送达人的方法，称为送达方式。

诉讼文书一经送达，就会产生一定的法律后果。当事人及其他诉讼参与人可以在规定的期间行使某种诉讼权利，履行某种诉讼义务；否则，就可能丧失进行该项诉讼行为的权利，或者要承担法律规定的后果。例如，一审法院的判决送达当事人后，当事人有权在收到判决书后15日内提起上诉；调解书送达双方当事人签收后，即具有与生效判决同等的法律效力，一方当事人如不自动履行，对方当事人有权申请执行。因此，规范送达行为和送达方式，对于保障当事人和其他诉讼参与人的合法权利，保证诉讼活动的顺利进行，具有重要意义。

二、送达的方式

送达必须依法定方式进行，根据民事诉讼法的规定，送达的方式有七种。

（一）直接送达

直接送达，是执行送达任务的司法警察或书记员将应送达的诉讼文书直接交付给受送达人签收的送达方式。受送达人在送达回证上的签收日期即送达日期。诉讼文书以直接送达为原则，直接送达是最基本的送达方式。

《民事诉讼法》规定，以下情况都属于直接送达：(1) 受送达人是自然人的，应由本人签收，本人不在的，交他的同住成年家属签收；(2) 受送达人是法人或非法人组织的，应当由法人的法定代表人、非法人组织的主要负责人或者该法人、组织负责收件的人签收；(3) 受送达人有诉讼代理人的，可以送交其代理人签收；(4) 受送达人已向人民法院指定代收人的，送交代收人签收。

《适用民诉法解释》规定，人民法院直接送达诉讼文书的，可以通知当事人到人民法院领取。当事人到达人民法院，拒绝签署送达回证的，视为送达。审判人员、书记员应当在送达回证上注明送达情况并签名。人民法院可以在当事人住所地以外向当事人直接送达诉讼文书。当事人拒绝签署送达回证的，采用拍照、录像等方式记录送达过程即视为送达。审判人员、书记员应当在送达回证上注明送达情况并签名。

必须注意，离婚诉讼的诉讼文书的送达有特殊性，如果受送达的一方当事人不在，不宜交由对方当事人代为签收。

（二）留置送达

留置送达，是指受送达人拒收诉讼文书时，送达人把诉讼文书留在受送达人住处的送达方式。留置送达与直接送达具有同等的法律效力。

根据《民事诉讼法》的规定，受送达人或者他的同住成年家属拒绝接收诉讼文书时，送达人可以邀请有关基层组织或者所在单位的代表到场，说明情况，在送达回证上记明拒收事由和日期，由送达人、见证人签名或盖章；也可以把诉讼文书留在受送达人的住所，并采用拍照、录像等方式记录送达过程，即视为送达。受送达人或他的同住成年家属拒绝接收诉讼文书时，送达人在无法邀请有关基层组织或者所在单位的代表到场或者上述见证人拒绝见证的情况下，也可以利用拍照、录像等方式记录送达过程，作为送达依据。以上有关基层组织和所在单位的代表，可以是受送达人住所地的居民委员会、村民委员会的工作人员以及受送达人所在单位的工作人员。

适用留置送达应当注意以下问题：

(1) 向法人或者非法人组织送达诉讼文书，应当由法人的法定代表人、该组织的主要负责人或者办公室、收发室、值班室等负责收件的人签收或盖章，拒绝签收或盖章的，适用留置送达。

(2) 受送达人有诉讼代理人的，人民法院既可以向受送达人送达，也可以向其诉讼代理人送达。受送达人指定的诉讼代理人为代收人，法院向诉讼代理人送达时，适用留置送达。

(3) 调解书应当直接送达当事人本人，当事人本人因故不能签收的，可由其指定的代收人签收。受送达人拒绝签收的，不适用留置送达。当事人拒绝签收调解书，说明调解书送达前当事人反悔，调解书不发生法律效力。

（三）电子送达

《民事诉讼法》第 90 条规定：“经受送达人同意，人民法院可以采用能够确认其收悉的电子方式送达诉讼文书。通过电子方式送达的判决书、裁定书、调解书，受送达人提出需要纸质文书的，人民法院应当提供。采用前款方式送达的，以送达信息到达受送达人特定系统的日期为送达日期。”

电子送达必须首先经过当事人同意，只有在当事人能够并愿意接受和使用电子送达方式，人民法院才可以采用这一送达方式。《适用民诉法解释》对电子送达作出了进一步的规定。该司法解释第 135 条规定：“电子送达可以采用传真、电子邮件、移动通信等即时收悉的特定系统作为送达媒介。民事诉讼法第九十条第二款规定的到达受送达人特定系统的日期，为人民法院对应系统显示发送成功的日期，但受送达人证明到达其特定系统的日期与人民法院对应系统显示发送成功的日期不一致的，以受送达人证明到达其特定系统的日期为准。”第136条规定：“受送达人同意采用电子方式送达的，应当在送达地址确认书中予以确认。”

此外，2017年7月19日，最高人民法院发布的《关于进一步加强民事送达工作的若干意见》，对电子送达再一次作出了较为详细的规定。主要内容包括：(1) 当事人同意电子送达的，应当提供并确认接收民事诉讼文书的传真号、电子信箱、微信号等电子送达地址。当事人委托诉讼代理人的，诉讼代理人确认的送达地址视为当事人的送达地址。(2) 在严格遵守民事诉讼法和民事诉讼法司法解释关于电子送达适用条件的前提下，积极主动探索电子送达及送达凭证保全的有效方式、方法。有条件的法院可以建立专门的电子送达平台，或以诉讼服务平台为依托进行电子送达，或者采取与大型门户网站、通信运营商合作的方式，通过专门的电子邮箱、特定的通信号码、信息公众号等方式进行送达。(3) 采用传真、电子邮件方式送达的，送达人员应记录传真发送和接收号码、电子邮件发送和接收邮箱、发送时间、送达诉讼文书名称，并打印传真发送确认单、电子邮件发送成功网页，存卷备查。(4) 采用短信、微信等方式送达的，送达人员应记录收发手机号码、发送时间、送达诉讼文书名称，并将短信、微信等送达内容拍摄照片，存卷备查。(5) 对于移动通信工具能够接通但无法直接送达、邮寄送达的，除判决书、裁定书、调解书外，可以采取电话送达的方式，由送达人员告知当事人诉讼文书内容，并记录拨打和接听电话号码、通话时间、送达诉讼文书内容，通话过程应当录音以存卷备查。

（四）委托送达

委托送达，是指受诉人民法院直接送达诉讼文书有困难时，委托受送达人所在地人民法院代为送达的方式。

委托送达一般是在受送达人不在受诉法院的辖区内，直接送达有困难时适用，接受委托的只能是人民法院。人民法院需要委托送达时，应当出具委托函，将委托的事项和要求明确地告知受托的人民法院，并附送达回证，以受送达人在送达回证上签收的日期为送达日期。委托送达的，受委托人民法院应当自收到委托函及相关诉讼文书之日起10日内代为送达。

（五）邮寄送达

邮寄送达，是指人民法院直接送达有困难时，将诉讼文书附送达回证交邮局用挂号信寄给受送达人的送达方式。

2005年1月1日施行的《最高人民法院关于以法院专递方式邮寄送达民事诉讼文书的若干规定》，对邮寄送达作出了较为具体明确的规定。具体内容如下：(1) 人民法院直接送达诉讼文书有困难的，可以交由国家邮政机构（以下简称邮政机构）以法院专递方式邮寄送达，法律规定的例外情形除外。(2) 以法院专递方式邮寄送达民事诉讼文书的，其送达与人民法院送达具有同等法律效力。(3) 邮政机构按照当事人提供或者确认的送达地址送达的，应当在规定的日期内将回执退回人民法院。邮政机构按照当事人提供或确认的送达地址在5日内投送3次以上未能送达，通过电话或者其他联系方式又无法告知受送达人的，应当将邮件在规定的日期内退回人民法院，并说明退回的理由。(4) 受送达人指定代收人的，指定代收人的签收视为受送达人本人签收。邮政机构在受送达人提供或确认的送达地址未能见到受送达人的，可以将邮件交给与受送达人同住的成年家属代收，但代收人是同一案件中另一方当事人的除外。（5）受送达人及其代收人应当在邮件回执上签名、盖章或者捺印。受送达人及其代收人在签收时应当出示其有效身份证件并在回执上填写该证件的号码；受送达人及其代收人拒绝签收的，由邮政机构的投递员记明情况后将邮件退回人民法院。（6）签收人是受送达人本人或者是受送达人的法定代表人、主要负责人、法定代理人、诉讼代理人的，签收人应当当场核对邮件内容。签收人发现邮件内容与回执上的文书名称不一致的，应当当场向邮政机构的投递员提出，由投递员在回执上记明情况后将邮件退回人民法院。签收人是受送达人办公室、收发室和值班室的工作人员或者是与受送达人同住成年家属，受送达人发现邮件内容与回执上的文书名称不一致的，应当在收到邮件后的3日内将该邮件退回人民法院，并以书面方式说明退回的理由。（7）因受送达人自己提供或者确认的送达地址不准确、拒不提供送达地址、送达地址变更未及时告知人民法院、受送达人本人或者受送达人指定的代收人拒绝签收，导致诉讼文书未能被受送达人实际接收的，文书退回之日视为送达之日。受送达人能够证明自己在诉讼文书送达的过程中没有过错的，不适用上述规定。

邮寄送达方式简便易行，实践中采用较普遍。但是，应当在直接送达有困难时才予以采用。

（六）转交送达

转交送达，是指在不宜或不便直接送达的情况下，将诉讼文书通过受送达人所在单位转交的送达方式。

根据《民事诉讼法》的规定，转交送达在受送达人身份特殊的情况下适用，具体包括：（1）受送达人是军人的，通过其所在部队团以上单位的政治机关转交；（2）受送达人是被监禁的，通过其所在监所转交；（3）受送达人是被采取强制性教育措施的，通过其所在强制性教育机构转交。

代为转交的机关、单位收到诉讼文书后，必须立即交受送达人签收，以受送达人在送达回证上的签收日期为送达日期。

（七）公告送达

公告送达，是指人民法院以公告的方式，将需要送达的诉讼文书的有关内容告知受送达人。无论受送达人是否知悉公告内容，经过法定的公告期限，即视为已经送达。

公告送达有如下要求：（1）公告送达是在受送达人下落不明或用其他方式无法送达的情况下所适用的一种送达方式。（2）公告的法定期限是30日。自公告之日起，经过30日，即视为送达。（3）公告的方式。可以在法院的公告栏、受送达人住所地张贴公告，也可以在报纸、网络等媒体上刊登公告，发出公告日期以最后张贴或者刊登的日期为准。对公告送达方式有特殊要求的，应当按要求的方式进行。人民法院在受送达人住所地张贴公告的，应当采取拍照、录像等方式记录张贴过程。（4）公告的内容。公告送达应当说明公告送达的原因；公告送达起诉状或上诉状副本的，应说明起诉或上诉要点、受送达人答辩期限以及逾期不答辩的法律后果；公告送达传票的，应说明出庭地点、时间以及逾期不出庭的后果；公告送达判决书、裁定书的，应当说明裁判的主要内容，当事人有权上诉的，还应当说明上诉权利、上诉期限和上诉的人民法院。

采用公告送达，应当在案卷中记明公告送达的原因和经过，并将情况附卷备查。需要注意的是，由于公告送达需要的时间比较长，与适用简易程序审理案件较短的审限存在冲突，因此法律规定，适用简易程序审理的案件，不适用公告送达。

三、送达回证

送达回证，是人民法院按照法定格式制作的，用以证明完成送达行为的书面凭证。其内容包括：实施送达的法院，受送达人的姓名、职务、住所或居住地，应送达文书的名称和案件编号，送达方式，送达人、受送达人或见证人的签名、盖章、签收日期等。

送达回证是检查人民法院是否按法定程序和方式送达诉讼文书的标志，是送达人完成送达任务的凭证，不仅能够证明人民法院是否履行了法定的职责、完成了送达任务，而且还是受送达人接受或拒绝签收送达文书的证明，能够证明当事人是否耽误了诉讼期间，是衡量一切诉讼参与人特别是当事人的诉讼行为是否有效的依据。因此，不应忽视送达回证在送达中的作用。

《民事诉讼法》规定，送达诉讼文书必须有送达回证，由受送达人在送达回证上记明收到日期、签名或盖章。受送达人在送达回证上的签收日期即为送达日期，它是计算期间的主要根据。

人民法院向当事人或其他诉讼参与人送达诉讼文书，必须有送达回证，让受送达人在送达回证上签收，以便附卷存查。接受委托代为完成或者代为转交诉讼文书的单位，应当依法将送达回证及时寄回送达的人民法院。但是，公告送达中，因为公告期间届满的日期即是送达日期，所以不需要送达回证。

【引例分析】

本章引例中，人民法院于 2022 年 12 月 16 日送达判决书，上诉期间的起算日期应当是收到判决书的次日即 12 月 17 日，上诉期间为 15 日，由此可知上诉期间届满的最后一日是 12 月 31 日。依据《国务院办公厅关于 2023 年部分节假日安排的通知》，2022 年 12 月 31 日至 2023 年 1 月 2 日放假调休，共 3 天。2023 年 1 月 3 日是节假日后的第一个工作日，因此，该上诉期限届满日应延至 2023 年 1 月 3 日。严某于 1 月 3 日通过邮局寄出上诉状，没有超过上诉期间。所以，原告是在上诉期间内提出的上诉，原告行使上诉的权利具有法律效力。

【本章小结】

1. 期间是指在民事诉讼中，人民法院、当事人或其他诉讼参与人各自完成某项诉讼行为，或会合在一起共同完成某项诉讼行为所必须遵守的期限。期间可分为狭义的期间和期日、法定期间和指定期间等不同种类。

2. 送达是指人民法院依照法律规定的程序和方式，将诉讼文书送交当事人或其他诉讼参与人的行为。送达是人民法院单方实施的诉讼行为，对人民法院与当事人、其他诉讼参与人之间的诉讼法律关系的发生、变更和消灭有重大意义。送达的方式主要包括直接送达、留置送达、电子送达、委托送达、邮寄送达、转交送达以及公告送达等，每种送达方式都有其独特的适用情形。

【课后练习题】

一、名词解释

期间　期日　送达

二、思考题

1. 期间和期日有什么区别?

2. 送达的方式有几种? 各有什么要求?

三、案例分析题

1. 2023年6月7日，吴某故意殴打谭某，致使谭某受伤送医。8月14日，谭某向人民法院提起诉讼，要求吴某赔偿医疗费。由于起诉状不符合法定格式和要求，立案庭工作人员告知谭某在3日内补正。人民法院于8月17日受理案件后，于8月20日向被告吴某发送了起诉状副本，并告知其在收到起诉状副本后10日内提出答辩状。后经过被告申请，人民法院同意将答辩期限延长5日。经过审理前的准备，人民法院决定在9月5日审理此案，遂于9月3日将出庭通知书送达原、被告及有关诉讼参与人。经过开庭审理，人民法院判决吴某赔偿医疗费用。审判员于9月11日通知双方当事人到庭进行了宣判，9月17日将判决书送达原、被告，并告知原、被告，如不服判决，可自收到判决书之日起15日内提起上诉。被告人吴某不服一审人民法院的判决，于9月28日向第二审人民法院递交上诉状，二审人民法院经审查后受理了被告人的上诉。

问：本案的期间和期日有哪些? 法定期间和指定期间有哪些? 法院在适用期间的规定方面有哪些错误?

分析要点提示：(1) 可根据期间和期日的概念确定本案的期间和期日。(2) 可根据法定期间和指定期间的概念确定本案的法定期间和指定期间。(3) 法院应告知被告在收到起诉状副本之后的15日内提出答辩状，且该期间不可延长；人民法院应在收到答辩状之日起5日内将答辩状副本发送原告；人民法院审理民事案件，应当在开庭3日前通知当事人和其他诉讼参与人；本案为定期宣判，宣判后应立即发给判决书。

2. 袁某和童某因一间房屋的所有权发生争执，起诉到人民法院。人民法院经审理作出判决，确认袁某对所争房屋享有所有权。法院向童某直接送达判决书时，童某不在家。童某的妻子对送达人说，童某在外地做生意，大约两个月后才回来。人民法院认为，童某在外地做生意，流动性大，无法直接送达，遂决定用公告方式送达。

问：本案采用公告方式送达判决书是否恰当? 为什么?

分析要点提示：不恰当。应交其同住成年家属签收。

第十四章　法院调解

【本章引例】

某县高泉村王家院的王甲、王乙两家为院子里的一棵大槐树的所有权发生争执，经村调解委员会多次调解，未息纠纷。王甲起诉到县人民法院，要求确认大槐树为自己所有。在诉讼中，王甲说："大槐树是我爷爷在1962年栽种的。"王乙说："大槐树是我爷爷在1970年栽种的。"由于双方都未提出可靠、充分的证据，审判员对该案进行了调解。在自愿的前提下，双方达成调解协议，确认所争标的为共有财产。经双方在调解协议上签字，该调解协议生效。事隔一年，由于国家征用土地，王甲、王乙搬迁，大槐树被伐倒。在对共有财产大槐树进行处置时，王甲突然想起从树干的年轮上可以推知该槐树的种植时间。经过查验后得知，这棵槐树的确是1962年栽种的。也就是说，对一年前的纠纷，王甲已找到确凿证据证实这棵大槐树属于自己家所有。此时针对法院的调解协议该如何处理？

【本章学习目标】

通过学习本章，你应该能够：

1. 了解法院调解的概念和特点
2. 明确法院调解的原则
3. 掌握调解书的效力
4. 了解法院调解在二审中的特殊作用

第一节　法院调解概述

一、法院调解的概念

法院调解，又称诉讼调解，是指在人民法院审判组织的主持下，当事人双方就争议的事实和法律问题平等协商，自愿达成调解协议，以解决民事纠纷的活动。当事人达成的调解协议经人民法院认可后，发生与判决同等的法律效力。

二、法院调解的特点

（一）广泛的适用性

法院调解作为民事诉讼法的一项基本原则和人民法院审理民事案件的重要方式，在民事诉讼中具有广泛的适用性。民事争议案件，在当事人自愿的基础上，第一审普通程序、简易程序、第二审程序和审判监督程序中，均可适用法院调解。但是，适用特别程序、督促程序的案件，婚姻等身份关系确认案件以及其他根据案件性质不能进行调解的案件，法院依执行程序执行的案件，都不适用法院调解。违反法律强制性规定，损害国家、集体或他人利益的案件，法院也不能调解。

（二）非必经审理程序

法院调解是人民法院审理民事案件的一项基本原则，也是一种结案方式，但不是人民法院审理一切民事案件的必经程序。如果当事人不愿调解或调解无效，法院应及时作出判决。

不过，人民法院审理离婚案件，必须经过调解，以尽可能地消除对立情绪，减少或避免产生新的纠纷，这也有利于社会的和谐与安定，调解不成的，才用判决结案。对其他案件，能够调解的，应当尽量调解，但须以自愿、合法为前提。

（三）调解是人民法院行使审判权的方式

人民法院审理民事案件，审判人员有权主持当事人双方协商，有权以法制教育和思想疏导的方式促成当事人达成协议。人民法院调解必须以当事人行使处分权为基础，在调解过程中当事人双方自愿让步，达成协议，都是处分权的体现。

调解结案出具调解书，判决结案出具判决书，都是人民法院行使审判权的方式，都具有法律效力。

三、法院外调解与当事人和解

在我国，除诉讼调解外，还存在着人民调解委员会等机构的诉讼外调解。在诉讼中，除了法院调解外，还存在着当事人和解。

（一）法院外调解

行政调解、仲裁调解和人民调解委员会的调解，属于法院外调解，又称诉讼外调解。行政机关、仲裁委员会和人民调解委员会不能行使国家审判权，它们的调解效力与法院的调解效力不尽相同。仲裁调解协议生效后，义务人不履行义务，权利人可以申请人民法院强制执行。人民调解委员会的调解，其协议不具有强制执行的效力，当事人即使达成了调解协议，仍然可以向人民法院提起民事诉讼。行政调解，除非法律另有规定，一般不具有终局解决纠纷的效力。当事人在行政调解达成或没有达成调解协议后，还可以提起民事诉讼。

在依法设立的调解组织主持下达成的调解协议，双方当事人可以共同向人民法院申请司法确认，从而使调解协议可以强制执行。《民事诉讼法》第205条规定："经依法设立的调解组织调解达成调解协议，申请司法确认的，由双方当事人自调解协议生效之日起三十日内，共同向下列人民法院提出：（一）人民法院邀请调解组织开展先行调解的，向作出邀请的人民法院提出；（二）调解组织自行开展调解的，向当事人住所地、标的物所在地、调解组织所在地的基层人民法院提出；调解协议所涉纠纷应当由中级人民法院管辖的，向相应的中级人民法院提出。"

（二）当事人和解

当事人在司法程序中的和解有两种形式：一是民事案件审理过程中，双方当事人就民事争议自行协商达成和解；二是在执行程序中，双方就执行标的自行达成执行和解。后者属于执行程序的范畴，这里主要说明诉讼和解。

我国民事诉讼法赋予了当事人和解权。在诉讼中，当事人和解后，可以申请撤诉，也可以经法院审查认可，由法院制作调解协议书。在实践中，双方和解的结果往往通过人民法院制作调解书产生法律效力，或者是达成和解后，原告向人民法院申请撤诉。

四、法院调解的意义

（一）有利于及时彻底地解决民事争议

法院调解是在当事人双方自愿的基础上，以平等协商的方式解决相互之间的纠纷。法院在调解过程中，审判人员对双方当事人进行思想教育，使其互谅互让，自愿达成调解协议。一旦调解成功，达成调解协议，双方自觉履行调解协议，就能及时彻底地解决民事争议，达到最高人民法院倡导的“案结事了”的良好社会效果。

（二）有利于公民自觉遵守法律

人民法院审判人员在主持调解的过程中，针对案件争议焦点和是非责任，厘清事实、分清是非，向当事人宣传法律，尊重双方的民事权益，促使当事人自觉履行法律规定的义务，达到维护正常的社会秩序和经济秩序的目的。

（三）有利于增强团结并促进人际关系的和谐

民事纠纷如果不及时解决或处理不当，在一定条件下可能会转化为刑事案件，危及社会安定。法院调解一般具有快速、简捷的特点，有利于促进双方当事人自愿、平等地协商，及时化解矛盾。同时，法院调解过程又是当事人自我教育的过程，使当事人的诉讼主体意识得到体现。所以，法院调解有利于消除隔阂，增强团结，促进人际关系的和谐。

第二节 法院调解的原则

法院调解的原则，是指人民法院和双方当事人在调解活动中必须遵循的行为准则。根据《民事诉讼法》第 9 条的规定，人民法院审理民事案件，应当根据自愿和合法的原则进行调解。

一、自愿原则

自愿原则，是指在民事诉讼过程中，必须基于双方当事人自愿，人民法院才能对民事案件进行调解，不能有任何勉强。自愿原则要求法院调解在以下三个方面尊重当事人的意愿。

（一）当事人明确表示愿意调解

当事人真实意思表示的形式，应当是明示行为而不能是默示行为。因为当事人是发生争议的民事法律关系的主体，在法律规定的范围内，当事人有权决定是否以调解的方式解决纠纷，所以，没有当事人的明确自愿，就违背了当事人的意志，也损害了当事人请求公权力救济的诉讼动机。

（二）当事人双方都愿意调解

法院只有在双方当事人都自愿调解的前提下，才能主持调解。如果当事人一方不愿意调解，人民法院不能进行调解，应当及时审理，作出判决。虽然离婚案件有其特殊性，法律规定人民法院审理离婚案件应当进行调解，但也不应该久调不判。

自愿调解的提出，可以是当事人一方主动申请调解且另一方同意调解时进行，也可以是法院主动征询双方的意见，双方都同意调解后进行。

（三）调解达成的协议内容必须反映双方当事人的真实意思

根据《民事诉讼法》第 99 条的规定，调解达成协议，必须双方自愿，不得强迫。调解协议的内容直接涉及双方当事人的民事权利义务，应当由当事人按照自己的意愿达成协议，或者由人民法院提出调解方案交给当事人双方讨论。调解协议是双方当事人自愿协商的结果。

二、合法原则

合法原则，是指人民法院和双方当事人的调解活动及其达成的调解协议的内容必须符合法律的规定。合法原则应当具备以下条件：第一，调解活动必须依法定程序进行。第二，当事人双方达成的协议内容，是当事人双方互谅互让，对自己的民事权利作出处分的结果。但是当事人的处分不得违背政策、法律的规定，不能损害国家、集体和其他公共利益。

这里要明确自愿和合法的关系。调解协议必须当事人自愿，但当事人自愿的，不等于都合法。例如在离婚案件的调解过程中，有的原告为了尽快摆脱不幸的婚姻关系，达到离婚的目的，在夫妻共有财产上一再让步，而被告以此要求原告放弃自己应得的全部财产，或者不承担子女的抚养费用。这种显失公平的调解违背了《民法典》关于家庭共有财产夫妻双方平等所有的原则，违反了夫妻双方都负有抚养子女的义务规定。这样的调解协议，法院应当实行干预。

三、查明事实、分清是非原则

除自愿和合法原则外，依据《民事诉讼法》第 96 条的规定，法院对民事案件进行调解，应当在查明事实、分清是非的基础上进行。《适用民诉法解释》也明确规定，人民法院受理案件后，经审查，认为法律关系明确、事实清楚，在征得当事人双方同意后，可以迳行调解。将查明事实、分清是非作为调解原则的理由是，调解不等于和稀泥，查明事实和分清是非是法院调解的基础。审判人员在进行调解过程中必须查明案件的基本事实，查清争议的是非曲直，明确当事人各自的责任，然后确定双方的权利义务。但是，由于调解是在当事人自愿的基础上进行，如果当事人自愿对争议的事实和法律问题都作妥协，并且不损害国家利益、社会利益和他人利益，也不违反强制性的法律规定，过于分清是非就不必要了。但同时也应注意，人民法院在审理民事案件时，如果发现当事人之间恶意串通，企图通过和解、调解方式侵害他人合法权益的，应当按照民事诉讼法的规定，驳回其请求，并根据情节轻重予以罚款、拘留；构成犯罪的，依法追究刑事责任。

第三节　调解程序

调解程序，是民事诉讼程序不可分割的组成部分，主要包括不同程序阶段的调解、具体案件的调解以及调解书的制作等几个方面的内容。

一、不同程序阶段的调解

（一）先行调解

《民事诉讼法》第 125 条规定："当事人起诉到人民法院的民事纠纷，适宜调解的，先行调解，但当事人拒绝调解的除外。"先行调解制度在我国的确立，不仅丰富了我国的诉讼调解制度，而且完善了调解与诉讼相衔接的机制。所谓先行调解，是指在民事诉讼程序开始之前，人民法院在自愿和合法原则的基础上，对双方当事人之间的民事纠纷进行的调解。先行调解制度是在立案阶段进行调解的特别制度。在程序性质上，先行调解既可独立于审判程序，又可与审判程序紧密相连。

在我国民事诉讼中，先行调解的案件范围主要包括婚姻家庭纠纷、继承纠纷、宅基地纠纷、相邻关系纠纷、劳动合同纠纷、交通事故和工伤事故引起的权利义务关系较为明确的损害赔偿纠纷、合伙合同纠纷、争议金额比较小的其他财产纠纷等。除了先行调解和不适用先行调解的案件外（适用特别程序、督促程序、公示催告程序的案件，婚姻等身份关系确认案件以及其他根据案件性质不能进行调解的案件），人民法院可以根据当事人自愿的原则进行调解。

（二）庭前调解

庭前调解，是指人民法院受理案件后，在开庭审理前，对法律关系明确、事实清楚的民事案件，经当事人同意，在法官或法官助理的主持下进行的调解。依据《民事诉讼法》第 136 条的规定，开庭前可以调解的，人民法院应采取调解方式及时解决纠纷。开庭审理前的调解，也应遵循自愿、合法的原则。经庭前调解，双方当事人达成调解协议的，人民法院制作调解书，送达当事人，结束诉讼。如经调解双方当事人未达成协议，审判人员应及时对案件进行开庭审理。

（三）审理中的调解

审理中的调解，是指人民法院开庭审理民事案件过程中，当事人提出或经当事人双方同意后法院决定的调解。无独立请求权的第三人参加诉讼的案件，法院调解时需要确定无独立请求权的第三人承担义务的，应经第三人同意，调解书应当同时送达第三人。审理中的调解，在审理民事案件的各个诉讼阶段均可进行。

审理中的调解与庭前调解的主要区别是：庭前调解是在立案后、审理前准备阶段进行的调解；审理中的调解是在审理案件过程中进行的调解。

二、具体案件的调解

（一）调解的开始

调解可因当事人的申请而开始，也可因法院依职权主动提出而开始。根据《民事诉讼法》的规定，人民法院进行调解，可以由独任审判员一人主持，也可以由合议庭主持。对于双方争议不大、民事权利义务比较明确的案件，人民法院可以用简便方式通知当事人，如可用口头和电话方式进行通知。根据案情的需要，人民法院调解时，可以邀请有关单位和个人、当事人所在地的基层组织进行调解。被邀请的有关单位和个人应当积极协助法院进行调解。邀请有关单位和个人协助人民法院进行调解，有利于对当事人进行思想教育和疏导工作，从而顺利解决当事人之间的争议。

（二）调解的进行

调解的地点应在法院内。调解开始后，审判人员应当认真听取当事人关于案件事实和理由的陈述。一般先原告方，后被告方。需要证人作证的，应传证人到庭发表证词。审判人员在查明案件事实的基础上，应有针对性地向双方当事人阐明有关法律，引导当事人就具体的争议事项进行协商。在协商过程中，审判人员可以提出和解方案供双方当事人参考，但是不能强迫当事人接受调解方案，当事人双方或单方也可提出调解方案。人民法院调解民事案件时，双方当事人都应出庭。不出庭调解的当事人，可由其有特别授权的委托代理人参加调解。达成的调解协议，可由该委托代理人签名。对于不能出庭的精神病患者和未成年人，可由其法定代理人出庭调解。离婚案件的当事人因特殊情况无法出庭参加调解的，除本人不能表达意志的以外，应向法院提交书面的调解意见。在答辩期满前人民法院对案件进行调解，适用普通程序的案件应在当事人同意调解之日起 15 天内进行调解，适用简易程序的案件应在当事人同意调解之日起 7 天内进行调解。未达成调解协议的，经各方当事人同意，可以继续调解。延长的调解期间不计入审限。为了规制司法实践中强制调解、久调不决等现象，《适用民诉法解释》明确规定，人民法院审理民事案件，当事人一方或者双方坚持不愿调解的，应当及时裁判。对离婚案件，虽应当进行调解，但不应久调不决。

另外，在调解过程中，往往涉及当事人的商业秘密或个人隐私，为了避免当事人的信息外泄，应保证调解程序和信息的保密性。对此，《适用民诉法解释》规定，除当事人同意公开的外，人民法院审理民事案件，调解过程不公开。同时，除了为保护国家利益、社会公共利益、他人合法权益外，调解协议内容不公开。主持调解以及参与调解的人员，对调解过程以及调解过程中获悉的国家秘密、商业秘密、个人隐私和其他不宜公开的信息，也应当保守秘密。

（三）调解的结束

调解达成协议的，调解结束；未达成协议的，调解不成功也同样结束。调解达成协议的情况有两种：一是在审判人员主持下经双方当事人协商达成协议；二是双方当事人自行协商达成和解协议。审判人员应对当事人诉讼外达成的协议进行审查。对于当事人双方自愿达成和解，协议内容又不违反法律强制性规定的，人民法院应当认可协议成立。

调解协议依法成立后，人民法院应制作调解书，送达双方当事人。当事人一方拒绝签收调解书的，调解书不发生法律效力，人民法院应当通知对方当事人。

对于不需要制作调解书的，应当记入笔录，由双方当事人、审判人员、书记员签名或者盖章后，即具有法律效力。

三、调解书的制作

在人民法院审判人员的主持下，当事人通过平等协商、互相谅解达成调解协议后，要经过人民法院的认可。被认可的调解协议，以人民法院调解书的形式制作出来，才对当事人发生法律效力。

调解书是指人民法院制作的，记载当事人之间协议内容的法律文书。调解书既是当事人相互协商结果的记录，又是人民法院承认当事人之间的协议，并依法赋予其法律效力的法律文书。

以调解方式结案的案件一般应当制作调解书。第二审人民法院调解结案的，也应当制作调解书。调解书一般应包括如下内容：

（1）首部。首部应写明制作调解书的人民法院和案件编号，当事人、第三人以及诉讼代理人的情况，案由和主持调解的审判人员姓名。

（2）主文。调解书的主文是调解书的核心内容，应当写明诉讼请求、案件事实和调解结果。这部分内容不能简略或疏漏，应明确而有重点地写在调解书里，否则有可能造成当事人履行调解书时发生异议或者产生新的纠纷。

案件事实包括当事人争议的事实和人民法院认定的事实。诉讼请求是当事人请求人民法院予以审判保护的事项。案件事实是当事人协议的根据，是人民法院依法解决争议的基础。写明案件事实，有利于保证办案质量，有利于上级人民法院的审判监督。协议内容是当事人协商的结果，也是人民法院对案件的处理结论，必须逐项写明。

（3）尾部。调解书最后由审判员、书记员签名，加盖人民法院印章，并写明调解书的制作时间。同时，调解书的尾部要写明“本调解书与发生法律效力的判决书具有同等效力”。

根据《民事诉讼法》第101条的规定，下列案件经双方当事人达成协议的，可以不制作调解书，而将协议内容记入笔录，由双方当事人、审判人员、书记员签名或者盖章后，即具有法律效力：（1）调解和好的离婚案件；（2）调解维持收养关系的案件；（3）能够即时履行的案件；（4）其他不需要制作调解书的案件。

《适用民诉法解释》对“其他不需要制作调解书的案件”适用的情形规定为：当事人各方同意在调解协议上签名或者盖章后即发生法律效力的，经人民法院审查确认后，应当记入笔录或者将调解协议附卷，并由当事人、审判人员、书记员签名或者盖章后即具有法律效力。同时，考虑到法律的严肃性和规范性，如果当事人没有申请制作调解书，一方当事人没有履行调解协议时，对方当事人可持生效的调解协议请求人民法院制作调解书后申请法院强制执行。

第四节 调解书的生效时间与效力

一、调解书生效的起始时间

根据《民事诉讼法》第100条的规定，调解书经双方当事人签收后，即具有法律效力。这一规定包括两个方面的要求：一是调解书必须经当事人签收。当事人拒绝签收的，应视为调解不成立，调解书不发生法律效力。因此，调解书应直接送达当事人本人，不适用留置送达和公告送达的方式。二是调解书须经双方当事人签收才能生效。如果只有一方当事人签收，而另一方当事人拒绝签收的，调解书不发生法律效力，人民法院应当及时通知对方当事人。调解书不能当庭送达双方当事人的，应以后收到调解书的当事人签收的日期为调解书生效日期。

需要注意的是由于调解是当事人合意解决纠纷，在法律允许的限度内，当事人可自由处分自己的权利。所以和解协议、调解协议只要不违反法律的强制性规定即可有效，甚至协议的内容可超出当事人的诉讼请求。因此，按照《适用民诉法解释》的规定，当事人自行和解或者调解达成协议后，请求人民法院按照和解协议或者调解协议的内容制作判决书的，人民法院不予准许。但是，为了充分保护无民事行为能力人的合法权益，对于无民事行为能力人的离婚案件，法定代理人与对方达成协议要求发给判决书的，可根据协议内容制作判决书。此外，如果在调解中需由无独立请求权的第三人承担责任的，按照《适用民诉法解释》的规定，应当经其同意。该第三人在调解书送达前反悔的，人民法院应当及时裁判。

司法实践案例：

最高人民法院遴选的全国法院优秀调解案例

二、调解书的效力

（一）调解书的一般效力

调解达成协议后，人民法院应制作调解书并进行送达，经双方当事人签收后，调解书与生效判决具有同等的法律效力，即具有一般的法律效力。调解书的一般效力主要包括以下几个方面。

1. 一事不再理

调解书送达后，将产生确定当事人之间的权利义务关系，不得再行起诉的效力。当事人在自愿的基础上达成了一致意见，又经人民法院以调解书的形式予以确认，调解书生效后，当事人之间的民事权利义务关系已被确定，当事人一般不得以同一诉讼标的、同一事实和理由，向人民法院再次提起民事诉讼。

调解书产生一事不再理的效力也有例外。对于调解和好的离婚案件或者调解维持收养关系的案件，原告没有新情况、新理由，在 6 个月内起诉的，人民法院不予受理。但是，在 6 个月后，原告可以同一事实和理由对被告提起离婚之诉或解除收养关系之诉。

2. 结束诉讼程序

诉讼调解是人民法院的结案方式之一。法院调解生效，表明人民法院最终解决了双方当事人的纠纷，民事诉讼程序也因调解书的生效而终结。

3. 有给付内容的调解协议书具有强制执行力

调解协议是双方当事人在人民法院主持下自愿达成的，一般情况下当事人都能自觉履行。如当事人拒不履行调解书确定的义务，就会发生强制执行问题。所以，具有给付内容的调解书确定后，与确定的给付判决书一样，在一方当事人不履行义务时，对方当事人可以向人民法院申请强制执行。

（二）调解书的特殊效力

调解书与调解笔录确定后，除发生与判决书相同的效力外，还由于调解的特点，具有特殊效力。

1. 当事人不得上诉

无论是一审还是二审，人民法院都可以调解结案。如果案件在一审是调解结案的，当事人不得对调解书提起上诉。双方当事人达成调解协议，调解书送达当事人或调解笔录生效后，调解即为确定。当事人之间的民事权益争议，已经通过相互的磋商而达成协议，当事人对曾经发生争议的民事法律关系已经取得共识并得到法院确认，双方争议的法律关系恢复了常态。当事人没有上诉权。当事人即使对已经签收的调解书或达成的记入调解笔录的协议有异议，也不能提起上诉。当事人只有在签收调解书之前可以反悔。

2. 可以在二审中解决一审没有提出的新的争议

在第二审程序中，原审原告增加独立的诉讼请求或原审被告提出反诉的，第二审人民法院可以根据当事人自愿原则，就新增加的诉讼请求或反诉进行调解，调解不成的，告知当事人另行起诉。

必须参加诉讼的当事人在一审中没有参加诉讼，第二审人民法院可以根据当事人自愿的原则进行调解。调解不成的，发回重审。

【引例分析】

本章引例中，法院没有查清事实，但是双方自愿达成了调解协议。该协议不仅不损害公共利益和他人利益，而且有利于互为邻居的当事人之间和睦相处，有利于环境的绿化。所以，虽然当时没有查清事实，但法院调解处理得比较成功。当事人在调解协议上签字，确定大槐树为王甲、王乙两家共同共有，调解协议对双方都发生法律效力。该协议已经生效，双方当事人应当履行。由于现在确有证据证明该调解协议有错误，可以通过审判监督程序予以纠正。

【本章小结】

1. 法院调解的目的，是通过当事人的平等协商，自愿达成调解协议，解决民事争议，实现社会和谐。法院调解与非诉讼调解以及当事人的和解都不相同。法院调解虽然不是法庭审理的必经程序，但也是人民法院行使审判权的方式，具有非常广泛的适用性。

2. 法院调解首先要求当事人双方要自愿，即明确表示愿意调解，且达成的协议不违背任何一方的真实意思；其次要求合法，不仅要求调解的程序合法，还要求达成的调解协议的内容合法，既不能损害国家利益、侵害他人利益，也不能违反法律、法规的强制性规定。

3. 法院调解可以在庭审前和庭审中进行，视案件的具体情况而定，但不能久调不决。不能达成调解协议的就应该尽快判决。

4. 当事人起诉到人民法院的民事纠纷，适宜调解的，可以先行调解。

【课后练习题】

一、名词解释

法院调解　当事人和解　庭前调解

二、思考题

1. 简述法院调解的概念和特点。

2. 简述法院调解的原则和效力。

三、案例分析题

1. 王某与赵某（女）于2020年结婚，婚后生有一女。王某好逸恶劳，且经常打骂赵某母女。赵某于2023年12月向某区人民法院提起诉讼要求离婚。法院受理本案，并进行了调解。王某提出不同意离婚，但自己的工资自己花，不承担抚养女儿的义务，他以后也不再花赵某的工资。赵某同意，并向法院表示，只要王某不再打骂她们母女，就同意不离婚。法院将双方的意见记入笔录，由原告和被告双方签字。

问：在本案中，双方达成的调解协议是否合法？法院是否应进行干预？

分析要点提示：(1) 父母有抚育子女的义务，这是法律的强制性规定。(2) 对违反法院调解合法原则达成的调解协议，法院应该干预。

2. 某化肥厂排放的废水污染了附近甲、乙、丙三个村共有的水库，使鱼类大量减产，损失数万元。三个村联合向法院起诉某化肥厂，要求赔偿损失。经法院调解，化肥厂只同意赔偿索赔金额的 50%，甲、乙两村表示同意，遂与化肥厂达成协议。调解书送达丙村时，丙村拒收，并声称当天调解时不在场，甲、乙两村事先也未征求丙村的意见，因此，仍坚持要求化肥厂按诉讼请求全额赔偿。

问：本案是哪一种类型的共同诉讼？甲、乙两村与化肥厂达成的协议是否有效？

分析要点提示：(1) 区分必要共同诉讼和非必要共同诉讼的标准，是参加诉讼的同一方当事人的诉讼标的是共同还是同类。(2) 在必要共同诉讼中达成的调解协议有效的前提，是所有共同诉讼的当事人都参加了调解。(3) 该调解协议不能生效，法院应当另行判决。

第十五章　保全和先予执行

【本章引例】

2022 年 12 月 6 日，甲公司同乙公司签订了一份导航仪买卖合同。合同约定，甲公司购买乙公司的导航仪 1 000 台，每台价格为 5 500 元人民币，总货款为 550 万元人民币，甲公司应当在收到导航仪后 10 日内向乙公司付清全部货款。2023 年 4 月 1 日，乙公司依据合同约定的时间、地点，向甲公司交付了 1 000 台导航仪。4 月 8 日，甲公司支付了 200 万元货款，剩余的货款未在合同约定的时间内支付。乙公司多次催要，甲公司均以部分导航仪有质量问题为由，拒绝付款。甲公司在不付款的同时，还分别同丙公司、丁公司协商导航仪买卖事宜，准备将该 1 000 台导航仪转卖给丙公司和丁公司。为防止遭受不应有的损失，乙公司向人民法院提出了财产保全申请，要求人民法院先对该 1 000 台导航仪予以查封，然后乙公司再向人民法院提起诉讼。人民法院对于乙公司的财产保全申请该如何处理？

【本章学习目标】

通过学习本章，你应该能够：

1. 了解财产保全、行为保全和先予执行的概念
2. 掌握财产保全、行为保全的种类、适用条件
3. 明确先予执行的适用条件

第一节　财产保全

一、财产保全的概念和种类

财产保全，是指人民法院在利害关系人起诉前或者当事人起诉后，为保障将来的生效判决能够得到执行或避免财产遭受损失，对当事人的财产或争议的标的物采取限制当事人处分的强制措施。根据《民事诉讼法》第 103 条、第 104 条的规定，财产保全分为诉讼保全和诉前保全两种。

（一）诉讼保全

1. 诉讼保全的概念

诉讼保全，即诉讼过程中或判决生效后、进入执行前的财产保全，是指人民法院在受

理案件之后、作出判决之前或判决生效后、进入执行前，对当事人的财产或者争议的标的物采取限制当事人处分以及其他保存的强制措施。

民事案件从人民法院受理到作出生效判决需要经过几个月甚至更长的时间。法院判决生效后，债务人不履行义务，债权人申请强制执行又需要一段时间。在这一过程中，如果债务人隐匿、转移和挥霍争议中的财产或以后可以用于执行的财产，可能会使生效的判决不能得到执行。有些争议标的物，如水果、水产品等季节性商品，鲜活、易腐烂变质以及其他不宜长期保存的物品可以责令当事人及时处理，由人民法院保存价款；必要时，人民法院可予以变卖，保存价款，以减少当事人的损失。

2. 诉讼保全的适用条件

（1）需要对争议的财产采取诉讼保全措施的案件必须是给付之诉，即该案的诉讼请求具有财产给付内容。债权人向执行法院申请采取保全措施的，应取得对债务人的生效给付判决。

（2）将来的生效判决因为主观或客观的因素导致不能执行或者难以执行，或者造成当事人损害的。主观因素是指当事人有转移、毁损、隐匿财物的行为，或者可能采取这种行为；客观因素是指诉讼标的物是容易变质、腐烂的物品，如果不及时采取保全措施将会造成更大损失。前述任何原因造成当事人损害的，均是采取诉讼保全措施的条件之一。

（3）诉讼保全发生在民事案件受理后，至于判决是否已经生效，并无影响；法律文书生效后、进入执行程序前，债权人因对方当事人转移财产等紧急情况，不申请保全将可能导致生效法律文书不能执行或者难以执行的，可以向执行法院申请采取保全措施。在一审或二审程序中，如果案件尚未审结，就可以申请财产保全；对当事人不服一审判决提起上诉的案件，在第二审人民法院接到报送的案件之前，当事人有转移、隐匿、出卖或者毁损财产等行为，必须采取保全措施的，由第一审人民法院依当事人申请或者依职权采取。第一审人民法院的保全裁定，应当及时报送第二审人民法院。另外，第二审人民法院裁定对第一审人民法院采取的保全措施予以续保或者采取新的保全措施的，可以自行实施，也可以委托第一审人民法院实施。再审人民法院裁定对原保全措施予以续保或者采取新的保全措施的，可以自行实施，也可以委托原审人民法院或者执行法院实施。

诉讼保全一般应由当事人提出书面申请。当事人没有提出申请的，人民法院在必要时也可以裁定采取财产保全措施。根据《中华人民共和国国家赔偿法》的规定，人民法院依职权采取财产保全或先予执行错误的，应当由人民法院依法承担赔偿责任。

人民法院可以责令当事人提供相应的担保。人民法院依据申请人的申请，在采取诉讼保全措施时，可以责令当事人提供担保，并应书面通知。在诉讼中，人民法院依申请或者依职权采取保全措施的，应当根据案件的具体情况，决定当事人是否应当提供担保以及担保的数额。申请人不提供担保的，人民法院裁定驳回申请。根据《最高人民法院关于人民法院办理财产保全案件若干问题的规定》（以下简称《财产保全若干问题规定》）的规定，人民法院依照《民事诉讼法》第 103 条规定责令申请保全人提供财产保全担保的，担保数额不超过请求保全数额的 30%；申请保全的财产系争议标的的，担保数额不超过争议标的的价值的 30%。在发生诉讼保全错误给被申请人造成损失的情况下，被申请人可以直接从申请人提供担保的财产中得到赔偿。财产保全期间，申请保全人提供的担保不足以赔偿可能给被保全人造成的损失的，人民法院可以责令其追加相应的担保；拒不追加的，可以裁定解除或者部分解除保全。对申请保全人或者他人提供的担保财产，人民法院应当依法办理查封、扣押、冻结等手续。

法律文书生效后、进入执行程序前，债权人向执行法院申请采取保全措施，法院采取财产保全的，债权人在法律文书指定的履行期间届满后5日内不申请执行的，人民法院应当解除保全。

（二）诉前保全

1. 诉前保全的概念

诉前保全，也就是诉讼前的财产保全，是指在紧急情况下，法院若不立即采取财产保全措施，利害关系人的合法权益就会受到难以弥补的损害。因此法律赋予利害关系人在起诉前或者申请仲裁前，有权申请人民法院采取财产保全措施。

诉前保全属于应急性的保全措施，目的是保护利害关系人不致遭受无法弥补的损失。例如，双方当事人签订购销合同，需方按约定给付供方150万元的预付款，事后发现供方有欺诈行为，根本没有能力履行合同，而且所付货款有被转移的可能，如不及时采取强制保全措施加以控制，必将造成难以弥补的损失。由于从债权人起诉到法院受理需要一段时间，法律有必要赋予利害关系人在情况紧急时请求法院及时保全可能被转移的财产的权利。

2. 诉前保全的适用条件

根据《民事诉讼法》的规定，诉前保全的适用条件包括：(1) 需要采取诉前保全的申请必须具有给付内容，即申请人欲提起诉讼的请求具有财产给付内容。(2) 情况紧急，不立即采取相应的保全措施，可能使申请人的合法权益遭受难以弥补的损失。(3) 由利害关系人提出诉前财产保全申请。利害关系人，是指与被申请人发生争议，或认为权利受到被申请人侵害的人。(4) 诉前保全申请人必须提供担保。申请诉前财产保全的，应当提供相当于请求保全数额的担保；情况特殊的，人民法院可以酌情处理。对申请保全人或者他人提供的担保财产，人民法院应当依法办理查封、扣押、冻结等手续。申请人如不提供担保，人民法院裁定驳回申请人在起诉前提出的财产保全申请。(5) 诉前保全申请应当向被保全财产所在地、被申请人住所地或者对案件有管辖权的人民法院提出。当事人向采取诉前保全措施以外的其他有管辖权的人民法院起诉的，采取诉前保全措施的人民法院应当将保全手续移送受理案件的人民法院；诉前保全的裁定视为受移送人民法院作出的裁定。

根据《民事诉讼法》的规定，诉前保全和诉讼保全都必须交纳保全费用，并依照国务院《诉讼费用交纳办法》执行。

诉前保全的申请人即利害关系人，必须在人民法院采取保全措施后30日内提起诉讼，使与被保全的财产有关的争议能够通过审判得到解决。如果利害关系人未在30日内向人民法院起诉，人民法院应当解除财产保全措施。

（三）诉前保全与诉讼保全的区别

1. 申请的主体不同

诉前保全是由利害关系人在起诉前向人民法院提出；诉讼保全是由当事人在诉讼进行中向人民法院申请。诉讼保全由当事人提出申请，必要时人民法院可依职权采取保全措施；诉前保全由利害关系人提出申请，法院不得依职权采取保全措施。此外，诉讼保全只是由诉讼当事人提出，诉前保全除由准备起诉的当事人提出外，还可以由准备申请仲裁的当事人提出。

2. 申请财产保全的时间不同

诉讼保全在案件受理后、判决生效前提出申请；诉前保全必须在起诉前向有管辖权的人民法院提出申请。

3. 对申请人是否提供担保的要求不同

在诉讼中的保全，人民法院责令提供担保的，申请人必须提供担保，不提供担保的，驳回申请；人民法院没有责令申请人提供担保的，申请人可以不提供担保；人民法院依职权采取保全措施的，当事人也可以不提供担保。诉前保全，申请人必须提供担保，不提供担保的，驳回申请。

二、财产保全的范围、措施及解除

（一）财产保全的范围

财产保全的作用是，防止当事人在人民法院作出判决前处分有争议的标的物或处分判决生效后用以执行的财产，以防止纠纷扩大，并保障生效判决得到执行。但是，如果人民法院采取财产保全措施不当，会给当事人的财产权和人身权造成损害。例如，对当事人的银行存款全部予以冻结，超出申请人请求的范围，会使对方当事人的生产、经营、生活活动受到限制，周转资金不能发挥作用。

《民事诉讼法》第 105 条规定："保全限于请求的范围，或者与本案有关的财物。"最高人民法院的有关司法解释也认为，人民法院采取财产保全措施时，保全的范围应当限于当事人争议的财产，或者被告的财产，对案外人的财产不得采取财产保全措施。对案外人善意取得的与案件有关的财产，一般也不得采取保全措施。

所以，财产保全的范围，不能超过申请人请求的范围，不能超过争议财产的价额。采取保全措施，只能在当事人或者利害关系人的请求范围内，才能达到财产保全的目的，既使申请人的权益得到实现，也避免给被申请人造成不应有的损失。另外，人民法院对抵押物、质押物、留置物可以采取财产保全措施，但不影响抵押权人、质权人、留置权人的优先受偿权。

（二）财产保全的措施

根据《民事诉讼法》的规定，财产保全可以采取查封、扣押、冻结或法律、司法解释规定的其他方法。

查封，是指人民法院将需要保全的财物清点后，加贴封条，就地封存，以防止任何单位和个人处分的一种财产保全措施。扣押，是指人民法院将需要保全的财物移置到一定的场所予以扣留，防止任何单位和个人处分的一种财产保全措施。

人民法院在财产保全中采取查封、扣押财产的措施时，应当妥善保管被查封、扣押的财产。不宜由人民法院保管的，人民法院可以指定被保全人负责保管；不宜由被保全人保管的，可以委托他人或者申请保全人保管。查封、扣押、冻结担保物权人占有的担保财产，一般由担保物权人保管；由人民法院保管的，质权、留置权不因采取保全措施而消灭。由人民法院指定被保全人保管的财产，如果继续使用对该财产的价值无重大影响，可以允许被保全人继续使用；由人民法院保管或者委托他人、申请保全人保管的财产，人民法院和其他保管人不得使用。

冻结，是指人民法院依法通知有关金融单位，不准被申请人提取或转移其存款的一种财产保全措施。人民法院依法冻结的款项，任何单位和个人都不准动用。财产已经被查封、冻结的，不得重复查封、冻结。

人民法院对债务人到期应得的收益，可以采取财产保全措施，限制其支取，通知有关单位协助执行。债务人的财产不能满足保全请求，但对他人有到期债权的，人民法院可以依债权人的申请裁定该他人不得对本案债务人清偿。该他人要求偿付的，由人民法院提存财物或者价款。

法律规定的其他方法包括责令被申请人提供担保等。责令被申请人提供担保，是指人民法院责令保证人出具书面保证书，或者被申请人提供银行担保、实物担保的一种财产保全措施。例如，被申请人欠申请人500万元货款，用具有相当价值的楼房担保，保证能够偿还申请人500万元。在这种情况下，人民法院可以解除冻结被申请人银行存款的保全措施，以便于被申请人能够正常经营。此外，扣留、提取被申请人的劳动收入，禁止被申请人作为等，也属于财产保全的方式。

被保全人有多项财产可供保全的，在能够实现保全目的的情况下，人民法院应当选择对其生产经营活动影响较小的财产进行保全。人民法院对厂房、机器设备等生产经营性财产进行保全时，指定被保全人保管的，应当允许其继续使用。被保全财产系机动车、航空器等特殊动产的，除被保全人下落不明的以外，人民法院应当责令被保全人书面报告该动产的权属和占有、使用等情况，并予以核实。可供保全的土地、房屋等不动产的整体价值明显高于保全裁定载明金额的，人民法院应当对该不动产的相应价值部分采取查封、扣押、冻结措施，但该不动产在使用上不可分或者分割会严重减损其价值的除外。

人民法院对季节性商品，鲜活、易腐烂变质以及其他不宜长期保存的物品采取保全措施时，可以责令当事人及时处理，由人民法院保存价款；必要时，由人民法院予以变卖，保存价款。

人民法院采取财产保全的方法和措施，依照执行程序相关规定办理。

另外，保全裁定未经人民法院依法撤销或者解除，进入执行程序后，自动转为执行中的查封、扣押、冻结措施，期限连续计算，执行法院无须重新制作裁定书，但查封、扣押、冻结期限届满的除外。

（三）财产保全的期间要求

财产保全应当由当事人提出申请，人民法院进行审查，作出财产保全的裁定，根据裁定采取财产保全措施。人民法院也可以根据案件的实际情况，依职权主动作出财产保全裁定，采取财产保全措施。

人民法院接到财产保全申请后，对情况紧急的，必须在48小时内作出裁定，并开始执行。诉前财产保全，一概由申请人提出申请，并且提供担保。人民法院对诉前保全申请，必须在接受申请后的48小时内作出裁定，并立即开始执行。

财产保全裁定一旦作出，立即生效，当事人或利害关系人可以申请复议一次。复议期间，人民法院不停止财产保全裁定的执行。

（四）财产保全的解除、变更或撤销

人民法院裁定采取保全措施后，除作出保全裁定的人民法院自行解除或者其上级人民法院决定解除外，在保全期限内，任何单位不得解除保全措施。财产保全因下列原因而解除：（1）保全错误的；（2）申请人撤回保全申请的；（3）申请人的起诉或者诉讼请求被生效裁判驳回的；（4）人民法院认为应当解除保全的其他情形。解除以登记方式实施的保全措施的，应当向登记机关发出协助执行通知书。而财产保全的被保全人提供其他等值担保财产且有利于执行的，人民法院可以裁定变更保全标的物为被保全人提供的担保财产；因此被申请人提供担保，并不必然为财产保全的解除事由。

根据《财产保全若干问题规定》第 23 条的规定，人民法院采取财产保全措施后，有下列情形之一的，申请保全人应当及时申请解除保全：(1) 采取诉前财产保全措施后 30 日内不依法提起诉讼或者申请仲裁的；(2) 仲裁机构不予受理仲裁申请、准许撤回仲裁申请或者按撤回仲裁申请处理的；(3) 仲裁申请或者请求被仲裁裁决驳回的；(4) 其他人民法院对起诉不予受理、准许撤诉或者按撤诉处理的；(5) 起诉或者诉讼请求被其他人民法院生效裁判驳回的；(6) 申请保全人应当申请解除保全的其他情形。人民法院收到解除保全申请后，应当在 5 日内裁定解除保全；对情况紧急的，必须在 48 小时内裁定解除保全。申请保全人未及时申请人民法院解除保全，应当赔偿被保全人因财产保全所遭受的损失。被保全人申请解除保全，人民法院经审查认为符合法律规定的，应当在法律规定的期间内裁定解除保全。

诉讼财产保全的被保全人对保全裁定不服的，可以自收到裁定书之日起 5 日内向作出裁定的人民法院申请复议。人民法院应当在收到复议申请后 10 日内审查。裁定正确的，驳回当事人的申请；裁定不当的，变更或者撤销原裁定。诉前财产保全中被采取保全措施的利害关系人对保全的裁定不服申请复议的，可以向作出裁定的人民法院申请复议一次。

人民法院根据利害关系人或当事人的申请而采取财产保全措施的，如果由于申请人的错误导致被申请人因财产保全而遭受损失的，应当由申请人赔偿。

司法实践案例：
最高人民法院发布人民法院能动司法（执行）典型案例

第二节　行为保全

一、行为保全的概念和种类

（一）行为保全的概念

行为保全，是指为了保证法院将来的生效判决能够得以执行，或者为了避免当事人、利害关系人的利益受到不应有的损害或者进一步的损害，人民法院根据当事人、利害关系人的申请，裁定被申请人为一定行为或者不为一定行为的强制性措施。由此可见，行为保全的对象是被申请人的行为，包括积极的作为和消极的不作为；行为保全的形式是要求被申请人为一定行为或者不为一定行为。

（二）行为保全的种类

行为保全有诉讼行为保全和诉前行为保全两种。

1. 诉讼行为保全

诉讼行为保全，即诉讼过程中或判决生效后、进入执行前的行为保全，是指人民法院在受理案件之后、作出判决之前或判决生效后、进入执行前，对于非财产权的请求，因债务人的行为或者其他原因，可能使判决不能执行或者难以执行的，人民法院采取制止某种行为或者要求作出某种行为的强制措施。民事案件的审理需要较长的时间，从当事人提起诉讼到法院作出裁判这段时间里，当事人之间的权利义务关系尚未确定，案件还处于争议状态。此时，如果不及时采取行为保全措施，恶意当事人从事损害行为或者继续损害行为，很可能导致判决难以执行或不能执行。甚至在一些情况下，如果没有及时采取行为保全措施，就会给对方当事人的合法权益造成难以弥补的损害或者导致损害进一步扩大。即使法院的终局裁判能够得到执行，对当事人来说已经没有多大的意义，他们所遭受的损害已经无法弥补，司法的权威性也就不复存在。因此，在诉讼中及时采取行为保全措施，能够给当事人提供临时性救济，最大限度地保护当事人的合法权益。

2. 诉前行为保全

诉前行为保全，即诉讼开始前的行为保全，是指在当事人提起诉讼之前，人民法院根据利害关系人的申请，采取措施制止某种行为或者要求作出某种行为，从而为权利人的合法权益提供及时保障的强制措施。在紧急情况下，为了防止利害关系人的合法权益受到难以弥补的损害或者进一步的损害，受害人可以在起诉前申请人民法院采取责令侵权人为一定行为或者不为一定行为的先行措施。根据民事诉讼法和相关法律的规定，对于诉前行为保全，申请人应当依法院的要求提供担保，不提供担保的，裁定驳回申请。申请人在人民法院采取保全措施后 30 日内不依法提起诉讼或者申请仲裁的，人民法院应当解除保全。

二、行为保全的适用条件

（一）申请人需要提供初步证据

行为保全是为了保护申请人的合法权益而采取的临时性救济措施，是针对申请人的利益行为。然而，行为保全措施的采取通常都会对被申请人的权利造成损害，为了避免申请人滥用权利，要求申请人必须承担一定的举证义务。但是，行为保全往往是在紧急情况下采取的，申请人并没有充分的时间去收集相应的证据。因此，在申请行为保全时，申请人只要提供初步证据证明其具有申请行为保全的资格，并且其合法权益正在受到侵害或者可能受到侵害，法院就应当裁定采取行为保全措施。

（二）具有行为保全的必要性

所谓行为保全的必要性，主要包括两种情况：第一，因一方当事人的行为或者其他原因，导致申请人的权利不能实现或者难以实现，即生效判决不能执行或者难以执行；第二，情况紧急，如果不立即采取行为保全措施，将会给申请人的合法权益造成损害或者使其损害扩大。

（三）如不采取行为保全给申请人造成的损害将大于采取行为保全给被申请人造成的损害

法院在作出行为保全裁定时，需要对申请人所遭受的损害和被申请人所遭受的损害进行比较，只有在不采取行为保全措施可能给申请人造成的损害大于采取行为保全措施可能给被申请人造成的损害的情况下，法院才可以作出行为保全的裁定。

（四）采取行为保全措施不损害社会公共利益

法院在作出行为保全的裁定时，需要考虑是否损害社会公共利益。法院在对公共利益因素进行考量时，应当非常谨慎。如果对一个案件采取行为保全措施，可能会对社会公共利益造成损害，那么法院就不能作出行为保全的裁定。

三、行为保全的程序

（一）行为保全的启动

根据《民事诉讼法》的规定，行为保全的启动方式有两种：一是当事人提出申请；二是人民法院依职权主动采取行为保全措施。原则上，行为保全应当由当事人提出申请，即出现行为保全的情形时，法院根据当事人的申请而作出行为保全的裁定。但是，当事人没有提出申请的，人民法院在必要时也可以裁定采取行为保全措施。具体来说，诉讼行为保全可以由当事人提出申请，人民法院进行审查，作出行为保全的裁定。人民法院也可以根据案件的实际情况，在必要时依职权采取行为保全措施。诉前行为保全，则必须由当事人提出申请，并且提供担保；担保的数额由人民法院根据案件的具体情况决定。诉讼行为保全，人民法院可以责令当事人提供担保，并应书面通知。人民法院对诉前行为保全申请，必须在 48 小时内作出裁定；裁定采取保全措施的，应当立即开始执行。

当事人向采取诉前行为保全措施以外的其他有管辖权的人民法院起诉的，采取诉前行为保全措施的人民法院应当将保全手续移送受理案件的人民法院。诉前行为保全的裁定视为受移送人民法院作出的裁定。对当事人不服一审判决提起上诉的案件，在第二审人民法院接到报送的案件之前，当事人有转移、隐匿、出卖或者毁损财产等行为，必须采取保全措施的，由第一审人民法院依当事人申请或者依职权采取。第一审人民法院的保全裁定，应当及时报送第二审人民法院。第二审人民法院裁定对第一审人民法院采取的保全措施予以续保或者采取新的保全措施的，可以自行实施，也可以委托第一审人民法院实施。再审人民法院裁定对原保全措施予以续保或者采取新的保全措施的，可以自行实施，也可以委托原审人民法院或者执行法院实施。

（二）行为保全的方法

财产保全针对的是被申请人的责任财产或者双方争议的财产，而行为保全是责令被申请人为一定行为或者制止被申请人为一定行为。因此，行为保全的方法不同于财产保全。在行为保全裁定中，法官对行为保全方法的确定享有一定的自由裁量权。对于制止被申请人为一定行为的保全执行案件，存在多种方法可供执行机关选择。法院可以根据案件的具体情况作出责令被申请人不作为、对其不当行为进行警告、短时间内限制人身自由、罚金等措施，如停止排放污水的行为保全或者停止制造噪声的行为保全等。

（三）行为保全的解除、变更或撤销

人民法院裁定采取保全措施后，除作出保全裁定的人民法院自行解除或者其上级人民法院决定解除外，在保全期限内，任何单位不得解除保全措施。财产保全可以通过被申请人提供担保而解除保全措施，因为被申请人提供担保可以达到与采取财产保全措施相同的效果。与财产保全不同，行为保全针对的是被申请人的行为，一般不得因被申请人提供担保而解除。但是，如果行为保全可以通过提供担保达到目的，或者在申请人同意的情况下，被申请人提供担保也可以解除行为保全。如果出现行为保全的权利全部或部分消灭，或者法院判决否定权利的存在，或者行为保全的原因消灭等情形时，人民法院应当依法解除相应的行为保全措施。一般来说，行为保全可以因下列原因而解除：（1）保全错误的；（2）申请人撤回保全申请的；（3）申请人的起诉或者诉讼请求被生效裁判驳回的；（4）人民法院认为应当解除保全的其他情形。解除以登记方式实施的保全措施的，应当向登记机关发出协助执行通知书。

诉讼行为保全的被保全人对保全裁定不服的，可以自收到裁定书之日起 5 日内向作出裁定的人民法院申请复议。人民法院应当在收到复议申请后 10 日内审查。裁定正确的，驳回当事人的申请；裁定不当的，变更或者撤销原裁定。诉前行为保全中被采取保全措施的利害关系人对保全的裁定不服的，可以向作出裁定的人民法院申请复议一次。

四、行为保全与相关制度的比较辨析

（一）行为保全与财产保全的区别

行为保全和财产保全都属于民事保全制度，都具有保障判决执行的目的。根据申请保全的时间不同，都可以划分为诉讼保全和诉前保全两种情形。二者有很多共同之处，但是作为不同的保全制度，二者也有很多的区别。

1. 适用对象不同

财产保全主要适用于争议标的为财物的案件，其保全对象是被申请人的财产或者双方当事人争议的财产。而行为保全适用于诉讼请求为非金钱请求的民事案件，其保全对象是行为，包括积极的作为和消极的不作为。

2. 是否提供担保不同

诉前财产保全申请人必须提供担保，否则法院就会驳回财产保全的申请。诉讼财产保全是否提供担保，可以由人民法院根据案件的具体情况自由裁量。而行为保全主要是限制被申请人的行为，往往涉及当事人的重大利益，容易造成难以弥补的损害或者进一步的损害。为了使被申请人因错误的行为保全措施造成的损失能够得到及时的补偿，人民法院可以责令当事人提供担保。

3. 保全措施不同

财产保全的对象是财物，采取的保全措施主要是查封、扣押、冻结等其他限制财产转移的方法。行为保全主要是责令被申请人为一定的行为或者不为一定的行为。根据案件具体情形的不同，行为保全的方式具有多样性，法官可以自由裁量，通常采取责令停止侵害、排除妨碍、限制活动等方式。

（二）行为保全与先予执行的区别

行为保全和先予执行的共同之处在于，二者的适用都不同程度地强调了案件事项的紧急性，都要求在终局裁判之前给予申请人以临时救济，都可以指向一定的行为。但是，二者也有明显的不同。

1. 适用时间不同

先予执行是提前实现判决的全部或部分内容，只能在诉讼开始之后、案件审理过程中适用；而在紧急情况下，无论是在起诉之前还是在诉讼进行中，都可以申请行为保全。

2. 适用范围不同

行为保全可以广泛地适用于所有非金钱请求的民事案件；而先予执行则仅限于法律明确规定的几类案件，具体为追索劳动报酬、扶养费、赡养费、抚养费、抚恤金、医疗费用以及其他因情况紧急需要先予执行的案件。

3. 适用条件不同

先予执行的适用条件是：当事人之间的权利义务关系明确；不先予执行将会严重影响申请人的生活或生产；被申请人有履行能力。而行为保全的适用条件是：有不法行为将要或者正在威胁申请人的利益，若不及时制止可能会给申请人带来不可弥补的损失或者导致损失的扩大。

4. 担保要求不同

行为保全的适用对象一般是债务人的行为，也可能会涉及人身利益，因此人民法院可以责令申请人提供担保。先予执行是否提供担保，法官可以行使自由裁量权。由于先予执行的目的就是满足申请人生活或生产上的急需，一般不需要提供担保。

第三节　先予执行

一、先予执行的概念

先予执行，是指在受理案件后、终局执行以前，由于权利人生活或生产经营的急需，法院裁定义务人预先给付权利人一定数额的金钱或者财物的措施。

法律设置先予执行制度的目的主要是满足权利人的迫切需要。例如，原告因高度危险作业而遭受严重的身体伤害，急需住院治疗，但原告无力负担医疗费用，并且与负有承担医疗费用义务的被告不能协商解决，原告诉至人民法院，请求法院判决。民事案件从起诉到作出生效判决，需要经过较长的时间。在这样的案件中，如不先予执行，等人民法院作出生效判决后再由义务人履行义务，就会使权利人不能得到及时治疗。

二、先予执行的适用范围和适用条件

（一）先予执行的适用范围

先予执行是法院已经受理案件但是尚未作出终审判决，法院责令当事人预先履行义务。它只适用于特定的案件。根据《民事诉讼法》第109条的规定，下列案件，可根据当事人的申请，裁定先予执行：（1）追索赡养费、扶养费、抚养费、抚恤金、医疗费用的；（2）追索劳动报酬的；（3）因情况紧急需要先予执行的。

《适用民诉法解释》规定，因情况紧急需要先予执行的案件包括：（1）需要立即停止侵害、排除妨碍的；（2）需要立即制止某项行为的；（3）追索恢复生产、经营急需的保险理赔费的；（4）需要立即返还社会保险金、社会救助资金的；（5）不立即返还款项，将严重影响权利人生活和生产经营的。

在先予执行的数额方面，应当限于当事人诉讼请求的范围，并以当事人的生产、生活的急需为限。

（二）先予执行的适用条件

先予执行要求义务人提前履行法定义务，是针对某些案件而确立的一种诉讼制度。为了避免损害被申请人的利益，避免给法院判决的执行带来不必要的争议，人民法院作出先予执行裁定时，必须严格遵守法定条件。根据《民事诉讼法》第110条的规定，裁定先予执行的条件包括以下方面：

1. 当事人之间的权利义务关系明确，不先予执行将严重影响申请人的生活或生产经营

先予执行的案件，应当是在发生争议的民事法律关系中，双方当事人之间各自应享有什么样的权利、承担什么样的具体义务都十分清楚。例如，原告与被告是父子关系，原告因无生活来源，请求被告给付赡养费。这种案件权利义务关系很明确，法院可以根据原告的申请，在诉讼请求的限度内，裁定被告预先给付原告一定数额的金钱，以解决原告生活急用。

2. 申请人确有困难并提出申请

申请人确有困难主要指两种情况：（1）原告是依靠被告履行义务而维持正常生活，在人民法院作出生效判决前，如不裁定先予执行，原告就无法维持正常的生活；（2）原告的生产经营活动必须依靠被告提供一定条件或履行一定义务才能够进行，在人民法院判决

前，如不裁定先予执行，将严重影响原告的生活或生产经营，甚至导致原告无法维持生活，或者不能生产经营。

只有当事人生活或生产十分困难或者急需，并主动向人民法院提出先予执行申请，人民法院才能作出裁定，要求被告先予执行。人民法院不能依职权作出先予执行的裁定。

3. 案件的诉讼请求属于给付之诉

案件不具有给付性质的，不能先予执行。如原告要求被告给付抚养费、赡养费等诉讼，可以申请先予执行；而请求解除收养关系等诉讼，则不能申请先予执行。

4. 被申请人有履行能力

先予执行的目的是及时解决原告的实际困难。但是，如果被告根本就没有能力先行给付，法院即使裁定先予执行也无法实际执行。所以，在诉讼判决作出前，法院裁定先予执行，必须是在被申请人有履行能力的条件下作出的。

具备上述条件，人民法院就可裁定先予执行。先予执行的裁定一经作出，即发生法律效力，并立即开始执行。如果当事人不服先予执行裁定，可以自收到裁定书之日起 5 日内向作出裁定的人民法院申请复议。人民法院应当在收到复议申请后 10 日内审查。裁定正确的，驳回当事人的申请；裁定不当的，变更或者撤销原裁定。利害关系人对先予执行的裁定不服申请复议的，可以向作出裁定的人民法院申请复议一次。

三、先予执行的担保和赔偿

由于先予执行的裁定不是人民法院对该案的最终判决，因此，在某些情况下会发生先予执行裁定的内容与将来的判决结果不一致的情况。人民法院裁定先予执行后，被申请人在诉讼终结时反而胜诉的情况也可能会出现。为了既能够达到解决申请人生活或生产急需的目的，又能保证被申请人的合法正当权利，《民事诉讼法》第 110 条第 2 款规定："人民法院可以责令申请人提供担保，申请人不提供担保的，驳回申请。申请人败诉的，应当赔偿被申请人因先予执行遭受的财产损失。"

在先予执行中，人民法院要根据案件的具体情况决定是否要求申请人提供担保。先予执行本来就是在申请人的生活或者生产经营遇到严重困难的紧急情况下采取的一种措施，尤其对那些追索赡养费、扶养费、抚养费、抚恤金、医疗费以及劳动报酬的案件，如果还要求申请人提供财产担保，往往难以办到，等于雪上加霜，增加了申请人的困难。

人民法院先予执行后，根据发生法律效力的判决，申请人应当返还因先予执行所取得的利益的，人民法院应当作出裁定，责令取得财产的人返还；拒不返还的，强制执行，而且要对被申请人因先予执行所遭受的经济损失予以赔偿。

【引例分析】

本章引例中，乙公司提出的财产保全申请是诉前保全申请，人民法院依法对导航仪采取诉前保全措施后，乙公司应当在 30 日内提起诉讼。如乙公司 30 日内不起诉，人民法院应当解除财产保全措施。

【本章小结】

1. 财产保全是为了避免争议的财产遭受损失，或者为了保障将来生效的判决能够得到执行，而限制当事人处分相关财产。财产保全的方式有诉讼保全和诉前保全两种。诉前保全必须是在紧急情况下，由利害关系人提出申请并提供担保，才能进行。而诉讼保全既可以由当事人申请，也可以由法院依职权进行，当事人是否需要提供担保，由法院决定。两者的共同点在于都必须涉及给付义务。

2. 行为保全除了保护、保全争议的财产外，还可以保护一定的人身权利不受侵害或不受进一步的侵害。

3. 先予执行是为了解决权利人的生活或生产急需，在终局执行前，法院裁定义务人预先给付一定的金钱或财物。先予执行的前提有：一是给付之诉；二是义务人有履行能力。其条件有：一是权利义务关系明确；二是权利人确实有困难且提出了申请。先予执行虽然不必须提供担保，但申请人一旦败诉，就必须赔偿对方的损失。

【课后练习题】

一、名词解释

查封　扣押　冻结　财产保全　行为保全　诉讼保全　诉前保全

二、思考题

1. 比较诉讼保全与诉前保全的异同。
2. 简述行为保全的方法。
3. 简述先予执行的条件和适用范围。

三、案例分析题

某公司在某市建设一栋商住楼，在建设过程中，因该商住楼与后面一栋居民楼的楼距太近，影响了居民们的生活，居民们意见很大，多次与施工人员发生冲突。该公司与居民代表经多次协商，未能达成一致意见，居民们遂向人民法院提起诉讼，要求该公司立即停止施工，并要求其将商住楼前移 10 米。在诉讼过程中，该公司还是照常施工，于是原告便向人民法院提出先予执行申请，要求该公司暂停施工。

问：法院能否裁定先予执行？为什么？

分析要点提示：(1) 法院是否裁定先予执行，首先需要认定是否为给付之诉。本案符合给付之诉的构成要件，属于给付之诉。(2) 在确定为给付之诉以后，还需要分析申请人和被申请人之间的权利义务关系是否清楚、明确。本案中该公司的施工行为明显侵犯了居民们的合法权利，因此居民们有权要求该公司停止施工。但在诉讼过程中该公司并未理会居民们的要求而继续施工，此种行为已经构成了适用先予执行的条件，即“需要立即制止某项行为”，所以法院应当裁定先予执行。

第十六章　对妨害民事诉讼的强制措施

【本章引例】

本市某中级人民法院根据申请人的申请，对叶某存放在某物资仓库的50吨化工原料采取了就地封存的财产保全措施。叶某买通仓库保管员张某，私自撕毁法院封条，转移了被封存的原料。某中级人民法院对叶某和张某分别拘留15天，并各罚款1万元。某中级人民法院对二人所采取的强制措施，是否符合民事诉讼法的有关规定？

【本章学习目标】

通过学习本章，你应该能够：

1. 正确描述对妨害民事诉讼的强制措施的适用对象和适用范围
2. 了解哪些行为是妨害民事诉讼和执行的行为
3. 掌握对妨害民事诉讼的强制措施的种类和具体适用要求

第一节　对妨害民事诉讼的强制措施概述

一、对妨害民事诉讼的强制措施的概念和特征

（一）对妨害民事诉讼的强制措施的概念

对妨害民事诉讼的强制措施，是指人民法院为保障民事诉讼与执行的正常进行，依法对妨害民事诉讼与执行的行为采取强制手段予以制止与排除，并对实施妨害行为的人予以强制教育与惩戒的手段。对妨害民事诉讼的强制措施，是保障民事诉讼与执行正常进行的重要法律制度，是民事诉讼程序法律规范中不可缺少的组成部分。《民事诉讼法》第十章“对妨害民事诉讼的强制措施”对此作了专章规定。

（二）对妨害民事诉讼的强制措施的特征

1. 适用对象是实施妨害行为的行为人

该强制措施适用于实施了妨害民事诉讼行为的一切行为人，即不仅适用于实施了妨害行为的当事人及其他诉讼参与人，也适用于实施了妨害行为的案外人。司法实践中，实施妨害行为的人可能是参与诉讼的当事人或者其他诉讼参与人，也可能是本案以外的人；可能是自然人，也可能是法人或者非法人组织。不管是谁，只要其实施了妨害行为，就应当

坚决地对其采取强制措施，以保证民事诉讼和执行的顺利进行，维护法律的尊严。

2. 适用范围包括各个程序阶段

《民事诉讼法》总则中规定的强制措施，虽然名为“对妨害民事诉讼的强制措施”，但是依据总则规范的广泛适用性原理，不妨碍其广泛适用于各个程序阶段。其不仅适用于审判程序阶段，同时也适用于执行程序阶段，即不仅适用于妨害民事诉讼行为的人，也适用于妨害民事执行行为的人，同时还可以适用于其他程序阶段发生的妨害行为。只要是人民法院行使审判权、执行权的过程中，发现有妨害行为的，均应采取一定的强制措施。

3. 适用主体只能是人民法院

由于我国宪法和法律规定，民事审判权和执行权只能由人民法院行使，因此，这种保障民事审判与执行权限的强制措施，也只能由人民法院依法行使。通常是由具体行使审判权和执行权的人民法院，在遇有妨害行为时适用。

4. 适用目的主要是保障民事诉讼和执行的正常进行

为了保证诉讼和执行的正常进行，人民法院应当依法对于妨害行为采取必要的强制措施予以制止，及时排除妨害，并依法对妨害行为人给予必要的惩戒措施。该措施的强制性主要表现为排除性与惩戒性。人民法院通过排除和惩戒妨害行为，保障诉讼和执行的正常进行，实现法律的教育功能。

二、对妨害民事诉讼的强制措施的界定

（一）本强制措施与其他法律制裁措施的区别

其他法律制裁措施主要是指民事制裁措施、行政制裁措施、刑事制裁措施。人民法院对妨害民事诉讼的行为人采取的强制措施，与其他法律制裁措施相比，虽然都具有强制性，但有很大的不同，主要区别如下：

1. 措施性质不同

对妨害民事诉讼的行为采取的强制措施，属程序性司法强制措施。其一，它是由民事诉讼程序法规定的，目的是保障诉讼和执行程序制度的正常实施；其二，它是针对妨害民事诉讼和执行等违反程序法的行为采取的措施。

其他法律制裁措施不具有上述特点。它们通常都是由不同的实体法分别规定，针对违反实体法的行为而采取的制裁措施。

2. 适用主体不同

对妨害民事诉讼的强制措施，由人民法院统一适用，其他任何机关无权适用。其他制裁措施除可由人民法院适用外，还可以依法由其他机关适用。例如行政制裁措施，除可以由人民法院适用外，还可以由法定的行政机关适用。但刑事制裁措施只能由人民法院适用。

3. 适用对象不同

民事诉讼法规定的强制措施，适用于实施了妨害民事诉讼与执行行为的行为人。其他实体法规定的法律制裁措施，分别适用于实施了破坏社会秩序、经济秩序、行政管理秩序行为的行为人，或者分别适用于实施了侵害国家、集体和他人合法权益行为的行为人。

（二）本强制措施与其他强制措施的区别

我国程序法规定的强制措施有两种，即民事诉讼强制措施和刑事诉讼强制措施，分别

由民事诉讼法和刑事诉讼法规定。上述两种强制措施虽然都属于司法程序性强制措施，但也存在以下诸多区别：

1. 适用主体不同

民事诉讼的强制措施，只能由人民法院适用；刑事诉讼的强制措施，除了人民法院有权适用外，人民检察院和公安机关也有权依法适用。

2. 适用对象不同

民事诉讼的强制措施，可以适用于一切实施了妨害民事诉讼与执行行为的行为人。该妨害行为人可以是不特定的人，包括原告、被告、诉讼第三人、证人，甚至案外人。刑事诉讼的强制措施，只能适用于犯罪嫌疑人、被告人，通常不能适用于案外人。

3. 适用目的和性质不同

适用民事诉讼强制措施的目的，是保障民事诉讼和执行的正常进行，对已经实施的妨害行为采取排除妨害的措施并惩戒妨害行为人。保障民事诉讼和执行的强制措施的主要性质是排除性。

适用刑事诉讼强制措施的目的，是保证侦查、审判工作的顺利进行，防止被告人和犯罪嫌疑人逃跑、自杀、串供或者继续犯罪。刑事诉讼的强制措施，不以适用对象实施以上行为为适用前提，是一种预防性措施。因此，其主要性质是预防性。

三、对妨害民事诉讼的强制措施的意义

（一）有利于保障民事诉讼与执行的正常进行

民事诉讼法设立的强制措施，对民事诉讼与执行活动的保障作用，主要通过以下两个方面实现：其一，对于意图不遵守诉讼和执行程序制度的人，起威慑作用；其二，对于实施妨害民事诉讼和执行行为的人，起排除和惩戒作用。

（二）有利于保护民事诉讼当事人的合法权益

民事诉讼的当事人通过请求人民法院行使审判权和执行权，维护其合法权益。妨害民事诉讼和执行的行为，轻者可能使案件不能及时审结或者不能及时执行完毕，严重的可能使诉讼和执行活动无法正常进行下去。因此，妨害民事诉讼和执行的行为，使当事人的合法权益不能得到及时的保护，甚至会导致当事人的合法权益无法得到保护。例如，行为人毁灭重要证据的行为，就可能导致上述后果。

（三）有利于维护人民法院的权威

行为人不听从人民法院的劝阻，肆意破坏民事诉讼和执行活动的正常秩序，严重的甚至攻击、谩骂审判人员，这些不法行为不仅妨害了民事诉讼和执行的正常进行，而且对司法权威也是一种极大的挑战。人民法院代表国家行使民事审判权和执行权，其国家司法权威的地位和形象是不可轻视、不容挑战的。对于藐视法庭、损害法院威望的妨害行为，不仅应当立即排除，而且应当适用必要的惩戒措施。

（四）有利于维护社会主义法治的尊严

民事诉讼程序制度和执行程序制度，是国家的基本法律制度的组成部分。妨害上述法律制度的实施，是严重破坏法治的行为。为了维护社会主义法治的尊严，必须对妨害行为人采取必要的强制措施。

第二节　妨害民事诉讼行为的构成与种类

一、妨害民事诉讼行为的构成要件

妨害民事诉讼的行为，是指民事诉讼或执行过程中，当事人、诉讼参与人、其他单位或者个人实施的故意破坏、阻碍诉讼与执行秩序的违法活动。

行为人的行为是否构成妨害民事诉讼和执行的行为，应当依照下列要件进行检验。全部符合下列要件的行为，是妨害民事诉讼和执行的行为；不符合下列条件之一的，不构成妨害民事诉讼和执行的行为。

（一）行为人实施了法律禁止的妨害行为

行为人实施了民事诉讼法或者其他法律明文禁止的行为，是构成妨害行为的重要条件之一。哪些行为属于妨害行为，哪些行为不属于妨害行为，《民事诉讼法》第十章和相关法律对此有明文规定。我们必须依法确认行为人是否实施了妨害民事诉讼和执行的行为。

（二）行为人已经实施了妨害行为

行为人实施妨害民事诉讼和执行的行为，分作为和不作为两种形式。作为，是一种积极的妨害行为。例如，行为人在法庭上公然哄闹的行为。不作为，是一种消极的妨害行为。例如，行为人有义务协助人民法院办理有关财产权证照转移手续，却拒不履行协助执行义务的。行为人不应当作为而作为、应当作为而不作为的行为，都属于实施了妨害民事诉讼和执行的行为。

通常情况下，妨害民事诉讼和执行的行为是一种既遂行为，即行为人已经实施了法律禁止的妨害行为。意欲妨害民事诉讼和执行的心理活动，不构成妨害行为。但是，行为人扬言要妨害民事诉讼和执行活动，也可以构成以威胁、胁迫手段为构成特征的妨害行为，属于作为行为。

通常情况下，行为人只要实施了法律禁止的特定行为，就构成妨害民事诉讼和执行的行为。行为人实施的行为是否达到一定的严重妨害程度，不是构成妨害民事诉讼和执行行为的必要要件。行为人实施的妨害行为是否严重，是人民法院在确定适用何种强制措施时的酌定情节。

（三）行为人在诉讼或执行过程中实施了妨害行为

妨害民事诉讼和执行的行为，必须是行为人在诉讼或者执行过程中实施的违法活动。起诉前、执行完毕后发生的违法行为，不属于妨害诉讼与执行的行为，应当按照其他法律规定处理。

此外，关于妨害行为人的主观故意和责任能力问题，要注意以下两点：

（1）妨害行为人是否故意不是构成妨害行为的要件。妨害民事诉讼和执行的行为，通常是故意实施的行为。行为人的行为严重妨害民事诉讼和执行时，不论是否故意，都应当采取强制措施予以排除。行为人主观上是否存在故意，是考虑是否追加惩戒措施的因素。一般情况下，对故意妨害行为应当进一步采取惩戒措施，对无意的妨害行为可以只予以排除，不采取惩戒措施。在司法实践中辨别故意、无意，不能以其是否知道其实施的行为是否违法为标准，而应当综合其他现象分析其实施行为时的主观状态。

（2）妨害行为人是否具有责任能力不是构成妨害行为的要件。行为人实施妨害行为时是否具有一定的责任能力，不是构成妨害行为的要件。由于妨害行为对诉讼和执行具有干扰、破坏作用，妨害行为发生时，不论行为人是否具有民事或者刑事责任能力，都应当及时采取排除措施，以保证诉讼和执行活动正常进行。妨害行为人是否具有责任能力，是考虑是否采取以及如何采取惩戒措施的因素。行为人不具有责任能力的，可以不采取或者减轻惩戒措施；如果无责任能力人实施妨害行为，其监护人有责任的，可以对其监护人采取必要的惩戒措施以惩戒其监护不力。

二、妨害民事诉讼行为的种类

（一）民事诉讼法规定的妨害民事诉讼和执行的行为

1. 必须到庭的被告、被执行人、原告拒不到庭的行为

根据法律及司法解释的规定，负有赡养、抚养、扶养义务和不到庭就无法查清案情的被告，必须到庭才能查清案件基本事实的原告，必须接受调查询问的被执行人及其法定代表人、负责人或者实际控制人，必须到庭。如果必须到庭的被告、被执行人、原告经人民法院两次传票传唤，无正当理由拒不到庭的，构成妨害民事诉讼的行为。这种妨害行为是一种不作为的行为。

2. 违反法庭规则、扰乱法庭秩序的行为

法庭是人民法院行使审判权，审理民商事案件和其他案件的重要场所。诉讼参加人和其他人应当遵守法庭规则，以维持正常的审判秩序。违反法庭秩序的行为，是妨害民事诉讼的行为，人民法院可依其行为的严重程度，对其适用不同的强制措施。

哄闹、冲击法庭，侮辱、威胁、殴打审判人员，严重扰乱法庭秩序的行为，是严重的犯罪行为，人民法院应当依法追究行为人的刑事责任。对于情节较轻、不构成犯罪的，也应当适用最严厉的强制措施。

此外，根据《适用民诉法解释》第 176 条的规定，下列行为也属于妨碍法庭秩序的行为：（1）未经准许进行录音、录像、摄影的；（2）未经准许以移动通信等方式现场传播审判活动的；（3）其他扰乱法庭秩序，妨害审判活动进行的。诉讼参与人或者其他人有上述情形的，人民法院可以暂扣诉讼参与人或者其他人进行录音、录像、摄影、传播审判活动的器材，并责令其删除有关内容；拒不删除的，人民法院可以采取必要手段强制删除。上述行为，情节较轻的，为妨碍民事诉讼的行为，如果情节较为严重，则属于依法应当追究刑事责任的犯罪行为。

3. 伪造、毁灭重要证据的行为

重要证据，是指能够证明案件主要事实的证据。行为人伪造、毁灭重要证据的行为，会严重干扰甚至误导人民法院对案件主要事实的正确认定。但是，行为人伪造、毁灭重要证据的行为，通常只有达到了妨害人民法院对案件正常审理的程度，才能构成妨害行为。行为人的行为没有达到妨害人民法院审理案件的程度，或者是在诉讼阶段以外的行为，由其他法律规范调整，不属于妨害民事诉讼的行为。

4. 妨害人民法院财产保全的行为

民事诉讼法规定的妨害人民法院财产保全的行为，是指行为人隐藏、转移、变卖、毁损已被查封、扣押的财产，或者已被清点责令其保管的财产，以及转移已被冻结的财产。行为人的上述行为，不仅藐视人民法院的司法权威，而且会对当事人的民事权益造成不可挽回的损害。

5. 阻止证人作证或者指使他人作伪证的行为

构成阻止证人作证或者指使他人作伪证的行为，行为人须已采取特定的非法手段。行为人以暴力、胁迫、贿买方法阻止证人作证的，构成阻止证人作证的妨害行为。行为人指使、贿买、胁迫他人作伪证的，构成指使他人作伪证的行为。上述两种行为不以行为人的目的是否达到为构成要件，只要其实施了上述行为，妨害即为既遂。行为人的目的是否达到，是确定适用何种强制措施或者何种刑罚的酌定情节。

6. 攻击参加诉讼和执行人员人身的行为

参加诉讼和执行的人员，包括司法工作人员、诉讼参加人、证人、翻译人员、鉴定人员、勘验人员、协助执行人员等。行为人攻击上述人员人身的行为，包括进行侮辱、诽谤、诬陷、殴打或者打击报复。

7. 阻碍司法人员执行职务的行为

阻碍司法人员执行职务的行为包括：（1）在人民法院哄闹、滞留，不听从司法工作人员劝阻的；（2）故意毁损、抢夺人民法院法律文书、查封标志的；（3）哄闹、冲击执行公务现场，围困、扣押执行或者协助执行公务人员的；（4）毁损、抢夺、扣留案件材料、执行公务车辆、其他执行公务器械、执行公务人员服装和执行公务证件的；（5）以暴力、威胁或者其他方法阻碍司法工作人员查询、查封、扣押、冻结、划拨、拍卖、变卖财产的；（6）以暴力、威胁或者其他方法阻碍司法工作人员执行职务的其他行为。

司法人员执行职务的行为，是代表国家行使审判权和执行权。任何阻挠司法人员履行职务的行为，都是对国家司法权的严重挑战。这是一种比较严重的妨害行为。对任何阻碍司法人员执行职务的行为都应当立即予以排除，并视情节给予进一步的惩戒。

8. 拒不履行人民法院生效裁判的行为

拒不履行人民法院生效裁判的行为包括：（1）在法律文书发生法律效力后隐藏、转移、变卖、毁损财产或者无偿转让财产、以明显不合理的价格交易财产、放弃到期债权、无偿为他人提供担保等，致使人民法院无法执行的；（2）隐藏、转移、毁损或者未经人民法院允许处分已向人民法院提供担保的财产的；（3）违反人民法院限制高消费令进行消费的；（4）有履行能力而拒不按照人民法院执行通知履行生效法律文书确定的义务的；（5）有义务协助执行的个人接到人民法院协助执行通知书后，拒不协助执行的。

人民法院已经发生法律效力的判决、裁定，是具有国家强制力的法律文书。人民法院生效裁判所确定的义务人，应当按照生效裁判规定的内容、期限和其他要求履行义务。义务人对于应当履行的义务，拒绝履行或者借故拖延，是无视法律文书法律效力的行为。依照法律规定，对方当事人未履行生效裁判确定的义务，一方当事人可向人民法院申请执行。人民法院受理执行申请后，应依法向被申请执行人发出限期执行通知书。被申请执行人逾期仍不履行义务的，即构成拒不履行人民法院生效裁判的行为。

9. 有关单位拒不履行协助义务的行为

有关单位拒不履行协助义务的行为，是指有义务协助调查的单位，拒绝履行协助义务或者妨害人民法院的调查取证和执行。该妨害行为的主体是特定的单位，不是自然人。该妨害行为有作为和不作为两种形式。

根据《民事诉讼法》第 117 条的规定，有关义务单位有下列行为之一的，构成妨害民事诉讼和执行的行为：（1）有关单位拒绝或者妨碍人民法院调查取证的；（2）有关单位接到人民法院协助执行通知书后，拒不协助查询、扣押、冻结、划拨、变价财产的；（3）有关单位接到人民法院协助执行通知书后，拒不协助扣留被执行人的收入，办理有关财产权证照转移手续，转交有关票证、证照或者其他财产的；（4）其他拒绝协助执行的。

《适用民诉法解释》第192条进一步规定，下列行为也属于单位拒不履行协助义务的行为：（1）允许被执行人高消费的；（2）允许被执行人出境的；（3）拒不停止办理有关财产权证照转移手续、权属变更登记、规划审批等手续的；（4）以需要内部请示、内部审批，有内部规定等为由拖延办理的。

10. 恶意诉讼的行为

即恶意侵害他人合法权益的诉讼。依据《民事诉讼法》第115条的规定，当事人之间恶意串通，企图通过诉讼、调解等方式侵害国家利益、社会公共利益或者他人合法权益的，人民法院应当驳回其请求，并根据情节轻重予以罚款、拘留；构成犯罪的，依法追究刑事责任。当事人单方捏造民事案件基本事实，向人民法院提起诉讼，企图侵害国家利益、社会公共利益或者他人合法权益的，适用上述规定。

11. 恶意逃避法定义务的行为

即被执行人恶意逃避法定义务的行为。依据《民事诉讼法》第116条的规定，被执行人与他人恶意串通，通过诉讼、仲裁、调解等方式逃避履行法律文书确定的义务的，人民法院应当根据情节轻重予以罚款、拘留；构成犯罪的，依法追究刑事责任。

（二）最高人民法院《关于人民法院执行工作若干问题的规定（试行）》规定的妨害执行的行为

为了加强执行工作的力度，最高人民法院依据法律规定，制定了《关于人民法院执行工作若干问题的规定（试行）》（以下简称《执行规定》）。《执行规定》确定了下列数种行为是妨害执行的行为：（1）隐藏、转移、变卖、毁损向人民法院提供执行担保的财产的；（2）案外人与被执行人恶意串通转移被执行人财产的；（3）故意撕毁人民法院执行公告、封条的；（4）伪造、隐藏、毁灭有关被执行人履行能力的重要证据，妨碍人民法院查明被执行人财产状况的；（5）指使、贿买、胁迫他人对被执行人的财产状况和履行义务的能力问题作伪证的；（6）妨碍人民法院依法搜查的；（7）以暴力、威胁或者其他方法妨碍或抗拒执行的；（8）哄闹、冲击执行现场的；（9）对人民法院执行人员或协助执行人员进行侮辱、诽谤、诬陷、围攻、威胁、殴打或者打击报复的；（10）毁损、抢夺执行案件材料、执行公务车辆、其他执行器械、执行人员服装和执行公务证件的。

司法实践案例：

打电话、发短信辱骂法官是否构成妨害民事诉讼行为？

第三节 强制措施的种类与适用

一、拘传

拘传，是指人民法院对必须到庭的被告、必须接受调查询问的被执行人、必须到庭才能查清案件基本事实的原告采取强制手段，使其到庭或者到场的一种强制措施。

（一）拘传的适用范围

《民事诉讼法》第 112 条规定：“人民法院对必须到庭的被告，经两次传票传唤，无正当理由拒不到庭的，可以拘传。”《适用民诉法解释》第 174 条第 2 款规定：“人民法院对必须到庭才能查清案件基本事实的原告，经两次传票传唤，无正当理由拒不到庭的，可以拘传。”《适用民诉法解释》第 482 条第 1 款规定：“对必须接受调查询问的被执行人、被执行人的法定代表人、负责人或者实际控制人，经依法传唤无正当理由拒不到场的，人民法院可以拘传其到场。”对被告、被执行人、原告拘传应当具备以下条件：

（1）拘传对象是依照法律规定必须到庭的被告、被执行人、原告。根据最高人民法院的司法解释，必须到庭的被告，主要是指追索赡养费、扶养费、抚养费案件的被告，以及被告不到庭就无法查清案情的被告。

（2）必须是经过两次传票传唤的被告、被执行人、原告。人民法院使用传票传唤必须到庭的被告、被执行人、原告，是适用拘传措施的必要前提性程序。被拘传的被告、被执行人、原告必须是在人民法院两次传票传唤后仍不到庭，而不是用打电话、捎口信等简易方式传唤被告、被执行人、原告两次。

（3）必须是经传唤无正当理由拒不到庭的被告、被执行人、原告。必须到庭的被告、被执行人、原告经人民法院两次传票传唤后，均无正当理由而不到庭，构成拒不到庭行为，可以适用拘传。如果被告、被执行人、原告经过人民法院传票传唤后，突然生病住院治疗，或者发生了不可抗拒的自然灾害等（如发生地震致使交通中断），属于有一定的正当理由无法出庭，不构成拒不到庭行为，不能适用拘传。

（二）拘传的适用程序

拘传是一种较为严厉的强制性手段，必须严格按照法定程序进行。人民法院适用拘传必须使用拘传票，并直接送达被拘传人。在拘传前，应向被拘传人说明拒不到庭的后果，经批评教育仍不到庭的，可以拘传其到庭。拘传应当由司法警察执行。

对被执行人采取拘传方式进行调查询问，应当拘传至人民法院；在人民法院本辖区以外采取拘传措施时，应当将被拘传人拘传到当地人民法院，当地人民法院应当予以协助。

由于拘传不同于拘留，因此最高人民法院的司法解释进一步规定，对被拘传人的调查询问不得超过 8 小时，情况复杂、依法可能采取拘留措施的，不得超过 24 小时。

二、训诫

训诫，是指人民法院对妨害民事诉讼与执行的行为人，以口头的方式，劝阻并警告行为人及时改正其错误的强制措施。

在司法实践中，人民法院常常采用训诫的方法强制教育有轻微妨害行为的行为人，以保证民事诉讼与执行的正常进行。人民法院在对妨害行为人适用训诫措施后，如果尚不足以排除妨害或消除影响的，可以并处或继续适用其他措施。

人民法院适用训诫强制措施时，由合议庭或者独任审判员决定，通常由审判长或独任审判员以口头形式指出行为人的错误事实，对其提出要求。训诫内容应记入庭审笔录备查。

三、责令退出法庭

责令退出法庭，是指人民法院对违反法庭规则、扰乱法庭秩序的行为人，强迫其退出法庭的一种强制措施。合议庭或独任审判员对上述行为人进行批评教育、训诫后，仍不改过的，经合议庭或独任审判员决定并当庭宣布，责令行为人立即退出法庭。

四、罚款

罚款，又称司法罚款，是人民法院对严重妨害民事诉讼与执行的行为人采取的一种经济上的惩罚手段。

罚款措施不仅适用于妨害民事诉讼与执行的自然人，而且同样适用于法人或非法人组织以及有关的责任者。根据《民事诉讼法》的规定，对自然人的罚款金额，为人民币10万元以下；对法人或非法人组织的罚款金额，为人民币5万元以上100万元以下。在司法实践中，人民法院根据妨害行为的具体情节及造成的危害来决定罚款数额，以达到惩戒妨害行为人的目的。

对妨害行为人采取罚款措施时，先由合议庭或独任审判员提出具体罚款的意见，经人民法院院长批准后，制作罚款决定书。被罚款的单位或个人对罚款决定不服的，可以向上一级人民法院申请复议一次，但复议期间不停止罚款决定的执行。

罚款措施可以与其他强制措施合并适用。

民事案件中的罚款措施与刑事案件中的罚金，虽然都是对行为人在经济上进行一定的制裁，但两者在性质、适用法律等方面有很大的不同。罚金是一种刑罚，是由人民法院根据我国刑法的有关规定来确定的，适用于刑事犯罪分子；罚款是一种司法措施，是由人民法院根据民事诉讼法的有关规定来确定的，适用于妨害民事诉讼与执行的行为人。

五、拘留

拘留，又称司法拘留，是指人民法院对严重妨害民事诉讼与执行的行为人，在一定时间内限制其人身自由的强制措施。这是对妨害民事诉讼与执行情节比较严重的行为人采取的一种最严厉的强制性手段。

根据《民事诉讼法》第118条的规定，拘留的期限为15日以下。被拘留人在拘留期间承认并改正错误的，人民法院可以决定提前解除拘留。

人民法院采取拘留措施前，先由合议庭或者独任审判员提出意见，报人民法院院长批准后，制作拘留决定书，由司法警察将被拘留人送交当地公安机关看管。执行时，要向被拘留人出示并当场宣读拘留决定书。在司法实践中，发生行为人哄闹、冲击法庭或者用暴力等方法抗拒执行公务等紧急情况，必须立即采取拘留措施的，可以在拘留后立即报告人民法院院长补办批准手续。被拘留人对拘留决定不服的，可以向上一级人民法院申请复议一次，但复议期间不停止拘留决定的执行。

拘留措施可以与罚款等其他措施合并适用。

以上五种强制措施，只能由人民法院依法适用。根据《民事诉讼法》第120条的规定，任何单位和个人采用非法拘禁他人或者非法私自扣押他人财产追索债务的，应当依法追究其刑事责任，情节轻微的予以拘留、罚款。

【引例分析】

本章引例中的叶某和张某，私自撕毁法院查封财产的封条并转移被查封财产的行为，符合妨害民事诉讼行为的构成要件，是严重妨害民事诉讼的行为。某中级人民法院对二人同时采取拘留和罚款的强制措施，符合民事诉讼法对妨害民事诉讼行为人采取强制措施的有关规定。

【本章小结】

1. 对妨害民事诉讼的强制措施，是指人民法院为保障民事诉讼与执行的正常进行，依法对妨害民事诉讼与执行的行为采取强制制止与排除，并对实施妨害行为的人予以强制教育与惩戒的手段。

2. 妨害民事诉讼的行为必须符合构成妨害行为的全部要件。哪些行为属于妨害民事诉讼和执行的行为通常由法律规定，但人民法院可以根据构成要件判断法律规定没有列举的其他行为属于妨害民事诉讼和执行的行为。

3. 适用具体的强制措施必须严格按照法律规定的程序和要求。

【课后练习题】

一、名词解释

对妨害民事诉讼的强制措施　妨害民事诉讼的行为　拘传　训诫　责令退出法庭　司法罚款　司法拘留

二、思考题

1. 保障民事诉讼与执行的强制措施同民事制裁措施、刑事诉讼强制措施有何区别？

2. 妨害民事诉讼与执行的行为有何构成要件？

3. 妨害民事诉讼与执行的行为有哪几种？

4. 强制措施有哪几种？司法罚款与司法拘留的适用有何特别规定？

5. 人民法院适用拘传有何特殊要件？

三、案例分析题

1. 第四章“案例分析题 1”中的张李氏老人诉告三个子女张甲、张乙和张丙，要求给付赡养费和医疗费。法院向三个被告分别送达了传票，通知被告于某年 3 月 15 日上午 9 点到该法院第四法庭开庭。届时，张甲、张乙按时到庭，张丙未到庭。经书记员电话了解，张丙在家休息，无任何理由拒绝出庭。合议庭认为张丙的行为严重藐视法庭，决定立即采取拘传措施，于是派法警强制其到庭，法庭审理得以顺利进行。

问：本案采取的拘传措施是否得当？为什么？

分析要点提示：（1）审查判断拘传主体是否得当。本案拘传主体是追索赡养费案件中的被告，属于法律规定的必须到庭的被告，故拘传主体得当。（2）审查判断是否符合适用拘传的法定情节。本案被告张丙无正当理由拒不出庭，符合适用拘传的法定情节。（3）审查判断适用拘传的程序是否得当。本案中法院适用拘传的程序严重违法。按照法律规定，人民法院对于必须到庭的被告经两次传票传唤，无正当理由拒不到庭的，可以拘传。而本案中法院并未用传票进行两次传唤，而只是用电话方式进行传唤，且未向被拘传人说明拒不到庭的后果，直接派法警强制其到庭，拘传的程序是严重违法的。

2. 胡某以自己是低保户、拆迁户为由，长期拒缴物业管理费，物业公司因此向法院提起诉讼，法院判决胡某在判决生效后 10 日内缴付全部欠款。胡某到期未履行判决。物业公司向法院申请强制执行。法院执行人员多次上门，胡某避而不见。

问：法院对胡某可否采取强制措施？如果可以，应当采取哪种强制措施？为什么？

分析要点提示：(1) 应运用妨害民事诉讼和执行行为的构成要件考察胡某的行为是否构成妨害行为。本案中胡某的行为符合妨害民事诉讼和执行行为的构成要件，构成了妨害行为。(2) 对照法定的妨害行为种类，查看属于哪一种妨害行为。本案中胡某的行为属于拒不履行人民法院生效裁判的行为。(3) 确定采取何种措施。对于胡某的妨害行为，可以采取罚款措施，情节严重的还可以采取拘留措施。(4) 阐述适用理由时应当注意，本案当事人是否具有履行能力尚不明确。

3. 张庄村村民肖某在法院旁听本村与邻村的诉讼时，为给出庭的村委会主任助威，多次打断对方当事人的庭审发言。审判员见其形象彪悍、行为粗鲁，为避免激化矛盾，没有及时制止。这种状况引起邻村旁听的村民不满，纷纷在法庭上叫喊，致使法庭审理无法进行。

问：审判员的行为有何不当？应当采取哪些措施？

分析要点提示：(1) 本案中村民肖某的行为属于违反法庭规则、扰乱法庭秩序的行为，审判员对于肖某的行为应当及时制止，拒不改正的，应当适用强制措施。(2) 本案有多种连续性措施可供选择。对于肖某及邻村旁听村民的行为，审判员应当及时制止，必要时可以采取训诫、责令退出法庭、罚款、拘留等强制措施。情节严重、已经构成犯罪的，人民法院在采取适当的强制措施后，还应依法追究行为人的刑事责任。

第十七章　第一审普通程序

【本章引例】

2023 年 4 月，A 公司与 B 公司的赵经理签订了一份煤炭购销合同，约定 6 月 20 日交货。合同签订后 A 公司向 B 公司交付定金 10 万元。但 B 公司未按约定时间交货，赵经理称因有特殊情况，需要延期几天。9 月 30 日 B 公司仍未交货，A 公司提出解除合同，并要求 B 公司双倍返还定金，B 公司不同意，A 公司决定起诉 B 公司。

起诉后，赵经理向 A 公司道歉，请求 A 公司撤诉，建议合同继续履行，并愿向 A 公司赔偿 5 万元，A 公司不同意。诉讼中，B 公司的诉讼代理人称：B 公司与 A 公司之间没有这一合同关系，赵经理签订的这份合同 B 公司不知情。B 公司准备提出反诉。法院在开庭前两周向双方当事人送达了传票。法院开庭审理那天，B 公司无人到庭，法院缺席审理后作出缺席判决。法院的这种做法是否正确？

【本章学习目标】

通过学习本章，你应该能够：

1. 了解普通程序是民事诉讼的基本程序
2. 掌握起诉的条件与受理或不受理的规定
3. 掌握诉与反诉
4. 掌握审理中可能涉及的几项制度——撤诉、缺席判决、延期审理、诉讼中止和诉讼终结
5. 了解诉讼费用的基本内容

第一节　普通程序概述

一、普通程序的概念

普通程序，又称为第一审普通程序，是指人民法院审理第一审民事案件通常所适用的一种诉讼程序。

根据民事诉讼法的规定，第一审诉讼程序有两种：一是普通程序；二是简易程序，简

易程序中又包括小额诉讼程序。普通程序和简易程序都是用来审理第一审民事案件的诉讼程序，但适用的案件繁简程度不同。普通程序用于审理一般的第一审民事案件和重大、疑难的第一审民事案件，而简易程序用于审理简单的第一审民事案件（小额诉讼程序用于解决简单民事纠纷中标的额较小的一审民事案件，实行一审终审）。普通程序是人民法院审理民事案件的基础程序，因为民事诉讼法在该程序中完整、全面地规定了起诉与受理、审理前的准备、法庭审理、法庭裁判等事项，规定了处理诉讼中可能出现的几种特殊情况的诉讼制度，而且民事诉讼法的基本原则、基本制度和民事诉讼的基本原理都在该程序中得以体现。

二、普通程序的特点

（一）普通程序是民事诉讼法中规定得最完整的程序，具有程序的完整性

普通程序是民事诉讼法中规定得最完整的程序，包括起诉与受理、审理前的准备、开庭审理、判决和裁定以及对诉讼中出现的几种特殊情况如何处理的制度。这一特点是简易程序、第二审程序、审判监督程序以及其他非诉讼程序所不具有的。为避免重复，普通程序以外的程序通常仅规定本程序的特别内容，对各个程序中共同的部分不再规定，共同的内容适用普通程序的内容。

（二）普通程序的规定在民事诉讼程序和非诉讼程序中适用最广，具有广泛的适用性

普通程序广泛的适用性首先体现在各级人民法院都可以适用这一点上。根据民事诉讼法对级别管辖的规定，各级人民法院都可以受理一定范围内的民事案件，各级人民法院审理其受理的民事案件时，除了基层人民法院审理简单的民事案件可以适用简易程序（小额诉讼程序）外，各级人民法院都应当适用普通程序。其次，普通程序广泛的适用性体现在当法院适用其他程序审理案件时，必然援引适用普通程序中那些普遍适用于其他程序的规定。例如，《民事诉讼法》第 184 条关于特别程序的规定：本章没有规定的，适用本法和其他法律的有关规定。

（三）在民事诉讼法中普通程序的规定最为独立，具有相对的独立性

因为普通程序规定得最为完整，适用得最为广泛，而其他程序侧重于规定其特别之处，都不及普通程序完整，适用其他程序时往往要适用普通程序中那些各个程序共同适用的规定。其他程序如果不依靠普通程序中可共同适用的部分，则不能独立存在；而普通程序则不然。

案例 17－1

学生阿明在法院实习，第一个案子是 A、B 两公司买卖合同纠纷上诉案。经过审理前的准备，审判长决定开庭审理。阿明查找《民事诉讼法》第二审案件开庭审理的具体程序规定，没有找到。原来《民事诉讼法》第 181 条规定：“第二审人民法院审理上诉案件，除依照本章规定外，适用第一审普通程序。”二审案件开庭审理应当按照第一审程序规定的庭审准备、法庭调查、法庭辩论、合议庭评议及裁判、宣告判决的程序进行。

另外，阿明还发现，第一审程序规定的撤诉、延期审理等许多程序在第二审程序中都没有再重复规定，二审时适用第一审程序的相关规定。

第二节　起诉与受理

一、诉与起诉

（一）诉的概念

诉是指当事人因民事权益发生争议，向法院提出的保护其合法权益并给予依法裁判的请求。请求的目的是期望法院行使司法裁判权，对当事人之间发生的争议予以裁判，实现某种或者某些实体权利。

（二）诉的要素

诉的要素，是指构成一个诉所必须具备的基本因素。诉的要素包括诉的主体、诉的标的及诉的理由三方面。

1. 诉的主体

诉的主体，即诉讼当事人，包括原告、被告和第三人。诉的主体之间发生了民事权益争议，协商解决不了，才导致原告向法院对被告提起诉讼请求，诉因此而产生。既然诉是一种请求，那么必然有请求者和被诉者，他们就是诉的主体，这是构成一个诉所必不可少的因素。法院不是诉的主体，法院是行使裁判权的主体。

2. 诉的标的

诉的标的，也称诉讼标的，是指当事人之间发生争议的、请求法院审理裁判的对象。如果没有诉的标的，那么诉就是虚无的、不可能发生的。因此，诉的标的是构成诉的核心要素。

诉讼标的与诉讼标的物是两个不同的概念。诉讼标的物是指当事人之间发生争议的民事实体法律关系所指向的表现为物的对象。例如，在请求修复被损害房屋的诉讼中，被损害的房屋就是案件涉及的诉讼标的物。在民事诉讼案件中，诉的标的是必不可少的因素，而诉讼标的物却不一定是每一案件必有之物。如果那些发生争议的民事实体法律关系所指向的对象仅仅是一种法律关系，而不表现为物，该案件就没有诉讼标的物存在。例如，单纯的解除婚姻关系而不涉及财产分割的案件就没有诉讼标的物存在，但是案件的诉讼标的即当事人之间的婚姻关系却是必不可少的。

3. 诉的理由

诉的理由，是指当事人向法院提出诉讼请求的事实根据。当事人通过诉的理由支持其请求成立；法院通过对当事人提出的诉的理由的审查，作出裁判。

通常人们认为诉的理由是当事人提出诉讼请求的事实根据。事实根据又可以分为两个层次：一是证明当事人之间争议的法律关系发生、变更或消灭的事实；二是证明当事人之间的这一法律关系受到侵害或发生争议的事实。例如，在合同违约纠纷中，当事人先得证明双方之间有合同关系，然后再证明在该合同关系上是违约的。诉的理由是诉的一个重要的因素。

（三）诉的种类

当事人所享有的民事实体权利的范围很广，因此当事人向法院提出的诉讼请求各式各样。通常根据当事人请求的内容和目的不同，将诉分为确认之诉、给付之诉和形成之诉。

1. 确认之诉

确认之诉，是指一方当事人向法院提出的，要求确认双方当事人之间是否存在某种法律关系的请求。

当事人向法院提出的确认请求可能有两种：一种是请求确认当事人之间存在某种法律关系或事实；另一种是请求确认当事人之间不存在某种法律关系或事实。前者称为肯定的确认之诉，又称为积极的确认之诉；后者称为否定的确认之诉，又称为消极的确认之诉。

在确认之诉中，当事人向法院请求的目的，是要求确认其与对方当事人之间是否存在某种法律关系或事实，并不是要求法院判令对方当事人履行一定义务，也不是要求法院裁判解除某种法律关系。所以法院裁判的结果不需要予以执行。但是，确认之诉很少单独存在，而是常常与给付之诉同时存在，确认之诉是给付之诉的前提。

2. 给付之诉

给付之诉，是指一方当事人请求法院判令对方当事人履行一定义务的请求。当事人向法院提出的给付请求种类，有要求对方返还借款的，有要求对方承担违约责任的，有要求对方停止侵害、赔偿损失的，有要求对方排除妨害的，等等。

给付之诉的基础是给付的请求权，给付的请求权应当是针对到期的债权，当事人对于未到期的债权起诉，法律有一些特殊的要求。当事人的请求必须具有给付的内容。对法院就给付之诉作出的给付判决，负有履行义务的当事人应当主动履行，如果不履行，另一方当事人可以请求法院强制执行。

3. 形成之诉

形成之诉，是指一方当事人请求法院判决其与另一方当事人之间存在的法律关系予以变更或消灭，也称变更之诉。民事法律关系可以根据当事人的意思设立、变更或消灭。对于已经设立的民事法律关系，当事人双方就变更或消灭的事实产生争议形成诉讼的，就是形成之诉，例如请求解除婚姻关系、解除收养关系、解除合同关系等诉讼。

形成之诉产生的原因不是当事人双方对他们之间存在的有关法律关系有争议，而是对是否应当变更该法律关系有争议。形成之诉的目的是想改变当事人之间现存的法律关系，而非请求确认某种法律关系，也非请求给付或其他。

（四）起诉的概念与条件

1. 起诉的概念

起诉是指自然人、法人或非法人组织认为自身的或者依法由其管理的民事权益受到侵害或与他人发生争议，以自己的名义向法院提出司法保护请求的诉讼行为。起诉的前提是当事人的权益受到侵害或者与他人发生争议，起诉的目的是请求法院行使国家审判权对争议作出裁判。

起诉是原告的诉讼权利，是原告进行的能够引起诉讼法律关系产生的诉讼行为。原告符合法定条件的起诉可以引起法院受理立案的后果。

2. 起诉的条件

起诉的条件，是指起诉必须具备的实质要件、形式要件。其中实质要件包括积极实质要件和消极实质要件。

（1）起诉应当具备的积极实质要件。

根据《民事诉讼法》第122条的规定，起诉应当具备以下实质要件：

1）原告是与本案有直接利害关系的自然人、法人和非法人组织。自然人、法人和非法人组织是我国民事诉讼法规定的民事诉讼当事人，原告应当属于其中之一。此外，原告还必须与本案有利害关系，即原告与被告之间有民事权益争议，或者原告管理的财产上的实体法律关系与被告有争议。

2）有明确的被告。原告起诉时应当明确表示出被告的名称、住址等，即原告起诉时有义务指出是谁与其发生争执，或者是谁侵害了其民事权益，以便受诉法院向被告送达诉状、传票等诉讼文书，从而保证诉讼的顺利进行。

3）有具体的诉讼请求和事实、理由。原告起诉时应当有具体的诉讼请求，即要求法院行使审判权判令被告履行什么义务或承担什么责任，以便受诉法院了解和确定当事人之间的争议点，以便被告应诉答辩。法院应当在原告诉讼请求范围内审理。原告在提出诉讼请求的同时，还应当提出与诉讼请求相关的事实和理由，作为其请求的根据。

4）属于人民法院受理民事诉讼的范围和受诉人民法院管辖（详见第三章）。

以上条件，原告起诉时必须同时具备，缺一不可。若条件有欠缺，法院则不予受理。

（2）起诉应当具备的消极实质要件。

起诉要件既是对原告起诉的要求，也是法院审查是否受理的条件。因此除具备积极实质要件外，原告起诉时还应当注意《民事诉讼法》第 127 条、《适用民诉法解释》第 214 条第 2 款规定的消极实质要件：

1）依照行政诉讼法的规定，属于行政诉讼受案范围的，告知原告提起行政诉讼；

2）依照法律规定，双方当事人达成书面仲裁协议申请仲裁、不得向人民法院起诉的，告知原告向仲裁机构申请仲裁；

3）依照法律规定，应当由其他机关处理的争议，告知原告向有关机关申请解决；

4）对不属于本院管辖的案件，告知原告向有管辖权的人民法院起诉；

5）对判决、裁定、调解书已经发生法律效力的案件，当事人又起诉的，告知原告申请再审，但人民法院准许撤诉的裁定除外；

6）依照法律规定，在一定期限内不得起诉的案件，在不得起诉的期限内起诉的，不予受理；

7）判决不准离婚和调解和好的离婚案件，判决、调解维持收养关系的案件，没有新情况、新理由，原告在 6 个月内又起诉的，不予受理；

8）原告撤诉或者按撤诉处理的离婚案件，没有新情况、新理由，6 个月内又起诉的，比照《民事诉讼法》第 127 条第 7 项的规定不予受理。

（3）起诉应当具备的形式要件。

原告起诉除了要求具备以上实质要件外，还应当具备以下形式要件：

《民事诉讼法》第 123 条规定："起诉应当向人民法院递交起诉状，并按照被告人数提出副本。书写起诉状确有困难的，可以口头起诉，由人民法院记入笔录，并告知对方当事人。"起诉原则上采用书面形式，特殊情况下才可以采用口头方式。口头起诉通常适用于简易程序。起诉时要求原告按照被告人数提出起诉状副本，是为了在被告为多人的情况下向他们逐一送达起诉状。

《民事诉讼法》第 124 条规定了起诉状应当载明以下几个方面的内容：第一，原告的基本情况。如果原告是公民的，起诉状应当记载原告的姓名、性别、年龄、民族、职业、工作单位、住所和联系方式；如果原告是法人或者非法人组织的，起诉状应当记载法人或者非法人组织的名称、住所、法定代表人或主要负责人的姓名、职务和联系方式。第二，被告的基本情况。如果被告是自然人，起诉状应当记载被告的姓名、性别、工作单位和住所等信息；如果被告是法人或者非法人组织，起诉状应当记载法人或者非法人组织的名称和住所等信息。第三，原告的诉讼请求及所根据的事实与理由。第四，原告提供的证据和证据来源，证人姓名和住所。《民事诉讼法》虽然这样规定，但实践中的习惯做法与此有所不同。实践中形成的惯例是：第四部分不写在诉状中，而由当事人在诉状之外另行向法院提交证据、证人证言，或提出证人的姓名、地址等。起诉状除了要求具备以上内容外，还应当包括一个内容，这一内容构成了诉状的第五部分，即诉状的结尾。结尾部分应写明诉诸的法院、具状人名称、具状时间。

司法实践案例：
起诉要求承担逾期交付房屋的违约责任是否构成重复起诉？

二、受理

（一）受理的概念

受理是指人民法院以起诉的条件为标准，审查原告的起诉，决定立案审理的诉讼行为。受理与起诉的性质不同。受理是法院行使司法权的一种诉讼行为，而起诉则是原告行使诉讼权利的一种诉讼行为。在我国，起诉并不一定引起诉讼程序的发生，如果原告的起诉不符合起诉的条件，法院就不会受理。原告的起诉只有经过法院审查，被认为符合条件，法院决定受理之后，才能引起诉讼程序的发生。可见，原告起诉与法院受理两方面的诉讼行为相结合，才会引起诉讼程序的发生。

（二）立案登记制度改革

为充分保障当事人的诉权，切实解决人民群众反映的“立案难”问题，2015 年 4 月 1 日，中央全面深化改革领导小组第十一次会议审议通过了《关于人民法院推行立案登记制改革的意见》（以下简称《立案登记制改革意见》），旨在改革法院案件受理制度，变立案审查制为立案登记制。最高人民法院于 2015 年 4 月 15 日公布了《关于人民法院登记立案若干问题的规定》（以下简称《登记立案规定》）。《立案登记制改革意见》和《登记立案规定》均自 2015 年 5 月 1 日起施行。

根据《登记立案规定》，立案登记制度的主要内容包括：

1. 人民法院对依法应当受理的第一审民事起诉，实行立案登记制

立案登记就是指人民法院在接收当事人提交诉状并出具凭证后，对符合法律规定的起诉予以立案的行为。也就是说，对当事人提交的诉状，人民法院应当予以接受并记录在案，而起诉是否符合法律规定的起诉和受理的条件，则应结合当事人提交的材料决定是否立案。实行立案登记制度，目的在于充分尊重当事人的意愿，保障当事人的诉讼权利。但是立案登记制不是无原则的立案登记，不是否定法院在立案阶段的审查，更不是降低法院可审理案件的条件和标准。根据《登记立案规定》第 10 条的规定，人民法院对下列起诉不予登记立案：

（1）违法起诉或者不符合法律规定的；

（2）涉及危害国家主权和领土完整的；

（3）危害国家安全的；

（4）破坏国家统一和民族团结的；

（5）破坏国家宗教政策的；

（6）所诉事项不属于人民法院主管的。

2. 登记立案程序

（1）实行当场登记立案。对符合法律规定的起诉、自诉和申请，一律接收诉状，当场登记立案，出具书面凭证并注明收到日期。对不符合法律规定的起诉、自诉，人民法院应当予以释明。

人民法院应当提供诉状样本，为当事人书写诉状提供示范和指引。当事人书写诉状确有困难的，可以口头提出，由人民法院记入笔录。符合法律规定的，予以登记立案。

对当场不能判定是否符合法律规定的，对民事起诉应当在 7 日内决定是否立案；对第三人撤销之诉，应当在收到起诉状之日起 30 日内决定是否立案；对执行异议之诉，应当在收到起诉状之日起 15 日内决定是否立案。

（2）实行一次性全面告知和补正。起诉、自诉和申请材料不符合形式要件的，应当及时释明，以书面形式一次性全面告知应当补正的材料和期限。在指定期限内经补正符合法律规定条件的，人民法院应当登记立案。

当事人在指定期限内没有补正的，退回诉状并记录在册；坚持起诉、自诉的，裁定或者决定不予受理、不予立案。经补正仍不符合要求的，裁定或者决定不予受理、不予立案。

（3）不符合法律规定的起诉、自诉和申请的处理。对不符合法律规定的起诉、自诉和申请，人民法院应当出具书面裁定或决定，并载明理由。

3. 加强对法院立案工作的监督

《登记立案规定》针对实务中出现的“有案不立、有诉不理、拖延立案、增设门槛”等问题明确规定了相应的监督制度。即对立案工作中存在的不接收诉状、接收诉状后不出具书面凭证，不一次性告知当事人补正诉状内容，以及有案不立、拖延立案、干扰立案、既不立案又不作出裁定或者决定等违法违纪情形，当事人可以向受诉人民法院或者上级人民法院投诉。人民法院应当在受理投诉之日起 15 日内，查明事实，并将情况反馈当事人。发现违法违纪行为的，依法依纪追究相关人员责任；构成犯罪的，依法追究刑事责任。

4. 为当事人提供解决民事纠纷便利的同时，对滥用起诉权的行为依法惩治

为方便当事人行使诉权，人民法院提供网上立案、预约立案、巡回立案等诉讼服务。立案工作不仅对当事人起诉权的形式产生影响，更给法院审判、执行、信访等工作带来挑战。因此在强化立案服务措施之外，还需要健全民事纠纷多元化解决机制，尊重当事人选择人民调解、行政调解、行业调解、仲裁等多种方式维护权益，化解纠纷。

立案是保障当事人行使诉讼权利的第一环节，也是防范虚假诉讼行为的第一道关口。为维护正常的立案登记秩序，推进诉讼诚信建设，对干扰立案秩序、虚假诉讼的行为，人民法院应当根据民事诉讼法、行政诉讼法有关规定予以罚款、拘留；构成犯罪的，依法追究刑事责任。

（三）受理及其法律后果

立案和受理都是人民法院行使审判权的方式。立案是法院对符合起诉条件的诉状进行登记的行为，而受理是法院将立案告知当事人的行为。

法院受理原告的起诉后会产生以下法律后果：

（1）受诉人民法院对该案件取得审判权。受理的行为和立案的结果表明受诉法院认为其对该案件享有管辖权，取得了审判权。

（2）当事人及其他诉讼参与人与受诉法院之间的民事诉讼法律关系自此产生。法院受理原告的起诉后，诉讼程序开始，民事诉讼法律关系在当事人、其他诉讼参与人和法院之间产生，当事人及其他诉讼参与人根据民事诉讼法的规定，各自享有其诉讼权利及承担其诉讼义务；法院根据民事诉讼法的规定行使其裁判权，履行其诉讼义务或职责。

（3）阻止本案当事人重复起诉。法院受理案件后，就本案而言，当事人不得再向法院起诉，否则构成重复起诉。

三、先行调解

（一）先行调解的概念

先行调解，是指当事人起诉到人民法院的适宜调解的民事纠纷先采取调解方式解决，调解不成及时裁判的原则。《民事诉讼法》第 125 条规定："当事人起诉到人民法院的民事纠纷，适宜调解的，先行调解，但当事人拒绝调解的除外。"在中国社会转型过程中矛盾纠纷高发、利益冲突加剧的背景下，先行调解是法院充分发挥调解的独特优势和重要作用，倡导以调解方法化解当前社会矛盾的司法政策，实现纠纷有效解决和社会和谐的重要途径。

（二）先行调解的适用条件

1. 民事纠纷必须适宜调解

"适宜调解"的标准弹性较大，应由法院在实践中依据具体案情和审判经验来把握。一般而言，案件事实清楚、当事人之间争执不大的简单民事纠纷适宜调解，但是特别程序、督促程序、公示催告程序、婚姻关系和身份关系确认案件以及其他依案件性质不能进行调解的民事案件，不能适用先行调解。

2. 当事人不拒绝调解

合意是调解制度的基础，包括调解程序启动的合意和调解方案形成的合意两个方面。只有经过当事人同意，才能适用调解；当事人拒绝的，不能适用调解。法律对此特别强调，目的在于避免司法实践中出现强制调解的不正当现象。

3. 先行调解适用的时间

《民事诉讼法》第 125 条和最高人民法院颁布实施的《关于适用简易程序审理民事案件的若干规定》（以下简称《简易程序若干规定》）第 14 条都使用了"先行调解"的表述，但对于先行调解并没有一个确切定义。我们认为，"先行"首先表述的是一个时间概念，如《民事诉讼法》第 125 条应当指的是立案前，而《简易程序若干规定》第 14 条指的是开庭审理前。其次"先行"有前置的含义，即调解是判决的前置程序。但是从《民事诉讼法》第 125 条的规定来看这一层含义并不明确。

案例 17-2

老刘与隔壁邻居老王近来不和，因为老王每天大声地放河北梆子录音听，心脏不好的老刘受不了，多次向老王抗议都没有解决，街道居委会多次调解也不成功。老刘决定到法院去告老王，请律师写了诉状，律师写诉状时说这是一个给付之诉，老刘不明白，说：

"你替我写好诉状就行了，我自己去打这官司。"律师写好诉状后，告诉老刘，到法院立案应当具备起诉的条件。现在诉状有了，被告也明确，具体的诉讼请求和事实、理由也写在诉状里，这种相邻权纠纷属于法院主管，老刘和老王住所地S区人民法院具有管辖权，可以到法院去立案。

第三节　答辩与反诉

一、答辩

（一）答辩的概念及性质

答辩，是指被起诉的被告，以及无独立请求权的第三人，针对原告的诉讼请求和事实与理由，为维护其自身的权益而提出对答、辩驳，以对抗原告诉讼请求的诉讼行为。

答辩是被告依法享有的一项重要的诉讼权利。针对原告的诉讼请求，被告应当在法定期间内进行答辩，形成有效的攻击与防御的态势，有助于法官整理争点和固定证据，为正式开庭做好必要准备。人民法院应当保障诉讼当事人充分地进行答辩。

（二）答辩的方式与程序

1. 答辩的方式

答辩的方式有书面形式与口头形式两种。被告向法庭提交的答辩状就是书面答辩的典型形式。口头答辩主要体现在法庭审理过程中，是被告及其诉讼代理人针对原告的起诉进行的口头辩驳。庭审中的口头答辩由书记员记入笔录。

2. 答辩的程序

被告应当在收到原告的起诉状副本之日起15日内提供答辩状。答辩状应当记明被告的姓名、性别、年龄、民族、职业、工作单位、住所、联系方式；法人或者非法人组织的名称、住所和法定代表人或者主要负责人的姓名、职务和联系方式。法院应当在收到答辩状之日起5日内将答辩状副本发送原告。《证据规定》第49条规定，被告应当在答辩期届满前提出书面答辩，阐明其对原告诉讼请求及所依据的事实和理由的意见。《民事诉讼法》第128条第2款明确规定，被告不提出答辩状的，不影响人民法院审理。

关于无独立请求权的第三人的答辩权问题，民事诉讼法仅规定无独立请求权的第三人在法庭辩论阶段可以行使答辩权。

二、反诉

（一）反诉的概念和特征

反诉，是指在已经开始的本诉的诉讼程序中，本诉的被告以本诉的原告为被告，向受诉法院提出的与本诉有牵连的独立的反请求。反诉与本诉有牵连，但与本诉不同，反诉具有以下特征：

（1）反诉当事人具有特定性及双重性。由于反诉是本诉的被告向本诉的原告提出的独立的反请求，因此反诉的原告即本诉的被告，反诉的被告即本诉的原告，也就是说，反诉的当事人是特定的，而且反诉的当事人在诉讼中的地位具有双重性。

（2）反诉请求具有独立性。反诉虽然是在本诉的诉讼程序中由被告向原告提出的反请求，但它并不因此必然地依赖本诉而存在。被告提起的反诉本身具备起诉的要件，因此，即使本诉撤回，反诉也能够独立存在，由法院审理裁判。

(3) 反诉目的具有对抗性。反诉之所以在本诉程序中提起，其目的就在于抵销或吞并本诉原告的诉讼请求，以维护其自身利益。反诉的请求与本诉的请求相对立，反诉借助本诉的诉讼程序进行，法院一并审理裁判。

(4) 反诉与本诉有牵连。反诉之所以产生和形成，是因为它与本诉有牵连，如果没有牵连则不称其为反诉，而是另外的诉。根据《适用民诉法解释》第 233 条第 2 款的规定，反诉与本诉的牵连主要表现为：反诉与本诉的诉讼请求基于相同法律关系、诉讼请求之间具有因果关系，或者反诉与本诉的诉讼请求基于相同事实。

(二) 反驳与反诉的区别

反驳，是指在诉讼中，一方当事人针对对方当事人提出的诉讼请求以及相应的事实与理由，提出相反的证据和理由予以辩驳的诉讼行为。反驳与反诉主要有以下区别：

(1) 反驳的目的是通过相反的证据和理由证明一方当事人的诉讼请求以及相应的事实与理由不成立，要求法院判令对方当事人败诉；反诉的目的则是吞并或抵销原告的诉讼请求。反诉者可能同时也反驳原告提出的事实和理由，也可能不反驳原告提出的事实和理由。

(2) 反驳无独立的反请求，不具备诉的要件，不构成独立的诉，仅仅是驳斥、辩驳对方当事人的诉讼请求和理由；反诉具备诉成立的要件，是一种独立的诉。反驳依赖本诉而存在，如果原告撤回本诉，反驳就无意义可言；而反诉则可以不依赖本诉而存在。

(3) 反驳者可以是原告，也可以是被告。因为在诉讼过程中，原、被告双方都可以使用反驳的手段驳斥、否定对方提出的证据及理由。而反诉者只能是本诉的被告。反诉是民事诉讼法赋予被告的一项重要的诉讼权利，本诉的原告不得就反诉再提出反诉。本诉的原告若还有诉讼请求提出，可以通过增加诉讼请求的方式实现。

(三) 反诉的意义

(1) 反诉制度体现了当事人诉讼权利平等的原则，也体现了法院保障当事人平等地行使诉讼权利的原则。原告享有起诉权，同时被告享有反诉的权利，法院都予以受理。

(2) 反诉与本诉在同一诉讼程序中进行，可以降低诉讼成本，减少诉讼程序的重复过程，使法院在同一诉讼程序中审理裁判两个互相有牵连的案件，使同一对当事人在同一诉讼程序中完成两宗诉讼案件的诉讼行为。

(3) 本诉与反诉因有牵连，由受诉法院合并审理，可以避免因分别审理而造成裁判互相矛盾的可能，有利于维护法律的严肃性。

(四) 反诉的条件

提起反诉应当具备反诉的条件，否则法院不予受理。反诉除了要具备起诉的基本条件外，还应当具备以下条件：

(1) 反诉必须在本诉的诉讼程序中提出，如果本诉的诉讼程序已终结，被告只能另行起诉。如果进入二审程序才提出，法院可以对反诉进行调解，调解不成的，告知当事人就反诉另行起诉，以保障当事人的上诉权。根据《适用民诉法解释》第 326 条第 2 款的规定，双方当事人同意由第二审人民法院一并审理的，第二审人民法院可以一并裁判。

(2) 反诉必须由本诉之被告对本诉之原告提起。若反诉的被告为本诉的案外人，或者反诉中出现共同诉讼人，而该共同诉讼人又是本诉原告，则不称其为反诉。

(3) 反诉必须向本诉的受诉法院提起，因为反诉的目的是利用本诉之诉讼程序一并审理相互有牵连的两个案件，既达到诉讼经济的目的，又避免因分别审理可能造成的矛盾裁判。

（4）反诉与本诉必须适用同一诉讼程序，即本诉与反诉都属于适用诉讼程序的案件，不能一个是适用诉讼程序的案件，另一个是适用非诉讼程序的案件。

（5）反诉不得违反专属管辖的规定，如果被告提出的反诉系专属管辖的案件，而本诉受诉法院不是反诉专属管辖法院，就不得提起反诉，被告应当另行起诉。

（6）反诉应当与本诉有牵连，即反诉与本诉的诉讼请求基于相同法律关系、诉讼请求之间具有因果关系，或者反诉与本诉的诉讼请求基于相同事实。

反诉具备以上六个条件的，法院才能受理，并与本诉一并审理后作出裁判。

（五）反诉的程序

提起反诉通常采用书面方式，特殊情况下也可以以口头方式提起，由书记员记入笔录。反诉状可以与答辩状为同一诉讼文书，也可以分别书写。

对被告的反诉，法院应当以起诉的条件及反诉的要件为标准予以审查。符合条件的，应当受理；不符合条件的，则不予受理。

反诉应当向法院交纳反诉的诉讼费用，根据《诉讼费用交纳办法》，反诉的诉讼费用按照起诉的诉讼费用标准减半缴纳。

另外，反诉与本诉案件的裁判通常在同一裁判中作出。

案例 17-3

2023 年 3 月，李某和张某签署房屋买卖协议。在协议中，李某同意将自己名下的一套两居室卖给张某。协议签署后，张某将房款的一半支付给李某。后来在办理房屋过户手续时，李某反悔不想出售该房屋。由于和张某就解除房屋买卖协议不能达成一致意见，李某向法院起诉要求解除房屋买卖协议。法院受理后，张某向法院提交答辩状和反诉状，请求法院判决李某继续履行该房屋买卖协议。

第四节　审理前的准备

一、审理前的准备的概念

审理前的准备，是指法院在受理案件后至开庭审理之前，为保证诉讼的顺利进行所作的审查诉讼文书、了解案件争点、收集证据或组织当事人交换证据、通知诉讼当事人及参加人等一系列的准备活动。做好审理前的准备工作，可以保障诉讼快捷、顺利地进行，避免因准备不足造成的重复或多次开庭，避免诉讼拖延。

二、审理前的准备工作

根据《民事诉讼法》和《证据规定》，法院审理前的准备工作如下所述。

（一）送达起诉状副本及被告提交答辩状

1. 法院向被告送达起诉状副本

原告起诉通常要求向法院提交起诉状，并按照被告人数提交起诉状副本。法院立案后，应当在立案之日起 5 日内将起诉状副本送达被告，以便被告在 15 日内提出答辩状。

2. 被告提出答辩状

被告应当在收到起诉状副本之日起 15 日内向法院提交答辩状。答辩的方式有书面形式与口头形式两种。被告在答辩期内提出答辩状的，法院应当在收到之日起 5 日内将答辩状副本送达原告。被告不提供答辩状的，不影响法院审理案件。《证据规定》还规定，人民法院应当在审理前的准备阶段向当事人送达举证通知书。

（二）法院向当事人告知当事人的诉讼权利和诉讼义务及合议庭组成人员

为了保障当事人在诉讼过程中充分行使其权利，依法履行其义务，法院在审理前的准备程序中应当告知当事人这些诉讼权利和诉讼义务。对法院审判人员，若有法定情形，当事人享有申请回避的权利。为了保障当事人申请回避权利的及时行使，法院在案件审理之前应当告知当事人合议庭的组成人员。

（三）审阅诉讼材料

根据《民事诉讼法》的规定，法官在案件正式开庭审理前需要初步了解案件的基本情况，为开庭审理做好准备。了解案情通过审阅当事人提交的起诉状和答辩状进行，被告反诉的，审阅其反诉状，以便掌握原告的请求及其根据，掌握被告的反驳及其根据，同时还应当了解当事人双方争执的焦点，了解案件适用的法律、法规、部门规章以及司法解释。

（四）限期举证与调查收集必要的证据

根据《民事诉讼法》及最高人民法院司法解释的规定，当事人对自己提出的主张有责任提供证据。当事人及其诉讼代理人因客观原因不能自行收集的证据，可以申请法院调查收集。法院认为审理案件需要的证据，也可以依职权调查收集。当案件涉及专业性比较强的问题时，当事人应当申请法院委托鉴定部门鉴定。需要勘验现场或物证的，应当由法院派员勘验并制作勘验笔录。《证据规定》要求法院调查收集证据应当依照当事人的申请进行，特别情况下可以依职权调查取证。《证据规定》还规定当事人及其诉讼代理人申请人民法院调查收集证据，应当在举证期限届满前提交书面申请。另外，根据《民事诉讼法》第 134 条的规定，在审前准备程序中，必要时人民法院可以委托外地人民法院调查。委托调查，必须提出明确的项目和要求。受委托人民法院可以主动补充调查。受委托人民法院收到委托书后，应当在 30 日内完成调查。因故不能完成的，应当在上述期限内函告委托人民法院。

（五）组织交换证据

《民事诉讼法》第 136 条规定，人民法院对受理的案件，需要开庭审理的，通过要求当事人交换证据等方式，明确争议焦点。开庭前交换证据，可以使双方当事人针对对方的诉讼请求和证据做好充分准备，使庭审中的举证、质证顺利进行，避免多次开庭造成的耗费，避免诉讼拖延。《证据规定》对证据交换进行进一步规定，通过组织证据交换进行审理前准备的，证据交换之日举证期限届满。证据交换的时间可以由当事人协商一致并经人民法院认可，也可以由人民法院指定。当事人申请延期举证经人民法院准许的，证据交换日相应顺延。证据交换应当在审判人员的主持下进行。在证据交换的过程中，审判人员对当事人无异议的事实、证据应当记录在卷；对有异议的证据，按照需要证明的事实分类记录在卷，并记载异议的理由。通过证据交换，确定双方当事人争议的主要问题。当事人收到对方的证据后有反驳证据需要提交的，人民法院应当再次组织证据交换。

（六）召集审前会议

根据《适用民诉法解释》第 225 条的规定，人民法院可以在答辩期届满后，根据案件具体情况，通过召集庭前会议的方式，做好审理前的准备。庭前会议可以包括下列内容：（1）明确原告的诉讼请求和被告的答辩意见；（2）审查处理当事人增加、变更诉讼请求的申请和提出的反诉，以及第三人提出的与本案有关的诉讼请求；（3）根据当事人的申请决定调查收集证据，委托鉴定，要求当事人提供证据，进行勘验，进行证据保全；（4）组织交换证据；（5）归纳争议焦点；（6）进行调解。

（七）追加当事人

法院在案件受理后、开庭审理前，如果发现有必须共同诉讼的当事人未参加诉讼的，应当依职权通知其参加诉讼或者经过当事人的申请依职权追加。必须共同诉讼的当事人包括共同原告和共同被告，因此追加的共同诉讼人可能是共同原告，也可能是共同被告。

三、审前程序分流

经过审前准备阶段，民事案件的大概情况已经基本呈现出来。不是所有的民事纠纷都会进入正式庭审程序中，否则将会造成严重的诉累。为此，法官会在审前阶段进行一定的程序分流处理：（1）当事人没有争议，符合督促程序规定条件的，可以转入督促程序；（2）法官可以在审前程序采用调解程序及时化解纠纷；（3）根据案件的不同情况，确定适用简易程序还是普通程序；（4）可以在审前阶段进行证据交换，为开庭审理做好证据固定和争点整理工作。

案例 17-4

孙某驾驶汽车不慎将骑自行车的赵某撞伤致残，赵某因与孙某的交通肇事损害赔偿纠纷诉至法院。法院受理后，决定适用普通程序审理，为开庭审理做了如下准备工作：先将赵某的起诉状副本送达孙某。孙某提交答辩状后，又将答辩状副本送达赵某。法院在向赵某送达案件受理通知书和向孙某送达应诉通知书的同时，向他们送达了举证通知书。关于举证期限，双方当事人无法协商一致，法院依法指定他们在收到受理通知书和应诉通知书的次日起 30 日内向法院提交证据材料。法院依法向双方当事人告知他们的诉讼权利和诉讼义务，以及合议庭的组成人员。合议庭成员开庭审理前审阅了诉讼材料，组织双方当事人交换了证据，然后决定了开庭审理期日。

第五节　开庭审理与裁判

一、开庭审理概述

开庭审理又称法庭审理，是指在当事人及其他诉讼参与人的参加下，法院依照诉讼程序，在法庭上对当事人争议的法律关系的事实问题和法律问题，通过当事人陈述、举证质证和辩论进行审理的全部诉讼活动。

开庭审理是普通程序中最基本、最重要的阶段，也是整个民事审判活动的基本形式。法院审理民事案件，不论是普通程序还是简易程序，不论是一审程序还是二审程序或再审程序，除依法可以迳行判决和案件在庭审前被调解的以外，其他都应当开庭审理，然后作出裁判。

法官在开庭审理阶段的任务主要是依职权通过主持当事人以言辞方式陈述案情，提出诉讼请求，围绕争点举证、质证，相互辩论，从而审查案件争点，审查判断证据，以便适用法律作出裁判或主持调解。

二、开庭审理的程序

（一）庭审准备

庭审准备是审理前准备程序的延续，但是与审理前的准备程序的具体任务不同。庭审准备需要完成以下三项工作：

（1）通知当事人和其他诉讼参与人开庭的期日及发布公告。根据民事诉讼法的规定，受诉法院应当在开庭前 3 日，通知当事人和其他诉讼参与人开庭的时间、地点。通知当事人用传票，通知其他诉讼参与人用通知书。当事人或其他诉讼参与人在外地的，应当留有必要的在途时间。案件公开审理的，应当发布公告，以便公众旁听。

（2）书记员检查当事人及其他诉讼参与人是否到庭，宣布法庭纪律。若有未到庭者，书记员应当向审判长报告，审判长酌情依法决定缺席审理、延期审理或者按撤诉处理。

（3）审判长核对当事人身份，宣布案由，宣布审判人员、法官助理、书记员等的名单，再次告知当事人有关的诉讼权利与义务，最后询问当事人是否申请回避。

（二）法庭调查

法庭调查阶段的任务是听取当事人的陈述，由当事人举证并互相质证，由法官认证，以查清案件事实。根据《适用民诉法解释》第 228 条的规定，法庭审理应当围绕当事人争议的事实、证据和法律适用等焦点问题进行。

（1）当事人分别陈述诉讼请求及其理由。当事人陈述时依先原告、后被告，若案件有第三人的，则第三人再后的顺序依次进行。首先由原告陈述事实或宣读起诉状，其次由被告陈述事实或宣读答辩状。被告对原告的诉讼请求提出异议或者反诉的，需要具体陈述其请求及理由。案件有第三人的，再由第三人陈述或答辩。有独立请求权的第三人陈述诉讼请求和理由；无独立请求权的第三人针对原、被告的陈述提出承认或否认的答辩意见。然后，由原告或者被告对第三人的陈述进行答辩。

（2）审判长根据当事人分别陈述的诉讼请求及其理由，归纳案件争议焦点或者法庭调查重点，并征求当事人的意见。征求当事人的意见是为了使当事人确认法庭归纳的争议焦点是否全面准确。

（3）当事人各自举证及互相质证。当事人举证及质证按下列顺序进行：首先，由原告出示证据，被告及第三人对原告出示的证据质证；其次，被告出示证据，原告及第三人对其所出示的证据质证；最后，第三人出示证据，原、被告对第三人出示的证据进行质证。另外，《民事诉讼法》第 142 条还规定，当事人在法庭上可以提出新的证据，即提出在举证期限内因客观原因未提出的或者在举证期限后新出现的证据。当事人经法庭许可，可以向证人、鉴定人、勘验人发问。当事人还可以要求法院重新进行调查、鉴定或者勘验，是否准许，由人民法院决定。

（4）法院出示其调查收集的证据及当事人质证。根据《民事诉讼法》和《适用民诉法解释》的规定，法院调查收集的证据有两类：第一类，当事人及其诉讼代理人因客观原因不能自行收集的证据，可以在举证期限届满前书面申请人民法院调查收集。如证据由国家有关部门保存，当事人及其诉讼代理人无权查阅调取的；涉及国家秘密、商业秘密或者个人隐私的；当事人及其诉讼代理人因客观原因不能自行收集的其他证据。第二类，法院根据案件需要依职权调查收集的证据，如涉及可能损害国家利益、社会公共利益的；涉及身份关系的；涉及《民事诉讼法》第 58 条规定诉讼的；当事人有恶意串通损害他人合法权益可能的；涉及依职权追加当事人、中止诉讼、终结诉讼、回避等程序性事项的。

（5）审判人员就法庭调查认定的事实和当事人争议的问题归纳总结。法庭调查结束前，审判长应当就当庭认定的事实和当事人争议的问题予以归纳总结。庭审时当事人要求补充证据或者申请重新鉴定、勘验，或者一次法庭调查未能结束的，法庭可以决定再次开庭。决定再次开庭的案件，审判长对本次开庭情况应当进行小结，指出庭审已经确认的证据，并指明下次开庭调查的重点。

（三）法庭辩论

法庭辩论，是指诉讼当事人在审判人员主持下，就案件争点，根据已经质证的证据及法律规定，陈述各自观点并予以论证，以及相互辩驳的诉讼活动。法庭辩论权是当事人依法享有的一项重要的诉讼权利，而且当事人双方平等地享有辩论权。

按照《民事诉讼法》第144条的规定，法庭辩论按照下列顺序进行：（1）原告及其诉讼代理人发言；（2）被告及其诉讼代理人答辩；（3）第三人及其诉讼代理人发言或答辩；（4）互相辩论。

（四）合议庭评议及裁判

法庭辩论终结后，当庭达成调解协议的，则由审判长签发调解书。经调解未达成协议的，应当及时判决。判决需要暂时休庭，待合议庭评议后作出。合议庭评议不公开进行，实行少数服从多数的原则。合议庭评议的全部过程由书记员记入笔录，评议的不同意见也应当记入笔录。笔录由合议庭成员签名。

（五）宣告判决

案件经合议庭评议后作出判决书，判决一律公开宣告。宣告判决的方式有当庭宣判和定期宣判两种。当庭宣判的应当在10日内向当事人发送判决书；定期宣判的，宣判后立即向当事人发送判决书。

宣判应当注意的事项有：（1）宣告判决时必须告知当事人上诉的权利、上诉期限和上诉法院，以保障当事人及时行使上诉权。（2）宣告离婚案件判决，必须告知当事人在判决发生法律效力前不得另行结婚。（3）一审宣判后，原审法院发现判决有错误的，当事人在上诉期间内提出上诉的，原审法院可以提出原判决有错误的意见，报送第二审法院按照二审程序审理；当事人不上诉的，按照审判监督程序处理。

三、法庭笔录

法庭笔录是书记员制作的开庭审理全过程的实况记录。法庭笔录的内容包括：开庭的时间、地点，合议庭组成人员及书记员姓名，到庭的当事人及其诉讼代理人姓名，到庭的其他诉讼参与人姓名及其自然状况，庭审中双方当事人的请求，双方当事人的举证、质证过程，当事人的辩论过程，审判人员的认定及归纳总结等。合议庭笔录必须另行制作，因为合议庭的评议不得公开。

根据《民事诉讼法》的规定，法庭笔录应当当庭宣读，也可以告知当事人及其他诉讼参与人当庭或者在5日内阅读。实践中，大多数情况下是由当事人及其他诉讼参与人当庭自己阅读。当事人和其他诉讼参与人认为对自己的陈述，法庭笔录有遗漏或差错的，有权申请补正。法庭笔录宣读或阅读后，应由当事人及其他诉讼参与人签名或者盖章。若有当事人拒绝签名或者盖章的，应当由书记员记明情况附卷。

四、普通程序的审限

普通程序的审限，是指法院适用普通程序审理民事案件的最长时限。《民事诉讼法》规定，法院适用普通程序审理案件的，应当在立案之日起6个月内审结，但是遇有特殊情况6个月内无法审结，需要延长的，可以报本院院长批准延长6个月。一次延长后由于情况特殊，在6个月内仍无法审结，还需要延长的，可以报请上级人民法院批准。根据《适用民诉法解释》第243条的规定，审限是指从立案之日起至裁判宣告、调解书送达之日止的期间，但公告期间、鉴定期间、双方当事人和解期间、审理当事人提出的管辖异议以及处理人民法院之间的管辖争议期间不应计算在内。为了防止诉讼程序的拖延，维护当事人的诉讼权利，《最高人民法院关于严格规范民商事案件延长审限和延期开庭问题的规定》（以下简称《规范延长审限和延期开庭规定》）第7条规定："人民法院应当将案件的立案时间、审理期限，扣除、延长、重新计算审限，延期开庭审理的情况及事由，按照《最高人民法院关于人民法院通过互联网公开审判流程信息的规定》及时向当事人及其法定代理人、诉讼代理人公开。当事人及其法定代理人、诉讼代理人有异议的，可以依法向受理案件的法院申请监督。"第8条规定："故意违反法律、审判纪律、审判管理规定拖延办案，或者因过失延误办案，造成严重后果的，依照《人民法院工作人员处分条例》第四十七条的规定予以处分。"

案例 17-5

孙某与赵某的交通事故损害赔偿案开庭审理前10天，法院通知了双方当事人，并发布了开庭审理的时间、地点的公告，以便公众旁听。开庭审理时，书记员首先检查了当事人的到庭情况，向当事人和旁听的人宣布了法庭纪律。然后审判长核对了当事人的身份，宣布了案由、合议庭组成人员名单以及书记员姓名，告知当事人的上诉权利和上诉义务，询问当事人是否要求回避。双方当事人均不要求法官和书记员回避。法庭审理开始，首先原告宣读起诉状，被告宣读答辩状；然后法庭调查，法庭调查依照规定顺序进行；最后法庭辩论，法庭辩论依照规定顺序进行。法庭辩论后，法官再次征求当事人意见以及是否调解，再次建议当事人调解，被告不同意调解。法庭辩论后休庭，告知当事人等候宣判通知。合议庭对案件评议后作出判决，15日后，法院通知当事人到庭宣判。

第六节　审理中的特殊情况处理

一、撤诉

（一）撤诉的概念

撤诉，是指原告在人民法院受理案件后至宣告判决或裁定前，主动要求撤回其诉讼请求的行为。

撤诉是当事人依法享有的一项诉讼权利，是当事人行使处分权的行为。《民事诉讼法》规定了当事人撤诉的时限，即在法院宣判前。但是，在我国当事人的民事处分权并不是绝对的，而是相对的，这项权利的行使会受到法院的干预。《民事诉讼法》规定，原告申请撤诉是否准许，由人民法院裁定。法院裁定不准许撤诉的，原告经传票传唤，无正当理由拒不到庭的，可以缺席判决。

（二）撤诉的分类

撤诉根据不同的标准有以下几种不同的分类：

（1）以撤诉是否由当事人提出为标准分为申请撤诉与按撤诉处理。申请撤诉是指当事人主动向法院提出撤回其起诉的要求，不再要求法院对其与被告之间的纠纷审理裁判的诉讼行为。这种行为对撤诉者而言是一种积极的行为，所以又称为积极处分。按撤诉处理是指当法定原因出现时，不经原告的申请，法院自行撤销案件不予审理，视为当事人撤诉的行为。这种行为非当事人主动的行为，所以又称为消极处分。

（2）以诉的性质为标准分为撤回起诉与撤回反诉。撤回起诉是指普通意义上的撤诉与申请撤诉。撤回反诉是指本诉的被告将其对本诉的原告提出的独立的反请求撤回的行为。

（3）以诉讼程序为标准分为撤回起诉与撤回上诉。撤回起诉是发生在第一审程序中的行为。撤回上诉是指上诉人撤回其已提出的上诉请求的行为，撤回上诉是发生在第二审程序中的行为。

（三）申请撤诉的条件

当事人申请撤诉应当具备以下条件：（1）撤诉必须是原告自愿的行为，任何人不得强迫或变相强迫，法官不得以任何借口动员原告撤诉。（2）撤诉应当在法定期间内提出。根据《民事诉讼法》第 148 条的规定，原告应当在法院宣判前提出撤诉申请。但是，根据《适用民诉法解释》第 238 条第 2 款的规定，法庭辩论终结后原告申请撤诉，被告不同意的，人民法院可以不予准许。（3）撤诉的申请应当以书面或口头的方式提出，具体方式由法院根据案情决定。（4）撤诉的目的必须合法。当事人申请撤诉必须正当合法，不得有规避法律的行为，不得损害国家、集体或他人的合法利益，否则，法院有权裁定不准撤诉。

（四）按撤诉处理的适用

按撤诉处理是法院根据当事人的一些行为按撤诉对待解决的诉讼制度。其与撤诉的结果相同，但原因不同。诉讼中有下列情况之一的，法院可依法按撤诉处理：（1）原告经传票传唤，无正当理由拒不到庭或未经许可中途退庭；（2）无民事行为能力的原告的法定代理人，经传票传唤拒不到庭；（3）有独立请求权的第三人经法院传票传唤，无正当理由拒不到庭或未经许可中途退庭；（4）原告应当预交而未预交案件受理费，法院通知后仍不预交或者申请减、缓、免未获法院批准仍不预交。

（五）撤诉的裁定及撤诉的法律效力

原告有权申请撤诉，是否允许由法院决定。法院允许或不允许，均应作出裁定。裁定的形式可以是书面的，也可以是口头的。口头裁定的内容由书记员记录在案卷中。法院作出的准予撤诉的裁定应当通知对方当事人。法院裁定不准撤诉的，申请撤诉的当事人还应当继续参加诉讼，如果经传票传唤无正当理由拒不到庭的，法院有权在缺席审理后作出判决。

法院裁定准予撤诉或者按撤诉处理的，产生以下法律后果：（1）诉讼程序终结；（2）诉讼法律关系消灭。

二、缺席判决

缺席判决，是指法庭审理中因部分当事人无故未参加诉讼，或者无故中途退庭，法院仅在一方当事人到庭的情况下进行审理并作出判决的一种诉讼制度。

法院审理民事案件，原则上在双方当事人都到庭的情况下进行。但有时当事人一方会无故不到庭，影响审判的正常进行。为了保障民事诉讼的正常进行，维护法庭的威严，针对这种情况，《民事诉讼法》规定了缺席判决制度。根据《民事诉讼法》及其司法解释的规定，对以下情况法院可以缺席判决：（1）在被告反诉的情况下，原告经传票传唤，无正当理由拒不到庭或者未经法庭许可中途退庭。（2）被告经传票传唤，无正当理由拒不到庭或者未经许可中途退庭。（3）宣判前，原告申请撤诉，法院裁定不准撤诉，原告经传票传唤，无正当理由拒不到庭。（4）无民事行为能力的被告的法定代理人，经传票传唤无正当理由拒不到庭。（5）无民事行为能力人的离婚诉讼，当事人的法定代理人应当到庭；法定代理人不能到庭的，人民法院应当在查清事实的基础上，依法作出判决。

根据《适用民诉法解释》第 241 条的规定，被告经传票传唤无正当理由拒不到庭，或者未经法庭许可中途退庭的，人民法院应当按期开庭或者继续开庭审理，对到庭的当事人诉讼请求、双方的诉辩理由以及已经提交的证据及其他诉讼材料进行审理后，可以依法缺席判决。

三、延期审理

延期审理是指由于出现法定原因，法院将已指定或者已公告的开庭审理的日期延至另一日期，或者将正在庭审的案件延至另一日期继续审理的诉讼制度。

开庭审理的期日是由受诉法院指定的，各诉讼法律关系主体都应当遵守。但是当有特殊情况发生，当事人或其他诉讼参与人不能按时到庭时，根据《民事诉讼法》第 149 条的规定，法院可以另定日期开庭。根据《民事诉讼法》的规定，在法庭审理中，遇有下列情形之一的，可以延期审理：（1）必须到庭的当事人和其他诉讼参与人有正当理由没有到庭；（2）当事人临时提出回避申请；（3）需要通知新的证人到庭，调取新的证据，重新鉴定、勘验，或者需要补充调查；（4）其他应当延期审理的情况。

法院决定延期审理的，可以在庭审时当即决定，也可以另行通知。为了防止开庭审理的拖延，维护当事人的诉讼权利，最高人民法院《规范延长审限和延期开庭规定》第 5 条规定："人民法院开庭审理民商事案件后，认为需要延期开庭审理的，应当依法告知当事人下次开庭的时间。两次开庭间隔时间不得超过一个月，但因不可抗力或当事人同意的除外。"第 6 条规定："独任审判员或者合议庭适用民事诉讼法第一百四十六条①第四项规定决定延期开庭的，应当报本院院长批准。"

四、诉讼中止

诉讼中止，是指在诉讼进行中，由于特定原因的发生，诉讼程序有必要暂时停止，待停止的障碍消除后再继续进行的诉讼制度。

诉讼程序开始后，通常应当依法定程序进行，不得随便停止而拖延诉讼。但有时在诉讼中会有一些特殊情况发生，客观上使诉讼不得不暂时停止一段时间，对此，《民事诉讼法》规定了诉讼中止制度。诉讼中有下列情况之一发生的，可以中止诉讼：

（1）一方当事人死亡，需要等待继承人表明是否参加诉讼的。诉讼中遇有一方当事人死亡的情况，如果案件涉及财产争议的，就需要财产继承人承担诉讼。继承人可以继承财产，也可以放弃继承。继承财产的，应当承担死亡的当事人的诉讼权利义务而参加诉讼；

---

① 现为《民事诉讼法》第 149 条。

放弃继承，则不必承担相关的诉讼权利义务，不参加诉讼。是否继承财产、是否参加诉讼，都需要一定时间决定，因此诉讼暂时中止。

（2）一方当事人丧失诉讼行为能力，尚未确定法定代理人的。诉讼中遇有一方当事人丧失诉讼行为能力时，应当由其法定代理人代理诉讼，而确定法定代理人需要一个过程，因此诉讼应当中止。

（3）作为一方当事人的法人或者非法人组织终止，尚未确定权利义务承受人的。诉讼进行中，法人或非法人组织由于没有清算即被注销，就无法作为当事人参加诉讼，诉讼应当由该法人或非法人组织的权利义务承受人来承担，诉讼因此而中止。

（4）一方当事人因不可抗拒的事由，不能参加诉讼的。发生不可抗力类的事件，致使当事人不能参加诉讼的，法院为了保护该当事人的合法权益，应当暂时中止诉讼，待不可抗力消失后再恢复诉讼。

（5）本案必须以另一案的审理结果为依据，而另一案尚未审结的。在民事经济交往中，纠纷往往错综复杂，相关的一系列纠纷可能会形成几宗独立的诉讼，当一案的事实或证据的认定必须依赖另一案的审理结果时，该案的诉讼应当中止。

（6）其他应当中止诉讼的情况。

法院决定中止诉讼的，应当依法作出裁定，裁定应送达或通知当事人及其他诉讼参与人。裁定中止的原因消除后，恢复诉讼程序的，根据《适用民诉法解释》第 246 条的规定，原裁定不必撤销，法院应依职权通知当事人恢复诉讼，原中止诉讼的裁定因此而自动失效。

案例 17－6

白某诉洪某偿还借款 5 万元。诉讼进行中，白某不幸遭遇车祸死亡。白某有父母健在，还有一个女儿和遗孀黄某。法庭根据《民事诉讼法》的规定裁定中止诉讼，待白某的后事处理完后，询问了白某的继承人的意见，白某的继承人表示不放弃继承权，要求参加诉讼，并承担诉讼权利义务。法庭许可了白某的继承人的要求，恢复诉讼，由白某的继承人作为共同原告，诉讼继续进行。

五、诉讼终结

诉讼终结，是指在诉讼进行中，由于特定原因的发生，诉讼程序无法继续进行或者继续进行已无意义，因而终结诉讼程序的制度。

诉讼程序开始后，有时会因一些特殊情况的发生，使诉讼的进行已无意义，这时法院可以裁定诉讼终结，根据《民事诉讼法》的规定，诉讼中有下列情况之一发生的，诉讼终结：

（1）原告死亡，没有继承人或者继承人放弃继承权的。诉讼中，如果原告死亡又没有继承人，或者虽有继承人但继承人放弃继承权时，原告的诉讼权利义务无人承担，诉讼程序因无原告主张权利而应当终结。

（2）被告死亡，没有遗产，也没有应当承担义务的人。诉讼中若有这种情况发生，原告即使有胜诉的可能，但因被告无遗产，也无应当承担义务的人，胜诉亦无意义，因此诉讼应当终结。

（3）离婚案件一方当事人死亡的。婚姻关系是一种人身关系，这种人身关系会随着其主体的死亡而自然消灭。因此，婚姻案件一方当事人死亡的，无论是原告还是被告，其原有的婚姻关系自然消灭，诉讼已无任何意义，诉讼程序自然应当终结。

（4）追索赡养费、扶养费、抚养费以及解除收养关系案件的一方当事人死亡的。这些案件当事人所讼争的权利产生自双方当事人之间的人身关系，这种人身关系会因一方当事人的死亡而消灭，相应的权利义务关系也随之消灭，诉讼就没有存在的必要，应当终结。

法院决定诉讼终结，应当作出裁定。裁定以口头方式或书面方式作出。口头裁定的，书记员应当将裁定内容记录在卷，并告知当事人；书面裁定的，法院应将裁定书送达当事人及其他诉讼参与人。

第七节　诉讼费用

一、民事诉讼费用的概念、性质与意义

（一）民事诉讼费用的概念

诉讼费用，是指民事诉讼当事人按照规定在诉讼中应当向法院交纳的费用。法院向民事诉讼当事人收取诉讼费用是世界各国普遍通行的做法，我国也不例外。

诉讼费用包括当事人向法院缴纳的案件受理费、程序申请费和应当由当事人支付的其他费用。程序申请费是指当事人申请财产保全、证据保全、强制执行等程序时需要支付的费用。应当由当事人支付的其他费用是指诉讼中可能发生的证人、鉴定人、翻译人员、理算人员在人民法院指定日期出庭发生的交通费、住宿费、生活费和误工补贴。

诉讼过程中因鉴定、公告、勘验、翻译、评估、拍卖、变卖、仓储、保管、运输、船舶监管等发生的依法应当由当事人负担的费用，由于国务院制定的《诉讼费用交纳办法》规定由当事人直接支付给有关机构或者单位，人民法院不得代收代付，因此，这些费用不在当事人向法院交纳的诉讼费用之列。

（二）民事诉讼费用的性质

诉讼费在我国属于规费的性质，规费即程序费或手续费。

《民事诉讼法》虽然规定当事人进行民事诉讼应当交纳诉讼费用，但并不是绝对的，对于那些交纳诉讼费用确有困难者，《民事诉讼法》还规定有诉讼费用的缓交、减交和免交制度，这是一种司法救助。

人民法院收取诉讼费应当严格遵循“无明文规定不收费”的原则，即法院向当事人或申请人收取诉讼费用，应当严格依照国务院制定的《诉讼费用交纳办法》，各级人民法院均不得另行收取任何额外的费用。

（三）民事诉讼费用的意义

法院向民事诉讼当事人收取诉讼费用，以及诉讼费用制度的设立，具有如下意义：

1. 减少国家财政支出

法院的经费来源于国家的财政拨款，民事诉讼当事人进行诉讼是为了解决他们之间的民事权益争议，这些民事权益属于私权。如果实行诉讼免费原则，那么结果就是用国家资源、社会公共资源为部分民事主体服务，显然不大合理。因此，应当向当事人收取一定的诉讼费用。

2. 防止当事人滥用诉权

向当事人收取一定的诉讼费用，可以促使当事人慎重行使其诉权，以防止少数当事人为了一些毫无意义的琐事缠讼不休，还可以防止少数人滥用诉权，借诉讼之形式浪费他人

的时间、精力、财力而损害他人的利益。

3. 制裁民事违法行为

诉讼费用先由原告预交，最终由败诉方负担（特殊情况除外），而败诉方通常情况下就是那些民事违法行为者。可见，诉讼费用负担的这一基本原则在一定程度上起到了对民事违法行为者予以制裁的作用，以此教育违法者今后要遵纪守法，自觉履行民事法律义务，尊重他人的民事权益。

4. 维护国家的主权和经济利益

法院审理民事诉讼案件时向当事人收取诉讼费用是世界各国通行的做法，世界各国的民事诉讼立法都有收取诉讼费用的规定，我国也不例外。因此，对涉外案件的外方当事人理应一视同仁地收取诉讼费用，以维护国家的主权和经济利益。

二、诉讼费用的种类及标准

法院向当事人收取诉讼费用的依据是《民事诉讼法》和《诉讼费用交纳办法》。

根据《诉讼费用交纳办法》第 8 条的规定，下列案件不交纳案件受理费：（1）依照《民事诉讼法》规定的特别程序审理的案件；（2）裁定不予受理、驳回起诉、驳回上诉的案件；（3）对不予受理、驳回起诉和管辖权异议裁定不服，提起上诉的案件；（4）行政赔偿案件。

此外，还包括《诉讼费用交纳办法》第 9 条第 1、2 项规定的情形之外的再审案件。

除了这些案件以外的其他案件，当事人都应当向法院交纳诉讼费用。当事人向法院交纳的诉讼费用分为案件受理费、申请费和其他诉讼费用三类。案件受理费、申请费具有规费的性质，其他诉讼费用具有补偿和报酬的性质。

（一）案件受理费及其标准

根据前述收费依据，法院向当事人收取的案件受理费可以分为两种：一是非财产案件受理费；二是财产案件受理费。

1. 非财产案件受理费

非财产案件是指那些关于人身权或与人身权有关的非财产纠纷的案件，例如：离婚案件，侵害姓名权、名称权、肖像权、名誉权、荣誉权的案件，侵害专利权、著作权、商标权的案件，劳动争议案件，以及其他。这些案件按照以下标准收费：

（1）离婚案件，每件交纳 50 元至 300 元。涉及财产分割，财产总额不超过 20 万元的，不另行交纳；超过 20 万元的部分按照 0.5%交纳。

（2）侵害姓名权、名称权、肖像权、名誉权、荣誉权以及其他人格权的案件，每件交纳 100 元至 500 元。涉及损害赔偿，赔偿金额不超过 5 万元的，不另行交纳；超过 5 万元至 10 万元的部分，按照 1%交纳；超过 10 万元的部分，按照 0.5%交纳。

（3）侵害专利权、著作权、商标权的案件，每件交纳 500 元至 1 000 元。有争议金额的，按财产案件的收费标准交纳。

（4）劳动争议案件，每件交纳 10 元。

（5）其他非财产案件，每件交纳 50 元至 100 元。

（6）当事人提出案件管辖权异议不成立的，每件交纳 50 元至 100 元。

2. 财产案件受理费

财产案件是指那些有财产权益争议的案件。这类案件按照当事人诉讼请求的金额或者价额，由低到高，依照下列比例分段累计交纳：

（1）不超过 1 万元的，每件交纳 50 元；

（2）超过 1 万元至 10 万元的部分，按照 2.5%交纳；

（3）超过 10 万元至 20 万元的部分，按照 2%交纳；

（4）超过 20 万元至 50 万元的部分，按照 1.5%交纳；

（5）超过 50 万元至 100 万元的部分，按照 1%交纳；

（6）超过 100 万元至 200 万元的部分，按照 0.9%交纳；

（7）超过 200 万元至 500 万元的部分，按照 0.8%交纳；

（8）超过 500 万元至 1 000 万元的部分，按照 0.7%交纳；

（9）超过 1 000 万元至 2 000 万元的部分，按照 0.6%交纳；

（10）超过 2 000 万元的部分，按照 0.5%交纳。

3. 案件受理费的其他规定

（1）被告提起反诉、有独立请求权的第三人提出与本案有关的诉讼请求，人民法院决定合并审理的，分别减半交纳案件受理费。

（2）以调解方式结案或者当事人申请撤诉的，减半交纳案件受理费。

（3）适用简易程序审理的案件减半交纳案件受理费。

（4）对财产案件提起上诉的，按照不服一审判决部分的上诉请求数额交纳案件受理费。

（5）依照《诉讼费用交纳办法》第 19 条的规定，需要交纳案件受理费的再审案件，按照不服原判决部分的再审请求数额交纳案件受理费。

另外，地方政府有权在法定幅度内制定变通规定，制定实施细则。即对非财产案件、知识产权民事案件、管辖异议案件中异议不成立的这三类案件，省、自治区、直辖市人民政府可以结合本地实际情况在以上规定的幅度内制定具体交纳标准。

（二）申请费及其标准

申请费是指那些申请财产保全、破产、支付令、公示催告、强制执行等程序，申请撤销仲裁裁决或者认定仲裁协议效力，申请海事诉讼各种程序的当事人应当向法院交纳的费用。这些案件按照以下标准收取诉讼费：

（1）申请保全措施的，根据实际保全的财产数额按照下列标准交纳：财产数额不超过 1 000 元或者不涉及财产数额的，每件交纳 30 元；超过 1 000 元至 10 万元的部分，按照 1%交纳；超过 10 万元的部分，按照 0.5%交纳。但是，当事人申请保全措施交纳的费用最多不超过 5 000 元。

（2）申请支付令的，比照财产案件受理费标准的 1/3 交纳。

（3）申请公示催告的，每件交纳 100 元。

（4）申请撤销仲裁裁决或者认定仲裁协议效力的，每件交纳 400 元。

（5）申请破产的，依据破产财产总额，按照财产案件受理费标准减半交纳，但是，最高不超过 30 万元。

（6）海事案件的申请费按照下列标准交纳：申请设立海事赔偿责任限制基金的，每件交纳 1 000 元至 1 万元；申请海事强制令的，每件交纳 1 000 元至 5 000 元；申请船舶优先权催告的，每件交纳 1 000 元至 5 000 元；申请海事债权登记的，每件交纳 1 000 元；申请共同海损理算的，每件交纳 1 000 元。

（7）申请执行人民法院发生法律效力的判决、裁定、调解书，仲裁机构依法作出的裁决和调解书，公证机关依法赋予强制执行效力的债权文书，申请承认和执行外国法院判决、裁定以及国外仲裁机构裁决的，按照下列标准交纳：

1）没有执行金额或者价额的，每件交纳 50 元至 500 元。

2）执行金额或者价额不超过 1 万元的，每件交纳 50 元；超过 1 万元至 50 万元的部分，按照 1.5%交纳；超过 50 万元至 500 万元的部分，按照 1%交纳；超过 500 万元至 1 000万元的部分，按照 0.5%交纳；超过 1 000 万元的部分，按照 0.1%交纳。

3）人数不确定的代表人诉讼，法院作出判决后，未参加登记的权利人向人民法院提起诉讼的，按照以上规定标准交纳申请执行费即可，不需要再交纳案件受理费。

（三）其他诉讼费用

其他诉讼费用是指法院在审理民事诉讼案件中实际支出的、应当由当事人负担的费用。其他诉讼费用包括下列项目：

（1）证人、鉴定人、翻译人员、理算人员在人民法院指定日期出庭发生的交通费、住宿费、生活费和误工补贴。

（2）当事人复制案件卷宗材料和法律文书应当按实际成本向人民法院交纳的工本费。

（3）诉讼过程中因鉴定、公告、勘验、翻译、评估、拍卖、变卖、仓储、保管、运输、船舶监管等发生的依法应当由当事人负担的费用。

证人、鉴定人、翻译人员、理算人员在人民法院指定日期出庭发生的交通费、住宿费、生活费和误工补贴，由人民法院按照国家规定标准代为收取。

诉讼过程中因鉴定、公告、勘验、翻译、评估、拍卖、变卖、仓储、保管、运输、船舶监管等发生的依法应当由当事人负担的费用，人民法院根据“谁主张，谁负担”的原则，决定由当事人直接支付给有关机构或者单位，人民法院不得代收代付。但是，人民法院依照《民事诉讼法》第 11 条第 3 款的规定提供当地民族通用语言、文字翻译的，不收取费用。

（四）涉外案件的诉讼费用

涉外案件诉讼费用的交纳同非涉外案件一样适用《诉讼费用交纳办法》，即外国人、无国籍人、外国企业或者组织在人民法院进行诉讼，适用该办法。但是，如果外国法院对我国公民、法人和非法人组织的诉讼费用的负担，与其本国公民、企业或组织的诉讼费用实行不同等对待的，即实行差别对待的，我国法院就按照对等原则处理。

三、诉讼费用的预交和退还

（一）诉讼费用的预交及其例外

诉讼费用通常应当由原告、有独立请求权的第三人、提出反诉的被告、提起上诉的上诉人或提出申请的申请人预交，待案件审结后，法院在裁判中决定由哪一方当事人负担，或者在执行中由义务人负担。但是，考虑到有些情况下当事人的实际利益，《诉讼费用交纳办法》和《适用民诉法解释》规定下列情况除外：

（1）追索劳动报酬的案件受理费可以不预交。

（2）申请执行人民法院发生法律效力的判决、裁定、调解书，仲裁机构依法作出的裁决和调解书，公证机构依法赋予强制执行效力的债权文书的申请费，申请破产的申请费，申请人不预交。执行申请费待执行后交纳，破产申请费待破产企业清算后交纳。

(3) 证人、鉴定人、翻译人员、理算人员在人民法院指定日期出庭发生的交通费、住宿费、生活费和误工补贴，当事人复制案件卷宗材料和法律文书应当按实际成本向人民法院交纳的工本费不预交，待实际发生后交纳。

(4) 根据民事诉讼法审判监督程序审理的案件，当事人不交纳案件受理费。但是，下列情形除外：1) 当事人有新的证据，足以推翻原判决、裁定，向人民法院申请再审，人民法院经审查决定再审的案件；2) 当事人对人民法院第一审判决或者裁定未提出上诉，第一审判决、裁定或者调解书发生法律效力后又申请再审，人民法院经审查决定再审的案件。

(5) 依照《民事诉讼法》第 57 条审理的案件不预交案件受理费，结案后按照诉讼标的额由败诉方交纳。

因案件的程序不同、类型不同，诉讼费用预交的具体情况也不同：

(1) 第一审案件受理费的预交。第一审案件的受理费，由原告自接到法院交纳诉讼费用通知的次日起 7 日内预交。被告反诉的，由被告在提出反诉的次日起 7 日内交纳案件受理费。

(2) 上诉案件受理费的预交。上诉案件的受理费由上诉人在向人民法院提交上诉状时预交。双方当事人都提起上诉的，分别预交。上诉人在上诉期内未预交诉讼费用的，人民法院应当通知其在 7 日内预交。

(3) 再审案件受理费的预交。对规定应当交纳诉讼费的再审案件，由申请再审的当事人预交。双方当事人都申请再审的，分别预交。

(4) 申请费的预交。申请费由申请人在提出申请时或者在人民法院指定的期限内预交。申请费的预交不包括申请执行费和破产程序申请费，因为执行申请费待执行后交纳，破产申请费待企业清算后交纳。

(5) 逾期不交纳的法律后果。当事人逾期不交纳诉讼费用又未提出司法救助申请，或者申请司法救助未获批准，在人民法院指定期限内仍未交纳诉讼费用的，由人民法院依照有关规定处理。

(二) 诉讼费用的退还及其例外

根据《诉讼费用交纳办法》的规定，法院在下列情况下应当向当事人退还诉讼费：

(1) 人民法院审理民事案件过程中发现涉嫌刑事犯罪并将案件移送有关部门处理的，当事人交纳的案件受理费予以退还；但是，移送后民事案件需要继续审理的，当事人已交纳的案件受理费不予退还。

(2) 中止诉讼、中止执行的案件，已交纳的案件受理费、申请费不予退还。中止诉讼、中止执行的原因消除，恢复诉讼、执行的，不再交纳案件受理费、申请费。

(3) 第二审人民法院决定将案件发回重审的，应当退还上诉人已交纳的第二审案件受理费。

(4) 第一审人民法院裁定不予受理或者驳回起诉的，应当退还当事人已交纳的案件受理费；当事人对第一审人民法院不予受理、驳回起诉的裁定提起上诉，第二审人民法院维持第一审人民法院作出的裁定的，第一审人民法院应当退还当事人已交纳的案件受理费。

(5) 依照《民事诉讼法》第 154 条的规定终结诉讼的案件，已交纳的案件受理费不予退还。

(6) 判决生效后，胜诉方预交但不应负担的诉讼费用，人民法院应当退还，由败诉方向人民法院交纳，但胜诉方自愿承担或者同意败诉方直接向其支付的除外。

需要向当事人退还诉讼费用的，人民法院应当自法律文书生效之日起15日内退还有关当事人。

四、诉讼费用的司法救助

（一）司法救助的概念和意义

司法救助，是指对经济确有困难的诉讼当事人，法院在诉讼费用方面给予免除或减少或延缓交纳的经济救助的制度。司法救助属于法律援助范围之列。法律援助是指对经济确有困难又需要给予法律帮助的当事人，司法机关、公证机构或者律师等法律服务行业，提供减免费用，或者准予延缓交纳费用的帮助。在律师领域、公证领域称为法律援助，在诉讼领域称为法律救助。《诉讼费用交纳办法》规定，当事人确因经济困难，不能按时足额交纳诉讼费用的，可以向法院申请缓交、减交或者免交诉讼费用的司法救助，是否缓、减、免，由法院审查决定。

向经济确有困难的诉讼当事人提供司法救助，可以使他们同其他当事人一样地行使诉权，寻求司法保护。司法制度是国家设立的、任何民事主体都有权请求保护的制度，国家不应当使那些无力交纳诉讼费的当事人被拦截在法院大门之外，不应当使他们因经济困难而远离司法。

（二）司法救助的主体及条件

司法救助的主体限于自然人、特殊社会组织或团体，法人或一般经济组织非司法救助的主体。根据《诉讼费用交纳办法》第44条和第46条的规定，诉讼费用的免交只适用于自然人，社会福利机构和救助管理站交纳诉讼费用有困难的，可以申请减交诉讼费用。可以申请法院诉讼费用司法救助的主体限于这两类当事人。

《诉讼费用交纳办法》对不同的救助方式规定了不同的条件。

1. 申请免交诉讼费用的条件

（1）残疾人无固定生活来源的；

（2）追索赡养费、扶养费、抚育费、抚恤金的；

（3）最低生活保障对象、农村特困定期救济对象、农村“五保”供养对象或者领取失业保险金人员，无其他收入的；

（4）因见义勇为或者为保护社会公共利益致使自身合法权益受到损害，本人或者其近亲属请求赔偿或者补偿的；

（5）确实需要免交的其他情形。

免交诉讼费用不同于不交纳诉讼费用。免交者是对应当交纳而言，不交纳则是法律规定本来就不需要交纳。

2. 申请减交诉讼费用的条件及减交下限

（1）因自然灾害等不可抗力造成生活困难，正在接受社会救济，或者家庭生产经营难以为继的；

（2）属于国家规定的优抚、安置对象的；

（3）社会福利机构和救助管理站；

（4）确实需要减交的其他情形。

人民法院准予减交诉讼费用的，减交比例不得低于30%。

3. 申请缓交诉讼费用的条件

（1）追索社会保险金、经济补偿金的；

（2）海上事故、交通事故、医疗事故、工伤事故、产品质量事故或者其他人身伤害事故的受害人请求赔偿的；

（3）正在接受有关部门法律援助的；

（4）确实需要缓交的其他情形。

（三）司法救助的申请与审查批准

1. 申请

申请司法救助的，申请人应当在起诉或上诉时向法院提交书面申请，同时还要提供足以证明其确有经济困难的证明材料以及其他相关证明材料。另外，因生活困难或者追索基本生活费用申请免交、减交诉讼费用的，还应当提供本人及其家庭经济状况符合当地民政、劳动保障等部门规定的公民经济困难标准的证明。

2. 审查批准

当事人申请免交、减交诉讼费用的，法院根据规定审查，经审查符合规定的，决定准予免交或缓交。当事人申请缓交诉讼费用，经审查符合《诉讼费用交纳办法》第 47 条规定的，人民法院应当在决定立案之前作出准予缓交的决定。人民法院对当事人的司法救助申请不予批准的，应当向当事人书面说明理由。

五、诉讼费用的负担规则

诉讼费用先由当事人或申请人预交，待案件审结后由一方当事人承担，或者由双方当事人承担。诉讼费用通常由败诉人负担，但是还有一些例外情形。以下是诉讼费用负担的一般规则和特别规则。

（一）由败诉人或被申请执行人负担

诉讼费用由败诉人负担是诉讼费用负担最基本的原则，世界各国的民事诉讼法普遍采用这一原则。这其中的道理是不言而喻的，因为诉讼是由不依法履行义务的败诉人引起的，所以诉讼费用最终应当由其承担。但是，《诉讼费用交纳办法》规定，诉讼费用由败诉方负担，胜诉方自愿承担的除外。

如果败诉方是共同诉讼多数当事人，诉讼费用由共同诉讼当事人共同负担。但在共同诉讼当事人之间，人民法院应根据其对诉讼标的的利害关系，决定当事人各自负担的诉讼费用数额。

申请人就有关海事请求提起诉讼的，可将诉前申请海事请求保全、海事强制令的申请费用列入诉讼请求，案件审结后由败诉人负担。

申请撤销仲裁裁决或者认定仲裁协议效力的，申请费由败诉人负担。

诉讼中拍卖、变卖被扣押船舶、船载货物、船用燃油、船用物料所发生的合理费用，由申请人预付，拍卖、变卖后从拍卖、变卖价款中先行扣除，退还申请人，最终由败诉人负担。

另外，有些申请费按照规定应当由被申请人负担的情况，可以视为由败诉人负担，例如申请执行费用和执行中实际支出的费用由被申请执行人负担，当事人向法院申请支付令，债务人未提出异议的，申请费由债务人负担。

（二）按比例负担

按比例负担是指根据《诉讼费用交纳办法》第 29 条的规定，当事人部分胜诉、部分败诉的，人民法院根据案件的具体情况决定当事人各自负担的诉讼费用数额。即根据当事人胜诉与诉讼请求的比例大小，或者按照双方责任大小的比例，负担诉讼费用。按比例负担实质上是由败诉人负担的规定的演化，按比例负担规则的根据就是败诉人负担的规则。另外，败诉的共同诉讼人之间负担诉讼费用的规定也属于按比例负担。

（三）协商负担的由人民法院决定

协商负担是适用于调解解决的案件、离婚案件、执行和解案件的规则。案件调解解决的，诉讼费用的负担也由当事人双方协商负担；协商不成的，由人民法院决定。第二审人民法院审理上诉案件，经调解达成协议的，第一审和第二审全部诉讼费用的负担由双方协商解决；协商不成的，由第二审人民法院决定。离婚案件诉讼费用的负担由双方当事人协商解决，协商不成的，由人民法院决定。执行中当事人达成和解协议的，申请费的负担由双方当事人协商解决；协商不成的，由人民法院决定。

（四）原告或上诉人负担

原告或上诉人负担的规则适用于撤诉的案件。《诉讼费用交纳办法》中规定：民事案件的原告或者上诉人申请撤诉，人民法院裁定准许的，案件受理费由原告或者上诉人负担。因为撤诉的案件无胜败之分，无法适用败诉人负担的规则，所以案件受理费理应由原告或上诉人承担。

（五）申请人负担

对于申请人申请引起的案件或程序，原则上适用败诉人负担的规则，但特殊情况下适用申请人负担的规则。根据《诉讼费用交纳办法》的规定，下列情况下由申请人负担：（1）当事人复制本案庭审材料和法律文书的，由该当事人向法院交纳复制费；（2）诉前申请海事证据保全的，申请费由申请人负担；（3）申请设立海事赔偿责任限制基金、申请债权登记与受偿、申请船舶优先权催告案件的申请费，由申请人负担；（4）设立海事赔偿责任限制基金、船舶优先权催告程序中的公告费用，由申请人负担；（5）依照特别程序审理案件的公告费，由起诉人或者申请人负担；（6）督促程序因债务人异议而终结的，申请费由申请人负担；（7）申请人依法向法院申请公示催告的，申请费和公告费由申请人负担。

（六）当事人自行负担

当事人自行负担，是指因当事人不符合常规的诉讼行为而支出的诉讼费用，实行由其自行负担的规则。《诉讼费用交纳办法》规定当事人自行负担的情况有以下两种：（1）当事人在法庭调查终结后，提出减少诉讼请求数额的，减少请求数额部分的案件受理费由变更诉讼请求的当事人负担；（2）当事人因自身原因未能在举证期限内举证，在二审或者再审期间提出新的证据致使诉讼费用增加的，增加的诉讼费用由该当事人负担。

案例 17-7

范女士因与丈夫长期不和，准备向法院提起离婚诉讼。他们结婚 15 年，有 1 个女儿，有 1 套价值 100 万元的住房、存款 10 万元、其他家庭财产价值 10 万元。对于如何向法院交纳诉讼费的问题，范女士咨询了林律师。林律师告诉她，《诉讼费用交纳办法》规定，离婚案件，涉及财产分割，财产总额不超过 20 万元的，不另行交纳诉讼费用，财产总额超过 20 万元的部分按照 0.5%交纳。根据这个标准，林律师计算的诉讼费为 5 000 元。诉讼过程中，案件经法院调解解决，根据《诉讼费用交纳办法》的规定，诉讼费应当减半缴纳，法院向范女士退还诉讼费 2 500 元。在调解协议中，范女士与前夫协议诉讼费全部由范女士承担。

六、诉讼费用的裁判、救济及监管

案件审结后，人民法院应当将诉讼费用的详细清单和当事人应当负担的数额书面通知当事人，同时在判决书、裁定书或者调解书中写明当事人各方应当负担的数额。人民法院改变原判决、裁定、调解结果的，应当在裁判文书中对原审诉讼费用的负担一并作出处理。

当事人对法院诉讼费用的裁判不服的，有权请求救济，救济的方式为提出异议，不适用上诉的方式。《诉讼费用交纳办法》规定当事人不得单独对人民法院关于诉讼费用的决定提起上诉。

当事人单独对人民法院关于诉讼费用的决定有异议的，可以向作出决定的人民法院院长申请复核。复核决定应当自收到当事人申请之日起 15 日内作出。当事人对人民法院决定诉讼费用的计算有异议的，可以向作出决定的人民法院请求复核。计算确有错误的，作出决定的人民法院应当予以更正。

价格主管部门、财政部门按照收费管理的职责分工，对诉讼费用进行管理和监督；对违反《诉讼费用交纳办法》的规定乱收费的行为，依照法律、法规和国务院相关规定予以查处。

【引例分析】

适用普通程序审理，法院应当在开庭前 3 天通知当事人和其他诉讼参与人。本章引例中，法院需要通知当事人及其诉讼代理人。

法院在指定的期日开庭审理时，如果有的当事人无故不到庭，或者虽然到庭但未经法庭许可中途退庭，法院可以在缺席审理后作出缺席判决。引例中的 B 公司收到了法院的传票，但无故未到庭，法院作出缺席判决的程序合法。

【本章小结】

1. 普通程序是人民法院审理第一审民事案件通常所适用的一种诉讼程序。普通程序是人民法院审理民事案件的基础程序，民事诉讼法在该程序中完整、全面地规定了起诉与受理、审理前的准备、法庭审理、法庭裁判等事项，规定了处理诉讼中可能出现的几种特殊情况的诉讼制度；且民事诉讼法的基本原则、基本制度和民事诉讼的基本原理都在该程序中得以体现。

2. 反诉是指在已经开始的本诉的民事诉讼程序中，本诉的被告以其原告为被告，向受诉法院提出的与本诉有牵连的独立的反请求。反诉有其自身的特点，并且与反驳存在重大区别，不可混淆。

3. 诉讼费用是民事诉讼当事人按照规定在诉讼中应当向法院交纳的费用。我国的诉讼费用包括当事人向法院交纳的案件受理费、程序申请费和应当由当事人支付的其他费用。国务院制定颁布了《诉讼费用交纳办法》，最高人民法院此前制定颁布的有关诉讼费用的司法解释废止。

【课后练习题】

一、名词解释

起诉　诉讼标的　确认之诉　形式之诉　给付之诉　反诉　缺席判决　诉讼中止

二、思考题

1. 简述普通程序在民事审判程序中的地位和价值。
2. 起诉应当具备什么条件？法院怎样对起诉进行审查和处理？
3. 简述诉的要件与种类。
4. 诉讼费用有哪几种？诉讼费用如何负担？
5. 简述开庭审理的程序及各阶段的功能。
6. 分别简述撤诉、延期审理、缺席判决、诉讼中止和诉讼终结的概念及适用情形。
7. 如何理解反诉的条件？
8. 如何理解审理前准备程序的内容？

三、案例分析题

1. 刘某诉杨某排除妨害，法院依法开庭审理。法庭审理结束时，法庭对双方当事人宣布等候宣判通知。法院作出了判决，但还未宣判时，原告申请撤诉。

问：法院是否准予撤诉？当事人申请撤诉是否有条件限制？

分析要点提示：（1）当事人提出撤诉申请，法院应当依法审查，符合法律规定的，应当裁定准予。（2）当事人申请撤诉有时间的限制，应当在宣判之前提出。当然，原告在法庭辩论终结后申请撤诉，还得看被告是否同意。如果被告不同意，法院可以不准许原告撤诉。

2. A公司欠B公司货款100万元，逾期未付。B公司数次催讨未果，只好向法院提起诉讼。A公司在答辩状中提出反诉。法院开庭审理前依法向双方当事人送达了传票，开庭审理时，被告A公司未到庭，也未声明未到庭的理由。

问：本案将如何进行？

分析要点提示：本案既有本诉，又有反诉。对本诉而言，法院可以缺席审理后作出缺席判决，因为未到庭的是本诉的被告，该被告经过了法院的合法传唤，无正当理由拒不到庭。对反诉而言，法院可以按撤诉处理，因为未到庭的是反诉的原告。

3. 甲借给乙15万元，丙欠乙货款20万元，此两项债权均已到期。甲急于用款，但据了解乙无力偿还，甲便多次催促乙向丙索要货款，乙置之不理。甲提起代位权诉讼，诉讼过程中得知乙与丙之间的货物买卖关系存在争议，纠纷正在进行仲裁。

问：甲是否可以提起代位权诉讼？法院对甲提起的诉讼应当如何处理？为什么？

分析要点提示：甲可以提起代位权诉讼，但是代位权应当存在，且应当无争议。因为乙与丙之间的货物买卖关系存在争议，正在进行仲裁，法院应当裁定中止甲与乙之间的诉讼，等待乙与丙之间的仲裁结果。因为甲所提起的代位权诉讼应当以乙与丙之间仲裁案件的审理结果为依据，而该案件尚未审结，根据《民事诉讼法》的规定，应当裁定诉讼中止。

第十八章 简易程序

◆【本章引例】

张××（女）与李××（男）结婚三年，未生育子女。婚后双方因性格不合，不断产生矛盾和纠纷。某日，张××到其所在地法院起诉离婚，书记员小何打电话找到李××，让他下午到法院来。下午，王法官开始审理他们的离婚案。经过简单询问，王法官了解到他们都愿意离婚，对财产的分割虽然有分歧但都要求依法处理，而且无子女抚养问题。王法官问双方是否愿意调解，他们同意调解，但双方由于对财产分割有分歧而未达成协议，于是法官结束庭审，告诉当事人等候判决。第三天双方被通知到法院听候宣判，法院作出了准予离婚的判决。法院的做法是否正确？

◆【本章学习目标】

通过学习本章，你应该能够：

1. 了解简易程序的概念和意义
2. 掌握简易程序的特点
3. 了解简易程序的适用范围
4. 掌握小额诉讼的适用条件

第一节 简易程序概述

一、简易程序的概念

简易程序，是指基层人民法院及其派出法庭审理简单的民事案件所适用的民事诉讼程序。根据《民事诉讼法》第160条第1款的规定，基层人民法院和它派出的法庭审理事实清楚、权利义务关系明确、争议不大的简单的民事案件，适用简易程序。民事诉讼的第一审程序中，简单的案件适用简易程序，其他案件适用普通程序，以节约诉讼成本、提高审判效率。简易程序虽然是简化了的第一审程序，但是裁判的效力是完全一样的，当事人的诉讼权利同样应当受到应有的保障。

简易程序与普通程序同为第一审程序，它们之间既有联系，又有区别，它们的关系主要体现在以下两方面：

（1）简易程序是在普通程序的基础上简化了的一种简便易行的程序。简易程序是普通程序的简化，它在起诉的方式、传唤证人的方式、开庭审理的程序等方面规定得简单实用、机动灵活，适用于审理裁判简单的民事案件。

（2）简易程序可以向普通程序转换。简易程序虽然是一种独立的第一审程序，但是它又可以向普通程序转换，即本来适用简易程序审理的案件，在审理过程中，如果法院发现案件不适宜适用简易程序的，裁定转为普通程序。普通程序原则上不能向简易程序转换，但是基层法院适用普通程序审理的案件，双方当事人自愿选择适用简易程序的不在此限，这是法律赋予当事人的程序选择权。《简易程序若干规定》第2条规定："基层人民法院适用第一审普通程序审理的民事案件，当事人各方自愿选择适用简易程序，经人民法院审查同意的，可以适用简易程序进行审理。"《民事诉讼法》第160条第2款规定："基层人民法院和它派出的法庭审理前款规定以外的民事案件，当事人双方也可以约定适用简易程序。"但是当事人的选择权不是绝对的。根据《适用民诉法解释》第264条的规定，当事人双方根据《民事诉讼法》第160条第2款的规定约定适用简易程序的，应当在开庭前提出。对于法定不得适用简易程序的案件，当事人约定适用简易程序的，人民法院不予准许。

另外，《适用民诉法解释》第258条第2款规定："人民法院发现案件不宜适用简易程序，需要转为普通程序审理的，应当在审理期限届满前作出裁定并将审判人员及相关事项书面通知双方当事人。"此条第3款规定："案件转为普通程序审理的，审理期限自人民法院立案之日计算。"

司法实践案例：
由简易程序转为普通程序案

二、简易程序的意义

（一）节约诉讼成本

简单的案件，当事人有时对事实无争议，或者事实比较清楚，有时争议的数额很小等，案件没有必要按照普通程序的步骤和期间进行，否则无论对当事人还是对法院都会造成浪费。法院可以在保证依法裁判的前提下，将程序简化，节约诉讼成本。

（二）提高审判效率

对简单的案件，适用简化了的程序审理裁判，可以节约法院的工作时间，加快案件的审理速度，缩短案件的审理时间，提高审判效率。

（三）方便当事人诉讼和法院审理裁判

按照简易程序的规定，当事人可以以简单的方式起诉、应诉，法院可以以灵活多样的方式传唤当事人、通知证人，可以以简化的程序快捷审判，这显然是一种既方便法院又方便当事人的程序。

三、简易程序的特点

（一）起诉方式简便

起诉，在普通程序中通常用书面方式，当事人书写确有困难的才可以用口头方式。而在简易程序中，对简单的民事案件，当事人可以用口头方式起诉，但是为适应我国文化教育发展状况和更好地发挥口头起诉对弱势群体的扶助作用，《简易程序若干规定》对口头起诉进行了一定限制。只有原告本人不能书写起诉状，委托他人代写起诉状确有困难的，才可以口头起诉。口头起诉的，由书记员将起诉的内容记入笔录。起诉的内容，审判员也可以用口头方式告知被告。

（二）受理程序简便

在普通程序中，法院对原告的起诉，要经过复杂的受理程序。而在简易程序中，当事人双方可以同时到基层人民法院或者其派出法庭，请求解决纠纷，法院或法庭可以当即审理，也可以另外指定日期审理。

（三）传唤或通知当事人或其他诉讼参与人以及送达方式简便

根据《民事诉讼法》第 162 条的规定，基层人民法院和它派出的法庭审理简单的民事案件，可以用简便方式传唤当事人和证人、送达诉讼文书、审理案件，但应当保障当事人陈述意见的权利。所谓简便的传唤方式，是指法院可以根据审理案件的需要和当事人的情况采用灵活的方式。如人民法院可以采取捎口信、电话、短信、传真、电子邮件等简便方式传唤双方当事人、通知证人。人民法院用简便方式传唤当事人、证人到庭，可以不受开庭前 3 日限制。对于公开审判的案件，法院也可以不受开庭前 3 日发公告的限制。

（四）审判组织采用独任制

适用普通程序审理第一审民事案件，审判组织形式采用合议制，而适用简易程序审理民事案件则采用独任制，即案件由审判员一人审理。但是，独任审判员仍然应当配备书记员担任记录，独任审判员不得自审自记。

（五）审理程序简便

适用简易程序审理民事案件，根据《民事诉讼法》第 163 条的规定，在审理程序上不受《民事诉讼法》第 139 条、第 141 条、第 144 条的限制。根据《民事诉讼法》第 139 条的规定，法院应当在开庭 3 日前通知当事人和其他诉讼参与人。公开审理的，应当公告当事人姓名、案由和开庭的时间、地点。根据《民事诉讼法》第 141 条、第 144 条的规定，法庭调查和法庭辩论应当按顺序进行。适用简易程序审理案件不受以上三条规定的约束，法官可以酌情灵活掌握。《简易程序若干规定》第 21 条第 2 款规定："当事人对案件事实无争议的，审判人员可以在听取当事人就适用法律方面的辩论意见后迳行判决、裁定。"根据《适用民诉法解释》第 259 条的规定，对于简易程序审理的案件，当事人双方可就开庭方式向人民法院提出申请，由人民法院决定是否准许。经当事人双方同意，可以采用视听传输技术等方式开庭。

（六）法律文书可以简化

法律文书是法院在审理民事案件过程中制作的文书。狭义的法律文书仅指法院制作的判决书、裁定书和调解书。为实现简易程序节省资源、提高诉讼效率的目的，《适用民诉法解释》第 270 条规定，适用简易程序审理的案件，有下列情形之一的，人民法院在制作判决书、裁定书、调解书时，对认定事实或者裁判理由部分可以适当简化：（1）当事人达成调解协议并需要制作民事调解书的；（2）一方当事人明确表示承认对方全部或者部分诉讼请求的；（3）涉及商业秘密、个人隐私的案件，当事人一方要求简化裁判文书中的相关内容，人民法院认为理由正当的；（4）当事人双方同意简化的。

（七）当事人享有程序选择权和程序异议权

为保障当事人的处分权，法律赋予当事人选择程序的权利和对法院确定程序提出异议的权利。《民事诉讼法》第160条第2款规定：“基层人民法院和它派出的法庭审理前款规定以外的民事案件，当事人双方也可以约定适用简易程序。”《适用民诉法解释》第269条规定：“当事人就案件适用简易程序提出异议，人民法院经审查，异议成立的，裁定转为普通程序；异议不成立的，裁定驳回。裁定以口头方式作出的，应当记入笔录。转为普通程序的，人民法院应当将审判人员及相关事项以书面形式通知双方当事人。转为普通程序前，双方当事人已确认的事实，可以不再进行举证、质证。”

（八）案件审限较短

适用简易程序审理民事案件，由于案件比较简单，因此案件审理期限较短。根据《民事诉讼法》第164条的规定，人民法院适用简易程序审理案件，应当在立案之日起三个月内审结。有特殊情况需要延长的，经本院院长批准，可以延长一个月。《适用民诉法解释》第258条规定，适用简易程序审理的案件，审理期限到期后，有特殊情况需要延长的，经本院院长批准，可以延长审理期限。延长后的审理期限累计不得超过四个月。

人民法院发现案情复杂，需要转为普通程序审理的，应当在审理期限届满前作出裁定并将合议庭组成人员及相关事项书面通知双方当事人。

案件转为普通程序审理的，审理期限自人民法院立案之日计算。

案例 18-1

米某和胡某是朋友，米某说胡某一年前向其借了10万元，说好用一年就还，但是一年后只还了5万元，还欠5万元未还。于是米某向法院提起诉讼，要求胡某归还其余的5万元。法院受理后适用简易程序审理，但在审理过程中，发现案情比较复杂。因为胡某称米某向法院提供的书证“还欠款5万元”，是证明他只借了5万元，已归还，即证明“还（huán）欠款5万元”，他们之间的债权债务已经了结。而不是米某说的借了10万元，已归还5万元，“还（hái）欠款5万元”。法院认为因案情比较复杂，应当适用普通程序审理，于是在3个月的审限届满前决定将案件转为普通程序，组成合议庭审理，并按照规定书面通知了当事人。

第二节 简易程序的适用范围及其排除规定

一、简易程序的适用范围

《民事诉讼法》第160条第1款规定了简易程序的适用范围：“基层人民法院和它派出的法庭审理事实清楚、权利义务关系明确、争议不大的简单的民事案件，适用本章规定。”

（一）简易程序适用的法院

从《民事诉讼法》第160条的规定来看，简易程序适用的法院，仅限于基层人民法院及其派出法庭，不适用于其他级别的法院。派出法庭，是指人民法院在法院之外的地点设立的固定的法庭和法院就地审理案件设立的临时法庭。派出法庭是法院的派出机构，派出法庭的审判行为就是其所属法院的审判行为，派出法庭制作的法律文书就是法院制作的法律文书。《适用民诉法解释》第262条规定：“人民法庭制作的判决书、裁定书、调解书，必须加盖基层人民法院印章，不得用人民法庭的印章代替基层人民法院的印章。”

（二）简易程序适用的审级

简易程序仅适用于审理第一审民事案件，当事人上诉的二审案件不得适用简易程序审理。而且，根据《适用民诉法解释》第 257 条的规定，发回重审和适用审判监督程序审理的案件，虽然仍然是第一审案件，但不得适用简易程序，只能适用普通程序。

（三）简易程序适用的案件范围

《民事诉讼法》第 160 条规定了简易程序适用的案件的范围，即简易程序适用于审理事实清楚、权利义务关系明确、争议不大的简单的民事案件。为了统一理解“事实清楚、权利义务关系明确、争议不大”的概念，《适用民诉法解释》第 256 条进行了具体解释。所谓“事实清楚”，是指当事人双方对争议的事实陈述基本一致，并能提供相应的证据，无须人民法院调查收集证据即可查明事实；所谓“权利义务关系明确”，是指能明确区分谁是责任的承担者，谁是权利的享有者；所谓“争议不大”，是指当事人对案件的是非、责任承担以及诉讼标的的争执无原则分歧。

另外，根据当事人可以就适用普通程序的案件，双方协商一致自愿选择适用简易程序的规定，简易程序的案件适用范围可以超出“事实清楚、权利义务关系明确、争议不大的简单的民事案件”的范围。

二、简易程序适用的排除规定

关于简易程序的适用范围，《适用民诉法解释》第 257 条作了一些排除性的规定，即以下案件不得适用简易程序审理：（1）起诉时被告下落不明的案件；（2）发回重审的案件；（3）当事人一方人数众多的案件；（4）适用审判监督程序审理的案件；（5）涉及国家利益、社会公共利益的案件；（6）第三人起诉请求改变或者撤销生效判决、裁定、调解书的；（7）其他不宜适用简易程序的案件。

案例 18－2

甲向乙借款 3 万元，逾期未还，有甲亲笔书写的借条为证。甲离家未归，不知去向。诉讼时效即将届满，乙向法院提起诉讼。此案虽然诉讼标的比较小，法院却适用普通程序审理。因为，《适用民诉法解释》和《简易程序若干规定》中有关于适用简易程序的排除规定，起诉时被告下落不明的案件在简易程序排除适用范围之内，不得适用简易程序审理。

第三节 简易程序的具体程序规范

一、起诉与答辩

（一）起诉方式

适用简易程序，原告起诉可以是书面方式，也可以是口头方式。原告以书面方式起诉的应当提交起诉状，原告本人不能书写起诉状，委托他人代写起诉状确有困难的，可以口头起诉。

（二）答辩方式

被告可以以书面形式答辩，也可以以口头形式答辩。双方当事人被法院传唤到庭后，被告可以口头答辩，法院可以当即开庭审理；被告要求书面答辩的，法院应当允许其书面答辩，并告知其提交答辩状的期限，同时告知双方当事人开庭的日期，并向他们释明逾期举证的后果和拒不到庭的后果。

（三）诉讼文书的送达

为了实现简易程序的效率目标，敦促当事人积极行使诉讼权利和主动履行诉讼义务，《简易程序若干规定》对诉讼文书的送达特别规定如下：

（1）当事人应当在起诉或者答辩时向人民法院提供自己准确的送达地址、收件人、电话号码等其他联系方式，并签名或者按指印确认。送达地址应当写明受送达人住所地的邮政编码和详细地址；受送达人是有固定职业的自然人的，其从业的场所可以视为送达地址。

（2）法院按照原告提供的被告的送达地址或者其他联系方式无法通知被告应诉的，应当按以下方式处理：第一，原告提供了被告准确的送达地址，但是法院无法向被告直接送达或者留置送达应诉通知书的，应当将案件转入普通程序审理；第二，原告不能提供被告准确的送达地址，法院经查证后仍不能确定被告送达地址的，可以被告不明确为由裁定驳回原告的起诉。

（3）被告到庭后拒不提供自己的送达地址和联系方式的，法院应当告知其拒不提供的后果，经法院告知后仍不提供的，可以按照以下方式处理：第一，被告是自然人的，以其户籍登记中的住所或者经常居所为送达地址；第二，被告是法人或者非法人组织的，应当以其在登记机关登记、备案中的住所为送达地址。法院应当将以上告知的内容记入笔录。

（4）法院应当在原告起诉或者被告答辩时以书面或口头方式告知当事人下述事项及其法律后果：因当事人自己提供的送达地址不准确、送达地址变更未及时告知人民法院，或者当事人拒不提供自己的送达地址而导致诉讼文书未能被当事人实际接收的，按下列方式处理：第一，邮寄送达的，以邮件回执上注明的退回之日为送达之日；第二，直接送达的，送达人当场在送达回证上记明情况之日视为送达之日。

人民法院可以用简便方式送达诉讼文书，但应当保障当事人陈述意见的权利。

二、审理前的准备

除当即开庭审理的案件以外，对定期开庭的案件，开庭审理前法院应当做审理前的准备：阅读双方当事人的诉状，审查当事人提交的证据材料，了解当事人之间争议的事项等。此外，有些准备事项特别规定如下：

（一）举证期限的特别规定

根据《适用民诉法解释》第 266 条的规定，适用简易程序案件的举证期限由人民法院确定，也可以由当事人协商一致并经人民法院准许，但不得超过 15 日。被告要求书面答辩的，人民法院可在征得其同意的基础上，合理确定答辩期间。

人民法院应当将举证期限和开庭日期告知双方当事人，并向当事人说明逾期举证以及拒不到庭的法律后果，由双方当事人在笔录和开庭传票的送达回证上签名或者捺印。

当事人双方均表示不需要举证期限、答辩期间的，人民法院可以立即开庭审理或者确定开庭日期。

（二）当事人对适用简易程序的异议及其处理

根据《适用民诉法解释》第 269 条的规定，当事人就案件适用简易程序提出异议，人民法院经审查，异议成立的，裁定转为普通程序；异议不成立的，裁定驳回。裁定以口头方式作出的，应记入笔录。

简易程序转为普通程序的，人民法院应当将合议庭组成人员及相关事项以书面形式通知双方当事人。

简易程序转为普通程序前，双方当事人已确认的事实，可以不再进行举证、质证。

（三）先行调解

适用简易程序的有些类型的案件，法院可以在开庭之前先行调解。根据《简易程序若干规定》，除根据案件的性质和当事人的实际情况不能调解或者显然没有调解必要的以外，对下列民事纠纷案件，法院在开庭审理前应当先行调解：（1）婚姻家庭纠纷和继承纠纷；（2）劳务合同纠纷；（3）交通事故和工伤事故引起的权利义务关系较为明确的损害赔偿纠纷；（4）宅基地和相邻关系纠纷；（5）合伙合同纠纷；（6）诉讼标的额较小的纠纷。

开庭审理前，经调解双方当事人达成调解协议解决纠纷的，通常法院应当制作调解书，调解书送达当事人签收后生效。但是，就调解书的生效方式当事人可以协商，当事人协商同意调解协议采取双方签名或者按指印的方式生效的，该调解协议自双方当事人签名或者按指印之日起发生法律效力。当事人要求摘录或者复制该调解协议的，法院应当准予。调解协议生效后一方当事人拒不履行的，另一方当事人可以申请法院强制执行。

法院可以告知当事人到法院领取调解书的具体日期，也可以在当事人达成调解协议的次日起 10 日内将调解书发送给当事人。

如果调解书与调解协议的原意有不符之处，当事人有权提出异议，法院对当事人的异议应当予以审查，经审查异议成立的，法院应当作出裁定补正。

案例 18-3

小李和老李因合伙协议发生纠纷，老李诉至法院，要求法院认定小李违约并承担违约责任。法院受理后，在开庭审理之前进行了调解，因为，根据《简易程序若干规定》，对婚姻家庭、劳务纠纷、合伙纠纷等 6 种案件，法院开庭审理前应当先调解。经过调解，老李和小李达成了协议，法院根据调解协议制作了调解书并送达双方当事人，案件审结。

三、开庭审理

简易程序虽然简化了诉讼程序事项，但对当事人依法所享有的诉讼权利不得忽略，不得剥夺，同样应当像适用普通程序那样给予充分的保障。案件开庭审理前，书记员应当查明当事人及其他诉讼参与人是否到庭、宣布法庭纪律等，若有当事人未到庭的，应报告审判员，由审判员决定是否延期审理、中止审理、缺席审理或按撤诉处理。庭审时审判员应当核对当事人及其诉讼代理人的身份，并询问各方当事人对于对方当事人出庭人员有无异议。《简易程序若干规定》对简易程序开庭审理特别规定如下所述：

（一）关于按撤诉处理和缺席判决

以捎口信、电话、传真、电子邮件等简便方式发送的开庭通知，如果未经当事人确认或者没有其他证据足以证明当事人已经收到的，法院不得将其作为按撤诉处理和缺席判决的依据。被告经传票传唤，无正当理由拒不到庭或者未经许可中途退庭的，法院可以根据原告的诉讼请求及双方已经提交法庭的证据材料缺席判决。为保障简易程序缺席判决缺席当事人的合法权益，《适用民诉法解释》第 261 条第 2 款规定："以简便方式送达的开庭通知，未经当事人确认或者没有其他证据证明当事人已经收到的，人民法院不得缺席判决。"

（二）对当事人的告知和释明

为了保障当事人行使诉讼权利，《民事诉讼法》规定，法院开庭审理时应当由审判员宣布审判员、助理审判员、书记员姓名，告知当事人有关的诉讼权利义务，询问各方当事人是否申请回避等。为了简化诉讼程序，《简易程序若干规定》规定，如果开庭前已经书面或者口头告知当事人诉讼权利义务，或者当事人各方均委托代理律师的，审判人员可以不再告知当事人其他的诉讼权利义务，仅告知其申请回避的权利即可。

为了充分保障当事人行使诉讼权利以及理解诉讼程序规范及其法律后果，根据《适用民诉法解释》第268条的规定，对没有委托律师、基层法律服务工作者代理诉讼的当事人，人民法院在庭审过程中可以对回避、自认、举证证明责任等相关内容向其作必要的解释或者说明，并在庭审过程中适当提示当事人正确行使诉讼权利、履行诉讼义务。

（三）法庭调查和法庭辩论

为了提高庭审的效率，便于法庭调查和法庭辩论的顺利、快速进行，庭审时，审判人员可以根据当事人的诉讼请求和答辩意见归纳出案件争议的焦点，经过当事人确认，然后由当事人围绕焦点举证、质证、辩论。

对适用简易程序审理的民事案件，原则上要求一次庭审审结，但法院认为确有必要再次开庭的可以再次开庭。

为了避免程序的无谓耗费，当事人对案件事实无争议的，审判人员可以在听取双方当事人就适用法律问题的辩论意见后迳行判决、裁定。

（四）判决书、宣判及送达

1. 判决书的简化

由于适用简易程序的案件的性质比较简单，除了其审判程序可以简化外，其判决书在特定情况下也可以适当简化。根据《适用民诉法解释》第270条的规定，适用简易程序审理的民事案件，人民法院在制作判决书、裁定书、调解书时，有下列情形之一的，对认定事实或者裁判理由部分可以适当简化：（1）当事人达成调解协议并需要制作民事调解书的；（2）一方当事人明确表示承认对方全部或者部分诉讼请求的；（3）涉及自然人的隐私、个人信息，或者商业秘密的案件，当事人一方要求简化裁判文书中的相关内容，人民法院认为理由正当的；（4）当事人双方同意简化的。

2. 宣判

简易程序宣判的方式有两种：当庭宣判和定期宣判。适用简易程序审理的民事案件，原则上应当当庭宣判，法院认为不宜当庭宣判的可以定期宣判。

3. 送达

当庭宣判的案件，法院应当告知当事人或者其诉讼代理人领取裁判文书的期间和地点以及逾期不领取的法律后果，当事人要求邮寄的除外。法院已经告知当事人领取裁判文书的期间和地点的，当事人在指定期间内领取裁判文书之日即为送达之日；当事人在指定期间内未领取的，指定领取裁判文书期间届满之日即为送达之日，当事人的上诉期从法院指定领取裁判文书届满之日的次日起开始计算。

当事人因交通不便或者其他原因要求邮寄裁判文书的，法院可以按照当事人自己提供的送达地址邮寄送达。法院根据当事人自己提供的送达地址邮寄送达的，邮件回执上注明收到或者退回之日即为送达之日，当事人的上诉期从邮件回执上注明收到或者退回之日的次日起开始计算。

定期宣判的案件，定期宣判之日即为送达之日，当事人的上诉期自定期宣判的次日起开始计算。当事人在定期宣判的日期无正当理由未到庭的，不影响该裁判上诉期间的计算。当事人确有正当理由不能到庭，并在定期宣判前已经告知法院的，法院可以按照当事人自己提供的送达地址将裁判文书送达给未到庭的当事人。

对按撤诉处理或者缺席判决的裁判文书，法院可以按照当事人自己提供的送达地址将裁判文书送达给未到庭的当事人。

第四节　小额诉讼程序

一、小额诉讼程序的概念

小额诉讼程序是指基层人民法院受理诉讼标的在一定金额以下的简单金钱给付民事纠纷所适用的诉讼程序。《民事诉讼法》第 165 条规定："基层人民法院和它派出的法庭审理事实清楚、权利义务关系明确、争议不大的简单金钱给付民事案件，标的额为各省、自治区、直辖市上年度就业人员年平均工资百分之五十以下的，适用小额诉讼的程序审理，实行一审终审。基层人民法院和它派出的法庭审理前款规定的民事案件，标的额超过各省、自治区、直辖市上年度就业人员年平均工资百分之五十但在二倍以下的，当事人双方也可以约定适用小额诉讼的程序。"小额诉讼有两种不同的立法例：一是并列式，即小额诉讼与简易程序是两种并列适用的程序；二是包含式，即将小额诉讼包含在简易程序中。我国在立法时采用了第二种方式，将小额诉讼作为简易程序的组成部分。因此《适用民诉法解释》第 281 条规定："人民法院审理小额诉讼案件，本解释没有规定的，适用简易程序的其他规定。"

二、建立小额诉讼程序的必要性

建立小额诉讼程序的主要目的在于解决法院"案多人少"的困境。随着社会的转型和人们权利意识的提高，民商事纠纷激增并大量涌入法院，而法院却没有大幅增加审判人员，使得司法不能满足人们日益增加的诉讼需求的矛盾愈发突出，法院"案多人少"的现实困境不断加剧。为了化解这种不利局面，法院积极探索能够与案件类型相适应的诉讼程序，丰富和扩充司法解决纠纷的渠道。在这种情况下，小额诉讼简化、便捷的优势备受推崇，并且在各地法院的小额诉讼试点工作中取得了积极的成果。同时，利用小额诉讼程序快速解决纠纷也是法治发达国家的普遍做法。有鉴于此，我国《民事诉讼法》于 2012 年正式确立了小额诉讼制度，这是民事诉讼制度的重大进步。

三、小额诉讼的适用条件

（一）基层人民法院及其派出法庭可以适用小额诉讼

小额诉讼是简易程序的一种形式，只有基层人民法院及其派出的法庭才能适用，中级以上人民法院对小额诉讼案件没有管辖权。但是根据我国法院建制以及审理案件具体情况，《适用民诉法解释》第 273 条规定，海事法院可以适用小额诉讼的程序审理海事、海商案件。案件标的额应当以实际受理案件的海事法院或者其派出法庭所在的省、自治区、直辖市上年度就业人员年平均工资为基数计算。

（二）小额诉讼适用于简单的金钱给付案件

小额诉讼旨在于为人们提供简单、便捷的解决纠纷渠道，减轻法院的审案压力。因此，适用的案件应以小额、简单为宜，不应过于复杂。具体而言，事实清楚、权利义务关系明确、争议不大、标的额较小的简单民事案件才能适用小额诉讼。同时，《民事诉讼法》第165条对小额诉讼的标的额有明确的要求。因此，诉讼标的额在各省、自治区、直辖市上年度就业人员年平均工资的50%以下的小额金钱给付案件应当适用小额诉讼。我国东西部经济发展不平衡，经济水平不一致，具体标准应由最高人民法院根据国家统计局公布的数据每年确定并公布。金钱纠纷之外的离婚、收养等具有人身性质的案件不能适用小额诉讼程序，确认之诉与形成之诉也不能适用。为了扩大小额诉讼程序的适用范围，《民事诉讼法》也赋予当事人程序选择权。

另外，根据《民事诉讼法》第166条的规定，下列案件不适用小额诉讼程序：（1）人身关系、财产确权案件；（2）涉外案件；（3）需要评估、鉴定或者对诉前评估、鉴定结果有异议的案件；（4）一方当事人下落不明的案件；（5）当事人提出反诉的案件；（6）其他不宜适用小额诉讼程序审理的案件。

（三）小额诉讼适用一审终审制

小额诉讼程序实行一审终审制。这就意味着适用小额诉讼程序审理的案件，法院作出判决送达当事人，裁判即生效。若当事人对该判决不满，不能像简易程序一样向上级人民法院上诉，只能通过再审程序进行救济。

司法实践案例：

小额诉讼程序的程序特点和适用

四、小额诉讼程序事项告知、当事人异议以及程序转换

（一）小额诉讼程序事项告知

根据《民事诉讼法》规定，我国小额诉讼程序的适用包括两种：其一，对于标的额在各省、自治区、直辖市上年度就业人员平均工资50%以下的金钱给付简单民事案件，人民法院应当适用小额诉讼程序审理；其二，对于标的额超过各省、自治区、直辖市上年度就业人员平均工资50%以上但二倍以下的简单金钱给付案件，双方当事人约定适用小额诉讼程序的，法院也可以适用小额诉讼程序审理案件。对确定适用小额诉讼程序案件的当事人，人民法院应当在开庭前以《小额诉讼须知》等书面方式向当事人告知如下事项：小额诉讼程序的适用条件、审判组织、审理方式、一审终审、审理期限、诉讼费用交纳标准等相关事项，以保障当事人充分行使诉讼权利、依法履行诉讼义务。对《小额诉讼须知》等书面材料，要求当事人签收，以证明人民法院对当事人履行了诉讼告知行为。

（二）当事人异议和程序转换

法院决定适用小额诉讼的案件，当事人认为法院适用小额诉讼程序不当的，有权在开庭前提出异议。若异议成立，法院可以裁定按简易程序审理，或者裁定将案件转入普通程序；异议不成立的，裁定驳回其异议申请。《民事诉讼法》第169条规定："人民法院在审

理过程中，发现案件不宜适用小额诉讼的程序的，应当适用简易程序的其他规定审理或者裁定转为普通程序。当事人认为案件适用小额诉讼的程序审理违反法律规定的，可以向人民法院提出异议。人民法院对当事人提出的异议应当审查，异议成立的，应当适用简易程序的其他规定审理或者裁定转为普通程序；异议不成立的，裁定驳回。”

五、小额诉讼程序的特别要求

由于小额诉讼程序是一个新程序，相关司法经验不充分，因此《适用民诉法解释》根据小额诉讼程序自身特点对小额诉讼程序下述内容进行特殊规定。

（一）举证期限

小额诉讼案件的举证期限由人民法院确定，也可以由当事人协商一致并经人民法院准许，但一般不超过 7 日。

被告要求书面答辩的，人民法院可以在征得其同意的基础上合理确定答辩期间，但最长不得超过 15 日。

当事人到庭后表示不需要举证期限和答辩期间的，人民法院可立即开庭审理。

（二）管辖权异议

当事人对小额诉讼案件提出管辖异议的，人民法院应当作出裁定。裁定一经作出即生效。

（三）审理时，人民法院发现不符合起诉条件的处理

人民法院受理小额诉讼案件后，发现起诉不符合《民事诉讼法》第 122 条、第 127 条规定的起诉条件的，裁定驳回起诉。裁定一经作出即生效。

（四）裁判文书的简化

小额诉讼案件的裁判文书可以简化，主要记载当事人基本信息、诉讼请求、裁判主文等内容。

【引例分析】

引例中的案件是一宗比较简单的民事诉讼案件，应当适用简易程序。而且，在审理过程中该案件也没有变化，仍然是事实清楚、权利义务关系明确、争议不大的案件，不需要转换为普通程序审理。如果在审理中发现该案件事实不清楚，当事人双方争议很大，或者权利义务关系不太明确，那么就应当转换为普通程序审理。

由于适用简易程序，因此原告张××用口头形式起诉得到许可，受诉法院的派出法庭当即予以受理，而且被告李××也以口头形式答辩。原告起诉后，书记员用电话传唤被告，没有使用传票。案件的审判组织采用了独任制，小何担任王法官的书记员。案件的审理程序也很简便，法官仅履行了调查案件事实的程序，听取了当事人双方的辩论意见，在调解不成的情况下作出判决。

适用简易程序审理案件，可以像引例这样简便，也可以采取比引例稍正式的程序审理，但不论其程序是简便还是比较正式，其审判组织形式都是独任制。

【本章小结】

1. 简易程序，是指基层人民法院及其派出法庭审理简单的民事案件所适用的民事诉

讼程序。民事诉讼的第一审程序有两种：一种是普通程序；另一种是简易程序。

2. 简易程序的适用范围限于基层人民法院和它派出的法庭审理事实清楚、权利义务关系明确、争议不大的简单的民事案件。

3. 不得适用简易程序审理的案件：（1）起诉时被告下落不明的案件；（2）发回重审的案件；（3）当事人一方人数众多的案件；（4）适用审判监督程序审理的案件；（5）涉及国家利益、社会公共利益的案件；（6）第三人起诉请求改变或者撤销生效判决、裁定、调解书的；（7）其他不宜适用简易程序的案件。

4. 简易程序虽然是简化了的第一审程序，但是裁判的效力是完全一样的，当事人的诉讼权利同样应当受到应有的保障。

5. 小额诉讼是简易程序的一种形式，适用于诉讼标的额为各省、自治区、直辖市上年度就业人员年平均工资50%以下的简单金钱给付案件。

【课后练习题】

一、名词解释

简易程序　派出法庭　小额诉讼

二、思考题

1. 什么是简易程序？简易程序与普通程序的关系是怎样的？
2. 简易程序主要有哪些特点？
3. 试述简易程序的适用范围及注意事项。
4. 小额诉讼程序有哪些适用条件？

三、案例分析题

1. 张三和李四是朋友，李四两年前向张三借了5万元钱，久未归还，于是张三到法院起诉李四，要求归还借款。法院受理后，适用简易程序，由审判员王法官独任审理。在审理过程中，张三认为王法官对案子有倾向性，并认为案件虽小但却复杂，要求适用普通程序审理，并要求王法官回避。王法官发现案情确有复杂之处，原告提供的证据借条因保管不善，字迹模糊不清，借款数额难以辨认，而被告既不承认借过这笔钱，也不承认自己在借条上的签名，需要进一步调查取证并进行书证笔迹鉴定。另外，被告又提起了反诉。

问：张三是否有权提出适用普通程序审理的要求？张三要求回避的理由是否成立？在此种情况下，案件应当如何进行？

分析要点提示：（1）张三有程序异议权，法院应当依法审查，决定是否准许。（2）张三认为王法官有倾向性的理由不成立，法律没有这种回避事由的规定。（3）如果案情确实复杂，法院应当转为普通程序审理。

2. 某市A公司向该市的某银行贷款9 200万元人民币，逾期未还，银行准备通过诉讼解决。根据级别管辖的规定，此案应当由该地的中级人民法院管辖，银行向该地中级人民法院提起诉讼。此案虽然诉讼标的额较大，但实际上当事人对事实无争议。

问：中级人民法院应当适用什么程序审理？如果根据程序选择权，当事人是否可以协商一致要求适用简易程序审理？

分析要点提示：（1）应当适用第一审普通程序审理。（2）即使根据程序选择权，也不得适用简易程序审理，因为这是一宗由中级人民法院管辖的第一审案件，中级人民法院不可以适用简易程序审理案件，简易程序仅适用于基层人民法院及其派出法庭。

第十九章　第二审程序

【本章引例】

某县人民法院审理王某（女）诉周某离婚一案，判决准许离婚，女儿归王某抚养。周某不服，提起上诉。某市中级人民法院对本案进行了调解。当事人协议离婚，女儿归周某抚养。法院制作了调解书，并写明撤销一审判决。本案中二审法院的做法是否正确？

【本章学习目标】

通过学习本章，你应该能够：

1. 了解第一审程序与第二审程序的区别和联系
2. 掌握上诉的条件
3. 了解第二审程序的审理方式与审理范围
4. 了解第二审裁判的不同形式

第一节　第二审程序概述

第二审程序是当事人对第一审人民法院所作的未发生法律效力的裁判不服，提起上诉，第二审人民法院对案件进行审理的程序，也叫上诉审程序。

一、第二审程序与第一审程序的联系

（1）两个审级的诉讼标的是相同的，因此，都必须针对双方当事人之间争议的民事法律关系，从事实和法律上加以审理，分清是非，明确责任，并作出法律上的判定。

（2）第一审程序是第二审程序的基础，第一审程序中当事人提出的或法院收集的证据材料，在第二审程序中可以使用，并通过法定的程序核对清楚后，作为定案的根据。

（3）人民法院按照第二审程序审理案件，《民事诉讼法》“第二审程序”中没有规定的事项，应当适用“第一审普通程序”有关规定，如开庭审理的程序等。

二、第二审程序与第一审程序的区别

（一）程序发生的基础不同

第一审程序基于当事人的起诉权以及起诉行为而发生；第二审程序则基于当事人的上诉权以及上诉行为而发生。因此，第一审程序是否发生要看当事人是否具备起诉的条件；而第二审程序是否发生要看当事人是否具备上诉的条件。

（二）程序启动的理由不同

起诉的理由是民事权利受到侵害或者与他人发生争议；上诉的理由则是对一审法院的裁判不服。因此，第二审程序不仅涉及对当事人之间争议的法律关系进行认定，而且涉及对原审法院裁判的评价。

（三）两个审级所作裁判的法律效力不同

一审裁判的效力具有不确定性，会由于当事人的上诉而暂不生效；而二审裁判的效力是不可争议的、确定的，当事人不能提出上诉。

我国民事诉讼实行二审终审，第二审程序的设置具有重要的意义。从认识论的角度看，人们对事物的正确认识往往是通过反复进行取得的。设置第二审程序，法律赋予当事人上诉权，用此维护其合法权益；设置第二审程序，发挥上级法院对下级法院审判活动的监督，对同一案件中的事实和法律争议加以再次审理，便于作出正确的结论，有利于保护当事人的合法权益，保障裁判的正确性。

案例 19-1

环球公司与宇宙公司因买卖合同发生纠纷，环球公司提起诉讼。一审法院审理后作出判决，认定宇宙公司违约并判令其承担违约责任。宇宙公司不服提起上诉，二审法院经过审理，认为一审判决认定事实清楚，适用法律正确，作出判决：驳回上诉，维持原判。宇宙公司还不服，但是，我国民事诉讼实行两审终审制，宇宙公司不得再上诉了。

第二节　上诉的提起、受理与撤回

一、上诉的提起

（一）提起上诉的条件

上诉是当事人对第一审未生效的判决、裁定，在法定期限内声明不服，要求上一级人民法院进行审理并撤销或变更原裁判的诉讼行为。

当事人上诉需要具备以下条件：

1. 上诉人适格

《民事诉讼法》规定，第一审案件的当事人即原告、被告、共同诉讼人、有独立请求权的第三人享有上诉权。无独立请求权的第三人，如果在第一审判决中确认其承担义务的，即案件的处理结果同其有法律上的利害关系，也依法享有上诉权。按照《民事诉讼法》的规定，法定代理人或经过特别授权的委托代理人可以依法代理当事人行使上诉权。

关于第二审当事人需要注意两点：一是有上诉权的当事人提出上诉的，均列为上诉人。二是必要的共同诉讼人中一人或者部分人提出上诉的，按下列情况处理：（1）该上诉仅是对与对方当事人之间权利义务的分担有意见，不涉及其他共同诉讼人利益的，对方当事人为被上诉人，未上诉的同一方当事人依原审诉讼地位列明；（2）该上诉仅对共同诉讼人之间权利义务分担有意见，不涉及对方当事人利益的，未上诉的同一方当事人为被上诉人，对方当事人依原审诉讼地位列明；（3）该上诉对双方当事人之间以及共同诉讼人之间权利义务承担有意见的，未提出上诉的其他当事人均为被上诉人。

2. 提起上诉的客体必须是依法允许上诉的判决或裁定

《民事诉讼法》第 171 条规定："当事人不服地方人民法院第一审判决的，有权在判决书送达之日起十五日内向上一级人民法院提起上诉。当事人不服地方人民法院第一审裁定的，有权在裁定书送达之日起十日内向上一级人民法院提起上诉。"地方各级人民法院制作的调解书，依特别程序审理案件制作的判决、裁定书及最高人民法院的判决、裁定、调解书均不得上诉。根据《民事诉讼法》的规定，除不予受理的、对管辖权有异议的、驳回起诉的裁定允许上诉，其他裁定一律不得上诉。

3. 必须在法定期限内提起上诉

根据《民事诉讼法》的规定，对判决提起上诉的期限为 15 日，对裁定提起上诉的期限为 10 日，上诉期限从当事人接到第一审人民法院的判决或者裁定的次日起算。上诉期限属法定期限，任何人不得任意改变。当事人在上诉期限内未上诉，第一审人民法院的判决或裁定即发生法律效力。

上诉期限，应当从当事人收到判决、裁定后的第二天算起。各方当事人收到判决、裁定的时间不相同的，从各自收到判决、裁定的第二天算起，只有最后收到判决、裁定的当事人的上诉期限届满后无人提起上诉，判决、裁定才发生法律效力。

对于上诉期的计算，还有两种特殊情况应当注意：一是共同诉讼人的上诉期的计算，因共同诉讼的种类不同而不同。在必要的共同诉讼中，共同诉讼人的上诉期的计算，应以最后一个收到判决或者裁定的共同诉讼人的上诉期为准，即只有最后一个收到判决或者裁定的共同诉讼人的上诉期限届满后，没有人提起上诉，判决、裁定才发生法律效力。在普通的共同诉讼中，由于每个共同诉讼人各自独立享有并行使上诉权，因此，他们的上诉期应当各自分别计算，互相不受影响。二是当事人一方在国内、一方在中华人民共和国领域内没有住所的案件，双方当事人对判决不服的上诉期，应按各自的不同规定计算。国内的一方，仍按 15 日计算；中华人民共和国领域内没有住所的一方，按 30 日计算，如果不能按期上诉的，还可以申请延长，但是否准许，由人民法院决定。只有双方当事人的上诉期都届满后没有人提起上诉，判决、裁定才发生法律效力。

当事人因不可抗拒的事由或者其他正当理由耽误上诉期限的，根据《民事诉讼法》第 86 条的规定，在障碍消除后的 10 日内有权申请顺延期限，但是否准许，由人民法院决定。

4. 应向人民法院递交上诉状

当事人提起上诉必须用书面方式，不能用口头方式，这是上诉与起诉的一个不同之处。一审宣判时或判决、裁定书送达时，当事人口头表示上诉的，人民法院应告知其必须在法定上诉期间内提交上诉状。未在法定上诉期内递交上诉状的，视为未提出上诉。

上诉状应写明以下几项内容：

（1）双方当事人的姓名、法人的名称及其法定代表人的姓名或者其他组织的名称与主要负责人的姓名。

（2）原审法院名称、案件编号和案由。

（3）上诉的请求和理由。上诉的请求和理由是上诉状的主要内容。上诉的请求是上诉人通过上诉要达到的目的。上诉理由则是上诉人提出上诉请求的具体根据，应表明上诉人对第一审法院在认定事实和适用法律方面的意见。

一审人民法院在宣告判决或裁定时，当事人口头申请上诉的表示不能代替上诉状。对于口头表示不上诉或者未作表示的，不能简单作未上诉处理，仍然以是否递交上诉状为准。

（二）上诉的程序

根据《民事诉讼法》第 173 条的规定，上诉状原则上应当通过原审人民法院提出。这样做既方便当事人提起上诉，又便于人民法院掌握有关情况，进行审查，以便确定当事人的上诉是否有效和及时通知当事人对上诉状进行补正。同时，这样做还可以及时向被上诉人送达上诉状副本，以便他们尽快提出答辩。但为了保障当事人的上诉权，消除其对原审人民法院的疑虑，《民事诉讼法》又规定，当事人也可以直接向第二审人民法院提起上诉。当事人直接向第二审人民法院上诉的，第二审人民法院应当在 5 日内将上诉状移交原审人民法院。《民事诉讼法》第 174 条规定：原审人民法院收到上诉状，应当在 5 日内将上诉状副本送达对方当事人，对方当事人在收到之日起 15 日内提出答辩状。人民法院应当在收到答辩状之日起 5 日内将副本送达上诉人。对方当事人不提出答辩状的，不影响人民法院审理。原审人民法院收到上诉状、答辩状，应当在 5 日内连同全部案卷和证据，报送第二审人民法院。

当事人提起上诉时，应当按照对方当事人的人数提出上诉状副本，以便对方进行答辩，维护其合法权益，同时也便于人民法院进行审判。

二、上诉的受理

对上诉的受理，是第二审人民法院对第一审上诉案件依法审查，认为符合法定条件的，决定立案审理的诉讼行为。上诉案件的立案权属于第二审人民法院。原审人民法院的判决一经作出并依法送达后，第一审程序便告终结，案件也就脱离了原审人民法院。《民事诉讼法》规定，当事人应通过原审人民法院提出上诉，对此应理解为原审法院对第二审法院的工作协助，而不应理解为原审法院有权决定立案。

三、二审中的撤诉

二审中的撤诉，是指在上诉案件受理后、二审裁判宣告前，当事人将已成立之诉撤回的行为。撤诉与提起诉讼是相对的，它们都是当事人享有的重要诉讼权利，也是当事人对自己权利的一种处分。

根据不同标准划分，二审中的撤诉有不同种类，法律要求和法律后果也不同。首先，根据撤回诉的不同，可以分为撤回起诉和撤回上诉。其次，根据撤回诉的行为是否是当事人主动作为，可以分为撤诉和按撤诉处理。

撤回起诉与撤回上诉的区别在于：（1）两者发生的程序不同。撤回起诉可以发生在一审程序中，也可以在二审中；而撤回上诉只能发生在二审程序中。（2）两者适用条件不同。撤回起诉和撤回上诉要求是一样的，即不损害国家利益、社会公共利益和他人合法利益，人民法院准许的；而二审中撤回起诉，还必须经对方当事人同意，这主要是考虑到双方当事人诉讼权利平等。（3）两者的法律效力不同。一审中撤回起诉的，当事人还可以再次起诉，二审中撤回起诉的，当事人再起诉的，人民法院不予受理；而撤回上诉的，当事人不可以再行上诉。另外，一审中撤回起诉，发生一审程序终结的效力；撤回上诉不仅发生终结二审程序的效力，而且还发生一审裁判生效的效力。

案例 19-2

A公司由唐某、李某等五位股东投资设立，唐某占40%股份，李某等四位股东共占60%股份。公司法定代表人为李某。因公司经营管理等问题，唐某与李某发生争议，多次协商解决不成。之后，李某召开股东会商议将公司整体资产转让，唐某不同意。2022年12月，法定代表人李某主持将公司整体资产低价转让给一家新成立的B公司，公司停止经营，且不再年检。唐某发现转让价格极其低廉，又发现B公司的股东分别是A公司其他四位股东的亲属。唐某提出异议，认为作出转让决议的股东会决议无效、转让合同无效，公司高管李某滥用权力，与B公司串通，低价转让巨额资产，造成巨大损失，侵犯了其股东财产权。2023年2月，唐某以李某、B公司及其法定代表人陈某为被告提起诉讼，请求法院认定被告侵害其股东财产权，要求被告赔偿其财产权损失9 000万元。一审法院认定侵权事实成立，判被告向原告赔偿损失7 000万元。三被告不服，提起上诉。原告也不服判决提起上诉。本案原、被告均为上诉人，唐某、李某和B公司都按照法院指定期限交纳了上诉费。陈某逾期不交纳诉讼费，也未申请缓交、减交或免交，被法院裁定按照撤回上诉处理。

第三节　上诉案件的审理

一、审理前的准备

第二审人民法院对于上诉案件确定受理后，即进入审理前的准备阶段。在这个阶段，第二审人民法院所要做的准备工作，主要有下述两项。

（一）确定审判庭

《民事诉讼法》第41条第1款规定："人民法院审理第二审民事案件，由审判员组成合议庭。合议庭的成员人数，必须是单数。"也就是说，二审用合议庭审理民事案件，只能全部由审判员组成合议庭，不允许人民陪审员参与。《民事诉讼法》第41条第2款规定："中级人民法院对第一审适用简易程序审结或者不服裁定提起上诉的第二审民事案件，事实清楚、权利义务关系明确的，经双方当事人同意，可以由审判员一人独任审理。"也就是说，针对符合法定条件的上诉案件，二审法院也可以适用独任制审理。

（二）阅卷和调查

第二审人民法院审理民事上诉案件，是在第一审人民法院对案件已经进行审理并作出裁判的基础上进行的，当事人的上诉既针对对方当事人，又针对原审人民法院。因此，第二审人民法院的合议庭组成后，首先要认真审阅全部上诉材料，熟悉整个案情，掌握原审人民法院作出裁判的事实依据和法律依据、当事人上诉的主要理由和具体要求、被告的答辩和双方争执的焦点等，从而明确哪些问题还不清楚、还需要调查。在此基础上，合议庭便应有重点、有针对性和有计划地进行一些必要的调查工作，包括询问双方当事人，以便核实证据，进一步查明案情，并初步判明原审人民法院的判决和裁定有无错误，为开庭审理或者迳行判决做好准备。

第二审人民法院在开庭审理前，除做好上述两项准备工作外，其他准备工作与第一审程序大体相同。

二、审理方式

《民事诉讼法》第 176 条第 1 款规定："第二审人民法院对上诉案件应当开庭审理。经过阅卷、调查和询问当事人，对没有提出新的事实、证据或者理由，人民法院认为不需要开庭审理的，可以不开庭审理。"根据这一规定，第二审人民法院审理民事上诉案件，原则上应当开庭审判，只有少数例外情况才可以不开庭审理，即迳行裁判。这是我国民事第二审程序区别于第一审程序的一个重要特点。在第一审程序中，除开庭前能够调解结案的外，一律都要开庭审判；而在第二审程序中，则是以开庭审判为主，以不开庭审判、迳行裁判为辅。迳行裁判，是指第二审人民法院经过阅卷、调查和询问当事人，对没有提出新的事实、证据或理由，不需要开庭审理的案件，由合议庭直接评议并作出判决或者裁定的方式。

迳行裁判不同于书面审理。所谓书面审理，是指法院受理上诉案件后，既不进行实际调查，也不传唤询问当事人、证人等，仅是对第一审法院报送的案卷材料进行审查，不经过开庭，直接作出裁判的审理方式。书面审理的审判方式在我国民事诉讼中没有规定。因此，在审判实践中不得采用。迳行裁判只能在特定的条件下进行，仅是简化开庭审理的程序，审判人员必须与当事人接触，进行调查和询问。

根据《适用民诉法解释》第 331 条的规定，下列上诉案件可以不开庭审理：（1）不服不予受理、管辖权异议和驳回起诉裁定的案件；（2）当事人提出的上诉请求明显不能成立的案件；（3）原判决、裁定认定事实清楚，但适用法律错误的案件；（4）原判决严重违反法定程序，需要发回重审的案件。

三、二审的审理范围

《民事诉讼法》第 175 条明确规定："第二审人民法院应当对上诉请求的有关事实和适用法律进行审查。"我国的上诉审，既是事实审，也是法律审，是事实审与法律审的统一。

我国《民事诉讼法》之所以规定第二审人民法院对上诉请求涉及的有关事实和适用的法律都要进行审查，而不仅限于其中的某一个方面，是因为事实的认定和法律的适用在案件的审理中往往无法分开，两者均对当事人合法权益的保护产生重要影响。所谓上诉请求，是指上诉人提出的要求第二审人民法院支持的主张。所谓有关事实和适用法律，是指与上诉请求有关的事实和适用的法律。根据《民事诉讼法》的规定，第二审人民法院对上诉案件的审理范围，只限于审查与当事人上诉请求有关的事实和所适用的法律，而不要求全面审查第一审人民法院认定的事实和适用的法律。这样做既体现了对当事人处分权的尊重，又有利于第二审人民法院对上诉案件的迅速审结。但是必须明确，第二审人民法院在审理上诉案件时，如果发现一审判决违反法律禁止性规定，或者损害国家利益、社会公共利益、他人合法权益的，则不受当事人上诉请求的限制。

案例 19-3

王某诉刘某人身损害赔偿纠纷一案，由 S 市 H 区人民法院审理终结。一审法院判决刘某赔偿王某医疗费 15 000 元、误工费 1 000 元、营养费 300 元、交通费 200 元。判决书向双方当事人送达后，刘某认为医疗费赔偿过高而上诉；王某未上诉，但他在答辩状中向二审法院提出了误工费赔偿不够，应当增加的上诉请求。二审法院根据《民事诉讼法》的规定，告知王某二审法院通常只能在当事人上诉请求范围内审理，刘某是本案上诉人，法院仅在其上诉范围内审理，王某未上诉，所以其要求增加误工赔偿金的请求不在上诉请求的范围之内。但是根据《适用民诉法解释》第 326 条的规定，在第二审程序中，原审原告增加独立的诉讼请求或者原审被告提出反诉的，第二审人民法院可以根据当事人自愿的原则就新增加的诉讼请求或者反诉进行调解；调解不成的，告知当事人另行起诉。双方当事人同意由第二审人民法院一并审理的，第二审人民法院可以一并裁判。

第四节 上诉案件的裁判与调解

一、第二审法院裁判的适用

二审法院针对一审判决与裁定有以下三种裁判形式：

（一）驳回上诉，维持原判

原判决、裁定认定事实清楚，适用法律正确的，以判决或者裁定方式驳回上诉，维持原判决、裁定。维持原判，是上级人民法院对下级人民法院判决或者裁定的正确性与合法性的一种肯定，是上级人民法院对下级人民法院判决、裁定确认的当事人之间的权利义务关系的一种认可，应当以判决、裁定方式驳回上诉，维持原判。

（二）依法改判或者撤销、变更原裁判

依法改判包括应当依法改判和可以依法改判两种情形。原判决认定事实错误或者适用法律错误的，应当依法改判。认定事实错误是指法院认定案件事实出现错误或者认定事实的证据出现错误的情形。适用法律错误是指法官适用了错误或者失效的法条作为裁判的根据。具体而言，一审判决可能出现事实认定错误、适用法律错误或者事实认定和适用法律同时错误三种情形。针对这三种情形，二审法院应当以判决方式直接改判。原判决基本事实不清的，二审法院可以查清事实后直接改判。基本事实不清是指在证据不足的情况下，一审法院没有调查清楚事实就直接作出了判决。这种情况可以由二审法院查清事实后直接改判。一审裁定认定事实或者适用法律错误的，二审法院应以裁定方式撤销或者变更原裁定。

（三）裁定撤销原裁判，发回重审

发回重审是指二审法院在审判过程中将不符合法律规定的案件发回到原审法院，重新进行审理的方式。发回重审包括可以发回重审和应当发回重审两种情形。原判决认定基本事实不清的，二审法院可以裁定撤销原判决，发回重审。原判决遗漏当事人或者违法缺席判决等严重违反法定程序的，应当撤销原判决，发回重审。发回重审裁定书应当写明发回重审的根据和理由，以便原审法院重新审理。为避免法院重复发回重审浪费司法资源，防止上下级法院之间相互推诿责任，《民事诉讼法》第 177 条第 2 款规定发回重审只能进行一次。

二、第二审法院的调解

调解也是人民法院审理案件的一种重要方式，既适用于第一审程序，也适用于第二审

程序。不同的是在第二审程序中达成调解协议的，一律制作调解书。根据《民事诉讼法》第 179 条的规定，第二审人民法院的调解书送达后，原审人民法院的判决即视为撤销。

需要注意的是，当事人在二审中达成和解协议的，人民法院可以根据当事人的请求，对双方达成的和解协议进行审查并制作调解书送达当事人；因和解而申请撤诉，经审查符合撤诉条件的，人民法院应予准许，并制作裁定书。和解作为双方当事人的诉讼行为，不得排除一审法院裁判的效力，如果转化为二审法院的诉讼行为，就要制作调解书。二审中当事人因和解而申请撤诉的，如果被法院准许，那么原审裁判依然有效，当事人之间达成的和解协议如果与原审裁判内容不一致，就只能靠当事人自愿履行，履行中发生争议，人民法院只能执行原审裁判。

司法实践案例：
民事诉讼法在二审程序中要不要规定禁止不利益变更原则？

三、与二审裁判、调解相关的若干特殊事项的处理

（1）一审宣判后，原审人民法院发现判决有错误，当事人在上诉期内提出上诉的，原审人民法院可以提出原判决有错误的意见，报送第二审人民法院，由第二审人民法院按照第二审程序进行审理；当事人不上诉的，按照审判监督程序处理。人民法院对自己作出的裁判不得违背法定程序自行撤销或更改。

（2）对当事人在一审中已经提出的诉讼请求，原审人民法院未审理、判决的，第二审人民法院可以根据当事人自愿的原则进行调解，调解不成的，发回重审。第二审法院对这样的请求不得作出判决，否则当事人如果不服，又不得再上诉，不符合二审终审的精神。

（3）在第二审程序中，原审原告增加独立的诉讼请求或原审被告提出反诉的，第二审人民法院可以根据当事人自愿的原则就新增加的诉讼请求或反诉进行调解，调解不成的，告知当事人另行起诉。但是如果双方当事人同意由第二审人民法院一并审理的，第二审人民法院可以一并裁判。

（4）一审判决不准离婚的案件，上诉后第二审人民法院认为应当判决离婚的，可以根据当事人自愿的原则，对子女抚养、财产分割的问题一并调解，调解不成的，发回重审。但是如果双方当事人同意由第二审人民法院一并审理的，第二审人民法院可以一并裁判。

（5）必须参加诉讼的当事人或者有独立请求权的第三人在一审中未参加诉讼，第二审人民法院可以根据当事人自愿的原则予以调解，调解不成的，发回重审。这样才能保障当事人的上诉权和上诉程序利益。

（6）人民法院依照第二审程序审理的案件，认为依法不应由人民法院受理的，可以由第二审人民法院直接裁定撤销原判，驳回起诉。

（7）在第二审程序中，当事人申请撤回上诉，人民法院应当制作裁定书予以准许，该裁定书使原审裁判由不确定的状态变成确定状态，发生法律效力。

（8）人民法院依照第二审程序审理案件，认为第一审人民法院受理案件违反专属管辖规定的，应当裁定撤销原裁判并移送有管辖权的人民法院。

案例 19-4

某建筑工程公司因某房地产公司拖欠工程款提起诉讼，请求法院判决被告给付工程款并支付违约金共计521万元。一审法院经审理作出判决，认定房地产公司违约，判决其给付拖欠的工程款并支付违约金共计521万元。房地产公司认为一审判决认定事实有误而提起上诉。上诉审程序中，房地产公司还提出了反诉。二审法院根据《适用民诉法解释》第326条的规定，对反诉和上诉进行了调解，但是调解没有成功。由于某建筑工程公司不同意在二审中直接审理房地产公司提出的反诉，法院告知房地产公司对反诉另行起诉，然后作出判决，维持原判。

【引例分析】

我国民事诉讼中重视以调解的方式解决民事纠纷，在一审程序和二审程序中都允许对案件进行调解。有的案件一审调解不成、作出判决，二审程序中人民法院主持调解，双方达成了解决纠纷的协议。此时人民法院必须制作调解书，此调解书是二审人民法院行使审判权的裁判文书，送达后即发生法律效力，原一审人民法院制作的判决书不再发生法律效力。

二审判决书在推翻一审判决书时可以写明撤销原判，但二审人民法院制作的调解书取代一审判决书却不能写“撤销原判”，理由有二：其一，二审调解结案并不意味着一审判决书有错误；其二，二审人民法院制作的调解书尽管是上一级人民法院的裁判文书，但其内容却是双方当事人达成的协议，也就是说，法院的这种裁判行为是以当事人的诉讼行为为基础的，为此撤销原审法院的判决是不妥的。因此，这种情况下原审人民法院的判决只能“视为撤销”。故引例中二审人民法院在调解书中写明撤销一审判决是错误的。

【本章小结】

1. 第二审程序是当事人对第一审人民法院所作的未发生法律效力的裁判提起上诉，第二审人民法院对案件进行审理的程序，也叫上诉审程序。第二审程序与第一审程序既有联系，也有区别。

2. 上诉是当事人对第一审未生效的判决、裁定，在法定期限内声明不服，要求上一级人民法院进行审理并撤销或变更原裁判的诉讼行为。当事人上诉需要具备以下条件：有合格的上诉人；提起上诉的客体必须是依法允许上诉的判决或裁定；必须在法定期限内提起上诉；要向人民法院递交上诉状。

3. 第二审人民法院审理民事上诉案件，原则上应当开庭审判，只有少数例外情况才可以不开庭审判，即迳行判决、裁定。

4. 在下列情况下，第二审人民法院应当适用判决：原判决认定事实清楚、适用法律正确的，判决驳回上诉，维持原判；原判决认定事实错误或者适用法律错误的，应当依法改判；原判决认定基本事实不清的，第二审人民法院可以直接查清事实后改判。

5. 在下列情况下，第二审人民法院应当适用裁定：原裁定认定事实清楚、适用法律正确的，裁定驳回上诉，维持原裁定；原裁定认定事实错误或者适用法律错误的，裁定撤销或者变更原裁定；原判决认定基本事实不清的，可以裁定撤销原判决，发回重审；原判决遗漏当事人或者违法缺席判决等严重违反法定程序的，应当撤销原判决，发回重审。第二审人民法院对不服第一审人民法院裁定的上诉案件的处理，一律使用裁定。

【课后练习题】

一、名词解释

上诉　第二审程序　不开庭审理（迳行裁判）

二、思考题

1. 第二审程序有什么特点？
2. 上诉的条件有哪些？
3. 第二审程序对上述案件可作出哪些裁判？

三、案例分析题

父母去世后，张家儿子大宝和四个姐姐共同继承了父母的四间房，这四间房长期由大宝居住和使用。2023 年 5 月，大姐、二姐、三姐和四姐共同对大宝提起诉讼，要求分割房产。一审法院经审理判决如下：大宝因无其他住房分得两间；大姐、二姐各分得一间；三姐因同意不分住房而要补偿，故由大宝向三姐补偿 50 万元；四姐因无住房困难，所以不分住房，也由大宝向其补偿 50 万元。一审判决后，其他当事人未上诉，只有四姐不服判决，提起上诉，要求从大宝那里分得一间房，并要求将二姐名下的住房分给自己，由她补偿二姐 50 万元。

问：如何确定此上诉案件当事人的诉讼地位？如果案件在上诉程序中调解解决，可否在调解协议中撤销一审判决？为什么？如果在上诉审程序中，当事人和解解决争议的应如何处理？

分析要点提示：（1）提起上诉者为上诉人，被提起上诉者为被上诉人。其他未提起上诉的共同诉讼人，以及未被提起上诉的共同诉讼人按原审地位列明。（2）如果纠纷在上诉程序中调解解决，不可以在调解协议中撤销一审判决。因为，调解协议的达成是当事人之间的私法行为，法院判决是公法行为。根据《民事诉讼法》的规定，调解书送达后原审判决视为撤销。（3）如果当事人在上诉中和解了，可以请求法院将和解协议制作成调解书。如果和解了，但不要求制作调解书，而申请撤回上诉，法院审查后作出裁定准予，那么一审判决生效，当事人可以自觉执行和解协议。若有当事人反悔，不执行和解协议，根据一审判决生效的后果，只能执行一审判决。

第二十章　审判监督程序

【本章引例】

因民间借贷纠纷，孙某将李某诉至法院。经区人民法院和市中级人民法院审理后，原告孙某均败诉，被市人民法院判决驳回其诉讼请求。后来孙某在搬家时发现证明借贷关系的证据——借条，因此孙某向市中级人民法院申请再审。经过审查，市中级人民法院认为借条属于新证据，依据《民事诉讼法》第 211 条第 1 项，作出再审裁定。进入案件再审阶段，经过开庭审理、法庭调查、辩论，法院最终依据借条和其他证据认定孙某和李某之间存在借贷关系，于是判决撤销原判决，改判孙某胜诉。

【本章学习目标】

通过学习本章，你应该能够：

1. 了解审判监督程序的特点
2. 掌握提起审判监督程序的三个途径
3. 了解再审案件的审理程序

第一节　审判监督程序概述

一、审判监督程序的概念

审判监督程序又称再审程序，是指人民法院依照职权或者依当事人再审之诉，以及人民检察院的抗诉，对已经发生法律效力而又确有错误的判决、裁定或调解书再次进行审理并作出裁判的程序。

二、审判监督程序的特点

审判监督程序与第一审程序、第二审程序相比，有以下几方面不同，这些不同之处反映了再审程序的特点。

（一）程序发生的原因不同

第一审程序发生的原因是当事人之间的民事法律关系发生争议，第二审程序发生的原因是当事人对一审裁判不服，而再审程序发生的原因在于已经生效的原审裁判确有错误，因此再审程序实质上是法院对错误裁判所采取的特殊纠正程序。

（二）程序的性质不同

第一审程序、第二审程序是两个独立的审级，而再审程序不是一个独立的审级。依审判监督程序提起的诉讼，按原终审程序审理，既可能按第一审程序进行审理，也可能按第二审程序进行审理。

（三）程序提起的条件不同

审判监督程序提起的条件更为严格，由法院依职权提起的再审，应当在较高的程度上证明原裁判“确有错误”；由当事人申请再审和由检察院抗诉，应当具备法定事由之一。需要注意的是，“确有错误”包括认定事实上确有错误、证据不足、证据失实或发现新的证据、适用法律不当、严重违反法定程序等实体错误和程序错误；而且，法院认为原裁判确有错误，还只是一种假定，是否真正错误，只有经过再审才能确定。此外，提起再审的主体与起诉和上诉的主体也不同。

（四）审理的法院不同

有权对生效裁判进行再审的法院为原审法院的上级法院，还可以是原审人民法院。而第二审法院只能是一审法院的上一级法院。

（五）所作裁判的效力不同

依第一审程序作出的裁判，当事人通常可以上诉；依第二审程序作出的裁判，是生效的裁判；依再审程序审理所作的裁判能否上诉应以再审所适用的审理程序而定。

三、再审与重审的区别

所谓重审，是指第二审人民法院对于原判决认定事实不清，证据不足，或者由于违反法定程序可能影响案件正确判决的，裁定撤销原判，发回原审人民法院重新进行审理。重审与再审的主要区别在于：重审案件只能由原第一审人民法院审理，审理后作出判决，当事人不服可以上诉；而对案件进行再审的法院，既可以是上级人民法院，也可以是原第一审人民法院，审理的对象是已经发生法律效力的判决和裁定，当事人能否对法院作出的再审判决、裁定提起上诉，取决于再审所适用的审理程序。

案例 20-1

郑某等四人与尤某因公司股权转让发生纠纷而诉至某市东城区人民法院，请求法院认定转让协议无效，判决尤某返还转让费。东城区人民法院经审理认定转让协议有效，驳回郑某等四原告的诉讼请求。郑某等四人不服，向东城区人民法院的上级法院某中级人民法院提起上诉。二审法院经审理，判决驳回上诉，维持原判。郑某等四人仍然不服，认为法院判决适用法律错误，向省高级人民法院申请再审。

第二节 人民法院依职权提起再审

一、人民法院依职权提起再审的条件

我国民事诉讼法规定，人民法院对经本院审理作出的发生法律效力的裁判、调解书，发现有错误的可以依职权提起再审。

根据《民事诉讼法》的规定，人民法院依职权提起再审，必须符合以下条件：（1）必

须由法定的机构及人员提起。有权提起再审的主体包括本院院长和审判委员会、上级人民法院、最高人民法院。(2) 作为再审对象的裁判、调解书已经生效并确有错误。

二、人民法院依职权提起再审的程序

(一) 本院院长提交审判委员会讨论决定再审

各级人民法院院长对本院已经发生法律效力的判决、裁定、调解书，发现确有错误，需要再审的，提交审判委员会讨论决定。再审的提起权在人民法院院长，再审的决定权在审判委员会，两者共同构成了对本院审理的案件提起再审的完整程序。所谓“本院”，是指审理该案，并制作该案法律文书的法院。它既可能是第一审人民法院，也可能是第二审人民法院。如果第一审人民法院对案件作出判决或者裁定后，当事人未上诉，那么第一审人民法院就是“本院”。当判决、裁定生效后发现确有错误时，第一审人民法院的院长就有权将案件提交本院审判委员会讨论决定再审。如果第一审人民法院对案件作出判决或者裁定后，因当事人上诉又经过了第二审人民法院审理和裁判，那么第二审人民法院就是“本院”，当判决、裁定生效后发现确有错误时，只有第二审人民法院的院长才有权将案件提交本院审判委员会讨论决定再审。

(二) 最高人民法院提审或者指令再审

最高人民法院对地方各级人民法院和专门人民法院已经发生法律效力的判决、裁定、调解书，发现确有错误的，有权提审或者指令下级人民法院再审。最高人民法院是国家的最高审判机关，负责统一指导和监督地方各级人民法院和专门人民法院的审判工作。因此，当它发现地方各级人民法院和专门人民法院已经发生法律效力的判决、裁定、调解书确有错误时，有权依照审判监督程序对案件进行再审。其具体方式有两种：一是提审，即将下级人民法院审理的案件提到本院自己审判；二是指令下级人民法院再审。

(三) 上级人民法院提审或指令再审

上级人民法院发现下级人民法院已经发生法律效力的判决、裁定、调解书确有错误时，有权通过提审或者指令下级人民法院再审的方式行使审判监督权，使错误得到纠正。上级人民法院需要指令再审的，应当指令第二审人民法院再审。

案例 20-2

A 公司因与 B 公司的合同纠纷诉至某地区中级人民法院，被告 B 公司认为地区中级人民法院对此案没有管辖权，提出管辖异议。法院经审理后认为本院有管辖权，裁定驳回了被告的管辖异议。被告没有上诉。但在案件审理过程中，该地区中级人民法院发现本院确实没有管辖权，驳回异议的裁定错误，于是地区中级人民法院院长将案件提交本院审判委员会讨论。审判委员会经讨论，认定本院确无管辖权。于是，依照审判监督程序对管辖异议再审，裁定撤销原驳回异议的裁定，将案件移送有管辖权的某市中级人民法院审理。

第三节 当事人申请再审

一、当事人申请再审的概念

当事人申请再审是指当事人对已经发生法律效力的判决、裁定和调解书，认为有错误，向人民法院提出再审的请求。申请再审又叫再审之诉。

当事人申请再审和当事人申诉的性质不同，申请再审是民事诉讼法赋予当事人的一项诉讼权利；而申诉是宪法赋予自然人、法人或者非法人组织的一项民主权利，当事人申诉是自然人、法人和非法人组织的民主权利。申请再审和申诉的作用不同，申请再审依法定时间和条件进行，人民法院应当再审；而申诉无时间和条件限制，是帮助人民法院发现错案的一个渠道，不能直接引起审判监督程序的开始。

申请再审与上诉也不同。首先，上诉的对象是尚未发生法律效力的判决、裁定，申请再审的对象是已经发生法律效力的判决、裁定、调解书；其次，上诉的法定期限较短，申请再审的法定期限较长；最后，上诉只能向原第一审法院的上一级人民法院提出，申请再审既可以向原审法院提出，也可以向原审法院的上一级人民法院提出。此外，申请再审与上诉的法定条件以及产生的法律后果等方面也不相同。

二、当事人申请再审的条件

（一）申请再审的主体

《民事诉讼法》第 210 条规定："当事人对已经发生法律效力的判决、裁定，认为有错误的，可以向上一级人民法院申请再审；当事人一方人数众多或者当事人双方为公民的案件，也可以向原审人民法院申请再审。当事人申请再审的，不停止判决、裁定的执行。"据此规定，申请再审的主体，只限于案件的当事人，包括第一审的原告和被告、共同诉讼人、有独立请求权的第三人以及被判决承担民事责任的无独立请求权的第三人，第二审的上诉人和被上诉人。

司法实践案例：
公司法人对公司法人分支机构的生效裁判提出撤销之诉是否符合原告主体资格？

（二）申请再审的裁判必须是已经发生法律效力的判决、裁定或调解书

对不予受理、驳回起诉的裁定，当事人可以申请再审。但是，当事人对已经发生法律效力的解除婚姻关系的判决，不得申请再审。这是因为解除婚姻关系的判决一旦生效，当事人一方或者双方有可能与他人建立新的婚姻关系。当事人就离婚案件中财产分割问题申请再审的，如涉及判决中已分割的财产，人民法院审查符合再审条件的，应立案审理；如涉及判决中未作处理的夫妻共同财产，应告知当事人另行起诉。

（三）申请再审的法定情形

当事人申请再审，必须符合法定情形。根据《民事诉讼法》第 211 条和第 212 条的规定，当事人申请再审，符合下列情形之一的，人民法院应当再审：（1）有新的证据，足以推翻原判决、裁定的；（2）原判决、裁定认定的基本事实缺乏证据证明的；（3）原判决、裁定认定事实的主要证据是伪造的；（4）原判决、裁定认定事实的主要证据未经质证的；（5）对审理案件需要的主要证据，当事人因客观原因不能自行收集，书面申请人民法院调查收集，人民法院未调查收集的；（6）原判决、裁定适用法律确有错误的；（7）审判组织的组成不合法或者依法应当回避的审判人员没有回避的；（8）无诉讼行为能力人未经法定代理人代为诉讼或者应当参加诉讼的当事人，因不能归责于本人或者其诉讼代理人的事由，未参加诉讼的；（9）违反法律规定，剥夺当事人辩论权利的；（10）未经传票传唤，

缺席判决的；（11）原判决、裁定遗漏或者超出诉讼请求的；（12）据以作出原判决、裁定的法律文书被撤销或者变更的；（13）审判人员审理该案件时有贪污受贿、徇私舞弊、枉法裁判行为的；（14）对已经发生法律效力的调解书，提出证据证明调解违反自愿原则或者调解协议的内容违反法律的。

（四）申请再审的期限

《民事诉讼法》第216条规定：“当事人申请再审，应当在判决、裁定发生法律效力后六个月内提出；有本法第二百一十一条第一项、第三项、第十二项、第十三项规定情形的，自知道或者应当知道之日起六个月内提出。”这是当事人行使再审申请权通常必须遵守的期限，超过此期限，即丧失申请再审的权利。作此规定的目的，在于促使当事人及时行使再审申请权，维护法院的正常工作秩序，便于再审工作的顺利进行。

（五）申请再审的法院

根据《民事诉讼法》第210条的规定，当事人申请再审原则上应向上一级人民法院提出，只有对于当事人一方人数众多或者当事人双方为公民的案件，原审人民法院才有再审案件管辖权。这里说的原审人民法院，是指作出生效判决、裁定的法院。

三、当事人申请再审的程序

根据《民事诉讼法》的规定，对当事人申请再审的，应当依照以下程序进行：

（一）当事人申请

由当事人向有管辖权的人民法院提出再审申请，但不停止判决、裁定的执行。当事人应当提交再审申请书等材料。根据《适用民诉法解释》第377条的规定，当事人一方人数众多或者当事人双方为公民的案件，当事人分别向原审人民法院和上一级人民法院申请再审且不能协商一致的，由原审人民法院受理。

（二）法院审查与裁判

人民法院应当自收到再审申请书之日起5日内将再审申请书副本发送对方当事人。

对方当事人应当自收到再审申请书副本之日起15日内提交书面意见。对方当事人不提交书面意见的，不影响人民法院审查。另外人民法院可以要求申请人和对方当事人补充有关材料，询问有关事项。

人民法院应当自收到再审申请书之日起3个月内审查，符合《民事诉讼法》第211条规定情形之一的，裁定再审；不符合《民事诉讼法》第211条规定的，裁定驳回申请。有特殊情况需要延长的，由本院院长批准。法律规定3个月的再审审查期限，有利于减少当事人在时间等方面的耗费，有利于提高司法效率。

对当事人提出的再审申请，法院审查后以裁定的形式驳回申请，或者裁定再审。

（三）裁定再审案件的管辖法院

《民事诉讼法》第215条第2款规定：“因当事人申请裁定再审的案件由中级人民法院以上的人民法院审理，但当事人依照本法第二百一十条的规定选择向基层人民法院申请再审的除外。最高人民法院、高级人民法院裁定再审的案件，由本院再审或者交其他人民法院再审，也可以交原审人民法院再审。”该规定要求因当事人申请而裁定再审的案件，由中级人民法院以上的人民法院审理。但是一旦当事人选择向基层人民法院申请再审的，基层人民法院也取得再审案件管辖权。最高人民法院、高级人民法院裁定再审的案件不同。最高人民法院、高级人民法院裁定再审的案件，由本院再审或者交其他人民法院再审，也可以交原审人民法院再审。

案例 20－3

张女士因房屋典当纠纷，被某典当公司起诉至法院。典当公司诉称：被告委托袁某将其使用房屋作为抵押物，向典当公司借款 15 万元，双方签署了典当协议。还款期到期后，被告既不赎当，也不续当，逾期 11 日，抵押房屋应为绝当，典当公司请求法院确认其有权处分绝当房屋。原告提供的授权委托书经公证处公证。张女士辩称：从未委托他人典当这套房屋用来抵押贷款，原告提供的袁某授权委托书也非本人签署，并提出反诉，请求法院判令典当公司返还其房屋。法院经审理查明袁某系张女士前夫。袁某与典当公司签署抵押贷款合同时持有市公证处公证的授权委托书，合同合法有效。法院判决原告胜诉。张女士不服，提起上诉，上诉法院经审理作出驳回上诉、维持原判的终审判决。张女士不服，向上一级法院申请再审，同时又向公证处提出复查申请，请求撤销公证处作出的授权委托书的公证书。经复核，公证处认定公证书有错误，作出决定撤销授权委托书公证书。张女士向上诉法院提供了撤销公证书的决定，法院根据撤销公证书决定，裁定对典当纠纷案件再审。经再审，法院认定因原判决所根据的公证书被撤销，原判决的主要依据不成立，撤销原判，依法改判。

第四节　人民检察院检察监督引起再审

我国《民事诉讼法》第 219 条规定：“最高人民检察院对各级人民法院已经发生法律效力的判决、裁定，上级人民检察院对下级人民法院已经发生法律效力的判决、裁定，发现有本法第二百一十一条规定情形之一的，或者发现调解书损害国家利益、社会公共利益的，应当提出抗诉。地方各级人民检察院对同级人民法院已经发生法律效力的判决、裁定，发现有本法第二百一十一条规定情形之一的，或者发现调解书损害国家利益、社会公共利益的，可以向同级人民法院提出检察建议，并报上级人民检察院备案；也可以提请上级人民检察院向同级人民法院提出抗诉。各级人民检察院对审判监督程序以外的其他审判程序中审判人员的违法行为，有权向同级人民法院提出检察建议。”也就是说，上级人民检察院对下级人民法院作出的已经生效的判决、裁定、调解书，可以以抗诉的形式引起法院再审程序。同级人民检察院对下级人民法院作出的已经生效的判决、裁定、调解书，可以以检察建议的形式实施检察监督。各级人民检察院对审判监督程序以外的其他审判程序中审判人员的违法行为，有权以检察建议的形式向同级人民法院提出，实施检察监督。

一、抗诉的概念

抗诉是指人民检察院对人民法院的生效、裁定，认为确有错误，依法提请人民法院对案件重新进行审理的一种诉讼行为。它是人民检察院在诉讼活动中履行法律监督职能的重要体现。民事诉讼中的抗诉与刑事诉讼中的抗诉有所不同。刑事诉讼中的抗诉，既包括对未生效的判决、裁定按照上诉审程序提出抗诉，又包括对已经生效的判决、裁定按照审判监督程序提出抗诉；而在民事诉讼中，人民检察院只能对已经生效的判决、裁定按照审判监督程序提出抗诉。根据《民事诉讼法》的规定，对人民法院已经发生法律效力的判决、裁定按照审判监督程序提出抗诉，是人民检察院对民事审判活动实行法律监督的主要方式和手段。这种监督，就其时间而言，属于“事后监督”。

在民事诉讼中，人民检察院提出抗诉与当事人申请再审虽然都是我国再审制度不可缺少的有机组成部分，但两者却有区别：首先，申请再审是基于当事人的诉权，而提出抗诉则是基于法律赋予人民检察院的审判监督权；其次，申请再审要受法定期限的限制，而提出抗诉则没有法定期限的限制；最后，申请再审不一定引起审判监督程序的发生，而提出抗诉则必然引起审判监督程序的发生。

二、抗诉的主体和原因

（一）有权提起抗诉的人民检察院

根据《民事诉讼法》第 219 条的规定，最高人民检察院对各级人民法院已经发生法律效力的判决、裁定发现有错误，有权提起抗诉；上级人民检察院对下级人民法院已经发生法律效力的判决、裁定，发现有《民事诉讼法》第 211 条规定情形之一的或者发现调解书损害国家利益、社会公共利益的，应当提起抗诉。地方各级人民检察院对同级人民法院已经发生法律效力的判决、裁定，发现有《民事诉讼法》第 211 条规定情形之一的或者发现调解书损害国家利益、社会公共利益的，可以提请上级人民检察院向同级人民法院提出抗诉。可见人民检察院对同级人民法院已经发生法律效力的判决、裁定，发现有法定情形的，无权提出抗诉的情况下应当报请上级人民检察院提出抗诉。

（二）抗诉的法定原因

根据《民事诉讼法》第 219 条的规定，人民法院已经发生法律效力的判决、裁定，只要具有下列《民事诉讼法》第 211 条规定的情形之一的，人民检察院便有权按照审判监督程序提出抗诉：（1）有新的证据，足以推翻原判决、裁定的；（2）原判决、裁定认定的基本事实缺乏证据证明的；（3）原判决、裁定认定事实的主要证据是伪造的；（4）原判决、裁定认定事实的主要证据未经质证的；（5）对审理案件需要的主要证据，当事人因客观原因不能自行收集，书面申请人民法院调查收集，人民法院未调查收集的；（6）原判决、裁定适用法律确有错误的；（7）审判组织的组成不合法或者依法应当回避的审判人员没有回避的；（8）无诉讼行为能力人未经法定代理人代为诉讼或者应当参加诉讼的当事人，因不能归责于本人或者其诉讼代理人的事由，未参加诉讼的；（9）违反法律规定，剥夺当事人辩论权利的；（10）未经传票传唤，缺席判决的；（11）原判决、裁定遗漏或者超出诉讼请求的；（12）据以作出原判决、裁定的法律文书被撤销或者变更的；（13）审判人员审理该案件时有贪污受贿、徇私舞弊、枉法裁判行为的。

另外，根据《民事诉讼法》第 219 条的规定，发现调解书有损害国家利益、社会公共利益的，也可以提出抗诉。

（三）提出抗诉应向人民法院送交抗诉书

人民检察院决定对人民法院的判决、裁定和调解书抗诉的，应当制作抗诉书并抄送上一级人民检察院。上级人民检察院认为抗诉不当的，有权撤销下级人民检察院的抗诉，并告知下级人民检察院。上级人民检察院未撤销抗诉的，抗诉书应送交作出原生效、裁定和调解书的人民法院。

三、抗诉的程序

根据《民事诉讼法》第 219 条、第 222 条、第 223 条和第 224 条的规定，人民检察院对人民法院已经发生法律效力的判决、裁定按照审判监督程序提出抗诉，按照以下程序进行：

（一）提出抗诉

提出抗诉的程序因提出抗诉的主体不同而不同，具体包括以下两种情况：

（1）上级人民检察院对下级人民法院发生法律效力的判决、裁定的抗诉程序。凡上级人民检察院对下级人民法院已经发生法律效力的判决、裁定，发现需要按照审判监督程序提出抗诉的，应当向自己的同级人民法院提出，而不能向下级人民法院或者上级人民法院提出。

（2）最高人民检察院对各级人民法院发生法律效力的判决、裁定的抗诉程序。这里包括两种情况：一是最高人民检察院对地方各级人民法院已经发生法律效力的判决、裁定，发现需要按照审判监督程序提出抗诉的，既可以直接向最高人民法院提出，也可以委托下级人民检察院向其同级人民法院提出，也即委托作出生效裁判的人民法院的上级人民检察院向其同级人民法院提出。二是最高人民检察院对最高人民法院已经发生法律效力的判决、裁定，发现需要按照审判监督程序提出抗诉的，应当由最高人民检察院直接向最高人民法院提出，而不能委托下级人民检察院提出。

需要注意的是，在审判监督程序中，人民检察院抗诉的对象，只能是下级人民法院的判决、裁定，而不能是同级人民法院的判决、裁定。因此，如果地方各级人民检察院对同级人民法院已经发生法律效力的判决、裁定，发现需要按照审判监督程序提出抗诉的，只能提请上级人民检察院向其同级人民法院提出。

抗诉以书面方式提出。《民事诉讼法》第 223 条规定："人民检察院决定对人民法院的判决、裁定、调解书提出抗诉的，应当制作抗诉书。"

（二）法院对抗诉的形式审查与裁定

1. 法院对抗诉的形式审查

检察院的抗诉，法院应当予以审查，但是与当事人的再审申请的审查不同，对检察院的抗诉只能进行形式审查。根据《适用民诉法解释》第 415 条的规定，形式审查的内容应包括：

（1）抗诉书和原审当事人申请书及相关证据材料已经提交；

（2）抗诉对象为依照民事诉讼法和本解释规定可以进行再审的判决、裁定；

（3）抗诉书列明该判决、裁定有《民事诉讼法》第 219 条第 1 款规定情形；

（4）符合《民事诉讼法》第 220 条第 1 款第 1 项、第 2 项规定情形。

不符合上述规定的，人民法院可以建议人民检察院予以补正或者撤回；不予补正或者撤回的，人民法院可以裁定不予受理。

2. 法院对抗诉的裁定

对检察院提出的抗诉，人民法院应当在法定期间内作出再审的裁定。根据《民事诉讼法》第 222 条的规定，人民检察院提出抗诉的案件，接受抗诉的人民法院应当自收到抗诉书之日起 30 日内作出再审的裁定。

另外，根据《民事诉讼法》第 222 条的规定，对检察院提出的抗诉案件，有《民事诉讼法》第 211 条第 1 项至第 5 项规定情形之一的，人民法院可以交下一级人民法院再审，但经该下一级人民法院再审的除外。也就是说，检察院的抗诉，是因为案件有《民事诉讼法》第 211 条规定的认定事实的错误或者认定事实证据不足的情形的，受理抗诉的人民法院可以将案件交由下一级人民法院再审，但是下一级人民法院已经再审过的除外。

四、抗诉的法律效果

根据《民事诉讼法》第 222 条的规定，人民检察院提出抗诉的案件，接受抗诉的人民法院应当自收到抗诉书之日起 30 日内作出再审的裁定，即对检察院抗诉的案件，人民法院应当再审，这是提出抗诉所直接引起的法律后果。人民检察院提出抗诉的案件，应当引起再审程序的发生。但原判决、裁定在未经人民法院依法撤销以前，不因人民检察院的抗诉而失效。法律关于抗诉与再审关系的规定，充分体现了作为国家审判机关的人民法院与作为国家法律监督机关的人民检察院在民事诉讼中的互相制约关系。

五、检察建议

（一）检察建议的概念

检察建议是指人民检察院发现人民法院已经发生法律效力的判决、裁定和调解书确有错误，向人民法院发出检察建议书请求改正的监督方式。这种监督方式的主要目的在于弥补人民检察院抗诉方式的不足。抗诉方式只能由上级人民检察院或者最高人民检察院对下级人民法院错误的生效判决、裁定和调解书进行监督，同级人民检察院无权提起抗诉。这样，基层人民检察院无权采用抗诉方式进行监督，造成抗诉的制度功能比较有限。因此，需要放宽检察监督的门槛，让同级人民检察院也可进行检察监督。

（二）检察建议的法定事由

根据《民事诉讼法》的规定，针对生效判决、裁定、调解书，人民检察院的检察建议理由与抗诉一样。针对审判程序、执行程序中法院严重违反民事诉讼法的行为，人民检察院也有权提起检察建议。

（三）检察建议的提起主体

有权提出检察建议的主体是作出生效判决、裁定和调解书的地方各级人民法院的同级人民检察院。人民检察院提起检察建议时，应当经该人民检察院检察委员会讨论决定。

（四）当事人申请检察建议与当事人申请再审

司法实践中，当事人不服已经生效的判决、裁定或者调解书，既向人民法院申请再审，又向人民检察院申请提出检察建议或者抗诉，从而造成多头申诉、反复缠讼等现象。为了更好地合理配置司法资源，加强法律监督的实效性，《民事诉讼法》第 220 条的规定，只有在以下三种情形下当事人才能申请人民检察院提出检察建议：（1）人民法院驳回再审申请的；（2）人民法院逾期未对再审申请作出裁定的；（3）再审判决、裁定有明显错误的。人民检察院对于当事人的申请应当在 3 个月内进行审查，作出提出或者不提出检察建议的决定。当事人只能向人民检察院申请一次检察建议。另外，根据《适用民诉法解释》第 381 条的规定，当事人申请再审，有下列情形之一的，人民法院不予受理：（1）再审申请被驳回后再次提出申请的；（2）对再审判决、裁定提出申请的；（3）在人民检察院对当事人的申请作出不予提出再审检察建议或者抗诉决定后又提出申请的。上述第 1 项、第 2 项规定情形，人民法院应当告知当事人可以向人民检察院申请再审检察建议或者抗诉，但因人民检察院提出再审检察建议或者抗诉而再审作出的判决、裁定除外。

（五）法院对检察建议的审查受理

根据《适用民诉法解释》第 417 条的规定，人民法院收到再审检察建议后，应当组成合议庭，在3个月内进行审查，发现原判决、裁定、调解书确有错误，需要再审的，依照《民事诉讼法》第209条的规定裁定再审，并通知当事人；经审查，决定不予再审的，应当书面回复人民检察院。

（六）检察院的调查取证权

检察院的调查取证权是指，有权提出民事抗诉或者检察建议的人民检察院依当事人的申请或者依职权进行的就抗诉或者检察建议的相关证据加以收集和调查的权力。《民事诉讼法》第221条规定："人民检察院因履行法律监督职责提出检察建议或者抗诉的需要，可以向当事人或者案外人调查核实有关情况。"可见，人民检察院只有为了提出检察建议或者抗诉的需要才能行使调查取证权。在调查取证过程中，人民检察院可以向当事人或者案外人调查收集证据、询问证人、向有关单位和组织调取证据。人民检察院因履行法律监督职责向当事人或者案外人调查核实的情况，应当向法庭提交并予以说明，由双方当事人进行质证。

六、人民检察院在再审法庭中的诉讼地位

《民事诉讼法》第224条规定："人民检察院提出抗诉的案件，人民法院再审时，应当通知人民检察院派员出席法庭。"在理解这一规定时，必须明确两点：第一，凡因人民检察院的抗诉而引起的再审，人民法院有义务通知人民检察院派员出席再审法庭，同时这也是再审的法定程序，人民法院不得违反。第二，凡人民检察院接到人民法院的出庭通知后，一律应当派员出席再审法庭支持抗诉，实施对再审活动的法律监督。如果再审时人民检察院不派员出席法庭，就不了解案件再审的情况，就无法履行对审判活动的法律监督职能，从而也就使抗诉的规定失去了其本来的意义。

人民检察院在再审法庭中处于法律监督者的地位，而不代表诉讼当事人的任何一方。也就是说，出席法庭的检察人员是法律监督机关的代表，而不是案件的当事人，他出庭并不影响原来当事人的诉讼地位。人民检察院在再审法庭中的主要职责，是对自己提出的抗诉予以支持，并使人民法院已经生效的错误的民事判决和裁定通过再审得到纠正。同时，人民检察院也要对再审法庭的审判活动是否合法进行监督。人民检察院为了履行自己在再审中的职责，应当在法庭上进行一系列的活动，包括宣读抗诉书，发表抗诉词，陈述对案件的处理意见，以及对审判庭活动违反法定程序的情况及时提请法庭予以纠正等。

案例 20-4

某饮料厂因与某制罐厂的饮料罐加工合同纠纷诉至某区法院，请求法院认定制罐厂加工物质量不合格，要求退货并赔偿损失。一审法院经审理认为加工物质量合格，作出判决驳回原告的诉讼请求。饮料厂不服，向上一级法院提起上诉。上级法院经过审理，作出判决驳回上诉，维持原判。饮料厂仍然认为判决错误，认为原判决认定的基本事实缺乏证据证明，并且提供了新证据，向法院提出再审申请，但被法院裁定驳回。于是饮料厂向省检察院请求抗诉。省检察院经过审查，认为原判决认定的基本事实缺乏证据证明，遂制作抗诉书，向省高级法院提起抗诉。省高级法院指令原终审法院再审，原终审法院另行组成合议庭对案件再审。开庭审理时，双方当事人到庭接受法庭调查，并进行了举证、质证和法庭辩论等，检察院派检察员出庭，宣读了抗诉书，并监督了法院的审理活动。

第五节 再审案件的审理

一、再审案件的审判组织和审理范围

根据《民事诉讼法》第 218 条第 2 款的规定，依照审判监督程序进行再审的案件，应当另行组成合议庭进行审理。

根据《适用民诉法解释》第 403 条的规定，人民法院审理再审案件应当围绕再审请求进行。当事人的再审请求超出原审诉讼请求的，不予审理；符合另案诉讼条件的，告知当事人可以另行起诉。被申请人及原审其他当事人在庭审辩论结束前提出的再审请求，符合《民事诉讼法》第 216 条规定的，人民法院应当一并审理。人民法院经再审，发现已经发生法律效力的判决、裁定损害国家利益、社会公共利益、他人合法权益的，应当一并审理。

二、再审时对原判决的处理

《民事诉讼法》第 217 条规定："按照审判监督程序决定再审的案件，裁定中止原判决、裁定、调解书的执行，但追索赡养费、扶养费、抚养费、抚恤金、医疗费用、劳动报酬等案件，可以不中止执行。"

需要说明的是，按照审判监督程序决定再审的案件，法律只规定裁定中止原判决的执行，而没有规定裁定中止原裁定的执行，这主要是因为，在一般情况下，裁定一作出就立即执行了，不存在再中止执行的问题。另外，法律之所以规定人民法院决定再审的案件，对原判决只"中止执行"，而不撤销原判，是因为适用审判监督程序对案件进行再审前，只是法院认为原判决"确有错误"或者当事人具有法定事由，而并非客观上原判决"确有错误"。原判决是否真的"确有错误"，只有经过对案件进行实体审理后才能最后确定。因此，在人民法院决定对案件进行再审时，只裁定中止原判决的执行，不能撤销原判决。

三、再审案件的审理程序

由于再审是补充性程序，因此《民事诉讼法》没有规定独立的再审审理程序。根据《民事诉讼法》第 218 条的规定，人民法院按照审判监督程序对案件进行再审时，应当依不同情况，分别适用第一审程序和第二审程序。发生法律效力的判决、裁定是由第一审人民法院作出的，按照第一审程序审理；发生法律效力的判决、裁定是由第二审人民法院作出的，按照第二审程序审理。

关于再审案件的审理程序，在审判实践中，还应当注意以下几个问题：

（1）再审程序中当事人的称谓，应依发生法律效力的判决、裁定是由第一审人民法院作出的，还是由第二审人民法院作出的而定。如果发生法律效力的判决、裁定是由第一审人民法院作出的，应称为原审原告和原审被告；如果发生法律效力的判决、裁定是由第二审人民法院作出的，应称为原上诉人和原被上诉人。

（2）人民法院按照第一审程序对案件进行再审时，必须开庭审理，双方当事人应当出庭；人民法院按照第二审程序对案件进行再审时，原则上也应当开庭审理，以利于查清案件事实（因为大多数再审案件都是事实未查清而发生错误的）。凡是因人民检察院抗诉而再审的案件，我们认为，一律应当开庭审理。再审案件，不论是按照第一审程序审理，还是按照第二审程序审理，当事人都有法定的诉讼权利，如申请回避、提供证据、进行辩论、委托代理人等，审判人员不能随意剥夺。

（3）人民法院适用审判监督程序进行再审的案件可以调解，这是《民事诉讼法》所规定的调解原则在再审程序中的具体运用。调解成立的，人民法院应当制作调解书，送达双方当事人，调解书送达后，原判决即视为撤销；调解不成的，应当及时判决。

（4）人民法院审理再审案件作出的判决，一律应当公开宣判，既可以由作出判决的人民法院自行宣判，也可以委托原审人民法院代为宣判。

四、再审案件的审结期限

再审案件的审结期限，因其所适用的程序不同而不同。

按照第一审程序审理的，由于只能适用普通程序，不能适用简易程序，根据《民事诉讼法》第 152 条的规定，应当从人民法院决定再审之日起 6 个月内审结。有特殊情况需要延长的，由本院院长批准，可以延长 6 个月；还需要延长的，报请上级人民法院批准。

按照第二审程序审理的，根据《民事诉讼法》第 183 条的规定，审理对象为判决的，应当从人民法院决定再审之日起 3 个月内审结。有特殊情况需要延长的，由本院院长批准。审理对象为裁定的，应当从人民法院决定再审之日起 30 日内作出终审裁定。

五、再审裁判的形式和法律效力

人民法院依照审判监督程序对案件进行再审后，应当分别按以下几种方式处理：

（1）人民法院经再审审理认为，原判决、裁定认定事实清楚、适用法律正确的，应予以维持；原判决、裁定认定事实、适用法律虽有瑕疵，但裁判结果正确的，应当在再审判决、裁定中纠正瑕疵后予以维持。

（2）原判决、裁定认定事实、适用法律错误，导致裁判结果错误的，应当依法改判、撤销或者变更。

（3）人民法院按照第二审程序审理再审案件，发现第一审人民法院有下列严重违反法定程序情形之一的，可以依照《民事诉讼法》第 177 条第 1 款第 4 项的规定，裁定撤销原判决，发回第一审人民法院重审：1）原判决遗漏必须参加诉讼的当事人的；2）无诉讼行为能力人未经法定代理人代为诉讼，或者应当参加诉讼的当事人，因不能归责于本人或者其诉讼代理人的事由，未参加诉讼的；3）未经合法传唤缺席判决，或者违反法律规定剥夺当事人辩论权利的；4）审判组织的组成不合法或者依法应当回避的审判人员没有回避的；5）原判决、裁定遗漏诉讼请求的。

（4）人民法院对调解书裁定再审后，按照下列情形分别处理：1）当事人提出的调解违反自愿原则的事由不成立，且调解书的内容不违反法律强制性规定的，裁定驳回再审申请；2）人民检察院抗诉或者再审检察建议所主张的损害国家利益、社会公共利益的理由不成立的，裁定终结再审程序。

根据《民事诉讼法》第 218 条的规定，人民法院适用审判监督程序进行再审的案件，按照第一审程序审理所作出的判决、裁定，当事人可以上诉，按照第二审程序审理所作出的判决、裁定，是发生法律效力的判决、裁定，当事人不得上诉。

案例 20－5

黄先生与某房地产开发公司的房屋买卖纠纷案，经过法院一审、二审审理，法院判决黄先生部分胜诉、部分败诉。黄先生认为原判决认定基本事实缺乏证据证明，遂向上一级法院申请再审。上级法院经过审查，认为申请人申请符合法律规定，裁定再审，并裁定中止原判决的执行。上级法院组成合议庭审理。再审程序中，法院对案件进行了调解，当事人之间达成了协议，法院根据当事人达成的调解协议制作了调解书。调解书送达后，根据《民事诉讼法》的规定，原判决视为撤销。

第六节　第三人撤销之诉

近年来，在我国民事司法实践中，当事人通过恶意诉讼、虚假诉讼等手段，侵害他人合法权益的情况时有发生。在调解案件中，一些当事人利用调解进行诉讼欺诈，损害案外第三人的现象尤其突出。根据2012年修改前的《民事诉讼法》的规定，对受到侵害的案外第三人的合法权益实行救济，主要是依靠执行异议制度以及案外人申请再审制度。为了有力地打击虚假诉讼，保护案外第三人的合法权益，2012年修改的《民事诉讼法》增加了第三人撤销之诉制度，即“前两款规定的第三人，因不能归责于本人的事由未参加诉讼，但有证据证明发生法律效力的判决、裁定、调解书的部分或者全部内容错误，损害其民事权益的，可以自知道或者应当知道其民事权益受到损害之日起六个月内，向作出该判决、裁定、调解书的人民法院提起诉讼。人民法院经审理，诉讼请求成立的，应当改变或者撤销原判决、裁定、调解书；诉讼请求不成立的，驳回诉讼请求。”①

一、第三人撤销之诉的概念与条件

（一）第三人撤销之诉的概念

第三人撤销之诉，是指第三人因不可归责于自己的事由未能参加原审理，但原案生效裁判和调解书损害其权益且无其他救济手段时，可以请求人民法院撤销或改变原案生效裁判中对其不利部分的一种制度。

（二）第三人撤销之诉的条件

依照《民事诉讼法》第59条第3款的规定，要适用第三人撤销之诉，应当具备以下几个条件：

1. 主体要件

即提起诉讼的原告为原审案件的有独立请求权第三人或者无独立请求权第三人。如果不属于原审案件的第三人就不适用这条规定。

2. 程序要件

即第三人因不能归责于本人的事由未参加原诉讼。这一表述包含了以下两层含义：一是第三人没有参加原审的诉讼。如果第三人已经参加了原审的诉讼，即使自己对原诉讼的裁判结果不服，那么也不能提起第三人撤销之诉，而只能提起申请再审之诉。二是第三人没有参加诉讼，是因为有不能归责于本人的事由。即第三人未参加诉讼不是由自身过错造

① 现为《民事诉讼法》第59条第3款。

成，而是由其他客观事由造成。但是如果第三人没有参加原审是因为第三人主动放弃了诉讼权利，就不能提起第三人撤销之诉。根据《适用民诉法解释》第 293 条的规定，《民事诉讼法》第 59 条第 3 款规定的因不能归责于本人的事由未参加诉讼，是指没有被列为生效判决、裁定、调解书当事人，且无过错或者无明显过错的情形。包括：（1）不知道诉讼而未参加的；（2）申请参加未获准许的；（3）知道诉讼，但因客观原因无法参加的；（4）因其他不能归责于本人的事由未参加诉讼的。

3. 实质要件

即第三人有证据证明发生法律效力的判决、裁定、调解书存在错误。第三人提起撤销之诉，首先必须针对生效裁判文书，包括调解书。如果裁判文书没有生效，就不能提起第三人撤销之诉。其次，应当证明生效的裁判文书存在错误。在通常情况下裁判文书存在错误的举证责任在第三人，但不能认为在任何情况下都应当由第三人来承担证明责任。比如第三人虽然不能直接证明裁判文书存在错误，但有证据线索可以申请人民法院调查取证。

4. 结果要件——损害后果

即第三人应当证明生效裁判文书损害了自己的民事权利。如果有证据证明裁判文书有错误，但裁判文书没有损害第三人的实体权利，第三人也不能提起撤销之诉。

5. 时间要件

即提起诉讼的第三人自知道或者应当知道其民事权益受到损害之日起 6 个月内提起。第三人可以自知道或者应当知道其民事权益受到损害之日起 6 个月内提起诉讼。如果超过 6 个月，第三人就失去了胜诉权。

提起第三人撤销之诉必须具备以上五项条件，缺一不可。

案例 20－6

徐教授去世后留有一套三居室房产和 30 万元存款，徐教授有两个儿子，都已成家另过。丧事刚刚办完，大儿子就对小儿子提起诉讼，要求分割遗产。经法院调解达成协议，房子归小儿子，存款归大儿子，小儿子再给大儿子 100 万元补偿。案件审结后，他们跟父亲生前照顾其生活的保姆说明情况，希望她解职回家。跟随徐教授 15 年的保姆陈阿姨大吃一惊，她说徐教授多次声明房子由她继承，徐教授给她留有遗嘱。徐教授的两个儿子质疑遗嘱的真实性。保姆陈阿姨委托律师到法院起诉，律师代理她对徐教授的两个儿子提起第三人撤销之诉。法院经审理查明遗嘱有效，遂撤销徐教授两个儿子之间达成的调解协议，判决房子归保姆陈阿姨所有。

二、第三人撤销之诉的当事人和管辖法院

（一）当事人

1. 原告

由于撤销之诉是新诉，故应将撤销之诉的提出人称为原告。根据《民事诉讼法》第 59 条的规定，有权提起第三人撤销之诉的原告为原审案件的有独立请求权第三人或者无独立请求权第三人。

2. 被告

既然第三人以原告身份提起诉讼，那么生效判决、裁定、调解书的当事人列为被告，但生效判决、裁定、调解书中没有承担责任的无独立请求权的第三人列为第三人。

（二）管辖法院

依照《民事诉讼法》第 59 条第 3 款的规定，第三人应当向作出该生效判决、裁定、调解书的人民法院提起诉讼。第三人提起诉讼的管辖法院，应当是作出生效裁判文书的人民法院。具体来说，如果生效裁判文书是一审法院作出的，就应当由一审法院管辖；如果生效裁判文书是二审法院作出的，那就应当由二审法院管辖。也就是说，向该案的终审法院提起诉讼。

三、第三人提起撤销之诉的受理条件

第三人依据新的事实提起撤销之诉，人民法院应当依法受理。但为了避免对原生效裁判的不当冲击，较之一般新诉的立案受理，应严格予以审查。审查应包括下述条件：

（一）提出事由

主要是第三人认为原审裁判的部分或全部内容损害其合法权益的，该裁判对其实现合法权益形成障碍，第三人对此有不可分割的利益，且无法通过另诉方式解决。

（二）提出期限

依照《民事诉讼法》第 59 条第 3 款的规定，第三人可以自知道或者应当知道其民事权益受到生效裁判侵害之日起 6 个月内提出。这里，“知道或者应当知道”的时间起算点，需第三人提交证据加以证明。

（三）撤销诉讼的具体请求

这是第三人提交给人民法院明确其起诉所要解决的问题，即请求撤销哪些内容或判项，以使自己的合法权益不受生效裁判侵害。在第三人撤销之诉中，有独立请求权的第三人有权提起自己独立的请求，具体来讲，包括：(1) 撤销原审法律文书的请求；(2) 提出自己独立的实体权利的诉讼请求。无独立请求权的第三人的诉讼请求，只能是请求改变或撤销原审的裁判文书。

此外，在对第三人撤销之诉案件立案审查时，还应将上述条件与《民事诉讼法》第 122 条规定的立案条件结合起来。

四、第三人撤销之诉的审理程序

（一）原审生效的法律文书的效力

一般而言，第三人撤销之诉属于特殊的救济程序，第三人提起诉讼后并不必然产生停止原判决、裁定或调解书的执行效力。但是根据《适用民诉法解释》第 297 条的规定，受理第三人撤销之诉案件后，原告提供相应担保，请求中止执行的，人民法院可以准许。

（二）第三人撤销之诉的法律效果

按照《民事诉讼法》第 59 条第 3 款的规定，人民法院经过审理，诉讼请求成立的，应当改变或者撤销原判决、裁定、调解书；诉讼请求不成立的，驳回诉讼请求。第三人撤销之诉都会请求撤销或者部分撤销生效裁判、调解书内容，有的第三人撤销之诉会同时请求确认第三人的权利，有的并不提出要求确权，因此根据《适用民诉法解释》第 298 条的规定，对第三人撤销或者部分撤销发生法律效力的判决、裁定、调解书内容的请求，人民法院经审理，按下列情形分别处理：(1) 请求成立且确认其全部或部分民事权利的主张成立的，改变原判决、裁定、调解书内容的错误部分；(2) 请求成立，但确认其全部或部分民事权利的主张不成立，或者未提出确认其民事权利请求的，撤销原判决、裁定、调解书内容的错误部分；（3）请求不成立的，驳回诉讼请求。对法院裁判不服的，当事人可以上诉。原判决、裁定、调解书的内容未改变或者未撤销的部分继续有效。

（三）第三人撤销之诉与再审程序、案外人执行异议的关系

由于第三人撤销之诉和再审程序属于事后救济程序，因此《适用民诉法解释》比较明确地界定了它们之间的关系。

《适用民诉法解释》第 299 条规定，第三人撤销之诉案件审理期间，人民法院对生效判决、裁定、调解书裁定再审的，受理第三人撤销之诉的人民法院应当裁定将第三人的诉讼请求并入再审程序。但有证据证明原审当事人之间恶意串通损害第三人合法权益的，人民法院应当先行审理第三人撤销之诉案件，裁定中止再审诉讼。也就是说，因为第三人撤销之诉是法律赋予第三人维护自己权益的一般之诉，而再审程序是对生效裁判、调解案件的非正常救济，是特别之诉。因此特别优于一般，再审程序吸收第三人撤销之诉。但是也有例外。即原生效裁判、调解案件是当事人之间恶意串通，损害第三人合法权益，则法院首先审理第三人撤销之诉，再审程序暂时中止。案外人执行异议，是民事诉讼法赋予案外人在执行程序中，认为执行标的损害其合法权益时，阻止法院继续执行的程序上的救济方式。由于案外人包含第三人，因此《适用民诉法解释》第 301 条规定，第三人提起撤销之诉后，未中止生效判决、裁定、调解书执行的，执行法院对第三人依照《民事诉讼法》第 238 条的规定提出的执行异议，应予审查。第三人不服驳回执行异议裁定，申请对原判决、裁定、调解书再审的，人民法院不予受理。

案外人对人民法院驳回其执行异议裁定不服，认为原判决、裁定、调解书内容错误损害其合法权益的，应当根据《民事诉讼法》第 238 条的规定申请再审，提起第三人撤销之诉的，人民法院不予受理。也就是说，由于执行异议和第三人撤销之诉目的不完全相同，因此这两种救济手段可以同时存在。但是第三人撤销之诉与案外人申请再审是针对同一生效裁判、调解书，目的一致，因此第三人只能择一适用。

案例 20－7

A 公司和 B 公司合作经营一家大型市场，B 公司法定代表人任该市场法定代表人，合作中两公司不断发生纠纷。B 公司曾经向 A 公司借款 2 000 万元到期未还，A 公司起诉到法院要求归还本金和利息。诉讼中，A 公司发现 C 公司也诉 B 公司归还借款，借款金额为 2 500 万元。B 公司唯一的财产被 C 公司申请财产保全，法院已裁定查封。B 公司与 C 公司的诉讼纠纷经法院调解迅速达成调解协议，并开始以物抵债履行义务。A 公司认为它们之间是虚构的债权债务关系，C 公司并没有向法院提供 2 500 万元借款、银行转账之类的凭证，认为这是一场逃债的恶意诉讼，遂以 B、C 两公司为被告提起撤销之诉。

案例 20－8

刘楠与赵丽结婚不到三年，因性格不合时常争吵，后分居。刘楠结婚前贷款买了一套两居室，刘楠称是由其父母提供首付款，婚后由自己“供房”，按月偿还银行贷款，后更改房产证共有人为刘楠与赵丽。2023 年赵丽提出离婚，并要求分割房产，刘楠不同意。经咨询律师，刘楠得知如果没有特别约定，他按揭购买的房屋一般情况下法院会作为夫妻共同财产分割。后经策划，出现了刘楠的舅舅诉刘楠的返还借款诉讼。原告刘楠的舅舅诉称刘楠结婚前向他借钱 30 万元作为首付款购买这套住房，要求返还。被告刘楠承认原告的事实主张，同意归还借款。经法院调解，双方达成调解协议，约定分期归还。离婚案件的原告赵丽认为这是一宗虚假诉讼，目的是设定家庭债务，以期减少其夫妻财产分割数量，故向法院以刘楠和其舅舅为被告提起第三人撤销之诉，请求法院查明事实真相，撤销这宗恶意诉讼。

【引例分析】

再审程序是对生效裁判的特殊纠错程序，无论已经发生法律效力的是一审判决还是二审判决，只要确有错误，就应当依照法定程序进行再审。提起再审的途径有三种：一是作出生效裁判的本法院或上级人民法院、最高人民法院提起再审；二是当事人申请再审；三是人民检察院抗诉提起再审。这三种途径提起再审的条件和程序是不同的。引例中再审程序的启动是由于当事人申请再审。当事人申请再审必须有再审事由以及相应的证据材料，法院对再审事由进行审查，只要再审事由和证据材料可以让法院认定再审事由的存在可能足以推翻原审判决即可启动再审程序。

【本章小结】

1. 审判监督程序又称再审程序，是指人民法院依照职权或者依当事人再审之诉，以及人民检察院的抗诉，对已经发生法律效力而又确有错误的判决、裁定或调解书再次进行审理并作出裁判的程序。

2. 提起再审的途径有三种：一是作出生效裁判的本法院或上级法院、最高人民法院提起再审；二是当事人申请再审；三是人民检察院抗诉提起再审。

3. 当事人申请再审必须具备以下条件：申请再审的主体，只限于案件的当事人，包括第一审的原告和被告、共同诉讼人、有独立请求权的第三人以及被判决承担民事责任的无独立请求权的第三人、第二审的上诉人和被上诉人；申请再审的裁判必须是已经发生法律效力的判决、裁定或调解书；必须符合申请再审的法定情形；在申请再审的期限内提出；当事人申请再审的法院，原则上只限于原审人民法院的上一级人民法院。

4. 在符合法律规定的情况下，上级人民检察院或者最高人民检察院有权对下级人民法院作出的错误生效判决、裁定或者调解书提出抗诉，同级人民检察院有权对同级人民法院作出的错误生效判决、裁定或者调解书提出检察建议。

【课后练习题】

一、名词解释

审判监督程序（再审程序）　申请再审（再审之诉）　民事抗诉　检察建议　第三人撤销之诉

二、思考题

1. 审判监督程序与一审、二审程序相比，有哪些主要特点？
2. 当事人申请再审有哪些条件？
3. 人民检察院提起抗诉有哪些条件？
4. 如何处理当事人申请再审与检察院抗诉或者检察建议的关系？
5. 《民事诉讼法》设立第三人撤销之诉的目的何在？
6. 第三人撤销之诉的特点有哪些？
7. 提出第三人撤销之诉的条件有哪些？

8. 如何理解第三人撤销之诉与再审、案外人执行异议的关系？

三、案例分析题

张某诉某化工厂环境污染侵权损害赔偿一案，经过两审终审，市中院判决化工厂停止侵害、赔偿张某经济损失 50 万元。张某认为判决书中的第 2 项认定的赔偿数额过低，应当赔偿自己各项损失 100 万元，于是以认定事实有错误为由向省高院提起再审申请。省高院裁定驳回。张某又向作出判决的市中院同级的该市检察院申请监督。市检察院经过审查，认为法院判决认定事实错误，而且在原判决生效后化工厂污染又给张某带来新的损失，于是向市中院提出抗诉书，并附上张某的申诉材料。

问：市检察院应当怎样提起抗诉？对于原判决生效后化工厂给张某带来的新损失，法院如何处理？

分析要点提示：（1）民事案件抗诉实行“上级抗”，即检察院不得对同级法院生效裁判进行抗诉。根据《民事诉讼法》第 219 条第 2 款的规定，地方各级人民检察院对同级人民法院已经发生法律效力的判决、裁定，发现有《民事诉讼法》第 211 条规定情形之一的，可以向同级人民法院提出检察建议，并报上级人民检察院备案；也可以提请上级人民检察院向同级人民法院提出抗诉。也就是说，市检察院有权对同级的市中院的生效裁判提出检察建议。但是如果提出抗诉的话，市检察院应当报请省检察院，由省检察院向省法院提出抗诉。（2）鉴于再审程序是事后特殊救济程序，再审的审理范围不应当超过当事人在原审提出的诉讼请求范围。当事人增加诉讼请求是当事人的权利。在再审阶段，当事人可以提出增加的请求超出原审裁判范围，但法院会告知当事人另行起诉。因为在本案再审适用二审程序审理并作出裁判即生效的情况下，如果对当事人增加的诉讼请求直接裁判，就剥夺了当事人的上诉权。

第二十一章　特别程序

【本章引例】

赵先生向林女士借了100万元人民币后失踪，至今已满五年。赵先生的家人也不知其下落。林女士知道赵先生有房屋两套，欲占有其中一套价值100余万元的房屋抵债，遭赵先生的妻子拒绝。林女士作为利害关系人向法院提出申请宣告赵先生失踪，法院要求其提交当地公安机关出具的赵先生下落不明的证明。法院受理此案后，登报发出了寻找该下落不明者的公告。三个月过去了，仍然没有消息。法院确认赵先生失踪，作出了宣告失踪的判决，并指定赵先生的妻子作为其财产代管人。法院的做法是否正确？

【本章学习目标】

通过学习本章，你应该能够：

1. 了解我国民事诉讼法规定的特别程序适用的案件范围
2. 掌握特别程序的特点
3. 了解如何适用特别程序审理案件

第一节　特别程序概述

一、特别程序的概念与特点

特别程序，是指人民法院用来审理某些非民事权益争议的案件和选民资格案件所适用的程序。

除选民资格案件外，特别程序是非讼程序，与诉讼程序相对应。诉讼程序是用来审理诉讼案件的程序，非讼程序是用来审理非诉讼案件的程序。与诉讼案件不同，在非讼案件中通常没有对抗的双方当事人，只有一方申请人申请法院认定某种权利或者某种法律事实是否存在。特别程序主要有以下几个特点：

（1）特别程序的提起，是因为当事人请求法院确认某种法律事实或某种权利是否存在，不是因为当事人之间的民事权益发生纠纷而请求法院解决争议。

（2）适用特别程序审理的案件，只有申请人或起诉人一方，没有原告和被告双方，与诉讼程序不同。因为适用特别程序审理的案件无民事权益争议，而适用诉讼程序审理的案件是由于当事人双方之间的民事权益发生纠纷或争议，所以特别程序审理的案件通常无对方当事人。

（3）特别程序的审判组织原则上采用独任制，只有选民资格案件和重大、疑难的案件采用合议制。而且特别程序审理案件采用合议制组成的合议庭，仅限于由审判员组成，不适用陪审制。

（4）适用特别程序审理的案件一律实行一审终审，无上诉审程序，判决一经送达即发生法律效力。

（5）特别程序审结的案件不得申请再审。因为适用特别程序审结的案件，判决发生法律效力后，如果出现了新情况，需要撤销原判决的，根据《民事诉讼法》关于特别程序的规定，可以通过作出新判决、撤销原判决的方式处理，这是由特别程序的案件的特性决定的。

（6）特别程序的审限比较短。根据《民事诉讼法》第 187 条的规定，人民法院适用特别程序审理的案件，应当在立案之日起 30 日内或者公告期满后 30 日内审结。有特殊情况需要延长的，由本院院长批准。但审理选民资格的案件除外。根据《民事诉讼法》第 189 条的规定，选民资格案件必须在选举日前审结。根据《中华人民共和国全国人民代表大会和地方各级人民代表大会选举法》（以下简称《选举法》）第 28 条的规定，选民名单应在选举日的 20 日以前公布。这些规定表明特别程序的审限很短，最长也超不过 30 天。

（7）适用特别程序审理的案件免交案件受理费。根据国务院制定的《诉讼费用交纳办法》，按照特别程序审理的案件不交纳案件受理费。但是，特别程序中需要支付的公告费应当由申请人交纳。

二、特别程序的适用范围

（一）适用的案件

特别程序用来审理选民资格案件、宣告失踪或者宣告死亡案件、指定遗产管理人案件、认定公民无民事行为能力或者限制民事行为能力案件，以及认定财产无主案件、确认调解协议案件和实现担保物权案件。指定遗产管理人案件是 2023 年《民事诉讼法》修改时新增加的特别程序适用案件类型，是回应《民法典》第 1145 条、第 1146 条确定的遗产管理人制度以及利害关系人申请法院指定救济的程序法规范。除此以外的其他案件一般不适用《民事诉讼法》规定的特别程序。

（二）适用的法院

从《民事诉讼法》的规定来看，除了确认调解协议案件，适用特别程序审理的案件都由基层人民法院管辖。而根据《民事诉讼法》第 205 条的规定，调解协议所涉纠纷应当由中级人民法院管辖的，向相应的中级人民法院提出。

案例 21-1

村民林某外出打工，五年没有音讯，其妻听说可以向法院申请宣告其死亡，于是向律师咨询这事应该怎么办，如果宣告死亡后林某又回来了怎么办。律师告诉她应当向林某原住所地的基层人民法院提出申请，此类案件法院不收案件受理费，但是公告费应当由申请人支付。如果情况属实，法院审理后作出判决宣告林某死亡。假如林某今后出现了，还可以再向法院申请作出新判决，撤销原判决。

第二节　选民资格案件的审理程序

一、选民资格案件的概念

选民资格案件，是指因公民认为选举委员会公布的选民名单有错误，向选举委员会申诉，经选举委员会审查作出处理决定后，不服选举委员会的处理决定而向法院提起诉讼的案件。就其性质而言，选民资格案件不属于民事案件，但其审理程序由民事诉讼法规定。

选举权和被选举权是宪法赋予公民的一项重要的政治权利，根据我国《宪法》第 34 条的规定，中华人民共和国年满 18 周岁的公民，不分民族、种族、性别、职业、家庭出身、宗教信仰、教育程度、财产状况、居住期限，都有选举权和被选举权；但是依照法律被剥夺政治权利的人除外。因此，有选举权的公民应当被列入选民名单，没有选举权的不应当被列入选民名单。如果违反法律的规定，公民有权申诉和起诉。

如果选举委员会在选举日前公布的选民名单有错误，不论是公民本人还是其他公民，都有权利向选举委员会提出申诉。《选举法》第 29 条规定："对于公布的选民名单有不同意见的，可以在选民名单公布之日起五日内向选举委员会提出申诉。选举委员会对申诉意见，应在三日内作出处理决定。申诉人如果对处理决定不服，可以在选举日的五日以前向人民法院起诉，人民法院应在选举日以前作出判决。人民法院的判决为最后决定。"《民事诉讼法》对此作了相应的规定，该法第 188 条规定："公民不服选举委员会对选民资格的申诉所作的处理决定，可以在选举日的五日以前向选区所在地基层人民法院起诉。"从上述规定来看，提起选民资格案件得先经过向选举委员会申诉的程序，这也是提起选民资格案件的必备条件。申诉的程序为起诉程序的前置程序，这是选民资格案件的一大特点。

二、选民资格案件的审理程序

（一）管辖

根据《民事诉讼法》第 188 条的规定，选民资格案件由有关选举委员会所属选区所在地的基层人民法院行使管辖权，不是选区所在地的法院不得管辖。按选区所在地确定管辖法院便于受诉法院就近调查了解情况，便于起诉人、选举委员会指派的代表和有关公民就近参加审理。

（二）起诉的条件

提起选民资格案件，除了要求先经过申诉的前置程序外，还要求起诉人在有效期限内起诉，即在选举日的 5 日以前起诉，否则过了选举日起诉，即使胜诉也不能参加此次选举；或者在迫近选举日时起诉，法院可能来不及审结，难以保障有关公民的选举权和被选举权。

（三）当事人

选民资格案件的当事人与普通诉讼案件的当事人不同，选民资格案件的当事人分别称为起诉人、选举委员会和有关公民，而非原告和被告。而且，起诉人并不一定是因为对自己的选民资格有意见，也可以是因为对他人的选民资格有意见而起诉，这点与诉讼案件不同。因为诉讼案件涉及的是公民、法人、非法人组织的民事权利，而选民资格案件涉及的是公民的选举权和被选举权，允许其他公民起诉可以加强公民对选民资格的监督。

（四）审判组织

审理选民资格案件，由审判员组成合议庭审理，不得采用独任制，也不实行陪审制。

（五）当事人必须到庭

审理选民资格案件，根据《民事诉讼法》第189条的规定，起诉人、选举委员会的代表和有关公民必须参加，不得缺席。这一规定与诉讼案件不同，诉讼案件一定情况下可以缺席审理。

（六）审限

法院受理选民资格案件以后，必须在选举日前审结，以保障公民的选举权和被选举权，并保障选举的顺利进行。另外，《民事诉讼法》还要求法院的判决书应当在选举日前送达选举委员会和起诉人，并通知有关公民。

（七）实行一审终审

选民资格案件实行一审终审，法院所作的判决为终审判决，当事人不得上诉。

案例 21－2

王某原为晋城市城区某办事处某某村的农业户口，因在外地上大学需要，将户口转出。大学毕业后，王某与其妻子白某将户口落户至王某原籍，为非农业户口。之后，王某和白某一直在某某村居住至今。

2023年10月，王某所在村公布的村委会换届选举选民名单中无王某和白某。为此二人向村民换届选举委员会申诉，请求依法确认二人的选民资格。在某村选委会主持下，晋城市城区某办事处某村村民代表对关于王某和白某的选民资格认定问题进行了决议，参会人员一致不同意认定王某和白某具有选民资格。

一审法院经审理认为，《中华人民共和国村民委员会组织法》第13条规定："年满十八周岁的村民，不分民族、种族、性别、职业、家庭出身、宗教信仰、教育程度、财产状况、居住权限，都有选举权和被选举权；但是，依照法律被剥夺政治权利的人除外。村民委员会选举前，应当对下列人员进行登记，列入参加选举的村民名单：（一）户籍在本村并且在本村居住的村民"，"已在户籍所在村或者居住村登记参加选举的村民，不得再参加其他地方村民委员会的选举"。本案中，起诉人王某和白某为某某村常住村民，且现未被剥夺政治权利，符合《中华人民共和国村民委员会组织法》规定的应列入参加选举的村民名单条件。现起诉人王某和白某申请确认其选民资格，本院依法予以确认。据此，本院判决：王某和白某在晋城市城区某办事处某某村具有选民资格。该案为特别程序，本判决为终审判决。

第三节　宣告失踪、宣告死亡案件的审理程序

一、宣告失踪案件

（一）宣告失踪案件的概念

自然人离开自己的住所和居所，下落不明持续的时间达到法律规定的期限，经利害关系人申请，法院依法宣告该自然人为失踪人，并为其指定财产代管人的案件称为宣告失踪案件。

自然人长期下落不明会使与其相关的民事法律关系处于不稳定的状态，法院按照法定

程序宣告其为失踪人，被宣告失踪人的财产可以被人代管，这样一方面有利于保护被宣告失踪人的财产权益，也有利于保护与失踪人有关的人的财产权益，可以避免失踪人的财产因长期无人管理而造成流失、毁损或被侵害的情况发生或继续发生；另一方面可以使与失踪人有财产关系的他人的权利实现，例如债权人实现其债权，税务机关收到税款，被赡养人、被抚养人和被扶养人从财产代管人那里取得赡养、抚养和扶养费。

《民法典》第 40 条规定："自然人下落不明满二年的，利害关系人可以向人民法院申请宣告该自然人为失踪人。"与此相应，《民事诉讼法》第 190 条第 1 款规定："公民下落不明满二年，利害关系人申请宣告其失踪的，向下落不明人住所地基层人民法院提出。"可见，我国《民法典》规定了这种权利，《民事诉讼法》规定了实现这种权利的程序。

（二）申请宣告失踪的条件

利害关系人向法院申请宣告下落不明人失踪的，应当具备一定的条件。根据《民法典》第 40 条、第 41 条和《民事诉讼法》第 190 条的规定，申请宣告自然人为失踪人的，应当具备以下条件：

1. 有下落不明的事实

必须有自然人离开自己的住所或居所，且没有音讯的事实。既无人知晓他的去处或所在，也无从得到他的音讯。如果该自然人不知去向，但偶然有音讯的，或者有音讯但无法联系的，就不是下落不明。

2. 下落不明满 2 年

自然人下落不明必须满 2 年，而且这 2 年应当是持续不断的 2 年。2 年期间应当从该自然人音讯消失之次日起算，如果该自然人是在战争期间下落不明的，其下落不明的时间自战争结束之日或者有关机关确定的下落不明之日起计算。

3. 由利害关系人提出申请

申请人必须与该自然人有利害关系，无利害关系者不得为申请人。根据《最高人民法院关于适用〈中华人民共和国民法典〉总则编若干问题的解释》（以下简称《〈民法典〉总则编若干问题的解释》）第 14 条的规定，人民法院审理宣告失踪案件时，下列人员应当认定为《民法典》第 40 条规定的利害关系人：（1）被申请人的近亲属；（2）依据《民法典》第 1128 条（代位继承）、第 1129 条（丧偶儿媳、丧偶女婿的继承权）规定对被申请人有继承权的亲属；（3）债权人、债务人、合伙人等与被申请人有民事权利义务关系的民事主体，但是不申请宣告失踪不影响其权利行使、义务履行的除外。

宣告自然人失踪的申请人没有顺序的限制。符合法律规定的多个利害关系人提出宣告失踪申请的，列为共同申请人。

4. 申请应当采用书面形式

根据《民事诉讼法》第 190 条的规定，申请宣告失踪的，利害关系人应当向法院提出书面的申请。申请书应当写明自然人失踪的事实、时间和请求，而且申请书还要求附上公安机关或者其他有关机关关于该自然人下落不明的书面证明。

（三）申请宣告失踪案件的管辖及审理程序

1. 管辖

申请宣告失踪的案件，根据《民事诉讼法》第 190 条的规定，由下落不明人住所地的基层人民法院行使管辖权。根据《民事诉讼法》关于管辖的规定，下落不明人的住所地与经常居住地不一致的，由经常居住地法院管辖。这样规定有利于保护被申请宣告失踪者的合法权益，便于法院审理判决。

2. 审理程序

(1) 申请。宣告失踪案件的民事程序由利害关系人向法院提出书面申请开始。根据最高人民法院《适用民诉法解释》第 344 条的规定，符合法律规定的多个利害关系人提出宣告失踪申请的，列为共同申请人。人民法院受理宣告失踪案件后、作出判决前，申请人撤回申请的，人民法院应当裁定终结案件，但其他符合法律规定的利害关系人加入程序要求继续审理的除外。

(2) 公告。法院接受利害关系人的申请之后，应当发出寻找下落不明人的公告，公告期为 3 个月。公告的目的是寻找失踪人，使其有机会得知被利害关系人申请宣告失踪之事，使其有机会向法院报告自己的音讯，或者使知其下落者有机会向法院报告失踪人的下落等。发出公告，是受理案件的法院必须履行的程序。公告的形式通常两种并用：一是在法院的公告栏内张榜招贴；二是登报告示。寻找下落不明人的公告应当记载下列内容：一是被申请人应当在规定期间内向受理法院申报其具体地址及联系方式。否则，被申请人将被宣告失踪。二是凡知悉被申请人生存现状的人，应当在公告期间内将其所知道的情况向受理法院报告。

(3) 指定审理期间的财产管理人。法院审理宣告失踪案件期间，可以根据申请人的请求，清理下落不明人的财产，指定审理期间的财产管理人。财产管理人通常由被申请宣告失踪人的配偶、成年子女、父母或者其他愿意担任财产代管人的人担当。"其他愿意担任财产代管人的人"，既包括其他亲属、朋友，也包括有关组织。审理期间的财产管理人与判决宣告失踪之后指定的财产代管人不同：前者仅在审理期间管理被申请人的财产；后者是在宣告失踪后代为管理失踪人的财产。这一程序不是案件的必经程序，只有申请人请求法院指定审理期间的财产管理人时，才有此程序。

(4) 判决。法院发出公告后，在公告期内，被申请人仍然无音讯的，失踪的事实应当得到确认，公告期届满，法院应当依法作出宣告被申请人为失踪人的判决。如果公告期内，被申请人有音讯的，证明其未失踪，法院应当作出驳回申请人申请的判决。

(5) 指定财产代管人。宣告失踪的案件，人民法院可以根据申请人的请求，清理下落不明人的财产，并指定案件审理期间的财产管理人。公告期满，人民法院作出宣告失踪判决的同时，应当按照《民法典》第 42 条第 1 款的规定，为失踪人指定财产代管人。失踪人的财产由其配偶、成年子女、父母或者其他愿意担任财产代管人的人代管。如果没有上述代管人或者对代管人有争议的，或者上述代管人无代管能力的，由人民法院指定。财产代管人经指定后，如果代管人申请变更代管的，法院比照《民事诉讼法》特别程序的规定审理。申请理由成立的，裁定撤销申请人的代管人身份，同时另行指定财产代管人；申请理由不成立的，裁定驳回申请。失踪人的其他利害关系人申请变更财产代管人的，人民法院应当告知其以原指定的代管人为被告起诉，并按普通程序进行审理。

(6) 判决的预决效力。自然人被宣告失踪后，利害关系人还可以向法院申请宣告该失踪人死亡。在这种情况下申请宣告死亡的，被申请人下落不明从失踪的次日起满 4 年的，法院应当受理，原宣告失踪的判决就是该自然人失踪的证明，审理中仍应依照《民事诉讼法》第 192 条的规定进行公告。

(7) 判决的撤销。被宣告失踪的人有可能在法院宣告失踪后出现，这时原宣告失踪的判决就应当改变。根据《民事诉讼法》第 193 条的规定，要求经过失踪人本人或者利害关系人的申请，由法院作出新判决，撤销原判决。

（四）自然人被宣告失踪的法律后果

法院根据申请人的申请，依照特别程序宣告自然人失踪后会产生以下法律后果：（1）失踪人的财产由代管人代管。（2）失踪人如果负有债务的，由代管人以失踪人的财产清偿。如果代管人拒绝清偿的，其债权人应当以代管人为被告提起民事诉讼。失踪人如果有债权的，代管人有权要求清偿，其债务人拒绝的，代管人可以作为原告向该债务人提起民事诉讼。（3）自然人被宣告失踪后，其民事权利能力并不因此消灭；与失踪人人身有关的民事法律关系（例如婚姻、收养、继承关系等）也不发生变化。

案例 21－3

杜某峰于2019年10月21日在山西省河津市禹门口黄河大桥附近走失，其子杜某松于2020年5月4日向河津市公安局刑警大队报案。法院于2023年7月4日受理其妻王某平申请宣告失踪一案，并向法院提供河津市某公司（被申请人杜某峰单位）证明一份；结婚证一份；当地公安局接案（受理）信息登记表一份。法院于2023年7月10日以公告方式在人民法院报发出寻找的公告，法定公告期间为三个月。公告期届满后，杜某峰仍然下落不明。另查明，杜某峰母亲高某文及成年儿子杜某松未向本院表明同意申请人王某平为失踪人杜某峰的财产代管人。

法院认为，自然人下落不明满两年，利害关系人可以向人民法院申请宣告该自然人失踪，申请人王某平的申请符合法律规定，法院发出公告后，公告期满杜某峰仍然下落不明，故对申请人的申请予以支持。关于申请人申请作为杜某峰财产代管人，并未取得杜某峰母亲及成年儿子杜某松同意，法院不予支持。最终法院判决宣告杜某峰失踪，驳回原告其他请求。该判决为终审判决。

二、宣告死亡案件

（一）宣告死亡案件的概念

宣告死亡案件，是指自然人离开自己的住所或居所，下落不明已达到一定期限，经利害关系人申请，法院依法定程序宣告该自然人死亡的案件。

自然人的死亡从法律的角度看有两种：一种是自然死亡；另一种是法律上推定的死亡，即宣告死亡。自然人长期下落不明，会造成与其有关的民事权利义务关系处于不稳定的状态。由于其下落不明，实际上无法承担在家庭婚姻等方面的责任，无法实现或履行其在财产法律关系方面的权利义务，既不利于保护其自身权益，也不利于保护与其有法律关系的他人的权益。依法定程序宣告其死亡可以使上述有关权利义务关系进入稳定状态，有利于维护正常的生活秩序和社会秩序。

根据《民法典》第46条的规定，自然人下落不明满4年的，或者因意外事件下落不明满2年的，利害关系人可以向人民法院申请宣告其死亡。《民事诉讼法》第191条规定：“公民下落不明满四年，或者因意外事件下落不明满二年，或者因意外事件下落不明，经有关机关证明该公民不可能生存，利害关系人申请宣告其死亡的，向下落不明人住所地基层人民法院提出。”《民法典》规定了宣告死亡的法律制度，《民事诉讼法》又相应地规定了宣告死亡的法律程序，这就是宣告死亡制度在实体法与程序法上的根据。

（二）申请宣告死亡的条件

利害关系人向法院申请宣告自然人死亡的，应当具备一些条件。根据《民法典》第46

条和《民事诉讼法》第 191 条的规定，申请宣告自然人死亡的，应当具备下列条件：

1. 有下落不明的事实

同申请宣告失踪一样，申请宣告自然人死亡必须具有下落不明的事实，所谓下落不明是指自然人离开最后的住所或居所没有音讯的状况。对于在国外但无法联系的，不得以下落不明宣告死亡。

2. 下落不明已满法定期限

根据上述法律规定，下落不明的法定期间有三种：一是一般情况下的下落不明，下落不明的状态持续 4 年，以及战争期间下落不明，从战争结束之日起持续满 4 年；二是因意外事故下落不明，下落不明的状态持续 2 年；三是因意外事故下落不明，经有关机关证明该自然人不可能生存的。期间的计算，通常从该自然人音讯消失次日起算，战争期间下落不明的从战争结束之日起算，意外事故下落不明的从意外事故发生之日起算。

3. 由利害关系人提出申请

无利害关系的人不得提出宣告自然人死亡的申请。利害关系人包括：被宣告死亡人的配偶、父母、子女、兄弟姐妹、祖父母、外祖父母、孙子女、外孙子女以及其他与被申请人有利害关系的人。根据《民法典》的相关规定，利害关系人提出申请没有顺序限制。

4. 申请应当采用书面形式

申请人申请宣告自然人死亡，应当向法院提出书面申请，申请书应当表明下落不明的事实、时间和请求，并附有公安机关或者其他有关机关关于该自然人下落不明的书面证明。

（三）申请宣告死亡案件的管辖及审理程序

1. 管辖

根据《民事诉讼法》第 191 条的规定，申请宣告自然人死亡的案件由下落不明人住所地人民法院管辖，根据《民事诉讼法》关于管辖的规定，自然人的住所地与居所地不一致的，则由居所地人民法院管辖。

2. 审理程序

（1）申请。宣告自然人死亡，应当由利害关系人提出申请，并要求采用书面形式。宣告死亡的利害关系人的范围和宣告失踪的利害关系人的范围不同。根据《〈民法典〉总则编若干问题的解释》第 16 条的规定，人民法院审理宣告死亡案件时，被申请人的配偶、父母、子女以及依据《民法典》第 1129 条的规定（丧偶儿媳、丧偶女婿的继承权）对被申请人有继承权的亲属应当认定为《民法典》第 46 条规定的利害关系人。同时，符合下列情形的，被申请人的近亲属，以及依据《民法典》第 1128 条规定（代位继承）对被申请人有继承权的亲属应当认定为《民法典》第 46 条规定的利害关系人：（1）被申请人的配偶、父母、子女均已死亡或者下落不明的；（2）不申请宣告死亡不能保护其相应合法权益的。一般而言，被申请人的债权人、债务人、合伙人等民事主体不能认定为《民法典》第 46 条规定的利害关系人，但是不申请宣告死亡不能保护其相应合法权益的除外。符合法律规定的多个利害关系人提出宣告死亡申请的，列为共同申请人。法院判决宣告自然人失踪后，利害关系人还可以再向法院申请宣告其死亡。根据《适用民诉法解释》第 343 条的规定，人民法院判决宣告自然人失踪后，利害关系人向人民法院申请宣告失踪人死亡，自失踪之日起满 4 年的，人民法院应当受理，宣告失踪的判决即是该自然人失踪的证明，审理中仍应依照《民事诉讼法》第 192 条的规定进行公告。

（2）公告。法院受理宣告死亡的案件后，应当发出公告。公告的方式与目的同申请宣告失踪案件的方式和目的相同，但公告的期限不同。申请宣告自然人死亡案件的公告期间为1年；因意外事件下落不明，经有关机关证明该自然人不可能生存的，宣告死亡的公告期间为3个月。与宣告失踪案件的公告期限相比，宣告死亡案件的期限比较长，这是因为自然人被宣告死亡后所产生的法律后果比被宣告失踪的法律后果严重，例如婚姻关系解除。

（3）判决。公告期间，被申请人仍然无音讯的，公告期届满后法院就可以作出被申请人死亡的判决。如果在公告期间，被申请人有音讯的，或者法院经审理不能确定被申请人无音讯的，则判决驳回申请人的申请。被宣告死亡的人，判决宣告之日为其死亡的日期。因意外事件下落不明宣告死亡的，意外事件发生之日视为其死亡的日期。判决书除了发给申请人外，还应当在被宣告死亡的人的住所地或居所地及法院所在地公告。人民法院受理宣告死亡案件后、作出判决前，申请人撤回申请的，人民法院应当裁定终结案件，但其他符合法律规定的利害关系人加入程序要求继续审理的除外。

（4）判决的撤销及其法律后果。自然人因失踪持续一定时间而被宣告死亡的，仅仅是法律上的宣告，该自然人并不一定已自然死亡，也许还活着，又重新出现了。重新出现后，原宣告死亡的判决就应当撤销。根据《民事诉讼法》第193条的规定，被宣告死亡的自然人重新出现，经本人或者利害关系人的申请，法院应当作出新判决，撤销原判决。

判决被撤销后，被撤销死亡宣告的人有权请求返还财产。依照继承法取得其财产的公民或组织，应当返还原物，如果原物不存在的，应当给予适当补偿。但如果原物已被第三人合法取得的，第三人可不予返还。占有人返还原物时，为管理财产所支付的费用，可以请求补偿。

原配偶在该自然人被宣告死亡期间，尚未再婚的，夫妻关系从撤销死亡宣告判决之日起自行恢复，但其配偶再婚或向婚姻登记机关书面声明不愿意恢复的除外。

如果其子女为他人收养，宣告死亡的判决撤销后，该自然人不得单方面解除收养关系，但收养人与被收养人以此为由同意解除收养关系的，不在此限。

（四）自然人被宣告死亡后的法律后果

自然人被宣告死亡后产生的法律后果与被宣告失踪后产生的法律后果不同。自然人被宣告死亡产生以下法律后果：（1）人身关系方面产生如同自然死亡后的法律后果，例如被宣告死亡的人与配偶的婚姻关系，自宣告死亡之日消灭。（2）财产方面产生如同自然死亡后的法律后果，其财产可以被继承。

如果该自然人在异地生存，他仍然享有民事权利能力，仍可在那里进行民事活动。

案例 21－4

赵某在孩子患病后离家出走，杳无音讯。家人向公安局报案，并经长期多方寻找，均无所获。5年后，赵某的妻子向赵某原住所地某县人民法院申请宣告赵某死亡，并向县人民法院提供了赵某下落不明的证明。法院受理后，依照《民事诉讼法》的规定发出公告，公告期届满，赵某仍然无音讯。法院经审查，认为申请人的申请符合法定条件，于是作出宣告赵某死亡的判决，其遗产由其继承人依法继承。赵某的妻子1年后再婚。

司法案例：
巴东县人民法院适用特别程序审结一起申请宣告自然人死亡案件

第四节　指定遗产管理人案件的审理程序

一、指定遗产管理人案件的概念

指定遗产管理人案件，是指法院根据利害关系人的申请，对遗产管理人的确定存在的争议，依据法定的程序，通过判决指定遗产管理人的案件。

自《民法典》施行后，遗产管理人成为一项新增的法律制度。同时《民法典》第1146条规定，对遗产管理人的确定有争议的，利害关系人可以向人民法院申请指定遗产管理人。为此，2023年修订的《民事诉讼法》与《民法典》相衔接，在第十五章特别程序中新增了“遗产管理人案件”这一案件类别，并且单独增加了第四节“指定遗产管理人案件”程序，明确“指定遗产管理人案件”为特别程序，适用特别程序一般规定，即实行一审终审、立案之日起30日内审结。

二、申请指定遗产管理人的条件

根据《民事诉讼法》第194条的规定，申请人民法院指定遗产管理人，应当具备以下条件：

（1）对遗产管理人的确定存在争议。

（2）由利害关系人提出申请。司法实践中对利害关系人的理解主要为继承人、受遗赠人、遗产债权人。但也有法院认定对被继承人尽到主要扶养义务的申请人，也可以作为利害关系人申请指定遗产管理人。

（3）申请应当以书面方式提起，申请书应当写明被继承人死亡的时间、申请事由和具体请求，并附有被继承人死亡的相关证据。

三、指定遗产管理人的管辖与认定程序

（一）管辖

根据《民事诉讼法》第194条的规定，指定遗产管理人案件，由被继承人死亡时住所地或者主要遗产所在地基层人民法院管辖。

在我国目前人口流动比较频繁的背景下，相较于被继承人原户籍所在地，被继承人死亡时住所地与被继承人的联系更为紧密。此外，继承争议多涉不动产继承争议，因此同时规定主要遗产所在地为管辖法院更有利于遗产管理。

（二）审理程序

1. 申请

法院指定遗产管理人的程序基于利害关系人的申请启动。当利害关系人对遗产管理人的确定存在争议时，可以向有管辖权的法院提出书面申请。申请书应当写明被继承人死亡的时间、申请事由和具体请求，并附有被继承人死亡的相关证据。

2. 审查

依据《民事诉讼法》第195条规定，人民法院受理申请后，应当审查核实，同时明确人民法院指定遗产管理人的原则为“有利于遗产管理的原则”。该原则从遗产保护出发，

便于遗产的管理和维护，有利于各继承人、债权人、受遗赠人权利的实现。

3. 判决

人民法院受理申请后，在审查核实的基础上，按照有利于遗产管理的原则，判决指定遗产管理人。

4. 另行指定遗产管理人

《民事诉讼法》第 196 条规定了法院另行指定遗产管理人程序。当被指定的遗产管理人死亡、终止、丧失民事行为能力或者存在其他无法继续履行遗产管理职责情形的，人民法院可以根据利害关系人或者本人的申请另行指定遗产管理人。

5. 遗产管理人资格的撤销

《民事诉讼法》第 197 条规定，遗产管理人违反遗产管理职责，严重侵害继承人、受遗赠人或者债权人合法权益的，人民法院可以根据利害关系人的申请，撤销其遗产管理人资格，并依法指定新的遗产管理人。

案例 21-5

被继承人魏姜氏生前未留有遗嘱，未指定遗嘱执行人和遗产管理人。各继承人之间就遗产管理问题分歧大，未能达成一致意见。在利害关系人申请法院指定遗产管理人时，法院认为应秉持最有利于遗产保护和管理、债权债务清理的原则，在综合考虑被继承人内心意愿、各继承人与被继承人亲疏远近关系、各继承人管理保护遗产的能力水平等方面因素，确定案涉遗产房屋的合适管理人。魏某燕一支继承人能够协商支持由陈某萍、陈某芬共同管理案涉遗产房屋，符合遗产效用最大化原则。因此，判决指定陈某萍、陈某芬为魏姜氏房屋的遗产管理人。

第五节　认定公民无民事行为能力、限制民事行为能力案件的审理程序

一、认定公民无民事行为能力、限制民事行为能力案件的概念

认定公民无民事行为能力、限制民事行为能力案件，是指法院根据利害关系人或有关组织的申请，对不能辨认或者不能完全辨认自己行为的成年人，依照法定程序，认定并宣告该成年人为无民事行为能力人或者限制民事行为能力人的案件。

成年人被宣告为无民事行为能力人或者限制民事行为能力人后，可以为其设立监护人，对其实施监护，代理其参加民事活动，保护其民事权益。

认定公民无民事行为能力的案件和认定公民限制民事行为能力的案件是两种不同的案件，案件中的被申请人被认定丧失行为能力的程度不同，因此所产生的法律后果也不同。经法院认定为无民事行为能力的成年人，其民事活动应当全部由其法定代理人代理。经法院认定为限制民事行为能力的成年人，除可以进行一些简单的、日常的民事活动外，其他重大的民事活动由其法定代理人代理进行。但是，对于接受奖励、赠与、报酬的民事活动，不论是无民事行为能力的人，还是限制民事行为能力的人都可以有效进行。

二、申请认定公民无民事行为能力、限制民事行为能力的条件

申请认定公民无民事行为能力、限制民事行为能力的，应当具备以下条件：

（1）被申请认定者患有精神病、痴呆症等疾病，其精神完全失常或一定程度上失常，无法正常从事民事活动或者无法完全正常从事民事活动。

（2）必须由利害关系人或有关组织提出申请。利害关系人是指与该成年人有民事权利义务关系的人。根据《民法典》第 24 条第 3 款的规定，有关组织包括：居民委员会、村民委员会、学校、医疗机构、妇女联合会、残疾人联合会、依法设立的老年人组织、民政部门等。

（3）申请应当以书面方式提出，申请书应当写明该成年人无民事行为能力或者限制民事行为能力的事实及其根据。

三、认定公民无民事行为能力、限制民事行为能力案件的管辖与审理程序

（一）管辖

根据《民事诉讼法》第 198 条的规定，认定公民无民事行为能力或者限制民事行为能力案件由该公民住所地基层人民法院管辖，住所地与居所地不一致的，由居所地人民法院管辖。

（二）审理程序

1. 申请

认定公民无民事行为能力、限制民事行为能力案件由利害关系人或有关组织申请提起。在诉讼中，当事人的利害关系人或有关组织提出该当事人患有精神病，要求宣告该当事人无民事行为能力或者限制民事行为能力的，应由利害关系人或有关组织向人民法院提出申请，由受诉人民法院按照特别程序立案审理，原诉讼中止。

2. 鉴定

法院受理申请人的申请后，必要时应当对被申请认定的公民进行精神状况鉴定。申请人已提供鉴定意见的，法院应当对鉴定意见进行审查；如对鉴定结论有怀疑的，可以重新鉴定。

3. 审理

法院审理认定公民无民事行为能力、限制民事行为能力案件，应当由该公民的近亲属为其代理人，但申请人不得同时为代理人。如果该公民的近亲属互相推诿的，则由法院指定其中一人为代理人。被申请人没有近亲属的，人民法院可以指定经被申请人住所地的居民委员会、村民委员会或者民政部门同意，且愿意担任代理人的个人或者组织为代理人。没有前述规定的代理人的，由被申请人住所地的居民委员会、村民委员会或者民政部门担任代理人。代理人可以是一人，也可以是同一顺序中的两人。

如果该公民的健康状况允许，法院还应当征询其本人的意见。当事人是否患有精神病，是否应当被认定为无民事行为能力或限制民事行为能力，法院应当根据司法精神病学鉴定或者参照医院的诊断、鉴定来确认。在不具备诊断、鉴定条件的情况下，也可以参照群众公认的当事人的精神状态认定，但应当以利害关系人没有异议为限。

4. 判决

法院经审理确认该公民患有精神病，申请人申请有事实根据的，应当作出判决认定该成年人无民事行为能力或者限制民事行为能力。法院经审理认为该成年人无精神病，申请人的申请无事实根据的，作出判决驳回申请人的申请。

公民被认定为无民事行为能力人或者限制民事行为能力人，应由其配偶、父母、成年

子女或者其他近亲属担任监护人。对监护人的确定有争议的，由被监护人住所地的居民委员会、村民委员会或者民政部门指定监护人，有关当事人对指定不服的，可以向人民法院申请指定监护人；有关当事人也可以直接向人民法院申请指定监护人。被指定的监护人不服居民委员会、村民委员会或者民政部门指定，应当自接到通知之日起 30 日内向人民法院提出异议。经审理，认为指定并无不当的，裁定驳回异议；指定不当的，判决撤销指定，同时另行指定监护人。判决书应当送达异议人、原指定单位及判决指定的监护人。有关当事人依照《民法典》第 31 条第 1 款的规定直接向人民法院申请指定监护人的，适用特别程序审理，判决指定监护人。判决书应当送达申请人、判决指定的监护人。

5. 判决的撤销

公民患有精神病，其利害关系人或有关组织可以向法院申请认定其为无民事行为能力人或限制民事行为能力人。但有时法院经审理作出认定的判决后，该公民恢复了健康，这时原先作出的判决就应当撤销。根据《民法典》第 24 条和《民事诉讼法》第 201 条的规定，经本人、利害关系人或者有关组织申请，法院应当作出新判决，撤销原判决。该公民的民事行为能力恢复。

案例 21-6

某著名慈善家患老年痴呆症，没有能力管理、处分其名下房产。为了保障他的利益，其名下房产需要管理、处分，于是其子女向法院申请宣告该慈善家为无民事行为能力人。该慈善家所在地法院受理了此案，对其精神状况进行了司法鉴定。司法鉴定确认该慈善家无民事行为能力。法院在其亲属中为其指定了诉讼期间的代理人，经过审理，作出判决，宣告该慈善家为无民事行为能力人。

第六节　认定财产无主案件的审理程序

一、认定财产无主案件的概念

认定财产无主案件，是指法院根据自然人、法人或者非法人组织的申请，对权利归属不明的财产，经法定程序认定为无主财产，将其收归国家或集体所有的案件。

一般情况下，社会上的各种财产都有其所有人，或者归国家，或者归集体，或者归个人。但在有些情况下，有些财产的所有人不明，财产与所有人脱离，处于无人管理的状态。这种无人管理的状况不利于财产发挥其价值，不利于民事流转，不利于社会经济关系的稳定。法律规定的认定财产无主的制度，能够改变这种状况，将无主财产收归国有，结束该财产无主管理的状况，发挥该财产的价值。

无主财产，通常是指以下几种情况：(1) 无所有人或者所有人不明；(2) 所有人不明的埋藏物或隐藏物；(3) 拣拾的遗失物、漂流物、失散的饲养动物，而且这些财产在规定期间无人认领；(4) 财产所有人死亡，无继承人、无遗赠人，或者继承人放弃继承、丧失继承权。

二、申请认定财产无主的条件

自然人、法人或者非法人组织向法院提出认定财产无主，应当具备以下几个条件：(1) 被请求认定无主的财产为有形财产，无形财产不能提出认定其无主的请求。(2) 该财产长期无人照管，其所有人不明或者失去了其所有人，处于归属无定的状态。（3）申请人应当提出书面申请，申请书应当写明财产的种类、数量、名称，以及请求法院认定其无主的根据。

三、认定财产无主案件的管辖与审理

（一）管辖

申请法院认定财产无主的案件，根据民事诉讼法的规定，应当由财产所在地的基层人民法院行使管辖权，不论财产的数额有多大都如此。

（二）审理

1. 申请人

有权利向法院提出申请的可以是自然人、法人，也可以是非法人组织，申请人的范围很广泛。

2. 公告

法院受理认定财产无主的申请后，应当发出财产认领公告。公告的目的在于尽量使可能存在的所有人得知财产被申请认定无主，使所有人前来主张认领，避免认定错误。公告期为1年。

3. 判决

公告期满后无人认领的，法院作出判决认定该财产无主，收归国家或集体所有。如果在公告期内有人对该财产提出请求，主张权利的，法院应当裁定终结特别程序，告知申请人另行起诉，作为诉讼案件适用普通程序审理。

4. 判决的撤销

财产被法院认定为无主者，并不一定真正无主，也许其所有人因特殊情况未管理其财产。财产被法院判决认定无主后，原所有人或者继承人出现时，该所有人或继承人可以向法院提出撤销原判决的请求。法院对申请人的请求经审查认为属实的，应当作出新判决，撤销原判决。但是，原所有人或者继承人对被认定无主的财产提出权利请求的，应当在诉讼时效内提出。原判决被撤销后，已收归国家或集体所有的财产应当归还其所有人，如果原物已不存在的，应按照财产的原价格折价返还。

案例 21-7

老王已去世多年，其配偶也去世了，无子女，无遗嘱，仅遗有一居室无人管理。当地民政部门向法院申请宣告此一居室为无主财产。房屋所在地法院受理后，发出了财产认领公告，老王的弟弟得知后，向法院申请认领。法院经审查后，裁定驳回了当地民政部门的申请。

第七节　调解协议确认案件的审理程序

一、调解协议确认案件与确认程序的概念

调解协议确认案件，是指人民法院根据人民调解、商事调解、行业调解、行政调解等调解协议当事人的申请，对调解协议是否符合法律规定进行审查，并作出调解协议是否有效的裁定的案件。

调解协议确认程序，是指民事诉讼法规定的用于审查经过人民调解委员会等依法设立的调解组织达成的调解协议，以裁定赋予其执行力的专门程序。

2010 年颁布的《中华人民共和国人民调解法》（以下简称《人民调解法》）首次以立法的形式规定了非诉讼调解协议的司法确认、取得法院强制执行效力的制度。该法第 33 条规定："经人民调解委员会调解达成调解协议后，双方当事人认为有必要的，可以自调解协议生效之日起三十日内共同向人民法院申请司法确认，人民法院应当及时对调解协议进行审查，依法确认调解协议的效力。人民法院依法确认调解协议有效，一方当事人拒绝履行或者未全部履行的，对方当事人可以向人民法院申请强制执行。人民法院依法确认调解协议无效的，当事人可以通过人民调解方式变更原调解协议或者达成新的调解协议，也可以向人民法院提起诉讼。"

2012 年修改的《民事诉讼法》在"特别程序"一章中增设了第六节"确认调解协议案件"，首次在《民事诉讼法》中设置了非诉讼调解协议的司法确认程序，规定依照《人民调解法》等法律，双方当事人经调解组织调解达成协议的，可以自调解协议生效之日起 30 日内，共同向调解组织所在地基层人民法院提出申请司法确认调解协议。2021 年《民事诉讼法》再次对调解协议确认程序进行了修订，第 201 条规定，经依法设立的调解组织调解达成调解协议，申请司法确认的，由双方当事人自调解协议生效之日起 30 日内，共同向有管辖权的人民法院提出。

二、调解协议确认程序

（一）申请确认条件

1. 符合法定的案件范围

《民事诉讼法》第 205 条规定，能够依法申请司法确认的调解协议必须是依法设立的调解组织调解达成的调解协议。首先关于设立调解组织的法律依据，包括《人民调解法》和未来可能出台的《多元调解促进法》《商事调解法》等法律，也包括行政法规、地方性法规、部门规章等规范性文件。其次关于"依法任职的调解员调解达成的调解协议"，在修法中并未被纳入司法确认范围。因此，根据现行《民事诉讼法》的规定，对于调解员以个人名义主持达成的调解协议，不再予以司法确认。调解员应当加入依法设立的调解组织，以调解组织的名义开展调解工作。①

2. 双方当事人共同申请

调解是双方当事人自愿协商，协议解决纠纷的方式。调解虽然是在第三方主持下进行的活动，但是该第三方非裁判者，而是敦促、劝说、斡旋双方当事人谈判的主持者，是为当事人提供谈判场所或谈判机会的中间人或组织。达成调解协议，双方当事人应当主动履行，协议具有合同效力。申请司法确认不是调解协议必经的程序，而仍遵循当事人自愿原则，因此，需要当事人双方共同向法院提出申请。另外，一方当事人提出申请，另一方表示同意的，视为共同提出申请。

根据《适用民诉法解释》第 353 条的规定，当事人申请司法确认调解协议，可以采用书面形式或者口头形式。当事人口头申请的，人民法院应当记入笔录，并由当事人签名、

---

① 刘峥，何帆，李承运．正确贯彻实施新民事诉讼法需重点把握的七个问题．人民司法，2022（10）.

捺印或者盖章。

3. 自调解协议生效之日起 30 日内提出申请

《民事诉讼法》第 205 条规定了申请确认的期限为调解协议生效后 30 日内。之前最高人民法院《关于人民调解协议司法确认程序的若干规定》（以下简称《司法确认规定》）中没有规定申请期限。规定申请期限有利于提高解决纠纷的效率，有利于及早稳定当事人之间的民事法律关系，有利于当事人及时解决争议。

4. 具备申请所需要提供的材料

根据最高人民法院《司法确认规定》和《适用民诉法解释》的规定，当事人申请司法确认调解协议，应当向人民法院提交司法确认申请书、调解协议、调解组织主持调解的证明，以及与调解协议相关的财产权利证明等材料，并提供双方当事人的身份、住所地、联系方式等基本信息。当事人未提交上述材料的，人民法院应当要求当事人限期补交。委托他人代为申请的，必须向人民法院提交由委托人签名或者盖章的授权委托书。

（二）管辖法院

《民事诉讼法》第 205 条优化了司法确认案件管辖规则，明确在人民法院委派调解、调解组织自行调解等不同情形下，实现司法确认的管辖规则，并允许中级人民受理符合其管辖标准的司法确认申请。

1. 地域管辖

（1）根据《民事诉讼法》第 205 条第 1 项的规定，如果是由人民法院邀请调解组织开展先行调解的，双方当事人共同向作出邀请的人民法院提出确认调解协议的申请。其中关于“邀请”的含义，是指人民法院特邀调解制度的“特邀”，而“先行”是指“诉前”，其实质是“人民法院诉前委派调解”。

（2）根据《民事诉讼法》第 205 条第 2 项的规定，如果调解组织自行开展调解的，由双方当事人共同向当事人住所地、标的物所在地、调解组织所在地的基层人民法院提出。“调解组织自行开展调解”是指非经人民法院委派，由当事人自己申请或者调解组织主动调解的调解类型。对于这类调解协议，《民事诉讼法》在坚持遵循实际联系原则的基础上，将管辖连接点从“调解组织所在地”扩展到“当事人住所地”和“标的物所在地”，从而为当事人申请司法确认提供了便利，也便于人民法院审查和执行调解协议，有利于加强对调解组织的监督和指导。①

2. 级别管辖

《民事诉讼法》第 205 条第 2 项的规定突破了以前调解协议司法确认案件一律由基层人民法院管辖的规则，规定“调解协议所涉纠纷应当由中级人民法院管辖的，向相应的中级人民法院提出”。司法实践中，金融法院、知识产权法院和海事法院等专门人民法院也可以适用该条规定。“相应的中级人民法院”指的是调解组织所在地、当事人住所地和标的物所在地的中级人民法院。而“调解协议所涉纠纷应当由中级人民法院管辖的”，主要是指该纠纷如果提起诉讼，其标的额、案件类型等，符合级别管辖或者专门管辖标准的，应当由中级或者专门人民法院管辖。

根据《适用民诉法解释》第 351 条、第 352 条的规定，申请司法确认调解协议的，双方当事人应当由本人或者其代理人向调解组织所在地基层人民法院或者人民法庭提出申

① 刘峥，何帆，李承运．正确贯彻实施新民事诉讼法需重点把握的七个问题．人民司法，2022（10）.

请。两个以上调解组织参与调解的，各调解组织所在地基层人民法院均有管辖权。双方当事人可以共同向其中一个调解组织所在地基层人民法院提出申请；双方当事人共同向两个以上调解组织所在地基层人民法院提出申请的，由最先立案的人民法院管辖。

（三）审查程序

1. 受理

《民事诉讼法》第206条规定了法院审查程序，首先法院根据法律和司法解释规定的条件受理。符合《民事诉讼法》第205条规定的申请条件的，予以受理；不符合申请条件的，则不予受理。另外，还需要按照最高人民法院《司法确认规定》和《适用民诉法解释》要求的条件，审查当事人是否具备了全部所需申请文件，具备的则予以受理。人民法院收到当事人司法确认申请后，应在3日内决定是否受理，此乃法院受理期限。决定受理的，应当编立“调确字”案号，并及时向当事人送达受理通知书。双方当事人同时到法院申请司法确认的，人民法院可以当即受理并作出是否确认的决定。

《适用民诉法解释》规定了不予受理案件的范围，即调解协议司法确认的排除规定。根据《适用民诉法解释》第355条的规定，当事人申请司法确认调解协议，有下列情形之一的，人民法院裁定不予受理：（1）不属于人民法院受理范围的；（2）不属于收到申请的人民法院管辖的；（3）申请确认婚姻关系、亲子关系、收养关系等身份关系无效、有效或者解除的；（4）涉及适用其他特别程序、公示催告程序、破产程序审理的；（5）调解协议内容涉及物权、知识产权确权的。人民法院受理申请后，发现有上述不予受理情形的，应当裁定驳回当事人的申请。

2. 审查

受理后，法院将对调解协议进行审查。根据最高人民法院《司法确认规定》第5条的规定，人民法院应当自受理司法确认申请之日起15日内作出是否确认的决定，即审查期限为15日。因特殊情况需要延长的，经本院院长批准，可以延长10日。根据该规定第6条，法院受理司法确认申请后，应当指定一名审判人员对调解协议进行审查，即法院对调解协议司法确认审查实行独任制。审查期间，法院认为必要时可以通知双方当事人同时到场，询问当事人。当事人应当向人民法院如实陈述申请确认的调解协议的有关情况，保证提交的证明材料真实、合法。人民法院在审查中，认为当事人的陈述或者提供的证明材料不充分、不完备或者有疑义的，可以要求当事人补充陈述或者补充证明材料。当事人无正当理由未按时补充或者拒不接受询问的，可以按撤回司法确认申请处理。

（1）司法确认案件审查的性质。司法确认案件的审查性质属于形式审查还是实体审查，实践中一直存在争议。根据最高人民法院的意见，法院对调解协议的审查的性质是形式审查和有限的实体审查相结合，即书面审查与庭审相结合。经审查，审判人员如果认为调解协议符合确认条件，可以在审查当事人申请、调解协议、有关证明材料基础上作出确认调解协议有效的裁定。对于案情复杂或者涉案标的额较大的案件，应当通知双方当事人到庭进行询问，采取必要的实质审查和证据调查。

（2）司法确认案件的审查内容。最高人民法院的意见是：第一，审查调解协议是否违反自愿原则；第二，审查调解协议是否违法，是否违反法律或者行政法规强制性规定，是否侵害国家利益、社会公共利益或案外人合法权益；第三，审查调解协议是否内容明确，确认调解协议的目的之一是使调解协议获得现实的强制执行力，如果执行内容不明确将导致无法执行；第四，审查调解协议是否损害社会公序良俗。①

3. 撤回申请与按撤回申请处理

接受调解，达成调解协议解决争议是当事人自愿的行为，调解人或调解组织的作用仅限于帮助当事人谈判、协商。同理，对达成的调解协议请求法院审查后予以司法确认也必须遵循自愿的原则，即使已经进入司法确认审查程序，如果当事人不愿司法确认程序继续的，可以撤回申请，而且不论一方还是双方当事人都可以撤回申请。法院在作出是否确认的决定前，人民法院应当准许撤回。

另外，对当事人的某些行为，法院可以推定为其不愿继续进行司法确认程序，推定为撤回申请。根据《司法确认规定》第 6 条的规定，法院认为当事人提交的证明材料不足或者有疑义的，可以要求当事人补充，法院根据需要可以询问当事人。当事人无正当理由未按时补充的，或者拒不接受询问的，可以视为撤回申请。

对此，《适用民诉法解释》第 357 条也规定，确认调解协议的裁定作出前，当事人撤回申请的，人民法院可以裁定准许。当事人无正当理由未在限期内补充陈述、补充证明材料或者拒不接受询问的，人民法院可以按撤回申请处理。

4. 裁定

对当事人司法确认申请，法院审查后作出确认或驳回的裁定。根据《民事诉讼法》第 206 条的规定，人民法院经审查，对符合法律规定的，裁定调解协议有效；对不符合法律规定的，裁定驳回申请。

对法院裁定驳回，不予确认的调解协议，当事人可以通过调解方式变更原调解协议或者达成新的调解协议，也可以向人民法院提起诉讼解决争议。

调解协议涉及违法、侵害他人权益、有损社会公序良俗等内容的，根据《适用民诉法解释》的规定，人民法院裁定驳回申请。根据《适用民诉法解释》第 358 条的规定，经审查，调解协议有下列情形之一的，人民法院应当裁定驳回申请：（1）违反法律强制性规定的；（2）损害国家利益、社会公共利益、他人合法权益的；（3）违背公序良俗的；（4）违反自愿原则的；（5）内容不明确的；（6）其他不能进行司法确认的情形。

在此之前，即《民事诉讼法》确定适用裁定予以确认之前，《司法确认规定》中使用“决定”一词，是应当使用“决定”还是应当使用其他法律文书，司法实务中有四种不同认识及做法：一是调解书；二是决定书；三是确认书；四是裁定书。我们认为，民事诉讼法确定适用裁定书最为恰当，因为裁定是我国人民法院用于程序事项判断的裁判文书，调解协议申请司法认定对法院和当事人而言是一种程序事项，不是法院对实体争议的判断。这种调解协议不是诉讼程序中在法院主持下当事人达成的调解协议，不宜使用调解书，以区别于法院诉讼调解。

（四）免收程序费

从现行《民事诉讼法》来看，对于确认调解协议效力案件时新增加的程序，《诉讼费用交纳办法》中未规定这类案件收费标准，即现行收费规定中不包括这类案件。是否收取司法确认程序费，根据最高人民法院的意见，因当事人申请人民法院司法确认调解协议，属于《民事诉讼法》规定的特别程序案件，《诉讼费用交纳办法》规定特别程序免交纳诉讼费，故以不收取诉讼费用为宜。

---

① 高民智．关于调解协议司法确认程序的理解和适用．人民法院报，2012-12-08.

三、确认裁定的法律效力

《民事诉讼法》设立调解协议司法确认程序的目的，是将具有合同效力的调解协议，经过法院审查程序，以裁定确认的方式，使其产生司法强制执行的效力，即执行力。当一方当事人拒绝履行或者未全部履行调解协议时，对方当事人可以向人民法院申请执行。使调解组织调解民事纠纷的结果具有更高的确定性，提高调解组织的纠纷解决效率，避免当事人随意反悔，尽快消弭当事人之间的民事纠纷，促进社会的良性运转。执行力，是指对具有给付内容的法律文书，当负有给付义务的一方拒绝履行义务，或者不完全履行义务时，享有受偿权利的一方有权请求法院或国家执行机关予以强制执行的法律效力。

根据《民事诉讼法》的规定，这类裁定无上诉救济和申请再审救济，即当事人不得上诉、不得申请再审。因为确认申请是当事人自愿提出的，调解协议是当事人经过协商自愿达成的，没必要在人民法院司法确认后再设置上诉或者再审程序。对于驳回申请的裁定，当事人可以再次通过调解、诉讼、仲裁等途径解决纠纷，其权利的行使并没有受到限制，没有必要设置上诉、再审的程序。① 无论法院作出的是确认调解协议有效的裁定书还是驳回申请确认的裁定书，一旦送达双方当事人即发生法律效力。但是，需要注意的是，《适用民诉法解释》对案件的异议程序作出了明确的规定。根据该司法解释第 372 条的规定，适用特别程序作出的判决、裁定，当事人、利害关系人认为有错误的，可以向作出该判决、裁定的人民法院提出异议。人民法院经审查，异议成立或者部分成立的，作出新的判决、裁定撤销或者改变原判决、裁定；异议不成立的，裁定驳回。对人民法院作出的确认调解协议的裁定，当事人有异议的，应当自收到裁定之日起 15 日内提出；利害关系人有异议的，自知道或者应当知道其民事权益受到损害之日起 6 个月内提出。

如果案外人因当事人之间达成虚假调解协议，民事权益受到损害，根据最高人民法院的意见，该案外人可以参照《民事诉讼法》第 59 条规定的第三人撤销之诉行使权利。

案例 21-8

王某与李某系楼下楼上邻居，李某家在装修过程中野蛮装修，造成卫生间向楼下王某家漏水，导致王某家室内装修受损。王某向李某求偿，李某不承认存在过错，为此双方冲突不断。后双方向当地人民调解委员会寻求调解，经人民调解委员会反复做工作，双方最终达成调解协议：李某赔偿王某经济损失 3 万元，但李某称因经济困难，3 万元赔偿半年后付清。调解协议达成后，人民调解委员会征求双方意见，建议他们去法院确认。于是，第三天双方当事人到当地区人民法院申请司法确认。人民法院受理了他们的申请，依法经过审查，确定符合法律规定，裁定调解协议有效，并告知双方当事人，若义务人李某不履行义务，王某可以向人民法院申请强制执行。

第八节 实现担保物权案件的审理程序

一、实现担保物权案件及其程序

实现担保物权案件，是指担保物权人或者其他有权请求实现担保物权的人在债务人不

① 高民智．关于调解协议司法确认程序的理解和适用．人民法院报，2012－12－08.

履行到期债务或者发生当事人约定的实现担保物权的情形时，担保物权人与债务人、担保人不能自行实现时，根据法律规定申请法院裁定并强制拍卖或变卖担保财产的案件。

实现担保物权案件程序，是指依据《民法典》在民事诉讼法中设置的，担保物权人或者其他有权请求实现担保物权的人申请法院审查、裁定、拍卖或变卖担保财产的非诉讼特别程序。

担保物权，是指当事人在债务人或第三人的特定物上或权利上设定的，用以保证债权人之债权得到清偿的优先受偿权。我国《民法典》规定的担保物权有三种：抵押权、质权、留置权。我国《民法典》物权编的担保物权分编中规定：担保物权是担保物权人在债务人不履行到期债务，或者发生当事人约定的实现担保物权的情形时，依法享有的就担保财产优先受偿的权利。债权人在借贷、买卖等民事活动中，为保障其债权实现，需要债务人担保的，可以依法设立担保物权。设立担保物权，应当依法订立担保合同。债务人不履行到期债务或者发生当事人约定的实现担保物权的情形，债权人有权按照约定实现债权。

我国《物权法》问世之前，当抵押权人与抵押人协议不成的，抵押权人只能诉诸人民法院，通过诉讼来实现。原《担保法》第 53 条第 1 款规定："债务履行期届满抵押权人未受清偿的，可以与抵押人协议以抵押物折价或者以拍卖、变卖该抵押物所得的价款受偿；协议不成的，抵押权人可以向人民法院提起诉讼。"而从国外的立法来看，担保物权的实现主要通过非诉讼的方式，当双方当事人对担保物权的实现方式有争议时，担保物权人或其他有权请求实现担保物权的人可以直接向法院申请拍卖、变卖担保财产，而不需要通过诉讼的方式实现。非讼方式简便快捷，因此，我国也考虑设置这种法律途径。我国原《合同法》首先在追索建设工程价款方面确定了这种非诉讼实现担保物权的制度，该法第 286 条规定："发包人未按照约定支付价款的，承包人可以催告发包人在合理期限内支付价款。发包人逾期不支付的，除按照建设工程的性质不宜折价、拍卖的以外，承包人可以与发包人协议将该工程折价，也可以申请人民法院将该工程依法拍卖。建设工程的价款就该工程折价或者拍卖的价款优先受偿。"2007 年实施的《物权法》正式确立了这种非诉讼实现担保物权的制度。《民法典》制定之后，在第 410 条第 2 款规定："抵押权人与抵押人未就抵押权实现方式达成协议的，抵押权人可以请求人民法院拍卖、变卖抵押财产。"《民法典》第 437 条第 1 款规定："出质人可以请求质权人在债务履行期限届满后及时行使质权；质权人不行使的，出质人可以请求人民法院拍卖、变卖质押财产。"《民法典》第 454 条规定："债务人可以请求留置权人在债务履行期限届满后行使留置权；留置权人不行使的，债务人可以请求人民法院拍卖、变卖留置财产。"为了配合实体法的制度，2012 年修改的《民事诉讼法》在"特别程序"一章中增加了一节"实现担保物权案件"，实现了实体法与程序法的配套统一，使抵押权人可以直接向法院申请实现担保物权，不必经过诉讼程序后再进入强制执行程序实现担保物权。

这种程序有效、便捷，担保物权人无须经过诉讼程序取得诉讼判决后，再申请法院强制执行。这种程序类似于赋予强制执行效力的公证债权文书的执行程序，省却了多余的、形式意义的诉讼程序，申请经法院审查后更加便捷地一步进入执行程序。

二、实现担保物权案件的程序

（一）申请条件

根据《民事诉讼法》第 207 条的规定，由担保物权人以及其他有权请求实现担保物权的人向法院提出申请。据此，担保物权实现案件的申请人为担保物权人或者其他有权请求实现担保物权的人。“担保物权人”是指《民法典》物权编规定的抵押权人、质权人、留置权人；根据《民法典》物权编的规定，有些情况下债务人或担保人也可以作为申请人提出申请。根据《民法典》第410条的规定，抵押权人在债务人不履行到期债务或者发生当事人约定的实现抵押权的情形，与抵押人就抵押权实现协商不成时，有权请求法院拍卖、变卖抵押财产。根据《民法典》第437条的规定，出质人在债务履行期限届满后，因质权人不及时行使质权，出质人可以请求人民法院拍卖、变卖质押财产。根据《民法典》第454条的规定，债务人可以请求留置权人在债务履行期限届满后行使留置权，若留置权人不行使的，债务人可以请求法院拍卖、变卖留置财产。因此，“其他有权请求实现担保物权的人”是指《民法典》第410条规定的抵押人、第437条规定的出质人和第454条规定的财产被留置的债务人。

据此，《适用民诉法解释》第359条规定：《民事诉讼法》第207条规定的担保物权人，包括抵押权人、质权人、留置权人；其他有权请求实现担保物权的人，包括抵押人、出质人、财产被留置的债务人或者所有权人等。该司法解释第365条规定：申请实现担保物权，应当提交下列材料：(1) 申请书。申请书应当记明申请人、被申请人的姓名或者名称、联系方式等基本信息，具体的请求和事实、理由。(2) 证明担保物权存在的材料，包括主合同、担保合同、抵押登记证明或者他项权利证书，权利质权的权利凭证或者质权出质登记证明等。(3) 证明实现担保物权条件成就的材料。(4) 担保财产现状的说明。(5) 人民法院认为需要提交的其他材料。

需要注意的是，根据《适用民诉法解释》第363条的规定，被担保的债权既有物的担保又有人的担保，当事人对实现担保物权的顺序有约定，实现担保物权的申请违反该约定的，人民法院裁定不予受理；没有约定或者约定不明的，人民法院应当受理。同一财产上设立多个担保物权，登记在先的担保物权尚未实现的，不影响后顺位的担保物权人向人民法院申请实现担保物权。

(二) 申请费与执行费

申请实现担保物权案件是2012年修改的《民事诉讼法》增加的内容，现行《诉讼费用交纳办法》对其收费未有规定。根据最高人民法院意见，因实现担保物权的案件增设在《民事诉讼法》第十五章“特别程序”中，故应当参照《诉讼费用交纳办法》的相关规定按件收取申请费，而不应以申请实现抵押物权标的额为依据收取。关于执行费，应按执行金额根据诉讼费用交纳标准收取执行申请费，并由被执行人负担。

(三) 管辖法院

1. 地域管辖

《民事诉讼法》第207条规定：“申请实现担保物权，由担保物权人以及其他有权请求实现担保物权的人依照民法典等法律，向担保财产所在地或者担保物权登记地基层人民法院提出。”其地域管辖确定为两个，即担保财产所在地和担保物登记地法院，可由当事人选择适用。向法院申请实现担保物权，法院将依法审查，审查涉及抵押登记等事项，拍卖、变卖以后还需要变更登记，因此这些案件确定由担保财产所在地和担保物登记地法院管辖为宜。

确定这种案件管辖地法院的因素不是被告住所地，这种管辖不属于一般地域管辖。确定为担保财产所在地或者担保物权登记地法院管辖，符合特殊地域管辖的特征，但是，法律并未规定这种案件可以由当事人协议选择管辖法院，因此不属于特殊地域管辖，我们认为应当属于专属管辖之列。

2. 级别管辖

根据《民事诉讼法》第 207 条的规定，申请实现担保物权，由担保物权人以及其他有权请求实现担保物权的人，向担保财产所在地或者担保物权登记地基层人民法院提出。这种案件的级别管辖法院为基层人民法院，而不是以担保物权价值额大小和案件的性质等因素来决定不同等级的级别管辖。当担保物为多个物时，而且又分散在数个法院辖区内的情况下，最高人民法院意见认为应当根据《民事诉讼法》的现有规定确定管辖法院，即如果各个法院都有管辖权的，申请人可以选择向其中一个有管辖权的法院提出申请[①]，也就是说，在这种情况下几个法院对一宗案件形成共同管辖，当事人依据《民事诉讼法》选择管辖法院。

因此，《适用民诉法解释》第 362 条规定，同一债权的担保物有多个且所在地不同，申请人分别向有管辖权的人民法院申请实现担保物权的，人民法院应当依法受理。

需要注意的是，根据《适用民诉法解释》第 360 条的规定，实现票据、仓单、提单等有权利凭证的权利质权案件，可以由权利凭证持有人住所地人民法院管辖；无权利凭证的权利质权，由出质登记地人民法院管辖。实现担保物权案件属于海事法院等专门人民法院管辖的，由专门人民法院管辖。

（四）法院审查

根据《适用民诉法解释》第 366 条、第 368 条、第 369 条的规定，法院对当事人的申请进行审查，主要需要注意以下问题：

（1）权利告知。人民法院受理申请后，应当在 5 日内向被申请人送达申请书副本、异议权利告知书等文书。被申请人有异议的，应当在收到人民法院通知后的 5 日内向人民法院提出，同时说明理由并提供相应的证据材料。

（2）审查权的行使方式。人民法院审查实现担保物权案件，可以询问申请人、被申请人、利害关系人，必要时可以依职权调查相关事实。

（3）审查的事项。人民法院应当就主合同的效力、期限、履行情况，担保物权是否有效设立、担保财产的范围、被担保的债权范围、被担保的债权是否已届清偿期等担保物权实现的条件，以及是否损害他人合法权益等内容进行审查。被申请人或者利害关系人提出异议的，人民法院也应当一并审查。

此外，需要注意的是，根据《适用民诉法解释》第 371 条的规定，人民法院受理申请后，申请人对担保财产提出保全申请的，可以按照民事诉讼法关于诉讼保全的规定办理。

（五）审理组织形式

根据《民事诉讼法》和《适用民诉法解释》的规定，实现担保物权案件适用特别程序，案件可以由审判员一人独任审查。但是，对于担保财产标的额超过基层人民法院管辖范围的，应当组成合议庭进行审查。

（六）法院裁定

《民事诉讼法》第 208 条规定："人民法院受理申请后，经审查，符合法律规定的，裁定拍卖、变卖担保财产，当事人依据该裁定可以向人民法院申请执行；不符合法律规定

① 高民智．关于实现担保物权案件程序的理解与适用．人民法院报，2012-12-10.

的，裁定驳回申请，当事人可以向人民法院提起诉讼。”根据这条规定，人民法院审查的结果以裁定的形式宣告。经审查，当事人的申请符合实现担保物权条件的及符合《民法典》物权编等法律规定要求，法院作出裁定，裁定拍卖或变卖担保财产。经审查，当事人的申请不符合法律规定条件的，法院也需要作出裁定，裁定驳回其申请。另外，根据《适用民诉法解释》的规定，如果被申请人或者利害关系人提出异议，人民法院应该进行审查。经审查异议成立的，裁定驳回申请。

根据《适用民诉法解释》第 370 条的规定，人民法院审查后，按下列情形分别处理：(1) 当事人对实现担保物权无实质性争议且实现担保物权条件成就的，裁定准许拍卖、变卖担保财产；(2) 当事人对实现担保物权有部分实质性争议的，可以就无争议部分裁定准许拍卖、变卖担保财产；(3) 当事人对实现担保物权有实质性争议的，裁定驳回申请，并告知申请人向人民法院提起诉讼。

需要注意的是，《适用民诉法解释》对案件的救济方式也作出了明确的规定。该司法解释第 372 条规定：适用特别程序作出的判决、裁定，当事人、利害关系人认为有错误的，可以向作出该判决、裁定的人民法院提出异议。人民法院经审查，异议成立或者部分成立的，作出新的判决、裁定撤销或者改变原判决、裁定；异议不成立的，裁定驳回。对人民法院作出的准许实现担保物权的裁定，当事人有异议的，应当自收到裁定之日起 15 日内提出；利害关系人有异议的，自知道或者应当知道其民事权益受到损害之日起 6 个月内提出。

(七) 审级

申请实现担保物权案件为特别程序，应当实行一审终审。根据《民事诉讼法》第 185 条对特别程序的规定，依照该法第十五章程序审理的案件，实行一审终审。故法院作出裁定后，当事人不得上诉。

(八) 审限

关于法院审查申请实现担保物权案件的审限，因其适用程序为特别程序，应当适用《民事诉讼法》第 187 条特别程序案件审限的规定，即应当在立案之日起 30 日内审结，有特殊情况需要延长的，须经本院院长批准。

三、裁定的法律效力

《民事诉讼法》设立担保物权实现案件程序的目的，是将当事人之间担保物权实现的约定，直接经过法院审查程序，以裁定确认的方式，使其产生司法强制执行的效力，即执行力。执行力，是指对具有给付内容的法律文书，当负有给付义务的一方拒绝履行义务，或者不完全履行义务时，享有受偿权利的一方有权请求法院或国家执行机关予以强制执行的法律效力。

《民事诉讼法》中此程序的设置有利于担保物权人的权利尽快实现，免除不必要的诉讼程序耗费，尽快稳定社会民商事流转秩序，促进社会的良性运转。

案例 21-9

甲公司因经营资金短缺，向乙公司借款 200 万元，约定了利息及两年的借款期限，并约定将甲公司所有的位于某写字楼的一处物业作为担保物提供担保。双方签订担保协议，并约定届时甲公司若不能清偿债务，乙公司有权向担保财产所在地某区人民法院申请拍卖该物业以清偿债务。两年期限届满，甲公司无力清偿债务，乙公司多次催促无果。因此，乙公司根据合同约定，向该物业所在地区法院申请拍卖担保财产。该区人民法院受理申请后，经审查，符合法律规定，裁定拍卖担保财产。乙公司依据该裁定向该区人民法院申请强制执行。

【引例分析】

除选民资格案件以外，适用《民事诉讼法》规定的特别程序审理的案件一般只有申请人一方，本章引例中就只有林女士一方。特别程序案件，除选民资格案件和重大、疑难的案件以外，其他的案件都采用独任制，因此本章引例中的案件应当由一名法官独任审理。

申请宣告失踪的案件，被申请宣告失踪的公民必须下落不明满 2 年，并且由利害关系人提出申请。引例中赵先生已经下落不明达 5 年，林女士作为其债权人为利害关系人，有权向法院提出申请。

申请宣告失踪的案件由下落不明人住所地的基层人民法院行使管辖权，林女士应当向他们住所地的县法院提出书面申请。

法院受理此类案件后应当发出寻找失踪人的公告，引例中的法院依法履行了公告程序。

法院在审理此类案件的过程中，可以根据申请人的请求，清理下落不明人的财产，指定诉讼期间的财产代管人。引例中的申请人未提出这种请求，法院没有指定诉讼期间的财产代管人。

公告期届满后，被申请宣告失踪的人仍然没有音讯时，法院就可以作出宣告失踪的判决，同时还应当按照《民法典》的规定为失踪人指定财产代管人。引例中的法院作出判决的程序合法，指定赵先生的妻子为财产代管人的程序也合法。

【本章小结】

1. 本章是关于九种非诉讼案件特别程序的规定。这九种案件中，认定成年人无民事行为能力和限制民事行为能力案件适用程序相同；宣告失踪和宣告死亡案件适用程序基本相同，但是适用条件不完全相同；其他案件适用程序各不相同。

2. 选民资格案件的性质与其他特别程序案件的性质不同。选民资格案件是因为有争议而提起，其他特别程序案件不是因为有争议而提起，而是因需要法院认定某种事实而提起。

3. 注意区别宣告失踪和宣告死亡案件的适用条件、法律后果等。注意选民资格案件当事人的称谓。

4. 对于调解协议确认案件而言，无论是确定调解协议有效还是驳回当事人申请，采用的都是裁定的形式，而不是判决的形式。注意，调解协议获得法院确认后产生强制执行效力，不具有既判力。

5. 指定遗产管理人案件作为最新的适用特别程序审理的案件类型，法院通过判决的方式指定遗产管理人。

6. 担保物权人和其他有权请求实现担保物权的人都可向法院申请实现担保物权。担保物权申请无论是得到承认还是遭到驳回，一律采用裁定的形式。

【课后练习题】

一、名词解释

特别程序　选民资格案件　宣告失踪案件　宣告死亡案件　指定遗产管理人案件　认定公民无民事行为能力案件　调解协议确认案件　实现担保物权案件

二、思考题

1. 简述特别程序的概念与特点。
2. 简述选民资格案件的审理程序。
3. 宣告失踪案件与宣告死亡案件的程序有哪些不同之处？
4. 简述指定遗产管理人案件的审理程序。
5. 如何审理认定公民无民事行为能力案件和限制民事行为能力案件？
6. 如何审理认定财产无主案件？
7. 如何对调解协议进行确认？
8. 如何审理担保物权实现案件？

三、案例分析题

某市A区甲社区进行居民委员会选举，该社区选举委员会公布选民名单，将403名因拆迁被安置在甲社区的乙村村民纳入选民名单。甲社区居民张某对此有意义，认为这403名选民应当在其户籍所在地参加选举，且他们在两个月以前已经参加了乙村村民委员会的选举，更不应当在甲社区参加选举。张某向选举委员会申诉，选举委员会却决定这403名居民仍然在甲社区参加选举。张某不服选举委员会的决定。

问：张某是否可以提起诉讼？为什么？诉讼当事人如何列？法院如何审理？案件由哪个法院管辖？

分析要点提示：(1) 张某可以提起诉讼，作为民事诉讼法规定的选民资格案件的主体。因为提起选民资格案件的人可以是选民这个有争议的公民本人，也可以是其他人。(2) 本案的诉讼当事人为：起诉人为张某，但是不称为原告；选举委员会为对方当事人，但是不称为被告；“有关公民”为403名村民。(3) 法院依照规定程序审理，应当在选举日前审结。起诉人也应当在选举日的5日前向法院提起诉讼。(4) 案件应当由选举委员会所在地基层人民法院管辖。

第二十二章　督促程序

【本章引例】

张某以李某为被申请人，向李某住所地的基层人民法院申请发布支付令，主张其欠自己4万余元的债务，并提交一张写明“两个月以内支付余款47 800元”并有李某签名的书面证据。法院收到支付令申请书的数日之后，通知张某受理其申请，同时确定了10天以后的一个时间，要求申请人到庭接受询问。经一名审判员询问张某和审查已提交的材料，认为申请人与李某的债权债务关系简单清楚，付款的期限已过，于是制作了命令被申请人在15日内履行债务的支付令，内容包括如李某到期不主动清偿，张某可申请对其强制执行，还写明李某在收到支付令的15日内享有提出异议的权利。该支付令向李某送达后，李某立刻聘请律师向法院提出了书面异议。李某主张自己与张某是因供货关系发生的金钱往来，虽然尚欠其部分货款，出具的欠条也属实，但因张某所供货物存在质量问题，自己已经在张某住所地的法院提起了追究其瑕疵的诉讼。法院将被申请人书面异议的副本送交申请人张某，承办的法官听取其意见后，认为双方之间确实存在实质性争议，遂作出了终结督促程序的裁定。该裁定向双方送达后，原来向被申请人发出的支付令自行失效。鉴于李某已经另案提起诉讼，申请人张某向法院表示不把督促程序转化为诉讼程序。

【本章学习目标】

通过学习本章，你应该能够：

1. 了解督促程序的作用和特点
2. 掌握督促程序的适用范围
3. 明确支付令的效力
4. 理解支付令异议的效力

第一节　督促程序概述

一、督促程序的概念

督促程序，是指人民法院根据债权人的申请，向债务人发出支付令，责令债务人限期履行给付金钱或者有价证券义务的特殊程序。

督促程序的当事人，是申请人和被申请人双方。申请督促程序的债权人是本案的申请人，被请求偿还债务的债务人是本案的被申请人。

二、督促程序的特点

（一）程序性质的非诉讼性

督促程序的性质，属于非诉讼程序，但又有别于其他的非诉讼程序。其特点如下所述：

1. 实行独任审判、一审终审，不适用再审程序

基于适用非诉讼程序的大部分案件比较简单，故法律规定非诉讼案件一般实行独任审判、一审终审。督促程序也不例外。再审程序是专门适用于诉讼程序的法律监督程序。《适用民诉法解释》明确规定，督促程序不适用再审程序。

2. 虽有双方当事人，但不存在民事权益争议

适用督促程序的案件，有申请人（债权人）和被申请人（债务人），但是，不能因此断定督促程序就是诉讼程序。督促程序以其“不解决民事权益争议”的鲜明特征，表明其程序性质的非讼性。

3. 不直接确认法律事实是否存在，只督促债务人履行债务

人民法院接受债权人的申请，向债务人发出支付令，督促债务人履行债务。人民法院接受债权人的申请，即表明在一定程度上已经确认了债权债务关系是明确、合法的。但是，人民法院并不直接用裁判的形式确认债权债务关系，这与其他非诉讼程序相比（通常均确认某种事实存在），又独具特色。所以，督促程序是一种独特的非诉讼程序。

（二）适用范围的特定性

依照《民事诉讼法》第225条的规定，督促程序只适用于债权人申请给付金钱或者有价证券的案件，并且不是所有的给付金钱或者有价证券的案件都可以适用督促程序（详见本章第二节“支付令的申请与受理”）。

（三）程序制度的独特性

1. 支付令独特的生效程序

人民法院适用督促程序发出的支付令，是一种附条件、附期限生效的法律文书。人民法院的支付令送达被申请人后15日内，被申请人既不履行给付义务又未提出异议的，支付令才发生法律效力。如果被申请人在15日内履行了给付义务，或者提出了异议，支付令便不发生法律效力。

2. 不经裁判便可结束程序

申请人申请启动督促程序，实际上只是请求人民法院签发支付令。人民法院签发的支付令发生法律效力后，通常不需另行裁判便可结束督促程序。督促程序结束后，债权人可以申请执行。但是，支付令不能生效的案件，人民法院应当裁定终结。

3. 快捷、简便的审理程序

适用督促程序的案件，通常不进行实体审查，不需要开庭审理，实行独任审判制度。正常情况下，自申请之日起，经过16天支付令便可以生效。

（四）程序适用的选择性

根据《民事诉讼法》第225条的规定，特定的请求给付金钱或者有价证券的案件，可以适用督促程序。但是，并不是这类案件都必须经过督促程序。督促程序的规定，只是给

债权人增加了一条快捷、简便的债权救济途径。通过非诉讼的督促程序申请支付令，还是通过诉讼程序请求判决，或者是通过其他合法途径解决，皆由债权人自己选择。

督促程序适用的选择性，不仅取决于债权人，还取决于债务人。债务人接到人民法院的支付令后，如果在法定的期间内提出书面异议，人民法院应当终结督促程序。

三、督促程序的作用

（一）及时地保障债权人的权益，兼顾债务人的权益

督促程序因其简便、快捷的程序特点，能使债权人的实体权益及时获得保障。支付令发生法律效力后，债务人不自觉履行的，债权人便可以向人民法院进一步申请强制执行。从提出申请到获得司法保护，其时间之快，是任何审判程序都无可比拟的。

督促程序在保护债权人利益的同时也兼顾了债务人的权益。债务人如果对债权债务关系有争议，可以在法定期间内向人民法院提出书面异议。人民法院应当据此异议裁定终结督促程序，并告知当事人可以依照诉讼程序另行起诉。

（二）避免当事人诉累，减少诉讼纷争

支付令发生法律效力，当事人应当遵照执行，不得提起上诉，也不得申请再审。适用督促程序，大大节省了当事人的时间和金钱，同时也减轻了人民法院审判工作的压力。

（三）加速资金流转，保障经济秩序

适用督促程序，可以使债权人的债权很快得到实现，加速了资金的正常流转，维护了市场经济的正常秩序。

第二节　支付令的申请与受理

一、申请支付令的条件

督促程序的启动，必须是经债权人向人民法院提出支付令的申请而开始，人民法院不得依职权主动提起。

依照《民事诉讼法》第225条和《适用民诉法解释》的规定，债权人向人民法院申请支付令，应当符合下述全部条件：

（1）请求给付的内容限于金钱或者有价证券。

督促程序中请求给付的债的标的物是特定的，只能是金钱和有价证券。金钱，是指作为流通手段的货币，主要指人民币或者能够以人民币折算的货币。有价证券，是指表示一定数额货币或者相关财产权利的书面证明，包括汇票、本票、支票、股票、债券、国库券以及可以转让的存款单等。金钱和有价证券，具有便于认定、便于结算、便于执行的特点，符合督促程序简便、快捷的程序特征。涉及具体物质给付的债，因其认定、结算、执行的复杂性，不能适用督促程序。

（2）债权到期、数额确定、事实清楚。

债权人请求给付的债权，必须是已经到期的债权。债权到期，是指债的双方约定的偿还期限已到，或者是法律规定的偿还期限已到。债权到期，债权人则可以随时请求债务人偿还。法律没有规定偿还期限，当事人双方又没有约定偿还期限的，债权人可以随时请求债务人偿还。债权没有到期，债权人无权请求债务人偿还。

债权人请求给付的债权，必须是数额确定的债权。数额确定，是指债权数额在请求时已经明确，可以计算，无不确定因素。债权数额不确定，不能适用督促程序。

同时，要求在申请书中写明请求所根据的事实与证据。

（3）债权人没有对待给付的义务。

对待给付，是指债权人和债务人之间互有给付的义务，即当事人双方互为债权人和债务人。互为给付的情况，一般存于当事人之间的两个不同的债的关系，有时也见于同一债的关系中。当事人之间有互为给付的义务，说明本案法律关系比较复杂，不能适用简便、快捷的督促程序。

（4）债务人在我国境内且未下落不明、支付令能够送达债务人。

支付令能够送达债务人，是指支付令能够迅速、实际送达给债务人。

支付令的送达以直接送达为原则。只有在直接送达有困难的情况下，才可以采用委托送达、转交送达。根据《适用民诉法解释》第 429 条的规定，向债务人本人送达支付令，债务人拒绝接收的，人民法院可以留置送达。

根据《适用民诉法解释》第 427 条的规定：债务人不在我国境内的，或者虽在我国境内但下落不明的，不适用督促程序。债务人不在我国境内，需要适用涉外的送达方式，不利于及时地将支付令送达给债务人，也不便于债务人适时地提出异议，更不便于对生效支付令的执行。

（5）收到申请书的人民法院有管辖权。

（6）债权人未向人民法院申请诉前保全。

不符合上述规定条件的，人民法院应当在收到支付令申请书后 5 日内通知债权人不予受理。此外，基层人民法院受理申请支付令案件，不受债权金额的限制。

二、申请支付令的方式

债权人向人民法院申请支付令，除应当具备以上条件外，还应当向人民法院递交书面的申请书，并提交债权文书及相关证据。

根据《民事诉讼法》第 225 条第 2 款和其他有关规定，书面申请书应当写明下列内容：（1）债权人和债务人的基本情况；（2）明确的支付令申请；（3）请求给付的金钱或者有价证券的种类及数额；（4）申请支付令所根据的事实和证据；（5）递交申请书的人民法院全称；（6）申请人署名或者盖章、申请日期。

三、支付令案件的管辖权

（一）级别管辖权

根据《民事诉讼法》第 225 条的规定，申请支付令的案件，一律由基层人民法院管辖。

（二）地域管辖权

《民事诉讼法》第 225 条只规定了债权人可以向有管辖权的基层人民法院申请支付令，未对支付令案件的地域管辖作出特别规定。督促程序的地域管辖问题应受《民事诉讼法》第二章第二节地域管辖的限制。申请支付令的案件，向哪个有管辖权的人民法院申请取决于争议的法律关系的性质及民诉法关于地域管辖的规定。如因为合同关系请求给付金钱的，可以根据《民事诉讼法》第 24 条的规定，由被告人住所地或合同履行地人民法院受理支付令的申请。

四、支付令申请的审查

有管辖权的人民法院收到申请人递交的申请书后，应当依照《民事诉讼法》的规定，由一名审判员用书面审查的方式对申请进行审查。审查的范围包括以下事项：

（1）主体资格审查。

（2）请求内容的审查。主要从两个方面进行：一是债权债务关系是否明确、合法；二是请求给付的标的物，是否符合民事诉讼法规定的给付内容范围。

（3）请求的事实和证据的审查。

（4）支付令能否送达债务人的审查。

五、支付令申请的受理

人民法院审查后，认为债权债务关系明确、合法，请求给付的内容有根据的，应当受理申请，并在收到申请后 5 日内通知债权人。

经审查，债权人的申请不成立的，人民法院应当在 5 日内裁定驳回申请，债权人对该裁定不得上诉。

六、支付令申请的撤回

《民事诉讼法》没有明确规定支付令的申请是否可以撤回，但是《适用民诉法解释》第 430 条的规定，在人民法院发出支付令之前，申请人撤回申请的，应当裁定终结督促程序。

第三节　支付令的发布与效力

一、对支付令申请的审查和处理

人民法院受理支付令申请后，应当指定一名审判员对案件进行独任审理。

人民法院决定受理当事人的申请后，进入对支付令申请的审查阶段，即案件的审理阶段。着重审查债权人提供的事实、证据，以确定债权债务关系是否明确、合法，不进行开庭审理，不传唤双方当事人。此种审查仍然是形式审查。

二、发布支付令或者驳回申请

（一）发布支付令

根据《民事诉讼法》第 227 条的规定，人民法院受理申请后，经审查债权人提供的事实、证据，对债权债务关系明确、合法的，应当在受理之日起 15 日内向债务人发出支付令。

根据相关规定，人民法院发布的支付令，应当载明以下事项：（1）债权人、债务人的姓名或名称等基本情况；（2）债务人应当给付的金钱、有价证券的种类、数量；（3）清偿债务或者提出异议的期限；（4）债务人在法定期间不提出异议的法律后果。

支付令须由审判员、书记员署名，并加盖人民法院印章。

（二）驳回申请

人民法院受理申请后，经审查发现下列情况之一的，应当在15日内裁定驳回申请：

（1）申请人不具备当事人资格的；

（2）给付金钱或者有价证券的证明文件没有约定逾期给付利息或者违约金、赔偿金，债权人坚持要求给付利息或者违约金、赔偿金的；

（3）要求给付的金钱或者有价证券属于违法所得的；

（4）要求给付的金钱或者有价证券尚未到期或者数额不确定的。

人民法院作出的驳回申请的裁定，债权人不得上诉。但是，债权人可以另行起诉债务人。

三、支付令的效力

支付令是人民法院签发的法律文书，与人民法院制作的其他法律文书相比，支付令的生效程序和效力具有一定的特殊性。

（一）责令债务人限期清偿债务的效力

根据《民事诉讼法》第227条第2款的规定，人民法院的支付令送达债务人后，债务人如无异议，应当自收到支付令之日起15日内清偿债务。对设有担保的债务的主债务人发出的支付令，对担保人没有拘束力。

（二）附条件、附期限发生强制执行的效力

根据《民事诉讼法》第227条第3款的规定，债务人自收到支付令之日起15日内，既不提出异议，又不清偿债务的，债权人有权向人民法院申请强制执行。申请人申请强制执行的期限，适用执行程序规定的申请期限，即申请执行的期限为2年；申请执行时效中止、中断，适用法律有关诉讼时效中止、中断的规定。

债务人在收到支付令后，不在法定的期限内提出书面异议，而向其他人民法院起诉的，不影响支付令的效力。其他人民法院无权受理督促程序未终结的民事案件。债务人在规定的15日期限内提出异议的，支付令不发生法律效力。

第四节 支付令的异议与督促程序的终结

一、支付令的异议

（一）支付令异议的概念

支付令异议，是指督促程序中的被申请人在法定期间内向人民法院提出书面意见，申明不服支付令确定的给付义务的法律行为。这是债务人维护自己的合法权益的一项法律手段。

（二）支付令异议的功能

《民事诉讼法》第227条、第228条规定的支付令异议制度，是对债务人合法权益的保护措施，也是人民法院依法适用督促程序的保障。支付令异议的具体功能如下：

1. 为债务人提供了申明权利主张的机会

督促程序是一种简便的督促还债程序，不开庭审理，被申请人无法在法庭上申明不同意见和理由。法律允许被申请人在一定期限内对支付令提出书面异议，为债务人提供了一个申明权利主张的机会。

2. 为维护债权人、债务人双方的权益提供了保障

人民法院适用督促程序，既要维护债权人的合法权利，又不能损害债务人的合法权益，应当做到公平、合理。人民法院通过审查债务人的异议，进一步确认本案可否适用督促程序。异议不成立，可以根据债权人的申请依法执行支付令，及时维护债权人的利益；异议成立，则支付令不能发生法律效力，人民法院不能依此对债务人强制执行。

3. 支付令异议可以发生终结督促程序的效力

督促程序是一种非诉讼程序，不解决民事争议。债务人对支付令责令其给付的债务提出异议，表示其与债权人之间就债权债务关系存有争议。被申请人对支付令提出的书面异议，依法成立的，人民法院应当裁定终结督促程序，支付令不发生法律效力。

（三）支付令异议成立的法定要件

人民法院对债务人提出的支付令异议，不作实质审查，不审查其理由是否成立。但需要进行一定的形式审查，符合法律规定的形式要件，异议成立，产生终结督促程序的效力。支付令异议成立的形式要件主要有以下几个方面：

1. 支付令异议的主体要件

有权提出支付令异议的主体，是支付令指定履行清偿债务的被申请人，即本案的债务人。案外人通常无权提出支付令异议。

2. 提出支付令异议的期间要件

债务人应当在法定期间内提出异议；逾期提出异议的，异议不能成立；未在法定期间内提出异议的，视为无异议。根据《民事诉讼法》第 227 条的规定，债务人对支付令有异议的，应当自收到支付令之日起 15 日内提出异议。

3. 支付令异议的书面要件

债务人对支付令有异议的，应当向人民法院提交书面的异议书；根据《适用民诉法解释》的规定，债务人仅仅口头表示异议的，异议不能成立。

4. 支付令异议的内容要件

支付令异议的内容应当包括以下两个方面：（1）对支付令指定清偿的债务提出明确反对或者异议的意思表示。（2）异议明确针对本债权债务关系或者对待给付的债权债务关系。债务人只表示不同意或者无力清偿债务，或者请求延缓债务清偿期限、变更债务清偿方式等，而对债权债务关系无异议的，不构成异议。

部分异议的情形及效果：（1）债权人在申请中提出多项独立的给付请求，债务人仅就其中一项或几项请求提出异议，其异议效力不能及于其他请求。（2）债权人的支付令申请涉及几个债务人，如果该项债务为共同债务，其中一个债务人提出异议的，该异议视为全体债务人的异议；如果该项债务不属于共同债务，而是各自独立的债务，那么一人或几人的异议，不涉及其他债务人。

5. 递交支付令异议的法院要件

债务人对支付令有异议的，应当向发出支付令的人民法院递交书面异议。债务人未在法定期间向发出支付令的人民法院递交书面异议，而向其他人民法院提出异议的，异议不能成立；或者债务人未按规定提出异议而向其他人民法院起诉的，该起诉不影响支付令的效力。

（四）支付令异议的法律后果

支付令异议的法律后果又称支付令异议的法律效力，是指债务人提出支付令异议后对支付令和督促程序所产生的法律上的影响。

人民法院对支付令异议进行必要的形式审查，支付令异议符合法定要件的，应当裁定终结督促程序，支付令失效。经审查，支付令异议不符合法定形式要件的，应当通知债务人。异议不成立，不影响支付令发生法律效力。

二、督促程序的终结

督促程序的终结，是指发生了法定的情形或者其他特殊原因，致使督促程序无法或者没有必要进行下去，因而结束督促程序的活动及制度。

（一）督促程序终结的原因

发生下列情形之一的，人民法院应当裁定终结督促程序，已发出的支付令自行失效：

（1）债权人的申请不符合法定条件。人民法院受理债权人的支付令申请后，经审查，认为其申请不符合法定条件的，应当裁定予以驳回。人民法院在受理以前，发现不符合受理条件的，通知债权人不予受理即可。

（2）债权人撤回支付令申请。债权人在人民法院发出支付令以前，撤回申请的，人民法院应当裁定终结督促程序。债权人在支付令发生法律效力以前，撤回申请的，人民法院应当裁定终结督促程序，并通知债务人支付令自行失效。

（3）债务人在法定期间清偿债务。债务人在法定期间内清偿债务的，督促债务人还债的支付令已无必要继续生效，人民法院应当裁定终结督促程序。

（4）债务人在法定期间提出异议。债务人在法定期间提出异议，符合法定要件的，人民法院无须对异议进行实体审查，应当裁定终结督促程序。

（5）人民法院受理支付令申请后，债权人就同一债权债务关系又提起诉讼的，裁定终结督促程序。

（6）人民法院发出支付令之日起 30 日内无法送达债务人的，裁定终结督促程序。

（二）转入诉讼程序

督促程序一旦终结，支付令即行失效。依据《民事诉讼法》第 228 条第 2 款的规定，支付令失效的，转入诉讼程序，但申请支付令的一方当事人不同意提起诉讼的除外。这样的规定免除了当事人另行起诉的诉累，同时也尊重了当事人的意思自治，体现了司法为民的社会主义法治原则。《适用民诉法解释》第 438 条、第 439 条进一步规定如下：

支付令失效后，申请支付令的一方当事人不同意提起诉讼的，应当自收到终结督促程序裁定之日起 7 日内向受理申请的人民法院提出。申请支付令的一方当事人不同意提起诉讼的，不影响其向其他有管辖权的人民法院提起诉讼。

支付令失效后，申请支付令的一方当事人自收到终结督促程序裁定之日起 7 日内未向受理申请的人民法院表明不同意提起诉讼的，视为向受理申请的人民法院起诉。债权人提出支付令申请的时间，即为向人民法院起诉的时间。

（三）支付令的救济程序

依据《适用民诉法解释》第 441 条的规定，人民法院院长发现本院已经发生法律效力的支付令确有错误，认为需要撤销的，应当提交本院审判委员会讨论决定后，裁定撤销支付令，驳回债权人的申请。

【引例分析】

本章引例中，张某与李某之间的债权债务关系符合督促程序的申请条件，因此，人民法院予以受理。具体而言，其申请符合下列条件：

（1）张某申请的给付内容没有超出金钱或者有价证券的范围。

（2）债务人李某所欠张某的债务数额确定，且早已到期。

（3）从张某提供的借条看，法院经过形式审查，没有发现李某存在对待给付的义务。

（4）本案支付令可以直接送达债务人。

（5）张某向债务人李某住所地的基层人民法院申请支付令，符合《适用民诉法解释》关于督促程序管辖法院的规定。

（6）张某未向人民法院申请诉前保全。

李某接到法院发出的支付令后及时提出了异议，声明其与张某的债务关系存在实质争议，符合法定要件，因此法院作出了终结督促程序的裁定。

依据《民事诉讼法》第 228 条第 2 款的规定，支付令失效的，转入诉讼程序，但申请支付令的一方当事人不同意提起诉讼的除外。因申请支付令的张某向法院明确表示不转入诉讼程序，因此督促程序不自动转入诉讼程序。

【本章小结】

1. 督促程序，是指人民法院根据债权人的申请，向债务人发出支付令，责令债务人限期履行给付金钱或者有价证券义务的特殊程序。

2. 督促程序的四个主要特点揭示了督促程序的基本内容。

3. 申请支付令的六个条件应当同时具备。

4. 生效支付令与生效裁判文书的效力一样，当事人可以申请强制执行。

5. 法院对支付令的审查限于形式审查，不作实质审查。

6. 支付令异议成立的，支付令不发生法律效力。

7. 支付令失效的，转入诉讼程序，申请人不同意的除外。

【课后练习题】

一、名词解释

督促程序　支付令　支付令异议

二、思考题

1. 何为督促程序？与其他程序相比，它有何特点？

2. 申请支付令应当符合哪些条件？

3. 支付令异议有何效力？

4. 人民法院发布的支付令有何法律效力？

三、案例分析题

1. 张某欠李某 5 万元已届清偿期，李某多次催讨无果，遂向张某所在地的基层人民法院申请支付令。法院受理后经过审查，认为该申请成立，遂签发支付令。但送达支付令时，张某拒绝接收。张某在拒收后的第 11 日请人代写了意见书提交给法院。意见书的主要内容为指责法院与李某有亲属关系，不该受理本案。

问：张某拒收支付令，法院应该怎么办？张某的意见书是否在法定期间内提出？该意见书的内容能否成为有效的异议书？为什么？

分析要点提示：(1) 支付令的送达方式，一般应以直接送达为原则，只有在直接送达有困难的情况下，才可以采用委托送达和邮寄送达。《适用民诉法解释》规定，向债务人本人送达支付令，债务人拒绝接收的，人民法院可以留置送达。可见，本案中法院可以适用留置送达。(2) 根据《民事诉讼法》第 227 条的规定，债权人对支付令的异议必须在收到支付令之日起 15 日内提出。超过法定期限提出异议的，异议不成立，人民法院可以裁定驳回异议。由此，本案的意见书是在法定期间内提出的。(3) 本案的意见书不能构成有效的异议。根据《民事诉讼法》的规定，债务人提出的支付令异议要成立，必须符合以下条件：1) 异议必须由债务人提出。其他人提出的不构成支付令异议。2) 异议必须在法定期限内提出。债权人对支付令的异议必须在收到支付令之日起 15 日内提出。超过法定期限提出异议的，异议不成立，人民法院可以裁定驳回异议。3) 异议必须以书面方式提出。债务人以口头方式提出异议的无效。4) 异议必须针对债权人的请求，即债务关系本身提出。根据《适用民诉法解释》和《最高人民法院关于适用督促程序若干问题的规定》的规定，债务人对债务本身没有异议，只是提出缺乏清偿能力的，不影响支付令的效力。债权人基于同一债权债务关系，向债务人提出多项支付请求，债务人仅就其中一项或几项请求提出异议的，不影响其他各项请求的效力。债权人基于同一债权债务关系，可向多个债务人提出支付请求，多个债务人中的一人或几人提出异议的，不影响其他请求的效力。张某提交的意见书的内容没有针对债权人的请求，因此，本案的意见书不能构成有效的异议。

2. 张某租李某的房子，合同到期日张某要求李某返还押金 1 万元，李某不予返还，称张某损坏其配置的电视机一台。张某拿房屋租赁合同及双方微信沟通内容向法院申请支付令，要求李某返还押金 1 万元。

问：本案可否适用督促程序？为什么？

分析要点提示：(1) 本案不适用督促程序。(2) 依照《民事诉讼法》第 225 条和《适用民诉法解释》的规定，支付令的申请必须具备下述条件：第一，债权人申请给付的范围，仅限于请求给付金钱或汇票、本票、支票以及股票、债券、国库券、可转让的存单等有价证券。第二，请求给付的金钱或者有价证券已到偿付期且数额确定，并写明请求所根据的事实、证据。第三，债权人没有对等给付义务，即债权人与债务人之间没有其他债务纠纷，债务关系是单向的。依照《民事诉讼法》的规定，适用支付令的债务关系必须明确。如果债权人与债务人互有向对方承担某种给付义务，债务纠纷中的权利义务关系不能仅凭一方当事人的申请就可以认定，也不能仅按一方当事人的请求而向其相对人发出限期清偿债务的命令。因此，债权人与债务人之间存在其他债务纠纷的，不适用督促程序，应按普通程序或简易程序予以解决。第四，支付令能够送达债务人。第五，收到申请书的人民法院有管辖权。第六，债权人未向人民法院申请诉前保全。

第二十三章　公示催告程序

【本章引例】

甲商行向乙工厂购进一批产品，甲商行向乙工厂开具一张金额为10万元的汇票，记载的付款人为某银行的丙支行，付款期限是出票之日起的第15天。但是，在乙工厂财务人员收到该汇票后的第5天，汇票被办公室的其他人无意中混入碎纸机遭到毁弃。乙工厂的法律顾问建议乙工厂作为申请人向丙支行所在地的基层人民法院申请公示催告。本案是否适用公示催告程序?

【本章学习目标】

通过学习本章，你应该能够：

1. 了解公示催告程序的作用和特点
2. 了解公示催告程序的适用范围
3. 掌握公示催告案件的具体适用程序

第一节　公示催告程序概述

一、公示催告程序的概念

公示催告程序，是指人民法院根据申请人的申请，以公示方式，催告不明的利害关系人在法定期间主张权利，如无人主张权利，经申请人的申请，作出除权判决的程序。我国民事诉讼法所称的公示催告，主要是指票据的公示催告，也可适用于其他需要公示催告的事项。

通过公示催告程序，使票据上记载的权利和票据本身相分离。因此，公示催告程序，对保护票据关系人的合法权益，保障票据的正常使用和流通，促进社会主义市场经济的发展，具有重要意义。

二、公示催告程序的特点

（一）程序性质的非诉讼性

1. 只确定失票人应有的权利，无民事权益争议

申请人因失去票据，导致票据权利难以实现。失票人申请启动本程序，是为了确定并

恢复其票据权利，并不是为了与他人争夺票据权利。法院进行公示催告，是为了确定可否恢复申请人的票据权利，不是为了解决申请人与他人之间的争议。如果属于票据权利的纠纷，不能适用本程序，当事人应当依照诉讼程序的规定另行起诉。

2. 只有一方申请人，无双方当事人

适用本程序的案件，没有明确的对方当事人，只有一方申请人。公示催告所催告的利害关系人是否存在，无人知晓，实际上在申请阶段并无明确的对方当事人。法院进行公示催告，是为了确切排除其他利害关系人存在的可能性。如果该案件存在其他的利害关系人，应当终结本程序，当事人可以依照诉讼程序另行起诉。

在票据法律关系中，除持票人外，还有出票人、付款人或者承兑人等。这些人与失票人之间虽然存在一定的法律关系，但是这些关系不是本程序审理的主要范畴，因此不属于本程序的当事人。

3. 一审终审、不适用再审程序

适用公示催告程序的案件，实行一审终审；而适用诉讼程序的案件，通常可以适用两审终审，并可以适用再审程序。两审终审和再审程序，专用于诉讼程序，适用于解决民事纠纷案件。适用公示催告程序的案件，与其他非诉讼程序案件一样，没有民事权益争议，案情比较简单，不需要适用两审终审和再审程序。

（二）适用范围的特定性

1. 限于可以背书转让的票据的案件

适用公示催告程序的案件，必须是涉及可以背书转让票据的案件。不可以背书转让的票据，不能适用本程序。可背书转让票据的形式、内容、效力等，由有关票据法规定。

2. 限于票据被盗、遗失、灭失的案件

当事人申请公示催告，必须是因票据被盗、遗失、灭失三种法定情形中的一种，致使票据权利无法实现。非这三种原因之一造成票据权利人无法实现权利的，不能适用本程序。

3. 限于没有其他利害关系人的票据案件

失票人为了恢复本人的票据权利，请求人民法院启动公示催告程序。除了申请人以外，本案不能存在其他票据权利的利害关系人。票据权利的其他利害关系人，是指对票据提出权利主张的人。公示催告过程中，发现有其他利害关系人的，人民法院应当终结公示催告程序。

（三）程序制度的独特性

1. 公示催告程序由两个阶段组成

完整的公示催告程序由两个阶段组成：第一个阶段是公示催告阶段；第二个阶段是判决阶段。从民事诉讼法规定的一般审判程序看，一个案件通常都是经过一次申请或者一次起诉、一次裁判即可完成其整个审判程序过程。

2. 公示催告程序的两个阶段均由申请人申请启动

公示催告程序有两次申请。公示催告阶段由申请人申请开始。公告到期后，人民法院并不主动作出任何裁判，而是由申请人在一定期限内再一次提出申请，请求人民法院判决确认其独有的票据权利，判决阶段方予启动。

3. 公示催告程序的两个阶段分别由两个不同组成方式的审判庭审理

根据《适用民诉法解释》的规定，公示催告阶段可由独任审判员进行审理；判决阶段则应组成合议庭进行审理。

4. 公示催告程序的两个阶段分别发布公告

公示催告阶段，人民法院发布公告，催促可能存在的权利人申报权利；判决阶段后期，人民法院应当再次发布公告，宣告判决原票据无效，恢复失票人的权利。

5. 案件由票据支付地基层人民法院专属管辖

《民事诉讼法》第229条规定，票据公示催告的案件由票据支付地的基层人民法院专属管辖。这和票据纠纷案件的管辖地略有不同。该法第26条规定，票据纠纷的案件由票据支付地或者被告住所地人民法院管辖。由于票据公示催告的案件属于非诉讼案件，不存在被告一方，因此，上述规定的精神是一致的。

三、公示催告程序的作用

（一）公平地维护失票人的合法权益

票据的合法持有人失去了原始票据，无法向票据义务人主张权利，其基于原始票据的合法权益也就无法实现。适用公示催告程序可以帮助失票人恢复其合法权益，可以充分地维护票据法律关系的公平性。

（二）公平地保障利害关系人的合法权益

人民法院用公告的方式通知并催促可能存在的利害关系人申报权利，是为了防止因判决票据无效而使他人合法利益受到影响。有关利害关系人通过及时申报权利，可以依法保护自己的合法权益。

（三）有效地制止非法持票人的不当得利

《民事诉讼法》在票据公示催告程序中规定，人民法院在受理申请人申请的同时，应当通知支付人停止支付；支付人收到人民法院停止支付的通知，应当立即停止支付，直至公示催告程序终结；公示催告期间，一切转让票据权利的行为均告无效。上述规定，有效地遏止了非法持票人获取不当利益的机会，防止了票据权利人的合法利益受到侵害。

（四）规范并维护票据流转的法律秩序

票据公示催告程序的设立，规范并维护了票据流转的法律秩序，是我国票据制度进一步发展与完善的体现。

公示催告程序的上述功能，是任何最完善的挂失制度都无法比拟的。

四、公示催告程序的适用范围

由于我国的票据、证券及有关证书的法律制度正在建立、健全过程中，这就给公示催告程序的规范与适用带来许多不便和限制。基于此，我国公示催告程序主要规定了当时流通领域迫切需要的票据公示催告程序。《民事诉讼法》第229条第1款规定的适用该程序案件的范围有下述两类。

（一）依照规定可以背书转让的票据的失票人可以申请公示催告程序

依照规定可以背书转让的票据案件，是适用公示催告程序的主要案件类型。前述“规定”，泛指票据法律、法规的规定。票据，是指支付人向持票人支付（通常为无条件支付）一定金额的凭证，包括汇票、支票、本票三种。背书转让，则指依据票据法律、法规的规定，交易的双方可以通过在票据的背面签署姓名、日期等事项，完成转移票据及其权利的行为。通常，记名式票据可以背书转让；不记名式票据不可以背书转让。依据现行票据法的规定，多数记名式票据可以背书转让，少数记名式票据尚限制背书转让。

失票人失票的原因限于票据被盗、遗失或者灭失三种情形之一。

（二）依照法律规定可以申请公示催告程序的其他事项

依照法律规定可以申请公示催告程序的其他事项，属于《民事诉讼法》规定的预置性弹性条款。目前，尚无法律规定有其他可以申请公示催告的事项。随着相关实体法的逐步制定和颁布，其他可以背书转让的证券、单证、特种文书等需要宣告无效的事项，将来有望适用本程序。

第二节 公示催告案件的审理程序

一、申请公示催告

公示催告程序的启动，须依申请人的申请而开始，人民法院不得依职权主动提起。依据《民事诉讼法》第 229 条的规定，申请人申请公示催告，必须同时具备以下条件：

（一）合格的申请主体

申请公示催告的主体为申请人，是公示催告程序的当事人。公示催告的申请人，只能是丧失票据及其权利的最后合法持有者，故又称之为失票人。

（二）特定的申请客体

申请公示催告的特定客体，是指可以申请公示催告的法定事项，具备以下两项中的任何一项即可：（1）可以背书转让的票据；（2）可以申请公示催告程序的其他事项。

（三）特定的申请事由

申请公示催告的事由，是指可以申请公示催告的有关法定事实，应当同时包括以下两个事由：（1）可以背书转让的票据，因被盗、遗失或者灭失，致使申请人无法实现其票据权利；其他事项的事实，由法律另行规定。（2）无明确的利害关系人，即申请公示催告前，无任何人就票据权利与申请人存在未决争议。

（四）书面申请形式

提起公示催告程序的申请人必须以书面方式，向人民法院提交申请书。申请人申请票据公示催告的，应当在申请书中写明下列事项：（1）票面金额、发票人、持票人、背书人等票据主要内容；（2）申请的理由、事实。

申请人应当向有管辖权的法院递交公示催告的申请书。对公示催告案件有管辖权的法院，是票据支付地的基层人民法院。票据支付地，是指票据上载明的付款地；票据上未载明支付地的，以票据付款人的住所地或者主要营业地为票据支付地。

二、审查与受理

启动公示催告程序的原因，是申请人提出申请，但申请人的申请并不必然引起公示催告程序的启动。人民法院收到公示催告的申请后，应当立即予以审查，并决定是否受理。其审查申请的时间，最迟不得超过 7 日。经审查，认为符合受理条件的，应当予以受理，并通知申请人；认为不符合受理条件的，不予受理，并裁定驳回申请。人民法院受理公示催告申请的条件，即前述申请人申请的条件。

三、发出止付通知

人民法院受理公示催告的申请后，为了防止票据权利被他人非法行使，应当立即向票据的支付人发出停止支付的通知。人民法院发出的止付通知，是具有强制效力的司法文书，支付人应当遵照通知协助执行。支付人拒不协助执行止付通知的，人民法院可以对有关责任人采取相应的强制措施，如果因此发生了经济损失，应当由支付人承担。

支付人在接到人民法院的止付通知前已经支付完毕的，应当及时回复人民法院。人民法院则应当终结公示催告程序，并告知申请人可以以收款人为被告另行提起票据诉讼。

人民法院止付通知的效力期间，自发出止付通知之日起直至通知付款之日止。

四、发出公告

根据《民事诉讼法》第 230 条的规定，人民法院受理公示催告的申请后，应当于 3 日内发出公告，催促可能存在的利害关系人申报权利。

（一）公告方式

公告应当在有关报纸或者其他媒体上刊登，并于同日公布于人民法院公告栏内；人民法院所在地有证券交易所的还应当在该证券交易所公开张贴。

（二）公告内容

人民法院发布公示催告，应当同时写明以下内容：（1）公示催告申请人的姓名或名称；（2）票据的种类、号码、票面金额、发票人、背书人、持票人、付款期限等事项以及其他可以申请公示催告的权利凭证的种类、号码、权利范围、权利人、义务人、行权日期等；（3）催促利害关系人申报权利及申报权利的期间和申报权利的法院；（4）在公示催告期间转让票据权利、利害关系人不申报的法律后果；（5）公告的法院及公告发出的日期。

（三）公告期间

公示催告的期间，同时也是人民法院公开告示利害关系人申报权利的期限。公示催告的期间由人民法院决定，但依法不得少于 60 日，且公示催告期间届满日不得早于票据付款日后 15 日。

（四）公告效力

1. 限制票据流通的效力

《民事诉讼法》第 231 条第 2 款规定："公示催告期间，转让票据权利的行为无效。"此规定旨在防止因票据流通导致失票人和善意第三人的权益受到损害。此期间转让票据权利的行为属于无效民事行为，但不影响原票据权利人在公示催告程序终结后行使票据权利；善意第三人（即受让人）因接受转让而遭受损失的，可以向非法转让人请求偿还。

2. 推定排除利害关系人的效力

在申请公示催告的案件中，是否存在利害关系人、谁是利害关系人，通常难以知晓。人民法院通过发布公示催告的公告，限令可能存在的利害关系人在一定期限内申报权利，逾期无人申报权利，就可以推定本案所涉及的票据没有利害关系人存在。

五、申报权利

申报权利，是指自认为与本案票据有利害关系的人，在公示催告期间向人民法院主张票据权利的活动。

（一）申报主体

公示催告案件申报权利的主体，是认为自己与本案票据有利害关系并向人民法院申报权利的人，又可称为申报人。申报人可以是自然人、法人或者非法人组织。

公示催告案件中与票据有利害关系的人，特指对本案的票据可能享有一定权利的案外人，不包括票据的义务人和责任人。通常，票据的权利人只能有一个，票据的义务人和责任人却可以有数个，例如，发票人、支付人或者非法持票人、非法转让人等。

本案申请人以外的票据合法持有人，是与本案票据有直接利害关系的人，可以申报权利；接受转让的善意第三人，可以视为与本案票据有一定利害关系的人，也可以申报权利。但是本程序不解决申报权利的人是否确有权利，确权争议属于诉讼程序解决的事项。

（二）申报法院

认为自己与公示催告的票据有利害关系的人，应当向发布公告的人民法院申报权利。向其他人民法院申报权利的，不能发生预期的法律后果。

（三）申报期间

利害关系人申报权利，应当在人民法院公告指定的期限内进行。公告期限届满，判决作出之前，利害关系人申报权利的，人民法院也应当予以受理。

（四）申报内容

利害关系人向人民法院申报权利，应当提交票据权利申报书。权利申报书应当写明申报权利的请求、理由和事实。同时，应当向人民法院出示票据正本或者法律规定的证据。

（五）申报审查

对于申报人的申请，人民法院应当予以审查。人民法院主要审查申报人所主张的票据权利是否就是本案申请人所申请的票据权利。进行公示催告的人民法院在本案中并不审查申报人是否应当享有票据的实体权利。人民法院应当通知公示催告的申请人，在指定的期间内查看申报人出示的票据，以辨认是否是其申请的票据。

（六）申报后果

申报权利的利害关系人出示的票据，与公示催告申请人申请公示催告的票据不一致的，人民法院应当裁定驳回该利害关系人的申报。申报权利的利害关系人出示的票据，与公示催告申请人申请公示催告的票据一致的，人民法院应当裁定终结公示催告程序。

人民法院裁定终结公示催告程序后，申请人可以依照普通程序另行起诉，申请人也可以向人民法院另行申请冻结票据权利，即申请财产保全。申请人未在合理的时间内申请财产保全的，人民法院应当及时通知支付人解除停止支付的措施。

六、作出判决

公示催告期间届满，没有利害关系人申报权利，或者申报被驳回，人民法院应当根据申请人的申请，组成合议庭进一步审理并作出判决，宣告已丧失的票据无效，并恢复申请人的票据权利。

（一）申请判决

公示催告期间届满，申请人应当依法向人民法院递交申请书，请求人民法院作出判决。申请人不提出申请，人民法院不得依职权主动判决。

申请人应当在公示催告期间届满后的 1 个月内，向作出公示催告的人民法院申请判决；公示催告的申请人逾期未申请判决，人民法院应当裁定终结公示催告程序。

（二）合议庭合议

公示催告的申请人在法定期间内提出判决申请后，人民法院应当组成合议庭，进行进一步的审查和评议。

（三）判决与宣告

合议庭经过审查和评议，确信除申请人外没有其他利害关系人，应当判决原票据无效。

人民法院的判决应当进行公告，公开宣布原票据与票据权利相分离（故学界称其为除权判决）。人民法院作出判决后，应当及时通知票据的支付人向失票人付款。

（四）除权判决的法律效力

人民法院对票据作出除权判决，立即生效，具体效力如下所述：

1. 排除原票据的票面效力

人民法院判决宣告票据无效后，如果该票据还存在，则为废票。持有该无效票据的人，不能获得票据利益；如其转让票据，则为无效行为。

2. 恢复失票人的票据权利

人民法院在判决宣告原票据与票据权利脱离的同时，应当进一步明确宣告恢复申请人享有原票据的权利。本判决最重要的意义在于恢复失票人（即本案申请人）因丧失票据而无法实现的票据权利。

自本判决公告之日起，申请人有权向票据支付人请求支付。

七、终结公示催告程序

人民法院在审理公示催告案件时，遇有下列情形之一，可以裁定终结公示催告程序：

（1）申请人撤回申请。公示催告申请人撤回申请的，应当在公示催告之前提出。在公示催告期间申请撤回的，人民法院迳行裁定终结本程序。

（2）利害关系人申报权利。利害关系人在法定期间内申报权利，经人民法院审查符合申报条件的，应当裁定终结公示催告程序。

（3）申请人逾期未申请判决。公示催告期间届满 1 个月内，申请人应当再次提出申请，请求人民法院作出除权判决；申请人逾期未申请判决的，人民法院应当裁定终结公示催告程序。

八、另行起诉

适用公示催告程序的案件经人民法院裁定终结的，认为与本案有利害关系的人均可向人民法院另行起诉。

对已经作出除权判决，但利害关系人有正当的理由未能在判决前申报权利的，自知道或者应当知道判决公告之日起 1 年内，可以向作出判决的人民法院起诉。正当的理由包括：（1）因发生意外事件或者不可抗力致使利害关系人无法知道公告事实的；（2）利害关系人因被限制人身自由而无法知道公告事实，或者虽然知道公告事实，但无法自己或者委托他人代为申报权利的；（3）不属于法定申请公示催告情形的；（4）未予公告或者未按法定方式公告的；（5）其他导致利害关系人在判决作出前未能向人民法院申报权利的客观事由。

案例 23-1

北京市某中学于2022年12月30日向某人民法院申请对出票人北京市某中学、号码xxx/08260973、票面金额177 048元的现金支票公示催告。

法院经审查认为，现金支票只能用于支取现金，不属于可以背书转让的票据，不符合公示催告案件的受理条件。

依照《民事诉讼法》第157条第11项、第225条，《适用民诉法解释》第445条的规定，裁定驳回申请人北京市某中学的公示催告申请。申请费100元，由申请人北京市某中学负担。

【引例分析】

本章引例中，由于乙工厂的工作人员将甲商行开具的汇票损毁，致使票据权利无法实现。甲商行已经向乙工厂给付了等价的票据，无义务另行给付。乙工厂的法律顾问建议其向法院申请公示催告，乙工厂的票据权利有望经过人民法院的依法裁判得以实现。乙工厂毁损的汇票，是可以背书转让的票据，符合公示催告程序的适用范围。乙工厂需向票据支付地的基层人民法院提出书面申请，要求启动公示催告程序并提交相应证据。法院经审查符合条件的，应当发出催告公示和止付通知书。催告公示到期后，乙工厂应在1个月内提出除权判决申请。

【本章小结】

1. 公示催告程序，是指人民法院根据申请人的申请，以公示方式告知并催促可能存在的不明利害关系人限期申报权利，逾期无人申报权利，判决宣告原票据（或者其他事项）无效、恢复失票人权利的一种审判程序。

2. 公示催告程序主要适用于可以背书转让的票据，用于恢复失票人的票据权利。

3. 失票人失票的原因限于可以背书转让的票据被盗、遗失或者灭失三种情形之一。

4. 申请人必须经过两次申请、两个程序才能恢复票据权利。

5. 利害关系人在公示催告期间向发出告示的人民法院申报权利的，公示催告程序即予终结。

【课后练习题】

一、名词解释

公示催告程序　公示催告　止付通知　除权判决

二、思考题

1. 什么是公示催告程序？有何特点？

2. 公示催告程序适用于哪些范围？

3. 公示催告程序分哪些阶段进行？

4. 除权判决有何效力？

5. 对利害关系人在不同阶段的权利申报应当如何处理？

三、案例分析题

1. 某工厂遗失1张100万元的可背书转让的汇票，工厂向该票据支付地的中级人民法院递交了公示催告的申请书。

问：该中级人民法院应当如何处理本案?

分析要点提示：根据民事诉讼法的规定，对于当事人的公示催告申请，由票据支付地的基层人民法院管辖。由此看出案例中的中级人民法院无管辖权，应将案件移送到有管辖权的基层人民法院管辖。

2. 某工厂不慎将其收到的货款汇票丢失。工厂所在地的某市某区人民法院受理了该工厂提出的公示催告申请。法院向该工厂所说的支付银行发出止付通知，并发布公告，告知该支票的权利主张者应于3个月内向本院申报权利。公告到期无人申报权利。

问：某工厂是否可以立即恢复原票据权利?如果不可以，应当继续进行哪些程序或者行为?依据是什么?

分析要点提示：(1) 不可以。(2) 根据最高人民法院《适用民诉法解释》第450条的规定，在申报权利的期间没有人申报，或者申报被驳回的，申请人应当自公示催告期间届满之日起1个月内申请人民法院作出判决。逾期不申请判决的，终结公示催告程序。公示催告与除权判决是相互衔接但又相互独立的两个阶段，从公示催告阶段不能自动过渡到除权判决阶段。因此，公示催告期间届满后，申请人必须在法定期间内重新提出申请，人民法院才能作出除权判决。申请人未在法定期间内申请除权判决的，人民法院应当终结公示催告程序，此后申请人无权再申请除权判决，人民法院也不会依职权主动作出除权判决。除权判决作出后，丧失票据的权利人（即公示催告申请人）虽不持有票据，但其恢复了票据权利。

第二十四章　法院裁判

【本章引例】

某果汁公司与甲果园签订柳橙购销合同之后，又被乙果园的低价吸引，与之签约。甲果园按照合同约定的期限向果汁公司供货，却被拒绝接收，眼看柳橙就要腐烂。甲果园向法院起诉了该果汁公司，并申请财产保全。法院受理了此案，裁定准予保全。案件经过审理，法院最终判决果汁公司向甲果园赔偿其损失。本案中法院的裁判是否正确？

【本章学习目标】

通过学习本章，你应该能够：

1. 掌握法院裁判的概念、种类和意义
2. 明确判决的概念、适用范围、形式和效力
3. 理解裁定的概念、适用范围、形式和效力
4. 了解判决和裁定的异同
5. 把握决定的概念、适用范围和效力

第一节　判　决

一、法院裁判

法院裁判是指对案件审理过程中发生的程序性问题的裁断和实体性问题的权威判定。

法院裁判是法院法官在审理案件、解决争议过程中，用于解决民事诉讼当事人之间的权利义务争议和诉讼过程中的程序性问题。法院裁判具有重要的意义，具体体现在以下几方面：其一，法院裁判是人民法院行使国家审判权的标志。以法律规定解决具体的民事和经济争议，使法律的一般规定具体化，体现了法律的尊严和权威性。其二，人民法院通过裁判解决民事案件，保护当事人的合法权益，制裁违法行为，从而调整社会关系，保障社会秩序。其三，人民法院作出裁判，能够解决诉讼中的程序问题和特定事项，协调人民法院的内部工作关系，促使审判工作顺利开展。

法院裁判，在民事诉讼中表现为各种不同的法律文书，如判决、裁定、决定书等，判决是其中最重要的法院裁判形式。根据《民事诉讼法》第 159 条以及最高人民法院《适用

民诉法解释》第 254 条、第 255 条的规定，公众可以查阅发生法律效力的判决书、裁定书，但涉及国家秘密、商业秘密和个人隐私的内容除外。自然人、法人或者非法人组织申请查阅发生法律效力的判决书、裁定书的，应当向作出该生效裁判的人民法院提出。申请应当以书面形式提出，并提供具体的案号或者当事人姓名、名称。但涉及国家秘密、商业秘密和个人隐私的内容时，法院应不予准许并告知申请人。可以查阅的主体，主要是指诉讼当事人、诉讼代理人以及案外人；公众查阅的对象为发生法律效力的判决书、裁定书。人民法院可以根据实际情况，依法采取多种方式公开裁判文书。

二、判决的概念及特点

（一）判决的概念

判决，是指人民法院通过对民事案件的审理，根据查明的案件事实，适用法律，对当事人争议的民事实体权利义务问题作出的权威性判定，或者对申请人所申请认定的法律事实，经审查后作出的权威判定。民事判决的实质是将人民法院确认的权利义务关系，用法定的判定形式确定下来。

（二）判决的特点

1. 判决须由审判组织依法制作，是人民法院行使审判权的表现形式

民事审判权是指人民法院对民事案件进行审理，并通过审理作出裁判的权力，它是国家主权的重要组成部分。在我国，有权行使审判权的职能机关仅限于人民法院，其他行政机关、社会团体和个人都无权审理民事案件，无权作出裁判，也无权干涉人民法院作出民事判决。《民事诉讼法》规定，一审法院依照简易程序由审判员一人独任审理并作出判决。依照一审普通程序审理的案件、按照一审程序审理的发回的案件及再审案件，二审法院按二审程序审理的上诉案件，按二审程序审理的再审案件，原则上都应由合议庭进行审理，经过合议庭评议作出判决。一审普通程序及二审程序中适用独任制的情况参见《民事诉讼法》第 40 条、第 41 条。独任审判员或合议庭是法院具体的审判组织，依法代表国家行使审判权，因此，虽然独任审判员或合议庭成员要在判决书上署名，但是对案件的判决必须以法院的名义制作和发布。

2. 判决是用以确定当事人之间实体问题的法定形式

确定实体问题，是指确定当事人的民事权利义务或肯定、否定一些特定的法律事实。判决是人民法院对案件审理后的意思表示，是确定当事人实体问题的断定，这种断定是依法进行的确认，判决本身并不为当事人创设什么权利，或者减免什么义务，因为权利义务本身是由实体法所确定的。

3. 判决是人民法院审理案件和当事人进行诉讼的结果

判决与审理活动紧密相连，审理是判决的前提，判决是审理的结果。审理与判决是在法院的主持下，在当事人及其他诉讼参与人的参加下进行的。判决是人民法院适用法律审理案件的结果，也是当事人依据法律进行诉讼的结果。因此，在我国，判决实际上就是法院依法保护当事人合法权益与当事人通过法律途径维护自己权益的特定形式。

4. 判决具有权威性

判决是法院对民事案件行使审判权作出终结审理案件的审判行为。它是一种强制性结论，一经作出，对当事人、法院和社会都会产生相应的拘束力，非经法定程序，不得随意撤销或变更。一审判决，当事人可以在法定期限内提出上诉，通过二审程序变更或撤销。

当事人在上诉期限内未提出上诉的，判决就发生法律效力。除了判决确有错误，可以依审判监督程序加以改变外，任何单位和个人都无权改变判决。

三、判决的种类

根据《民事诉讼法》的规定和民事审判实践，依据不同的分类标准，可以把判决分为不同的种类。

（一）根据诉的性质划分

根据诉的性质划分，可分为给付判决、确认判决和变更判决。

给付判决，是指人民法院制作的责令一方当事人向另一方当事人履行一定义务或给付一定金钱、财物的判决。例如，责令败诉方返还胜诉方借款，责令败诉方停止或履行某种行为等。给付判决的特点是它使当事人一方产生实体义务，如果负有义务的当事人不履行义务，享有权利的当事人可以申请人民法院强制执行。

确认判决，是指人民法院制定的确认当事人间存在或不存在某种民事权利义务关系或某项法律事实的判决。例如，判决确定某房屋的所有权非原告享有，判决确认甲与乙之间存在收养关系等。

变更判决，是指人民法院制定的变更或消灭当事人之间原来存在的无争议的民事法律关系之判决。例如，原来子女由父亲抚养，判决改判子女由母亲抚养；判决解除婚姻关系等。

（二）根据案件性质划分

根据案件性质划分，可分为诉讼判决和非讼判决。

诉讼判决是解决双方当事人之间的民事权益争议，确认争议的权利义务关系的判决。适用普通程序、简易程序、二审程序、审判监督程序审理案件作出的判决，都是对诉讼案件的判决。

非讼判决是指对申请人要求确认的法律事实，作出肯定或者否定的判决。适用特别程序审理的宣告失踪或者宣告死亡、认定公民无民事行为能力或者限制民事行为能力以及认定财产无主案件作出的判决，都是对非讼案件的判决。

（三）根据审判程序和审级划分

根据不同的审判程序和审级，可分为一审判决、二审判决和再审判决。

一审判决是一审法院适用一审程序对案件进行审理后作出的判决，它包括适用普通程序、简易程序和特别程序作出的判决。对于一审判决，法律规定可以上诉的，当事人可以在法定的上诉期限内提起上诉，如适用普通程序、简易程序作出的一审判决。但是，法律规定不准许上诉的，判决书送达当事人后即发生法律效力，适用《民事诉讼法》第165条规定的小额诉讼程序作出的判决就是一审终审，不得上诉。

二审判决是二审法院依照二审程序对上诉人的上诉理由、事实进行审理后，依法作出的判决。二审判决是终审判决，判决书在宣判或送达后即发生法律效力，当事人对此不得上诉。

再审判决是法院对已经发生法律效力的判决，发现在认定事实和适用法律上确有错误，适用再审程序，对案件再行审理后作出的判决。按照第一审程序再审后作出的再审判决，当事人仍然可以于法定期限内提起上诉；按照二审程序再审后作出的再审判决，为终审判决，当事人不能提起上诉。

（四）根据判决是否生效划分

依判决是否生效划分，可分为生效判决和未生效判决。

生效判决是指民事判决已发生法律效力，非经法定程序不得更改的判决，包括地方各级法院作为一审法院作出的、依法不能上诉的判决，以及二审判决。

未生效判决是指尚未发生法律效力的判决，例如地方各级人民法院对民事案件所作的未过上诉期的一审判决。

（五）根据判决是终结案件的全部或部分划分

根据判决是终结案件的全部或部分，可分为全部判决和部分判决。

全部判决是指人民法院在案件全部审理结束时所作出的民事判决。全部判决作出后，该民事诉讼程序即宣告结束。

部分判决是指人民法院对那些案情比较复杂、全部案件事实难以在短期内查清的案件，为及时保护当事人的合法权益，对已查清的部分事实所作出的判决。部分判决后，民事诉讼程序并未结束，人民法院应当继续审理余下的部分事实。部分判决的法律效力与全部判决的法律效力相同。

（六）根据双方当事人是否出庭划分

依双方当事人是否出庭划分，可分为对席判决和缺席判决。

对席判决是指人民法院在双方当事人自始至终都参加诉讼活动的情况下所作出的民事判决。

缺席判决是在一方当事人无正当理由拒不出庭或未经法庭许可中途退庭情况下，法院所作出的判决。

（七）根据判决作出的先后划分

依判决作出的先后划分，可分为原判决和补充判决。

原判决是指人民法院对一个案件首次制作的民事判决。

补充判决是指在原判决宣告后，人民法院在原判决因主文不明而难以执行或有遗漏错误的情况下，针对原判决所作的更正、解释或补充的判决。补充判决与原判决具有同等的法律效力。

四、判决的内容和形式

民事判决书，是人民法院对诉讼争议审理后作出的权威判断的书面形式，是民事诉讼程序中法院作出的重要的法律文书。它针对案件的实体问题作出决断，适用于所有类型的民事案件。人民法院制作民事判决书时，要求写明判决结果和作出该判决的理由，同时，必须文字简洁、表达准确无误。

根据《民事诉讼法》的规定和审判实践经验，民事判决书分首部、正文和尾部等部分，各部分的内容和形式要求如下：

（一）首部

首部主要包括标题、案号、当事人和其他诉讼参与人的基本情况、案由、开庭审理的时间、审判组织、所适用的程序等内容。

1. 标题和案号

标题是指作出该民事判决的人民法院；案号是指该民事判决的种类及该民事判决书的案号，判决书的案号也是民事案件立案受理时的案号。标题和案号二者往往连在一起，比如“北京市海淀区人民法院民事判决书（2023）海民初字第 0443 号”。

2. 当事人和其他诉讼参与人的基本情况

判决书应写明原告、被告和第三人的姓名、性别、年龄、民族、籍贯、工作单位、职业、住所等基本情况。有诉讼代理人的应写明诉讼代理人的基本情况。当事人是法人或非法人组织的，除写明该法人或非法人组织的全称外，还必须写明其法定代表人和主要负责人的基本情况。

3. 案由

案由是该民事案件内容的概要，应简明扼要地反映案件的性质，如离婚、损害赔偿等。案由应按照最高人民法院颁布的《民事案件案由规定》填写。

（二）正文

正文部分是民事判决书的主要内容，应包含以下各项内容：

1. 当事人主张的事实和权利请求

当事人主张的事实和权利请求包括：原告的诉讼请求及其所依据的事实与理由；被告的答辩要点及其所依据的事实与理由。如果被告提起反诉，还应写明反诉的诉讼请求及其所依据的事实与理由。如果有有独立请求权的第三人，应写明其诉讼请求及依据的事实与理由；如果有无独立请求权的第三人，应写明其在诉讼过程中对该民事纠纷的陈述及意见。

2. 作出该判决的理由

判决理由包括：判决认定的事实和理由，人民法院处理该民事案件所适用的法律和理由。为了使当事人服判，判决书必须写明判决理由。

3. 判决主文

判决主文是民事判决书的核心部分，不仅要对当事人的事实主张和诉讼请求作出判定，而且应当判明当事人行使权利、履行义务的方式、时间和地点等，并写明诉讼费用的负担。

（三）尾部

判决书的尾部包括本判决是否准许上诉、上诉的期限和上诉的法院，以及合议庭的组成人员或独任审判员、书记员的署名，同时注明该判决书制作的年、月、日，并应加盖人民法院印章。

判决的上述三个组成部分，主要是针对一审诉讼案件判决的要求。非诉讼案件和二审诉讼案件的判决，在内容和要求上与此不同。非诉讼案件的判决，由于不存在民事权益之争，因此不存在争议的事实和理由，又由于非诉讼案件要求确认法律事实，因此应当记明申请人申请确认的事实和根据。同时，也不要求写出上诉期间和上诉审法院，只需表明为终审判决即可。

对上诉案件的判决，应写明上诉的请求和理由，上诉判决的理由以及维持原判、撤销原判后改判等内容，同时应写明“本判决为终审判决，不得上诉”字样。

判决书是法院审结民事案件的重要法律文书，其内容必须准确无误。但是，有时判决会出现遗漏，如果出现遗漏，就应当根据当事人的申请或依职权，作出补充判决。

应当注意，补充判决不能变更原判决的内容。变更判决内容，只能通过上诉审程序或再审程序，不能由作出原判决的法院自行变更。另外，补充判决与部分判决不同，二者虽然都是对部分实体问题作出结论的判决书，但部分判决是在部分事实已经清楚的情况下，就该部分事实先行作出判决；而补充判决是在判决已作出的情况下，由于对某些已经判决了的实体问题漏写，经补充后作出的判决。所以补充判决不能先于判决而作出；同时，补充判决无独立性，而部分判决具有相对独立性。

如果制作判决书时发生笔误，如误写、误算，诉讼费用漏写、误算和其他笔误，或者经过法庭审理核实的事实，口头宣判时已经宣告的事项，以及其他应列入判决而未列入判决的事项，可以用裁定的方式对判决的内容进行补正，这种裁定不属于补充判决。

五、判决的效力

判决的效力是指法院的生效判决在法律上的效力。法院的生效判决在法律上具有拘束力、既判力。同时，给付判决还具有执行力。

（一）拘束力

判决的拘束力是指判决对人的支配力，即应当为一定行为或不为一定行为的效力。判决的拘束力包括对当事人的拘束力、对法院的拘束力和对社会的拘束力。

对当事人的拘束力表现在，判决一经生效，当事人必须遵守和履行，否则就要承担相应的法律后果。

对法院的拘束力表现在，判决一经生效，人民法院不能随意改变，除非经过法定程序如审判监督程序撤销，否则人民法院不得改变已经作出的生效判决。

对社会的拘束力表现在，判决一经生效，任何人都不得无视法院判决的存在，任何企业、事业单位、机关、团体和个人，都有责任尊重和维护法院判决，有关单位和个人有义务协助法院判决的执行。

（二）既判力

既判力是指判决在法律上的确定力。就当事人而言，是指判决确定的实体权利义务问题在当事人之间发生法律效力，其只能根据判决确认的民事权利义务关系行事，不得再行争议，要求改变。就法院而言，当事人如果以生效判决确认的民事权利义务关系为诉讼标的而提起新诉，法院应驳回其起诉。同时，其他法院在审理与生效判决相关的事实争议或权利争执时，不得作出与生效判决内容相矛盾的判决或裁定。在诉讼中，争议的民事权利义务转移的，不影响原来当事人的诉讼主体资格和诉讼地位；人民法院作出的发生法律效力的判决、裁定对受让人发生既判力。

（三）执行力

执行力是指给付判决可以作为执行根据，判决中的权利人在义务人不履行生效判决确定的义务时，有权请求法院予以强制执行。

案例 24-1

甲员工和乙公司签订了一份为期两年的劳动合同，合同约定甲员工每月定期领取固定工资。然而在合同期内，乙公司并未按照约定及时支付甲员工工资。甲员工多次向乙公司催讨工资，但是每次乙公司都拒绝支付，甲员工遂通过劳动仲裁，向法院起诉乙公司未按时支付工资的问题，并请求法院对此进行强制执行。庭审中，乙公司承认自己确实未按时支付工资，法院遂判决乙公司及时支付工资并支付相应的违约金。之后，由于乙公司未按照判决在规定期限内履行义务，甲员工向法院提交强制执行申请书，并提供了相应的证据材料。法院受理了甲员工的申请，并立案执行，法院发布执行通知书并传唤乙公司到庭，要求其履行判决并且在规定的期限内支付乙员工的工资和违约金。

第二节 裁 定

一、裁定的概念和特点

（一）裁定的概念

裁定，是指人民法院在审理民事案件过程中，对所发生的程序上应解决的事项作出的权威性判定。也就是说，法院处理程序性的事项，应当使用民事裁定。例如，被告提出管辖异议，法院经审查其异议有理，异议成立的，便作出裁定移送管辖，将案件移送至有管辖权的法院。裁定不仅是人民法院判定程序问题的法定形式，也成为人民法院指挥民事诉讼的有效方式。

民事诉讼从立案至诉讼的结束阶段乃至执行阶段，都有可能出现一些阻碍程序正常推进的程序问题，人民法院可以用裁定的方式，对这些问题进行及时处理，以保证审判活动的顺利进行。

（二）裁定的特点

裁定和判决都是人民法院制作的法律文书，其目的都是实现诉讼的公正以及保护当事人的合法权益。它们依法生效之后，具有同等的权威性和非经法定程序不可更改性。但裁定和判决是两种不同的诉讼法律文书，有许多不同之处。

1. 作用不同

判决主要是解决民事实体问题，而裁定主要是解决民事案件的程序问题。即使有些程序问题涉及实体问题，法院也不能用裁定对实体权利义务关系问题作出判定。

2. 适用的阶段不同

判决通常只能在案件审理终结时作出，而裁定既可以在案件审理终结时作出，也可以在案件审理过程中作出，在案件审理终结后还可以裁定补正判决书中的笔误。

3. 表现形式不同

判决只能用书面形式表现，而且有严格的格式；裁定可以用书面形式，也可以用口头形式。

4. 允许上诉的期间不同

依法准许上诉的民事判决的上诉期是 15 天，而依法准许上诉的民事裁定的上诉期只有 10 天。

二、裁定的形式和内容

（一）裁定的形式

裁定既可以书面形式作出，也可以口头形式作出。口头裁定，需要记入笔录，以保证裁定的准确性和解决程序问题的有效性。但在审判实践中，裁定大多为书面形式，尤其是依法准予上诉的裁定，必须以书面形式作出。民事裁定的书面形式就是民事裁定书。

（二）裁定的内容

根据《民事诉讼法》第 157 条第 3 款的规定，民事裁定书应当写明裁定结果和作出该裁定的理由。

民事裁定书也由首部、正文、尾部组成。

首部应写明标题、案号以及当事人和其诉讼代理人的基本情况，其要求与民事判决书的要求基本相同。

正文应写明事实、理由和结论。事实即该案诉讼程序进行中所遭遇到的客观情况。理由即该案的审判组织依据法律所确认的理由。结论即人民法院根据事实和理由对所遇问题作出的权威性判断。

尾部应由审判人员、书记员署名，并加盖人民法院印章。

凡法律允许当事人上诉的民事裁定，人民法院必须在民事裁定书中注明上诉的期间及上诉的法院。

以口头形式作出的裁定，书记员应记入笔录。

三、裁定的适用范围

裁定的适用范围，即哪些程序上的问题需要适用裁定的方式解决。根据《民事诉讼法》的规定，裁定的适用范围如下：

（一）不予受理

人民法院接到当事人提交的民事起诉状时，不符合《民事诉讼法》第 122 条的规定，或属于第 127 条规定情形的，应当裁定不予受理。具体包括：一是起诉状列写被告信息不足以认定明确的被告的，人民法院告知原告补正而原告补正后仍不能确定明确的被告的；二是对本院没有管辖权的案件，原告坚持起诉的；三是当事人重复起诉的。除上述一般规定及列举情形外，反诉、公益诉讼、第三人撤销之诉以及当事人申请司法确认调解协议的不予受理的情形，另有规定。原告对不予受理的裁定不服，有权在接到裁定书后 10 日内提起上诉，要求上级法院撤销不予受理的裁定，并要求其指定下级人民法院立案受理。

（二）管辖权异议

一方当事人向法院起诉，受诉法院受理后，另一方当事人认为受诉法院对该案无管辖权的，可以在应诉之前向受诉法院提出管辖异议。对此，法院应当进行审查，经审查认为异议无理由的，书面裁定驳回异议；认为有理由的，裁定将案件移送有管辖权的法院。对该项裁定不服，当事人有权向上一级法院提起上诉。但当事人对小额诉讼案件提出管辖异议的，人民法院的裁定一经作出即生效。

案例 24-2

甲市 A 区人民法院立案受理了一起标的为 11 590 元的买卖合同纠纷案件，法院依法适用小额诉讼程序。在提交答辩状期间，被告昌盛公司对管辖权提出异议并认为，根据双方合同约定，本案的合同履行地应为甲市 B 区，本案应当由甲市 B 区人民法院管辖，请求依法移送。甲市 A 区人民法院经审查认为，本案的管辖权应为甲市 A 区人民法院，遂裁定驳回被告对本案管辖权提出的异议。裁定作出后，被告昌盛公司不服该院作出的管辖异议裁定，在法定期间内向甲市中级人民法院提交了上诉状。根据《适用民诉法解释》第 276 条的规定，人民法院对小额诉讼案件中当事人提出管辖权异议作出的裁定一经作出即生效，甲市中级人民法院遂裁定不予受理昌盛公司的上诉。

资料来源：陈平．小额诉讼案件中对管辖权异议裁定不服，可以上诉吗？．重庆市大足区人民法院官网，2020－06－21．

（三）驳回起诉

原告向法院起诉，法院受理后，在审理过程中发现起诉不符合起诉条件的，作出裁定驳回起诉。当事人不服的，可以提起上诉。但人民法院受理小额诉讼案件后裁定驳回起诉的，一经作出即生效。另外，当事人重复起诉的，人民法院裁定不予受理；已经受理的，裁定驳回起诉，但法律、司法解释另有规定的除外。

裁定驳回起诉与裁定不予受理不同。裁定驳回起诉是原告起诉，法院受理后，经过审查发现原告的起诉不符合受理条件所作出的裁定；裁定不予受理是原告起诉后、法院受理前，经审查原告的起诉不符合起诉条件时所作出的。

驳回起诉与驳回诉讼请求也不同。驳回起诉是驳回当事人对程序意义上诉权的行使，只要经过初步调查和审查即可作出，不涉及法院对当事人实体权利义务关系的确认，因而用裁定；而驳回诉讼请求表明原告的起诉在程序上是成立的，即符合起诉条件，被法院受理，但其诉讼请求不成立，因而用判决驳回根据实体法提出的诉讼请求。驳回诉讼请求需要对案件进行实体审理后才能作出。

（四）保全和先予执行

保全和先予执行是民事诉讼程序中两种必要的应急措施。保全和先予执行事实上要涉及实体问题，如财产保全要查封、扣押财产，先予执行要责令一方当事人预先履行一定义务。但是保全并非是法院对诉讼案件进行实体审理后的行为，而是根据当事人的申请，为保障判决的执行，防止被申请人实施转移财产等行为，损害胜诉当事人的利益而采取的临时性强制措施。先予执行也只是基于特定案件原告的紧急需要，在权利义务关系明确、被执行人有履行能力的情况下，责令被告预先履行一定的义务，而非最终确定当事人的实体权利义务后的强制执行。保全和先予执行的目的是保证诉讼的顺利进行，与程序问题紧密相关，所以法院采用裁定的方式进行保全和先予执行。

对保全和先予执行的裁定，当事人、利害关系人不得上诉，但可以向作出裁定的法院申请复议一次。复议期间，不停止对裁定的执行。

（五）准许或者不准许撤诉

撤诉是当事人行使处分权的表现形式。当事人撤诉只要符合法律规定，法院就应当允许。但是，当事人的撤诉违背法律或损害国家、集体和他人合法权益的，法院应不允许其撤诉。

（六）中止或终结诉讼

中止诉讼是由于出现了特殊情况，诉讼程序中途停止。终结诉讼是由于出现了特殊情况，使正在进行的诉讼既无必要也无可能继续进行下去，因而最终结束诉讼程序。在诉讼过程中，遇有需要中止诉讼或终结诉讼的情况，由人民法院裁定。

裁定中止诉讼的原因消除，恢复诉讼程序时，不必撤销原裁定，从人民法院通知或者准许当事人双方继续进行诉讼时起，中止诉讼的裁定失去效力。

（七）补正判决书的笔误

补正判决书的笔误，是对已经作出的判决书中的意思表示类错误进行补充或更正，具体指法律文书误写、误算，诉讼费用漏写、误算和其他笔误。由于不涉及法院判定的实体问题，因此采用裁定。

（八）中止或终结执行

中止执行是由于出现了特殊情况，执行程序中途停止。终结执行是由于出现了特殊情况，使正在进行的执行程序失去继续进行下去的可能性和必要性，因而最终结束执行程序。在法院强制执行过程中，遇有需要中止执行或终结执行的情况，应当作出裁定。

（九）撤销或者不予执行仲裁裁决

我国《仲裁法》和《劳动争议调解仲裁法》规定，当事人可以依法向人民法院申请撤销仲裁裁决，人民法院认为仲裁裁决有法律规定应当撤销的情形的，应当裁定撤销仲裁裁决。因此，2012 年修改的《民事诉讼法》第 154 条①关于裁定适用范围增加了裁定撤销仲裁裁决的规定。此外，仲裁机构的裁决发生法律效力后，一方当事人不履行的，对方当事人可以向有管辖权的法院申请执行。如果被申请人提出证据证明仲裁裁决存在不予执行的情节，法院经审查属实后，应裁定不予执行仲裁裁决。

（十）裁定不予执行公证机关赋予强制执行效力的债权文书

公证机关依法赋予强制执行效力的债权文书，一方当事人不履行的，对方当事人可以向有管辖权的法院申请强制执行。人民法院经审查后认为申请执行的确认债权文书确有错误的，可以裁定不予执行。

（十一）裁定再审或裁定驳回再审申请

根据《民事诉讼法》第 215 条第 1 款的规定，当事人申请再审后，人民法院应当自收到再审申请书之日起 3 个月内审查，符合再审理由的，裁定再审；不符合的，裁定驳回申请。有特殊情况需要延长的，由本院院长批准。

（十二）其他需要裁定解决的事项

根据审判实践的需要，法律作出了这一项弹性规定，以保证审判实践中的新情况、新问题得以顺利解决。民事诉讼当事人就案件适用简易程序提出异议，人民法院经审查后认为异议成立的，裁定转为普通程序，第二审法院对于不服第一审人民法院裁定的上诉案件的处理，使用裁定；实现担保物权案件，人民法院裁定拍卖、变卖担保财产；人民法院确认调解协议；按审判监督程序决定再审，中止原判决的执行；督促程序中，申请人申请支付令不成立的，驳回申请；经公示催告，利害关系人申报后，终结公示催告程序；承认和执行外国的判决、裁决等。

上述裁定，除了其中三种是当事人可以上诉的裁定，以及保全和先予执行裁定可以申请复议外，对其他裁定不服的，当事人不能上诉，也不能申请复议。

四、裁定的效力

裁定的效力是指生效裁定在法律上所具有的拘束力以及有的裁定具有执行力，例如先予执行裁定和保全裁定。

由于裁定解决的问题在内容、性质上有所不同，因此生效的时间也不同。对不予受理、管辖权裁定和驳回起诉的裁定，依法律规定可以上诉，上诉期限为 10 天，逾期不上诉的，裁定发生法律效力。对其他不准许上诉的裁定，一经宣布或送达，即发生法律效

① 现为《民事诉讼法》第 157 条。

力。但对保全和先予执行的裁定，虽然也不许上诉，但可以依法申请复议一次，在复议期间，不停止裁定的执行。

发生法律效力的裁定包括：（1）最高人民法院作出的裁定。（2）二审法院作出的裁定。（3）一审法院作出的依法不得上诉的裁定。（4）一审法院作出的可以上诉但在上诉期内没有上诉的裁定。

裁定的效力表现：（1）生效裁定对当事人及其他诉讼参与人具有拘束力，必须遵照执行。不得再对同一事项提出相同要求。（2）人民法院非经法定程序，不得任意更改裁定。（3）有些裁定对案外有关部门和人员也具有拘束力。例如保全裁定、先予执行裁定、补正判决书中笔误的裁定生效后，有关部门和人员有协助执行的义务。

第三节　决　定

一、民事决定的概念

民事决定，指人民法院对民事诉讼中的特殊事项依法作出的权威性判定。

民事诉讼中的特殊事项，是指在诉讼中有紧迫性和特殊性的事项。为保证人民法院公正审理案件，维护正常的诉讼秩序，正确处理人民法院内部的工作关系，民事诉讼法规定使用民事决定。

人民法院适用民事决定处置特殊事项时，可视情况选用口头形式或者书面形式。如果口头作出民事决定，应由书记员记入笔录；如果使用书面形式，应写明人民法院的全称，决定书的种类和案号，该决定所依据的事实、理由以及该决定的内容，最后还应注明该决定是否准予申请复议。同时，应有作出决定的组织、人员署名以及作出决定的日期，并加盖人民法院印章。

民事决定依法一律不准上诉。

二、民事决定的适用范围

根据《民事诉讼法》的规定，民事决定主要适用于民事诉讼中的下列事项：

（1）决定是否回避。

（2）决定对妨害民事诉讼的行为采取强制措施。

（3）决定诉讼费用的减、免、缓。

（4）决定顺延期限。

（5）决定暂缓执行。

（6）其他需要人民法院作出决定的事项。

三、民事决定的法律效力

由于民事决定是法院对特定事项作出的职务判定，为及时解决问题，法律对其何时生效不设定期限。通常情况下，民事决定一经人民法院作出或送达，即发生法律效力，不论其是否可以依法申请复议。

由于民事决定的制作有其紧迫性，法律为保护当事人权益，规定对有些决定，如是否回避决定、拘留决定、罚款决定等可以申请复议一次，但复议期间不停止原决定的执行。

【引例分析】

裁定是对程序性的事项所作的判定。本章引例中根据当事人的申请对开始腐烂的柳橙实施保全措施，是通过作出裁定进行的，目的是及时处理案件争议标的物，通过低价销售获得价款，降低损害的进一步发展，对销售价款暂时冻结，以利于案件审结后执行。对该保全的裁定，当事人不得上诉。

判决是人民法院通过对民事案件的审理，查明和认定案件事实，正确适用法律，对当事人之间民事实体权利义务问题作出的权威性判定。其实质是将人民法院确认的权利义务关系以法定的判定形式确定。引例中法院判决果汁公司向甲果园赔偿其损失，是对当事人之间的权利义务关系问题所作的最后判定。因此，法院的裁判是正确的。

【本章小结】

1. 法院裁判是人民法院在审理民事案件的过程中，根据案件的事实和有关的法律，就审理案件过程中发生的程序性问题与实体法律关系争议作出的结论性判定。

2. 根据诉的不同性质划分，法院判决可分为给付判决、确认判决和变更判决。根据案件的不同性质，法院判决可分为诉讼判决和非讼判决。根据不同的审判程序和审级，判决可分为一审判决、二审判决和再审判决。依判决是否生效划分，可分为生效判决和未生效判决。根据判决是对全案审理后作出的还是对部分审理作出的，可分为全部判决和部分判决。依双方当事人是否出庭划分，可分为对席判决和缺席判决。依判决作出的先后划分，可分为原判决和补充判决。

3. 裁定，是指人民法院在审理民事案件过程中，对所发生的程序上应解决的事项作出的权威性判定。也就是说，法院处理程序的事项，应当使用民事裁定。

4. 民事决定，是指人民法院对民事诉讼中的特殊事项依法作出的权威性判定。

【课后练习题】

一、名词解释

判决　裁定　决定

二、思考题

1. 试述民事判决的内容和效力。
2. 简述民事裁定的适用范围。
3. 比较判决、裁定和决定的不同。

三、案例分析题

1. 某甲与某乙因房屋租赁合同纠纷发生争议诉至法院，法院经审理后作出判决，双方当事人在上诉期内均未上诉，判决生效。后法院发现判决书中将某乙应当向某甲支付房租 10 000 元误写成 1 000 元。

问：法院对此应当如何处理？

分析要点提示：法院应当作出补正判决书笔误的裁定书并送达双方当事人。

2. 几年前，张某在家门口骑车不慎撞倒邻居周某，导致周某受伤，后周某经治疗基本复原。今年周某因身体不适，向法院对张某提起诉讼，要求赔偿。被告张某在答辩状中主张原告的请求超过了诉讼时效。

问：法院对此应当如何处理？

分析要点提示：当事人超过诉讼时效期间起诉的，人民法院应予受理；受理后对方当事人提出诉讼时效抗辩，人民法院经审理认为抗辩事由成立的，判决驳回原告的诉讼请求。如果法院经审理认定诉讼时效未逾的，应当根据具体案件作出判决。

第二十五章　执行程序

◆【本章引例】

某巾被厂多年向京东宾馆供应床上用品，双方的合作关系良好。但是自2021年3月开始，巾被厂以次充好，给京东宾馆造成很大的经济损失。京东宾馆中止了合同并且多次找到巾被厂，要求其退还预付货款60万元，并赔偿其损失50万元，但对方不给予任何答复。京东宾馆于2022年4月起诉至法院，要求保护其合法权益。法院经审理，于2023年3月作出判决，责令巾被厂于判决生效后15日内退还京东宾馆预付货款60万元，并赔偿其经济损失40万元。判决送达后双方当事人均未上诉，但巾被厂并没有履行判决所确定的义务。根据生效的判决，京东宾馆申请法院执行。在执行过程中，法院了解到巾被厂已于2021年2月经批准与澳大利亚某公司合资成立了澳贸巾被有限责任公司，为独立法人，巾被厂以其80%的厂房及设备出资该合资公司，已无履行义务的能力。法院应当如何执行?

◆【本章学习目标】

通过学习本章，你应该能够：

1. 了解执行的概念和特征
2. 了解执行程序与审判程序的关系
3. 掌握各种执行措施的实施程序
4. 掌握执行救济的概念和制度

第一节　执行程序概述

一、执行和执行程序的概念与特征

（一）执行和执行程序的概念

民事执行是指人民法院的执行机构依法运用国家强制力，强制债务人履行生效法律文书所确定的义务，以实现债权人的民事权利的活动。在民事执行中，有权根据生效法律文书向人民法院申请执行的人，称为申请执行人；被申请或者被移送执行的对方，称为被执行人。由于申请执行人在民事实体权利义务关系中是债权人，而被执行人是债务人，因此，执行当事人双方也分别被称为债权人和债务人。

执行程序是以实现生效的法律文书确定的权利义务为目的，规范人民法院、执行当事人和其他执行参与人进行民事执行活动的程序。法院的民事执行活动必须有执行当事人以及其他人如协助执行的人共同参与，才能够完成一项民事执行任务。

（二）执行和执行程序的特征

1. 人民法院是我国行使民事执行权的法定机关

根据法律的规定，除某些行政机关对某些行政处罚决定书和行政处理决定书有执行权外，人民法院作出的生效判决裁定、行政机关制作的行政处罚和行政处理决定书、仲裁机构的裁决书以及赋予强制执行效力的公证书等，一概由人民法院执行。

2. 民事执行必须有执行根据

民事执行必须根据生效的法律文书进行。没有执行根据，执行机关就不能行使执行权。执行根据无效或被撤销的，进行执行或者继续进行执行就失去了意义。

3. 民事执行必须遵守法定程序

人民法院享有民事执行权，但是不能随意查封、拍卖债务人的财产，必须依法定程序进行，以保障执行行为的公正性。

4. 民事执行是使用国家强制力的行为

民事执行又称民事强制执行，如扣划债务人的银行存款、搜查债务人可能隐藏财产的处所等强制执行措施，都有很强的国家强制性。

5. 民事执行的基本价值目标是效益优先

确保以最低的人力、物力、时间成本实现生效法律文书确定的内容，并降低执行错误成本，是民事执行的基本价值追求。

（三）执行程序与审判程序的关系

1. 民事执行程序与民事审判程序的联系

（1）在基本原则和制度方面，二者有某些相同之处。如审判程序和执行程序都适用当事人处分原则、诚信原则；审判权和执行权都由人民法院行使；有关当事人能力、期间、送达、回避以及对妨害民事诉讼的强制措施等适用的是相同的规则。

（2）审判程序的目的是确定民事权利义务关系，保护当事人的合法权益；执行程序是为了实现已为生效裁判、法院调解书所确定的民事权利，目的也是保障当事人的合法权益。

（3）审判程序与执行程序相互交叉。“审判之中有执行，执行之中有审判”。如审判程序中作出财产保全或先予执行裁定，要适用民事执行程序的有关规定执行；在执行程序中当事人、案外人提起异议之诉的，要适用审判程序予以审判。

2. 民事执行程序与民事审判程序的区别

（1）执行程序与审判程序在纠纷解决程序中的地位不同。审判程序是民事诉讼的必经程序，每一个民事纠纷案件都要经过民事审判这一程序。而民事执行程序则不是民事诉讼的必经程序，只是具有给付内容的裁判生效后，义务人不自动履行时，才会发生执行程序。

（2）执行程序与审判程序的适用范围不同。民事执行根据并不限于那些经过民事审判程序所产生的判决、裁定、调解书和支付令，其他生效法律文书如刑事判处罚金、没收财产、责令退赔的判决，刑事附带民事诉讼的裁判，公证机构依法赋予强制执行效力的债权文书，行政机关依法可以申请法院强制执行的行政处罚、行政处理决定书，仲裁机构作出的仲裁裁决书和调解书等都可以成为执行根据。

（3）执行程序与审判程序的操作方法不同。审判程序着重通过当事人举证和法院查证，以进行精密、周全的审理并作出判决，确定当事人的权利存在与否，强调司法公正的实现。执行程序是实现已确定的权利义务关系，强调廉价、迅速、及时地实现生效法律文书的内容，强制实现债权人的权益。

（4）执行程序与审判程序职能分工有所不同。我国民事审判权和民事执行权都由人民法院行使，但审判权由人民法院的审判组织行使，而执行权由人民法院的执行组织行使。

二、民事执行应遵循的基本原则

（一）依法执行原则

依法执行原则是指执行活动必须以生效的法律文书为依据，并且依照法定程序和方式进行。该原则具体包括三层含义：首先，执行活动必须以生效的法律文书为依据。如果没有法律文书或者法律文书尚未生效，就不可申请强制执行。其次，执行必须依照法定程序进行。例如，执行人员接到申请执行书或者移交执行书，应当向被执行人发出执行通知。再如，采取强制执行措施时，执行人员应当出示证件，执行完毕后，应当将执行情况制作笔录，由在场的有关人员签名或者盖章。最后，执行工作要采取法定方式进行。例如，执行人员在采取执行措施时必须符合规定。

（二）执行标的有限原则

执行标的是指人民法院的执行行为所指向的对象，包括财产和行为。执行标的一般指为完成生效文书确定的义务交付财产或完成行为。执行标的有限原则包括两层含义：首先，民事执行的对象只能是一定的财产和民事行为，不包括人身。其次，对财产的执行有一定的范围，例如《民事诉讼法》第254条规定，人民法院有权扣留、提取被执行人应当履行义务部分的收入，但应当保留被执行人及其所扶养家属的生活必需费用。

（三）兼顾被执行人利益原则

兼顾被执行人利益原则，是指在采取执行措施保护权利人合法利益的同时，也应适当照顾被执行人的利益。该原则包括以下几个具体要求：首先，对申请人的合法权益要保护，但不得超出执行根据所确定的范围。其次，在采取执行措施时，要保留被执行人及其所扶养家属的生活必需费用和生活必需品。再次，在采取查封、扣押、强制迁出房屋或者强制退出土地等强制措施时，应当通知被执行人或者他的成年家属到场，以免损害被执行人的合法权益。最后，拍卖、变卖被执行人的财产时，要依法进行，不能低价出售。

（四）强制执行与说服教育相结合的原则

强制执行与说服教育相结合的原则是指执行工作既要采取强制手段，又要对当事人做好思想教育工作，并给予主动履行的机会，以促使其自觉履行义务。执行工作贯彻该原则，有利于减少执行阻力，顺利完成执行任务。

（五）协助执行原则

协助执行原则是指人民法院在执行工作中有权取得有关单位和个人的协助，有关单位和个人应当依法履行协助义务。根据《民事诉讼法》的有关规定，需要协助执行时，人民法院应发出协助执行通知书，说明被执行人的基本情况，被执行财产的名称、数量及具体地点，以及协助执行的事项和要求，并附送执行依据。有义务协助执行的单位或个人无故推诿、拒绝协助执行，要承担相应的法律责任。

（六）检察监督原则

《民事诉讼法》第 246 条规定："人民检察院有权对民事执行活动实行法律监督。"这标志着人民检察院对民事执行活动进行法律监督有了明确的法律依据，也结束了长期以来对人民检察院是否有权对民事执行活动进行监督的争论。《民事诉讼法》只是原则性地规定了人民检察院有权对民事执行活动进行法律监督，目前人民检察院对民事执行活动的监督主要采用书面检察建议的形式进行。

三、执行主体

执行主体，是指在执行法律关系中，依照执行的法律规定，享有权利和承担义务，并能够引起执行程序发生、变更或终结的组织或个人。执行活动需要人民法院、执行当事人和协助执行人、执行见证人等的参与，所以，执行主体包括执行机构、执行当事人和执行参与人。

（一）执行机构

1. 执行机构和执行人员

执行机构，是指在各级人民法院中设置的依法负责强制执行法律文书确定的内容的职能机构。人民法院独立地行使审判权，同样独立地行使执行权，不受其他任何机关和人员干涉。执行机构人员通常由执行员、书记员和司法警察组成。执行员负责执行工作，书记员负责记录及其他日常性工作。采取重大的执行措施，必须有司法警察参加。在执行工作中，执行人员有应当回避情形的，应当依法实行回避，回避理由和审判人员相同。执行机构及执行人员所属的人民法院也称为执行法院。

2. 执行管辖

执行机构执行民事案件，是指在各级人民法院以及同级人民法院之间有各自的分工和权限。对于当事人申请执行的民事案件，由哪一级人民法院和哪一个人民法院负责的具体分工和权限，称为执行管辖。

从地域看，人民法院制作的发生法律效力的民事判决、裁定，以及刑事判决、裁定中的财产部分，由第一审人民法院或者与第一审人民法院同级的被执行的财产所在地人民法院执行。从级别看，第一审人民法院为基层人民法院的，案件由第一审人民法院执行，或者由被执行的财产所在地基层人民法院行使执行管辖权。第一审法院为中级人民法院或高级人民法院的，则该案件由中级人民法院或高级人民法院行使执行管辖权。

法律规定由人民法院执行的其他法律文书，由被执行人住所地或者被执行的财产所在地人民法院执行。具体规定如下：

（1）仲裁机构作出的国内仲裁裁决、公证机构依法赋予强制执行效力的公证债权文书，由被执行人住所地或被执行的财产所在地的人民法院执行。其级别管辖，参照各地法院受理诉讼案件的级别管辖的规定确定。

（2）发生法律效力的实现担保物权裁定、确认调解协议裁定及支付令，由作出裁定、支付令的人民法院或者与其同级的被执行的财产所在地的人民法院执行。

（3）认定财产无主的判决，由作出判决的人民法院将无主财产收归国家或者集体所有。

（4）在国内仲裁过程中，当事人申请财产保全，经仲裁机构提交人民法院的，由被申请人住所地或被申请的财产所在地的基层人民法院裁定并执行；申请证据保全的，由证据所在地的基层人民法院裁定并执行。

（5）在涉外仲裁过程中，当事人申请财产保全，经仲裁机构提交人民法院的，由被申请人住所地或被申请的财产所在地的中级人民法院裁定并执行；申请证据保全的，由证据所在地的中级人民法院裁定并执行。

（6）专利管理机关依法作出的处理决定和处罚决定，由被执行人住所地或财产所在地的省、自治区、直辖市有权受理专利纠纷案件的中级人民法院执行。

（7）国务院各部门，各省、自治区、直辖市人民政府和海关依照法律、法规作出的处理决定和处罚决定，由被执行人住所地或财产所在地的中级人民法院执行。

两个以上人民法院都有管辖权的，当事人可以向其中一个人民法院申请执行；当事人向两个以上人民法院申请执行的，由最先立案的人民法院管辖。两个人民法院之间因执行管辖权发生争议的，由双方协商解决；协商不成的，报请双方共同的上级人民法院指定管辖。基层人民法院和中级人民法院管辖的执行案件，因特殊情况需要由上级人民法院执行的，可以报请上级人民法院执行。

3. 委托执行

委托执行是指受理案件的执行法院对于债务人或被执行的财产在外地的案件，委托当地人民法院代为执行的一种制度。执行法院经调查发现被执行人在本辖区内已无财产可供执行，且在其他省、自治区、直辖市内有可供执行财产的，可以将案件委托异地的同级人民法院执行。委托执行是人民法院间的一种重要的司法互助制度。

在委托执行中，被委托代为执行的当地法院是受托法院；受理执行案件并将该案委托给当地法院代为执行的人民法院是委托法院。根据《最高人民法院关于委托执行若干问题的规定》的规定，委托执行应当以执行标的物所在地或者执行行为实施地的同级人民法院为受托执行法院。有两处以上财产在异地的，可以委托主要财产所在地的人民法院执行。

（二）执行当事人

1. 执行当事人的含义

所谓执行当事人，就是执行程序中的债权人和债务人。换言之，即法院判决、裁定、调解书、支付令，仲裁裁决、公证债权文书等具有给付性质的执行根据所确定的债权人与债务人。其中，有权要求执行机关运用强制力强制债务人履行义务，以实现民事权利的人是债权人；负有给付义务的人是债务人。

执行当事人应具有诉讼行为能力。如果没有诉讼行为能力，应由法定代理人或诉讼代理人代为执行行为。如果无诉讼行为能力人没有法定代理人或者法定代理人互相推诿时，执行法院应该替他指定代理人。

我国民事诉讼法对执行当事人的称谓并不统一。民事诉讼法一般使用申请执行人和被执行人这一对概念，但有时也使用债权人、申请人、被申请人等概念。由于执行程序并不一概由当事人申请而开始，特殊情况下也可以由人民法院移送执行，所以在本书中，我们有时使用申请人或申请执行人和被执行人这一对概念，也使用债权人和债务人这一对概念。

2. 执行承担

执行根据的效力，原则上只及于法律文书所确定的权利人和义务人。一般情况下，只有法律文书确定的权利人和义务人为执行当事人，人民法院也只对法律文书确定的义务人实施强制执行。但是，在执行程序中，案外人因实体法上的原因承受执行当事人地位，享有申请执行人的权利或者承担被执行人的义务，这种情形称为执行承担。执行承担包括执行程序中权利继受和义务承担两个方面。权利继受比较简便，而义务承担则比较复杂。为保障债权人在法律文书中的合法利益得到实现，《民事诉讼法》和最高人民法院的司法解释——《适用民诉法解释》和《关于民事执行中变更、追加当事人若干问题的规定》（以下简称《变更、追加当事人规定》），对执行主体的变更和追加的情形分为申请执行人与被执行人两类不同主体的变更与追加的具体情形。

（三）执行参与人

执行参与人是指人民法院和执行当事人以外的或协助参与执行工作的组织和个人，包括协助执行人、执行见证人、被申请执行人的家属以及代理人和翻译人员等。在执行程序中，按照人民法院的协助执行通知书配合执行机构进行执行工作的单位和个人，称为协助执行人。在执行程序中，人民法院采取某些执行措施时，到场亲自对执行活动进行观察和监督，证实执行情况的人，称为执行见证人。

四、执行标的

法院强制执行行为所指向的对象即执行标的，又称执行对象或执行客体，包括财产和行为。在我国，人身不得作为执行标的。

（一）执行标的的特点

1. 执行标的具有非抗辩性

执行标的是法院强制执行行为的对象，债权人申请执行，只要符合执行条件即可，法院不能强制申请人举证证明债务人有可供执行的财产，因为人民法院应当强制执行债务人的财产，有权也有职责去查询，甚至搜查债务人的财产可能藏匿的地点。

2. 执行标的具有法定性

执行程序中，人民法院依执行根据所确定的执行内容而采取相应的执行措施，不得随意确定执行标的、变更执行标的，也不得随意停止对执行标的的执行，以致改变原生效法律文书的内容。如不得随意将生效法律文书确定的行为给付义务，变更为用金钱抵债。

3. 执行标的范围具有有限性

执行标的包括财产和行为，但是，在法律规定的情形下，并非所有的财产都可以强制执行，有些财产因具有特定的人身属性，有些财产因其为被执行人生活和生产必须保留的基本财产，或者最低生活保障财产而不得执行。例如，对被执行人的财产采取执行措施时，应当为被执行人及其所扶养的家属保留必需的生活费用和生产工具。

（二）执行标的的种类

执行标的有两类：一类是财产，另一类是行为。被执行人的财产，应当是其享有所有权或有权处分的财产。根据法律文书的内容，法院需要完成的执行活动可能是采取强制措施强制债务人实施给付金钱、物品、有价证券等义务，也可能是要求债务人为一定的行为或不为一定的行为。但是债务人的人身不能作为执行标的。

1. 作为执行标的的财产

可以作为执行标的的财产主要是债务人的动产、不动产及其他财产权益。存款，工资收入，专利商标权、著作权等知识产权中的财产权部分，投资权益和债券、股票、基金份额等都可以作为执行标的。

债务人对第三人的债权和债务人非法处分的财产，也可成为执行标的。债务人对第三人的债权的执行，即代位执行制度。债务人非法处分的财产作为执行标的的情形，是指债务人为了逃避执行，与第三人恶意串通，转移财产权益造成债务人没有履行能力的状况，这种处分行为当然无效，人民法院可撤销这种处分行为，从而使非法处分的标的物成为供执行的财产。

下列财产不得成为执行标的：

（1）为保障被执行人基本生存权的禁止执行的财产。如《民事诉讼法》第254条、第255条规定的被执行人及其所扶养家属的生活必需费用和生活必需品不得作为执行标的。

（2）在性质上不得作为执行标的的权利。《民法典》规定的专属于债务人所有的权利，如健康权、姓名权、肖像权、名誉权等都不得成为执行标的。

（3）实体法禁止让与、扣押的财产以及不准流通的物品，如违禁品、淫秽品等不能成为执行标的。

2. 作为执行标的的行为

行为作为执行标的，在法律上分两种不同情形：

（1）可以替代的行为。我国《民事诉讼法》规定，对判决、裁定和其他法律文书指定的行为，被执行人未按执行通知履行的，人民法院可以强制执行或委托有关单位或其他人完成，费用由被执行人承担。

（2）不可替代的行为。当事人不履行法律文书确定的行为义务，如果该项行为义务只能由被执行人完成，人民法院可依照《民事诉讼法》的规定，以拒不履行判决、裁定为由，对义务人（包括单位主要负责人和直接责任人员）予以罚款、拘留，构成犯罪的，追究刑事责任。与可以替代的行为相比，对不可替代行为的执行更为严格。

五、执行根据

（一）执行根据的概念

执行根据是执行机关据以执行的法律文书，是由有关机构依法出具的载明债权人享有一定债权，债权人可据以请求执行的法律文书。现行法律和司法解释一般将其称为执行依据。债权人在申请执行前，需要先取得给付性的执行根据，以确定其债权及其范围，才可据以请求执行。所以，有效的执行根据是开始民事执行程序的必要条件。

（二）执行根据的种类

根据法律文书制作者的不同，执行根据可分为两种类型：一是人民法院制作的法律文书，包括民事判决、裁定、调解书和支付令以及刑事判决、裁定中的财产部分等；二是法律规定由人民法院执行的其他组织制作的法律文书，例如仲裁裁决书、仲裁调解书、赋予强制执行效力的公证债权文书等。

1. 人民法院制作的法律文书

（1）发生法律效力的判决书。

可以作为执行根据的判决有民事判决和刑事判决中有关财产部分的判决。刑事判决中有关财产部分的判决包括对被告处以财产刑罚的刑事判决，以及附带民事诉讼确定被告人承担民事责任的判决。

根据判决是否发生法律效力，判决可以分为确定判决和未确定判决。在我国确定判决即生效判决，是已经发生法律效力的判决，只有确定判决才能作为执行根据。

根据《民事诉讼法》的规定，人民法院作出的发生法律效力的民事判决包括：1）当事人不得上诉或在法定期限内未上诉的地方各级人民法院的第一审判决；2）中级、高级人民法院作为第二审法院作出的终审判决；3）最高人民法院作出的判决。

（2）发生法律效力的裁定书。

裁定主要是针对诉讼程序问题所作的判定，包括民事裁定、刑事裁定等。

1）民事裁定书。作为执行根据的裁定主要是民事裁定。例如，《民事诉讼法》规定的保全裁定和先予执行的裁定都是执行根据。

首先，在诉讼中，对于因一方当事人的行为或者其他原因，可能使将来作出的生效判决不能执行或难以执行的，以及可能造成当事人其他损害的案件，经当事人申请，法院审查后可以裁定保全。在仲裁程序中，当事人依据我国《仲裁法》的规定也可申请采取财产保全，当事人的申请由仲裁机构提交有管辖权的人民法院审查后可以作出保全裁定，并执行。先予执行裁定除适用于追索赡养费、扶养费、抚养费、抚恤金、医疗费用、劳动报酬、保险理赔费用外，根据我国民事诉讼法的规定、海事诉讼特别程序法的规定及其司法解释、知识产权法的司法解释，还适用于禁止当事人为某种行为的事项，如停止侵害、排除妨碍等，即行为保全。人民法院作出的确认调解协议有效的裁定书、实现担保物权的裁定书也具有强制执行力。一方当事人拒绝履行或者未全部履行的，另一方当事人可以向人民法院申请执行。其次，根据我国缔结或参加的国际条约、双边的司法协助协定，或根据互惠原则，人民法院承认外国法院判决或外国仲裁机构的裁决的，要通过裁定予以承认。具有给付内容、符合执行条件的裁定，也可以成为执行根据。再次，依照《民事诉讼法》和有关的司法解释，执行回转裁定书、执行担保人财产的裁定书等，也可以成为执行根据。

2）刑事裁定。可以成为执行根据的刑事裁定主要有查封、扣押被告人财产的裁定，维持原判中有财产内容的裁定以及减少罚金裁定等。

（3）发生法律效力的调解书、支付令。

调解书经双方当事人签收后，即具有法律效力，一方当事人拒不履行的，另一方当事人可申请执行。支付令是人民法院依督促程序作出的诉讼法律文书。作为执行根据的支付令必须是已经生效的。

2. 法律规定由人民法院执行的其他法律文书

（1）仲裁裁决书和仲裁调解书。

我国《仲裁法》规定，商事仲裁实行一裁终局的制度。对于商事仲裁裁决，当事人不得请求复议，也不得向人民法院起诉、上诉。仲裁过程中当事人也可以达成调解协议，由仲裁机构制作仲裁调解书。对于给付内容的裁决书和调解书，一方当事人不履行的，另一方当事人可以向人民法院申请执行。如果仲裁的被申请人有证据证明仲裁裁决符合《民事诉讼法》规定的裁定不予执行的条件，经人民法院审查核实，该仲裁裁决不能成为强制执行的根据。

（2）赋予强制执行效力的公证债权文书。

公证机构对追偿债款、物品的债权文书，认为无疑义的，在该文书上证明有强制执行的效力后，债务人不履行的，对方当事人可以向有管辖权的人民法院申请强制执行。公证债权文书应当依当事人双方共同申请作出，公证机构在当事人、利害关系人对申请公证的事项无争议的情况下，对债权文书的合法性、真实性进行公证，所公证的债权文书方可被赋予强制执行力。公证债权文书确有错误的，不得成为执行的根据，人民法院裁定不予执行。

（3）行政处罚决定书、行政处理决定书。

行政机关依法制作的行政决定书，是行政法律文书。依法应由人民法院执行的、具有给付内容的、生效的行政处罚决定、行政处理决定，由行政机关移送人民法院执行。也有一些行政决定书依法由行政机关自行执行，如海关、税务处罚决定等。

六、执行开始

根据《民事诉讼法》的规定，执行程序的开始有两种形式，即申请执行和移送执行。债权人是否申请执行，应由其决定。执行程序由申请人提出申请以后才开始，即为申请执行；在特别情况下由法院依职权执行的，即为移送执行。

根据《适用民诉法解释》的规定，人民法院应当在收到申请执行书或者移交执行书后10日内发出执行通知。执行通知中除应责令被执行人履行法律文书确定的义务外，还应通知其承担《民事诉讼法》第264条规定的迟延履行利息或者迟延履行金。

（一）申请执行

1. 当事人申请执行的条件

当事人申请执行应当符合以下条件：（1）通常要有以给付为内容的执行根据。（2）债务人逾期不履行或拒绝履行法律文书确定的义务。（3）在法定的执行时效内提出。申请执行的期限为两年，且适用诉讼时效中断、中止的规定。申请执行人超过申请执行时效期间向人民法院申请强制执行的，人民法院应予受理。被执行人对申请执行时效期间提出异议，人民法院经审查异议成立的，裁定不予执行。被执行人履行全部或者部分义务后，又以不知道申请执行时效期间届满为由请求执行回转的，人民法院不予支持。（4）执行依据主文明确。

针对执行实务中存在的，执行根据主文不明，无法执行的情形，最高人民法院《适用民诉法解释》规定，当事人申请人民法院执行的生效法律文书应当具备下列条件：第一，权利义务主体明确。要求生效法律文书从实体上明确权利义务的主体，即明确谁是权利方、谁是给付义务方。第二，给付内容明确。要求支付确定数量的金钱或财物，也包括履行法律文书指定的确定的行为。

2. 申请执行应提交的文件和证明文件

债权人申请执行，应向人民法院提交下列文件和证明文件：（1）申请执行书。写明申请执行的理由、事项、执行标的以及申请执行人所了解的被申请人的财产状况。（2）生效法律文书副本。（3）申请执行人的身份证明。（4）继承人或权利承受人申请执行的，应当提交继承或承受权利的证明文件。（5）其他应当提交的文件或证明文件。

申请执行仲裁机构的仲裁裁决，应当向人民法院提交有仲裁条款的合同书或仲裁协议书。申请执行国外仲裁机构的仲裁裁决的，应当提交经我国驻外使、领馆认证或我国公证机构公证的仲裁裁决书中文本。

3. 委托代理人代为申请执行

当事人委托代理人申请执行，应当向人民法院提交经委托人签字或盖章的授权委托书，写明代理人的姓名或者名称、代理事项、权限和期限。委托代理人代为撤回、变更执行申请，代为执行和解，或代为收取执行款项的，应当有委托人的特别授权。

（二）移送执行

人民法院在作出裁判后，因为情况特殊而认为有必要时，不待当事人申请，直接交执行机构执行的称为移送执行。

人民法院可以依职权移送执行的案件大致有四类：（1）发生法律效力的具有给付赡养费、抚养费、扶养费内容的法律文书；（2）民事制裁决定书；（3）刑事附带民事判决、裁定、调解书；（4）人民法院作出的具有财产执行内容的刑事判决书。

七、执行案件的受理与调查

（一）执行案件的受理

人民法院受理执行案件应当符合下列条件：（1）申请或移送执行的法律文书已经生效；（2）申请执行人是生效法律文书确定的权利人或其继承人、权利承受人；（3）申请执行的法律文书有给付内容，且执行标的和被执行人明确；（4）义务人在生效法律文书确定的期限内未履行义务；（5）属于受申请执行的人民法院管辖。

执行案件的申请，应当在7日内予以立案；不符合上述条件之一的，应当在7日内裁定不予受理。执行员接到申请执行书，应当向被执行人发出执行通知，并且可以立即采取强制执行措施，以免被执行人转移财产。

（二）执行案件的调查

1. 调查事项

为准确及时地完成执行工作，需要对执行案件进行调查了解，主要是对债务人的财产进行调查，调查债务人有无可供执行的财产以及可供执行的财产的种类、数量、所在地，然后决定采取何种相应的执行措施。根据《适用民诉法解释》的规定，人民法院可以对必须接受调查询问的被执行人、被执行人的法定代表人、负责人或者实际控制人传唤调查其财产状况。人民法院有权查询被执行人的身份信息与财产信息。

2. 调查方法

调查的方法有查询、询问和财产申报。

人民法院应当依职权对债务人的财产状况进行调查，可以要求申请人向人民法院提供其所了解的被执行人的财产状况，也可以依职权通过法院查控系统查询被执行人的财产状况，向被执行人、有关机关、社会团体或公民个人，调查了解被执行人的财产状况。对调查所需要的材料可以复制、抄录或拍照。执行非诉讼法律文书时，必要时法院可以向制作该文书的机构调取卷宗。根据《适用民诉法解释》的规定，人民法院有权查询被执行人的身份信息和财产信息，掌握相关信息的单位和个人必须按照协助执行通知书办理。

人民法院对申请执行人提供的财产线索进行调查后，应当及时将调查结果告知申请执行人；对依职权调查的被执行人财产状况和被执行人申报的财产状况，应当主动告知申请执行人。

最高人民法院通过司法解释规定的被执行人财产申报制度也是一种调查方法。财产申报，即要求特定被执行人对其财产、经营收入或收入等情况如实向执行法院报告，否则将承担相应法律责任的制度。

调查被执行人的财产是一项难度较大的任务，申请人向人民法院提供其所了解的被执行人的财产状况是其义务，但是如果申请人无法提供，人民法院也应当依法调查，不能怠于调查，影响执行。执行机关对被执行人财产的认定采用外观主义，通常在被执行人名下的财产可以认定执行。对于动产的执行，只要该项财产由债务人占有，就可认定其为债务人所有，并予以执行；对于不动产或需要登记的机动车辆等财产，凡登记机关载明为债务人所有的，均可予以执行。第三人对被执行财产的所有权或处分权有异议的，可依法提出异议，异议若被法院裁定驳回，可以提起案外人异议之诉。

第二节　执行措施

执行措施是人民法院实施强制执行的具体方法。根据《民事诉讼法》及《适用民诉法解释》的规定，执行措施可以分为以下六类：（1）冻结、划拨、扣留和提取被执行人的存款或收入；（2）查封、扣押、冻结、变价被执行人的财产；（3）搜查；（4）强制交付法律文书指定的财物或票证；（5）强制迁出房屋或退出土地；（6）强制完成法律文书指定的行为。

为了使上述六种执行措施得以实施，《民事诉讼法》还规定了四种保障措施。这四种保障措施是：（1）向有关单位查询债务人的存款、债券、股票、基金份额等财产情况，有关单位应予协助执行；（2）要求有关单位协助办理有关财产权证照转移手续；（3）要求义务人加倍支付迟延履行期间的债务利息或支付迟延履行金；（4）债务人继续履行义务和债权人有权随时申请执行法律文书中尚未履行完毕的部分。

由于执行请求的内容不同，实现执行请求的强制措施也各不相同。根据司法实践，强制执行一般包括金钱给付请求权的执行、物的交付请求权的执行和行为请求权的执行等几类。

另外，法院实施强制执行措施需要政府有关机构、其他社会组织即其他案外人予以协助的，这些机构、组织或个人应当履行协助义务，即协助法院强制执行是一项法律义务，不得拒绝，否则执行法院可以按照妨碍民事诉讼的行为予以处罚。

一、实现金钱给付请求权的执行措施

所谓金钱给付请求权，指以给付一定数额的金钱为内容的请求权，又称金钱债权。为实现金钱债权且债务人又有金钱时，将该金钱直接交付给债权人便可清偿执行债权，其执行方法比较简单。债务人没有现款可供执行时，金钱以外的财产就成为执行标的物，人民法院需要通过拍卖、变卖等换价程序将其变现为金钱。

对被执行的财产，人民法院非经查封、扣押、冻结不得处分。对银行存款等各类可以直接扣划的财产，人民法院的扣划裁定同时具有冻结的法律效力。

根据简便原则和对债务人生活影响较少的原则，司法实践中对债务人的财产予以执行的选择顺序是：首先执行现金，现金不够清偿的，执行其存款、股息红利收入和债权，仍不足清偿的，执行债务人的动产，最后执行债务人的知识产权、不动产、投资股权等。无论是执行债务人的何种财产，都不得超出债务人应当履行义务的范围，并应当保留债务人及其所扶养家属的生活必需费用和生活必需品。具体而言，金钱债权的执行措施有以下几种：

（一）查询、冻结、划拨债务人的存款、债券、股票、基金份额等财产

冻结、划拨债务人的存款，就是由人民法院向存有债务人款项的银行以及其他有储蓄业务的单位发出协助执行通知书，禁止债务人提取和转移该项存款，并将其划拨到债权人的账户上去。

被执行人为金融机构的，对其交存在人民银行的存款准备金和备付金不得冻结和划拨，但对其在本机构、其他金融机构的存款，及其在人民银行的其他存款可以冻结、划拨，并可对被执行人的其他财产采取执行措施，但不得查封其营业场所。

作为被执行人的自然人，其收入转为储蓄存款的，应当责令其交出存单，拒不交出的，人民法院应当作出提取其存款的裁定，向金融机构发出协助执行通知书，由金融机构提取被执行人的存款交人民法院或存入人民法院指定的账户。

划拨债务人的存款，一般应当直接划入债权人的账户。在特殊情况下，无法直接划入的，可以划入人民法院的账户暂存或者等待分配。这一期间的利息，应归申请执行人或债权人所有。

（二）扣留、提取债务人的收入

债务人的收入，指自然人个人的收入，包括工资、奖金、劳动报酬及股金分红等。实践中扣留、提取债务人的收入是人民法院经常使用的执行措施。人民法院扣留、提取债务人的收入时，应当作出裁定，并发出协助执行通知书，债务人所在单位、银行和其他有储蓄业务的单位必须协助扣留或提取。

有关单位收到人民法院协助执行被执行人收入的通知后，擅自向被执行人或其他人支付的，人民法院有权责令其限期追回；逾期未追回的，应当裁定其在支付的数额内向申请执行人承担责任。

（三）查封、扣押、变价、搜查债务人的财产

1. 查封、扣押债务人的财产

查封是执行员对债务人的财产予以封存，禁止转移、处分的一种措施。未经执行员的允许，任何人不得随意动用、转移、使用和处分被查封的财产。查封一般就地进行，也可易地进行。被查封的财产，可以指令由被执行人负责保管。如继续使用被查封的财产对其价值无重大影响，可以允许被执行人继续使用。因被执行人保管或使用的过错造成的损失，由被执行人承担。

对有产权证照的动产或不动产的查封，应当向有关管理机关发出协助执行通知书，要求其不得办理查封财产的转移过户手续，同时可以责令被执行人将有关财产权证照交人民法院保管，必要时也可以采取加贴封条或张贴公告的方法查封。既未向有关管理机关发出协助执行通知书，也未采取加贴封条或张贴公告的办法查封的，不得对抗其他人民法院的查封。

扣押是执行员将债务人的财产依法转移至其他场所，加以扣留，禁止债务人对该财产占有、使用和处分。扣押的财产，既可以是动产，也可以是不动产。扣押航空器、船舶等不动产，应事先让债务人提供担保，债务人拒绝提供即可扣押，并通知港务监督或其他有关机关监督，其监督费用由债务人承担。被扣押的财产，人民法院可以自行保管，也可以委托其他单位或个人保管。

人民法院查封、扣押财产时，应通知债务人或者他的成年家属以及其单位或财产所在地的基层组织派人到场。债务人是法人或其他组织的，应通知其法定代表人或主要负责人

到场。拒不到场的，不影响执行。对债务人的同一财产，不得重复查封、扣押。人民法院对于查封、扣押的财产，必须逐一清点，造具清单。清单由执行员、债务人或其成年家属及协助执行的人员签名或盖章后，人民法院保存一份，交由被申请执行人或其成年家属一份。债务人的财产被人民法院查封、扣押后，遇有其他人民法院要求执行该项财产的，如果债务人无其他财产可供执行，当债务人为自然人或其他组织时，先行查封、扣押的人民法院应依照参与分配的规定处理。在执行中法院之间发生争议的，由上级法院协调解决。

查封、扣押裁定书应送达被执行人，采取这一措施需有关单位协助的，应当向有关单位发出协助执行通知书，连同裁定书副本一并送达有关单位。

人民法院对被执行人所有的其他人享有抵押权、质押权或留置权的财产，可以采取查封、扣押措施。财产变价后所得价款，应当在抵押权人、质押权人或留置权人优先受偿后，其余额部分用于清偿申请执行人的债权。

被执行人的财产经查封、扣押后，在人民法院指定的期间内履行义务的，人民法院应当及时解除查封、扣押措施。

根据《适用民诉法解释》的规定，在执行中，被执行人通过仲裁程序将人民法院查封、扣押、冻结的财产确权或者分割给案外人的，不影响人民法院执行程序的进行。

2. 变价债务人的非金钱财产

债务人的非金钱财产被查封、扣押、冻结后，人民法院应当及时变价处理或者采取其他执行措施。变价主要有拍卖和变卖两种。依据《民事诉讼法》第258条规定的精神，人民法院应当优先采用拍卖方式变价被执行人的财产。

拍卖是以公开的、竞价的方式，按最高的价格，于拍卖场所出售债务人的财产，并将所得款项用以清偿债权人债权的一种执行方式。变卖是人民法院将查封、扣押的债务人的动产不经拍卖程序而自行出卖或交由有关部门（如信托公司）出卖，用所得价金以清偿金钱债权的一种执行方式。

3. 搜查债务人的财产

搜查是在债务人隐匿财产而拒不履行生效法律文书确定的义务时，由人民法院院长签发搜查令，对债务人及其住所或能隐匿财产的处所依法搜寻查找的行为，是查找债务人财产的手段。

人民法院应在符合下列条件时采取搜查措施：（1）生效法律文书确定的履行期限已经届满；（2）债务人拒不履行法律文书确定的义务；（3）债务人隐匿财产、会计账簿等资料，人民法院责令其交出，但债务人拒不交出的。

采取搜查措施，应由人民法院院长签发搜查令。搜查人员应当按规定着装并出示搜查令和工作证件。搜查工作由执行员、书记员和法警进行。搜查妇女身体，应由女执行员进行。搜查时，应禁止无关人员进入搜查现场。搜查对象是公民的，应当通知被执行人或者他的成年家属以及基层组织派员到场；搜查对象是法人或者其他组织的，应当通知法定代表人或者主要负责人到场。拒不到场的，不影响搜查。在搜查中发现应当采取查封、扣押措施的财产，应依法定程序办理。同时，搜查应当制作搜查笔录，由搜查人员、被搜查人及其他在场人签名、捺印或者盖章。拒绝签名、捺印或者盖章的，应当记入搜查笔录。

（四）对被执行人的其他财产的执行

（1）对被执行人股息、红利等收益的执行。对被执行人从有关企业中应得的已到期的股息或红利等收益，人民法院有权裁定禁止被执行人提取和有关企业向被执行人支付，并要求有关企业直接向申请执行人支付。对被执行人预期从有关企业中应得的股息或红利等收益，人民法院可以采取冻结措施，禁止到期后被执行人提取和有关企业向被执行人支付。到期后人民法院可从有关企业中提取，并出具提取收据。

（2）对被执行人知识产权的执行。被执行人不履行生效法律文书确定的义务，人民法院有权裁定禁止被执行人转让其专利权、注册商标专用权、著作权（财产权部分）等知识产权。上述权利有登记主管部门的，应当同时向有关部门发出协助执行通知书，要求其不得办理财产权证照转移手续，必要时可以责令被执行人将产权或使用权证照交人民法院保存。同有形财产一样，可以对知识产权予以拍卖、变卖。

（3）对被执行人股票或投资权益的执行。对被执行人在其他股份有限公司中持有的股份凭证（股票），人民法院可以扣押，并强制被执行人按照公司法的有关规定转让，也可以直接采取拍卖、变卖的方式进行处分，或直接将股票抵偿给债权人，用于清偿被执行人的债务。

对被执行人在有限责任公司、其他法人企业中的投资权益或股权，人民法院可以采取冻结措施，同时通知有关企业不得办理被冻结的投资权益或股权的转移手续，不得向被执行人支付股息或红利。被冻结的投资权益或股权，被执行人不得自行转让。被执行人在其独资开办的法人企业中拥有的投资权益被冻结后，人民法院可以直接裁定予以转让，以转让所得清偿其对申请执行人的债务。人民法院也可允许并监督被执行人自行转让其投资权益或股权，将转让所得收益用于清偿其对申请执行人的债务。

对被执行人在有限责任公司中被冻结的投资权益或股权，人民法院可以依据《公司法》的规定，征得全体股东过半数同意后，予以拍卖、变卖或以其他方式转让。不同意转让的股东，应当购买该转让的投资权益或股权；不购买的，视为同意转让，不影响执行。

对被执行人在中外合资、合作经营企业中的投资权益或股权，在征得合资或合作他方的同意和对外经济贸易主管机关的批准后，可以对冻结的投资权益或股权予以转让。如果被执行人除在中外合资、合作企业中的股权以外别无其他财产可供执行，其他股东又不同意转让的，可以直接强制转让被执行人的股权，但应当保护合资或合作他方的优先购买权。

有关企业接到人民法院发出的协助冻结通知后，擅自向被执行人支付股息或红利，或擅自为被执行人办理已冻结股权的转移手续，造成已转移的财产无法追回的，应当在所支付的股息或红利或者转移的股权价值范围内向申请执行人承担责任。

二、实现物的交付请求权的执行措施

物的交付请求权，是债权人请求交付法律文书所指定的物的权利。物的交付请求权的执行，是指根据生效法律文书，债权人对被执行人有物的交付请求权，法院为实现这一请求权而实施的执行。

物的交付是指将指定交付的物由被执行人直接占有，转移为债权人直接占有或支配，亦即要求被执行人为一定行为。与行为请求权的执行不同，物的交付请求权的执行以实现物的占有转移为目的，以物的交付本身为执行内容，并以交付之物为执行标的物。而对行为请求权的执行，只是被执行人单纯的行为，没有执行标的物。

依据执行根据中指定交付物的不同，对物的交付请求权的执行可分为交付动产的执行和交付不动产的执行。《民事诉讼法》第 260 条关于交付指定交付的财物或票证的规定属于交付动产的执行，第 261 条关于强制迁出房屋或强制退出土地的规定属于交付不动产的执行。现分别对这两种执行方式加以说明。

（一）实现交付财物或票证请求权的执行方法

生效法律文书确定被执行人交付特定标的物的，应当执行原物。原物确已毁损或者灭失的，经双方当事人同意，可以折价赔偿。双方当事人对折价赔偿不能协商一致的，人民法院应当终结执行程序。申请执行人可以另行起诉。

他人持有法律文书指定交付的财物或票证，接到人民法院协助执行通知书后，应予转交，拒不转交的，人民法院可以强制执行，并可依法予以罚款或拘留。他人持有期间财物或者票证毁损、灭失的，可以折价赔偿。他人主张合法持有财物或者票证的，可以依《民事诉讼法》第 238 条提出案外人异议。

对交付财物或票证的执行，属于交付动产的执行。其执行的基本程序是：如果标的物为被执行人占有，可由执行员传唤当事人当面交付，也可由执行员转交，并由债权人签收。当面交付的，交付地点可以是在法院，也可以是在当事人一方所在地或标的物所在地，并由法院制作执行笔录，双方当事人签字。由执行员转交的，应由债权人或其指定的代收人签收，出具收条，并将收条附卷。

（二）强制被执行人迁出房屋或退出土地的执行方法

强制被执行人迁出房屋或退出土地属于交付不动产的执行。这一执行不但要将执行标的物占有权转移给债权人，而且还要将房屋内的或土地上的不属于执行标的的动产除去，让被执行人或居住的人迁出或退出土地。这类执行方法是将房屋或土地的支配权转移给债权人。

强制迁出房屋或强制退出土地的执行程序如下：

（1）由院长签发公告，责令被执行人在指定期间履行；被执行人拒不履行的，由执行员强制执行。

（2）通知被执行人、有关见证人到场。被执行人是自然人的，应当通知被执行人或者他的成年家属到场；被执行人是法人或非法人组织的，应当通知其法定代表人或主要负责人到场。拒不到场的，不影响执行。

（3）被执行人是自然人的，其工作单位或房屋、土地所在地的基层组织应当派人参加。执行员应当将执行情况记入笔录，由在场人员签名或盖章。

（4）强制迁出房屋被搬出的财物，由人民法院派人运至指定场所，交给被执行人。被执行人是自然人的，也可以交给其成年家属。因拒绝接收造成的损失，由被执行人承担。

（5）执行根据要求转移房屋的所有权或土地的使用权给债权人的，人民法院可以向有关单位发出协助执行通知书，有关单位必须办理。

三、实现行为请求权的执行措施

对行为请求权的执行，是指根据生效法律文书，一方当事人有义务履行一定的行为而拒不履行的，债权人请求人民法院强制该当事人履行一定的作为义务。

对行为请求权的执行与金钱债权、物的交付请求权的执行不同之处在于，行为请求权没有执行标的物，不能采用直接强制的方法。被执行人拒绝履行行为义务时，只能通过法定的方法迫使被执行人履行义务。这里的法定方法，分为可替代行为的执行和不可替代行为的执行两种形式。

（一）对可替代行为的执行

可替代行为，是法律文书指定履行的行为。在被执行人不履行法律文书指定的可替代行为时，执行法院可委托有关单位或他人代为完成，代为履行的费用由被执行人负担。被执行人拒绝负担费用时，按照关于金钱债权的执行程序对被执行人的财产强制执行。

被执行人不履行生效法律文书确定的行为义务，该义务可由他人完成的，人民法院可以选定代履行人；法律、行政法规对履行该行为义务有资格限制的，应当从有资格的人中选定。必要时，可以通过招标的方式确定代履行人。履行费用的数额由人民法院根据案件具体情况确定，并由被执行人在指定期限内预先支付。被执行人未预付的，人民法院可以对该费用强制执行。

（二）对不可替代行为的执行

不可替代行为，是指只能由被执行人完成的行为。不可替代行为与被执行人的身份有关，是必须由被执行人本人实施的行为，例如离婚案件执行中，不具有抚养权的一方向有抚养权的一方当事人交出未成年子女的行为，第三人代为履行在法律上或事实上是不可能的。

对不可替代行为的执行方法，一般是说服被执行人主动履行，但是经教育被执行人仍拒不履行的，人民法院应当按照妨害执行行为的有关规定处理，如采取拘留和罚款等强制手段，对被执行人采取此手段后，并不因此免除被执行人的义务。被执行人在法院确定的履行期间内仍不履行的，法院可以再次对其采取拘留、罚款等强制手段。

根据《民事诉讼法》第 264 条的规定，被执行人未按判决、裁定和其他法律文书指定的期间履行非金钱给付义务的，应当支付迟延履行金。支付迟延履行金以不给申请执行人造成损失为条件。已造成损失的，双倍补偿申请执行人已受到的损失；没有造成损失的，迟延履行金可以由人民法院根据具体案件决定。因此，被执行人拒绝履行不可替代行为义务时，执行法院可以决定由被执行人支付迟延履行金给债权人。迟延履行金不同于罚款，因为它不是上缴国库；也不同于损害赔偿金，因为它不以造成损失为前提。此外，不因迟延履行金的支付免除被执行人的行为义务。迟延履行金的起算点，根据《适用民诉法解释》的规定，自判决、裁定和其他法律文书指定的履行期间届满之日起计算。

四、代位执行措施

（一）代位执行的概念

被执行人不能清偿债务，但对第三人享有到期债权的，人民法院可以作出冻结债权的裁定，并通知该他人向申请执行人履行。这种对债务人的到期债权的执行，理论上称其为代位执行。在《民法典》合同编中，债权人有代位请求权，而民事诉讼中的代位执行制度保障了这一权利的实现。

（二）履行通知的效力

为保障第三人的合法权益，司法解释规定了其在认为不应当履行的情况下可以提出异议。第三人收到冻结债权裁定后，在履行通知指定的期间内提出异议的，人民法院不得对第三人强制执行。第三人提出自己无履行能力或其与申请执行人无直接法律关系，不产生异议的效力。第三人对债务部分承认、部分有异议的，人民法院可以对其承认的部分强制执行。

第三人收到冻结债权裁定后，在履行通知指定的期限内没有提出异议，而又不履行的，执行法院有权裁定对其强制执行。此裁定应及时送达第三人和被执行人。被执行人收到人民法院履行通知后，放弃其对第三人的债权或延缓第三人履行期限的行为无效，人民法院可在第三人无异议又不履行的情况下予以强制执行。

第三人收到人民法院的冻结到期债权裁定后，擅自向被执行人履行，造成已向被执行人履行的财产不能追回的，除在已经履行的财产范围内与被执行人承担连带清偿责任外，还可以追究其妨害执行的责任。在对第三人作出强制执行裁定后，第三人确无财产可供执行的，不得就第三人对他人享有的到期债权强制执行。

第三人按照人民法院履行通知向申请执行人履行了债务或已被强制执行后，人民法院应当出具证明。

（三）代位执行的救济程序

第三人对其与被执行人之间的债权债务提出异议的，执行法院不得继续执行该债权，而应该由申请执行人提起代位诉讼予以救济。

利害关系人对到期债权有异议的，如主张其为该到期债权的真实权利人，可以按照《民事诉讼法》第238条的规定，提出案外人异议，若异议被驳回，不服驳回裁定的，可以提起案外人异议之诉。

五、参与分配措施

（一）参与分配的概念

参与分配，是指在执行程序中，因债务人的财产不足以清偿各债权人的全部债权，申请执行人以外的其他债权人凭有效的执行根据申请加入已开始的执行程序，各债权人从执行标的中获得公平清偿的制度。

参与分配是为实现对债务人的多个债权人的公平保护而设立的执行程序。除了享有担保物权的债权人可优先受偿外，各债权人都有获得公平清偿的权利。最高人民法院在《适用民诉法解释》中规定了参与分配的条件和程序。

（二）参与分配的适用条件

（1）多个债权人依据不同的执行根据请求对同一债务人的财产强制执行，或多个债权人根据一份生效的法律文书对同一被执行人的财产申请执行，而执行的财产又不能清偿全部债权。此外，根据《适用民诉法解释》的规定，对人民法院查封、扣押、冻结的财产有优先权、担保物权的债权人，可以直接申请参与分配，主张优先受偿权。

（2）债务人仅限于自然人和非法人组织。如果多个债权人同时申请执行企业法人的财产，其财产不能清偿所有债权，人民法院在审理过程中，应终止或中止诉讼，依法宣告企业破产，由所有债权人申报债权，进行破产清算。在执行中，如果企业法人的财产不足以清偿全部债务的，法院可告知当事人依法申请破产。

（3）部分债权人对债务人的财产已申请执行，债务人的全部或主要财产已经被查封、扣押或被冻结，无其他财产可供执行或不足以清偿全部债务，在债务人的财产被清偿完毕前，已经取得执行根据的其他债权人对已开始执行的财产提出清偿要求。

（三）参与分配的程序

根据最高人民法院的规定，申请参与分配，申请人应提交申请书，申请书应写明参与分配和被执行人不能清偿所有债权的事实和理由，并附有执行根据。

执行法院应根据参与分配的债权数额以及被执行人可供执行的财产范围制作分配表，

准备实施分配。对于被执行人的财产，扣除执行费用，并清偿应当优先受偿的债权后，对于普通债权，原则上按照其占全部申请参与分配债权数额的比例受偿。清偿后的剩余债务，被执行人应当继续清偿。债权人发现被执行人有其他财产的，可以随时请求人民法院执行，且不受民事诉讼法规定的申请执行时效期间的限制。

分配方案异议和分配方案异议之诉的具体内容参见第四节。

第三节 执行阻却和执行回转

一、执行阻却

在执行过程中，由于某种情况的发生，使执行程序暂时不能进行，或无法进行，或无须继续进行，这种状态称为执行阻却。根据《民事诉讼法》的规定，执行阻却的情况有执行担保、执行和解、执行中止、执行终结、不予执行等。

（一）执行担保

1. 执行担保的概念及适用条件

在执行中，被执行人向人民法院提供担保，并经申请执行人同意的，人民法院可以决定暂缓执行及暂缓执行的期限。也就是说，执行担保可以发生暂缓执行的效力。

人民法院决定执行担保，应具备以下条件：(1) 由被执行人或他人提供财产担保，也可以由他人提供保证，且担保人应当具有代为履行或者代为承担赔偿责任的能力。(2) 须经债权人同意。(3) 如果担保是有期限的，暂缓执行的期限应与担保期限一致，但最长不得超过 1 年。

2. 执行担保的程序

被执行人或他人提供财产担保的，应当参照《民法典》物权编的有关规定办理相应手续。他人提供执行担保的，应当向执行法院出具保证书，并将保证书副本送交申请执行人。

债务人在人民法院决定暂缓执行的期限届满后仍不履行的，人民法院有权直接执行债务人的担保财产或裁定执行担保人的财产。债务人或担保人对担保的财产在暂缓执行期间有转移、隐匿、变卖、毁损等行为的，人民法院可以恢复强制执行。

人民法院在审理案件期间，保证人为被执行人提供保证，人民法院因此并未对被执行人的财产采取保全措施或解除保全措施，案件审结后，如果被执行人无财产可供执行或其财产不足以清偿债务时，即使生效文书未确定保证人承担责任，人民法院也有权裁定执行保证人在保证责任范围内的财产。

3. 暂缓执行

暂缓执行，是指在执行程序进行中，因法定事由的出现，或者当事人的约定，法院决定执行程序暂时停止的制度。执行担保是暂缓执行的一种情形。此外，委托执行中，受托法院遇有需要中止或终结执行以及案外人对执行标的提出异议等情形，应当及时函告委托法院，由委托法院作出裁定。在此期间，也可以暂缓执行。

（二）执行和解

1. 执行和解的概念

执行和解，是指在执行过程中，双方当事人自愿作出相互谅解和让步，就如何履行生效法律文书的有关内容达成协议，即执行和解协议，从而结束执行程序的一种活动。

当事人执行和解是行使处分权的行为，只要协议是双方当事人的真实意思表示，内容不违反法律规定，不损害国家、社会和他人的利益，执行法院应当准许。

执行和解的基本特征是当事人自行和解。它是由当事人双方主动协商进行的，不需要有其他任何组织或个人参加主持。执行组织也不得借口执行和解而动员、说服、强迫一方当事人让步，拖延执行。只要当事人尚未达成执行和解协议，就不能以将来进行执行和解为由停止执行。

执行程序中，除当事人执行和解外，执行员不能进行调解。因为对于生效法律文书，非依法定程序不得撤销或变更；执行员的任务是强制实现生效法律文书的内容，无权解决实体权利义务争议，所以在执行程序中不得进行调解。

2. 执行和解（和解协议）的内容

在执行中，双方当事人自行达成和解协议的，执行员应当将协议内容记入笔录，由双方当事人签名或盖章。执行和解协议的内容一般包括：(1) 变更履行的主体，由第三人代为承担被执行人的债务。(2) 变更履行的标的物及其数额，即债权人放弃部分债权或协议变更执行标的物。(3) 履行期限的延长，如延长全部债务的履行期限或分期分批延长债务的履行期限。(4) 履行方式的变更，如约定以物抵债或以劳务抵债等方式履行义务。

执行当事人可以对其全部或部分债权债务的履行达成和解协议。当事人对部分债权债务的履行达成和解协议的，其和解协议的效力仅及于该部分债权债务的执行。

3. 执行和解的效力

和解协议仅发生拘束执行当事人的效力。和解协议已经履行完毕的，不得再请求恢复执行。

和解协议没有强制执行力。当事人的和解协议尽管要由执行员记入执行笔录，但执行法院和执行员并不签字盖章。执行和解协议书只是当事人间的协议，不得成为执行根据，不能排除原执行根据的执行力。所以当事人达成和解协议后，原执行根据并不因此失效，只是原执行程序因此而中止或结束。一方当事人不履行或不完全履行和解协议的，人民法院可以根据对方当事人的申请，恢复对原生效法律文书的执行，但和解协议已履行的部分应当扣除。《民事诉讼法》第 241 条规定："在执行中，双方当事人自行和解达成协议的，执行员应当将协议内容记入笔录，由双方当事人签名或者盖章。申请执行人因受欺诈、胁迫与被执行人达成和解协议，或者当事人不履行和解协议的，人民法院可以根据当事人的申请，恢复对原生效法律文书的执行。"为了充分保障申请执行人的权益，最高人民法院发布的《关于执行和解若干问题的规定》（以下简称《执行和解规定》）第 9 条规定："被执行人一方不履行执行和解协议的，申请执行人可以申请恢复执行原生效法律文书，也可以就履行执行和解协议向执行法院提起诉讼。"即达成和解协议后，被执行人不依约履行的，申请执行人根据自己的利益，有权选择恢复执行还是不恢复执行而起诉要求履行和解协议。

执行和解后，根据《适用民诉法解释》的规定，申请执行人请求中止执行或者撤回执行申请的，人民法院可以裁定中止执行或者终结执行。

（三）执行中止

1. 执行中止的概念及类型

人民法院依法执行案件，由于出现某种特殊情况需要暂时停止执行程序，待特殊情况消失后，恢复执行程序的，称为执行中止。

执行中止分为整个执行程序的中止和个别执行行为的中止两种情况。前者是指由于发生中止执行的原因，整个执行程序都不能继续进行；后者是仅对执行标的物的一部分中止执行。

2. 执行中止的适用条件

依照《民事诉讼法》的有关规定，有下列情形之一的，人民法院应当裁定中止执行：(1) 申请人表示可以延期执行的；(2) 案外人对执行标的提出确有理由的异议的；(3) 作为一方当事人的公民死亡，需要等待继承人继承权利或者承担义务的；(4) 作为一方当事人的法人或者其他组织终止，尚未确定权利义务承受人的；(5) 人民法院认为应当中止执行的其他情形。

根据《适用民诉法解释》的规定，人民法院认为应当中止执行的其他情形还有：(1) 作为被执行人的企业法人符合《企业破产法》第 2 条第 1 款规定情形的，执行法院经申请执行人之一或者被执行人同意的，执行中止。(2) 执行和解协议达成后，有下列情形之一的，人民法院可以裁定中止执行：各方当事人共同向人民法院提交书面和解协议的；一方当事人向人民法院提交书面和解协议，其他当事人予以认可的；当事人达成口头和解协议，执行人员将和解协议内容记入笔录，由各方当事人签名或者盖章的。

中止执行裁定书应当写明中止的理由和法律依据。中止执行的情形消失后，执行法院可以根据当事人的申请或依职权恢复执行。恢复执行应当书面通知当事人。

（四）执行终结

执行终结是指在执行程序中，因发生法律规定的事由，执行程序没有必要或者不可能继续，因而依法结束执行程序。

依照《民事诉讼法》的规定，有下列情形之一的，人民法院裁定终结执行：(1) 申请人撤销申请的；(2) 据以执行的法律文书被撤销的；(3) 作为被执行人的自然人死亡，无遗产可供执行，又无义务承担人的；(4) 追索赡养费、扶养费、抚养费案件的权利人死亡的；(5) 作为被执行人的自然人因生活困难无力偿还借款，无收入来源，又丧失劳动能力的；(6) 人民法院认为应当终结执行的其他情形，如在执行中，被执行人被人民法院裁定宣告破产，或作为被执行人的企业法人终止，又确无连带义务人的，执行法院应当裁定终结执行。

根据《适用民诉法解释》的规定，因撤销申请而终结执行后，当事人在法定的申请执行时效期间内再次申请执行的，人民法院应当受理。

终结执行的裁定书，应写明终结执行的原因和法律依据。

此外，《适用民诉法解释》还规定了终结本次执行程序。该解释第 517 条规定："经过财产调查未发现可供执行的财产，在申请执行人签字确认或者执行法院组成合议庭审查核实并经院长批准后，可以裁定终结本次执行程序。依照前款规定终结执行后，申请执行人发现被执行人有可供执行财产的，可以再次申请执行。再次申请不受申请执行时效期间的限制。"终结本次执行程序是为了解决无财产可供执行案件的退出机制问题，其只适用于对金钱债权的执行案件。

（五）不予执行

1. 不予执行的概念

不予执行，是指人民法院在对仲裁裁决、公证债权文书的申请执行书，或承认和执行外国法院的判决裁定的申请书予以审查或执行过程中，因出现法定的原因，裁定停止执行并结束执行程序的行为。

2. 不予执行裁定的适用

（1）不予执行仲裁裁决。

根据《民事诉讼法》第248条的规定，当事人申请执行仲裁裁决，被申请人提出的证据证明仲裁裁决有下列情况之一的，经人民法院组成合议庭审查核实，裁定不予执行：1）当事人在合同中没有订立仲裁条款，或事后没有达成书面仲裁协议的；2）仲裁的事项不属于仲裁协议的范围，或仲裁机构无权仲裁的；3）仲裁庭的组成或仲裁的程序违反法定程序的；4）裁决所根据的证据是伪造的；5）对方当事人向仲裁机构隐瞒了足以影响公正裁判的证据的；6）仲裁员在仲裁该案时有贪污受贿、枉法裁决行为的。

如果人民法院认为执行该仲裁裁决违背社会公共利益，则不需要被申请人提出申请，依职权即可裁定不予执行。

根据最高人民法院发布的《关于人民法院办理仲裁裁决执行案件若干问题的规定》（以下简称《仲裁执行规定》）的规定，申请执行的仲裁有以下情形的，法院应当裁定驳回执行申请：1）权利义务主体不明确；2）金钱给付具体数额不明确或者计算方法不明确导致无法计算出具体数额；3）交付的特定物不明确或者无法确定；4）行为履行的标准、对象、范围不明确。另外，仲裁裁决或者仲裁调解书仅确定继续履行合同，但对继续履行的权利义务，以及履行的方式、期限等具体内容不明确，导致无法执行的，也应当裁定驳回申请。

根据《适用民诉法解释》和《仲裁执行规定》的规定，仲裁机构裁决的事项，部分有《民事诉讼法》第248条第2款、第3款规定情形的，人民法院应当裁定对该部分不予执行。应当不予执行部分与其他部分不可分的，人民法院应当裁定不予执行仲裁裁决。

当事人请求不予执行仲裁裁决的，应当在执行终结前向执行法院提出。不予执行仲裁裁决的裁定书应送达双方当事人和仲裁机构。仲裁裁决被人民法院裁定不予执行的，当事人可以就该民事纠纷重新达成书面仲裁协议申请仲裁，也可以向人民法院起诉。

（2）不予执行公证债权文书。

根据《民事诉讼法》第249条的规定，作为执行根据的公证债权文书确有错误的，人民法院裁定不予执行，并将裁定书送达双方当事人和公证机关。根据《适用民诉法解释》的规定，有下列情形之一的，可以认定为公证债权文书确有错误：1）公证债权文书属于不得赋予强制执行效力的债权文书的；2）被执行人一方未亲自或者未委托代理人到场公证等严重违反法律规定的公证程序的；3）公证债权文书的内容与事实不符或者违反法律强制性规定的；4）公证债权文书未载明被执行人不履行义务或者不完全履行义务时同意接受强制执行的。此外，人民法院认定执行该公证债权文书违背社会公共利益的，裁定不予执行。最高人民法院发布的《关于公证债权文书执行若干问题的规定》（以下简称《公证文书执行规定》）从申请人申请条件的角度规定，有下列情形之一的，被执行人可以依照《民事诉讼法》第249条第2款规定申请不予执行公证债权文书：1）被执行人未到场且未委托代理人到场办理公证的；2）无民事行为能力人或者限制民事行为能力人没有监护人代为办理公证的；3）公证员为本人、近亲属办理公证，或者办理与本人、近亲属有利害关系的公证的；4）公证员办理该项公证有贪污受贿、徇私舞弊行为，已经由生效刑事法律文书等确认的；5）其他严重违反法定公证程序的情形。

公证债权文书被裁定不予执行后，当事人、公证事项的利害关系人可以就债权争议提起诉讼。

当事人请求不予执行公证债权文书的，应当在执行终结前向执行法院提出。

另外，根据《公证文书执行规定》的规定，债权人申请执行公证债权文书，有下列情形之一的，人民法院应当裁定不予受理；已经受理的，裁定驳回执行申请：1）债权文书属于不得经公证赋予强制执行效力的文书；2）公证债权文书未载明债务人接受强制执行的承诺；3）公证证词载明的权利义务主体或者给付内容不明确；4）债权人未提交执行证书；5）其他不符合受理条件的情形。

《公证文书执行规定》还规定，公证债权文书赋予强制执行效力的范围同时包含主债务和担保债务的，人民法院应当依法予以执行；仅包含主债务的，对担保债务部分的执行申请不予受理；仅包含担保债务的，对主债务部分的执行申请不予受理。

（3）不予执行外国法院的判决、裁定。

当事人向人民法院申请承认和执行外国法院的判决、裁定，如果该判决、裁定违反了我国法律的基本原则或国家主权安全、社会公共利益的，不予承认和执行。

3. 不予执行的法律效果

不予执行裁定作出宣告后即生效后，该执行程序即告结束。原执行根据丧失了执行力，不仅不能依其进行新的执行行为，已为的执行行为也应予以撤销。

4. 执行结案

执行完毕、终结本次执行程序、终结执行、销案、不予执行、驳回申请为执行结案的六种方式。

人民法院执行生效的法律文书，应当在立案之日起 6 个月内执行结案，但是中止执行的期间应当扣除。确有特殊情况需要延长的，由该院院长批准。

二、执行回转

（一）执行回转的概念

执行回转是指已全部或部分执行完毕后，因原执行根据被依法撤销，由执行员根据新的法律文书采取措施将被执行的财产返还给被执行人，恢复到未执行前的制度。

在司法实践中，发生执行回转的原因大致有如下几种：

（1）人民法院制作的判决、裁定已经执行完毕，但该判决、裁定被本院或者上级法院经审判监督程序进行再审后依法撤销；权利人可以以发生法律效力的再审判决、裁定为依据，申请执行回转。

（2）人民法院制作的先予执行的裁定，在执行完毕后，被本院的生效判决或上级法院的终审判决所撤销，因先予执行而取得财物的一方当事人应将执行所得返还给对方当事人。

（3）其他机关制作的由人民法院强制执行的法律文书，在执行完毕后，又被制作机关或者上级机关依法撤销的，也应由人民法院采取执行回转措施，责令一方当事人将原执行所得财产返还给对方当事人。

（二）执行回转的条件

根据《民事诉讼法》第 244 条的规定，执行完毕后，据以执行的判决、裁定和其他法律文书确有错误，被人民法院撤销的，对已被执行的财产，人民法院应当作出裁定，责令取得财产的人返还财产，不予返还的，强制执行。由此可见执行回转须具备下列条件：

1. 执行回转以执行根据被依法撤销为前提

执行完毕后，据以执行的判决、裁定和其他法律文书确有错误，被人民法院撤销的，对已被执行的财产，人民法院应当作出裁定，责令取得财产的人返还财产，不予返还的，强制执行。人民法院撤销的判决、裁定和其他法律文书只限于由人民法院制作的法律文书，法律规定由人民法院执行的其他法律文书执行完毕后，该法律文书被有关机关依法撤销的，经当事人申请，也可适用执行回转。

2. 法院执行回转也要有执行根据

法院要责成原债权人返还财产，应根据执行回转裁定进行。原执行根据由人民法院或者其他机关依法撤销，只是表明原执行根据失效，并不具有要求原债权人返还所得财产的给付内容。所以，已执行的原生效法律文书被撤销的，人民法院应裁定执行回转，并依此裁定作为执行根据，责令取得财产的人返还财产或强制执行。

3. 原法律文书已经为人民法院执行完毕

原法律文书已为人民法院执行终结，才发生执行回转的问题。如果执行程序尚未终结，被执行的财产尚未转移，据以执行的法律文书被撤销，则应终结执行程序，就不会发生执行回转的问题。

（三）执行回转的程序

根据执行回转裁定，原申请执行人应返还已取得的财产及其利息。拒不返还的，强制执行。执行回转应重新立案，适用执行程序的有关规定。

执行回转时，已执行的标的物系特定物的，应当退还原物。不能退还原物的，经当事人双方同意，可以折价抵偿。双方当事人对折价赔偿不能协商一致的，申请执行人可以另行起诉，要求赔偿，人民法院应当终结执行回转程序。

第四节　执行救济

一、执行救济概述

（一）执行救济的概念及特点

执行救济，是指在民事执行程序中，执行当事人、利害关系人或者案外人认为其合法权益受到或者可能受到执行行为的侵害，请求撤销、变更执行行为或者采取其他补救措施，受请求的机关经审理后依法作出裁判的法律制度。执行救济制度主要有以下特征：

（1）执行救济是矫正违法或者不当的执行行为的法律制度。执行行为既是通过公权力实现生效法律文书确定的权利的活动与程序，又是践行法律权威的活动与程序。无论从哪个角度看，执行行为都必须严格遵守法律规定的方式与程序，否则既影响执行法律制度功能的发挥，又损害公权力和法律制度的权威性。因此，违法或者不当的执行行为必须予以矫正。

（2）执行救济以执行当事人、利害关系人或者案外人的合法权益受到或者可能受到侵害为前提。在损害被查明或者被证实之前，凡认为自己合法权益受到或者可能受到侵害的执行当事人、利害关系人和案外人，都可以请求执行救济，以查明执行行为是否违法或者不当、证实损害是否确实发生或者可能发生。

(3) 执行救济程序的启动以当事人、利害关系人或者案外人提出请求为条件。

(二) 执行救济的意义

在执行法律制度乃至整个程序法律制度中，执行救济制度具有重要的意义，主要表现为：

(1) 执行救济是维护执行当事人、利害关系人和案外人合法权益的重要保障。无救济即无权利，即使法律对实体权利和程序权利规定得再细密、再完备，如果权利主体不能平等、公正、全面地享有救济权，不能现实地获得救济并参与救济程序，那么法律规定的实体权利和程序权利都将化为乌有。在民事执行程序中，如果没有执行救济制度，作为权利主体所享有的实体权利和程序权利就无法保障。只有通过执行救济，执行当事人、利害关系人或者案外人受侵害的主权利才能得以恢复，受损害的权益才能获得弥补。

(2) 执行救济是实现依法执行、维护执行权威的重要保障。在民事执行实践中，由于各种原因，难以避免出现违法或者不当的执行行为。违法或者不当的执行行为与依法执行的基本原则相背离，执行的权威和法律的尊严可能因此受到损害。通过执行救济制度撤销、变更违法或者不当的执行行为，有利于确保依法执行，有利于维护民事执行的权威和法律的尊严。

(3) 执行救济有利于缓解执行当事人、利害关系人和案外人的对抗情绪，减少执行阻力。通过执行救济制度为执行当事人、利害关系人和案外人提供说理和申辩的机会，充分发挥执行程序自身具有的吸收不满的功能，能够有效地缓解执行当事人、利害关系人和案外人对于执行行为的对抗情绪，减少执行阻力，防止矛盾激化。

二、执行救济的体系

在 2007 年《民事诉讼法》修正之前，我国法律和司法解释有关执行救济的规定很不全面，仅有案外人异议一种途径。2007 年修正后的《民事诉讼法》增设了执行行为异议和执行复议制度，并将案外人异议之诉、许可执行之诉引入执行救济体系。2009 年实施的《适用〈中华人民共和国民事诉讼法〉执行程序若干问题的解释》（以下简称《适用执行程序解释》）规定了分配方案异议和分配方案异议之诉。2016 年实施的《变更、追加当事人规定》还规定了变更追加当事人的执行复议和执行异议之诉。2018 年实施的《执行和解规定》和《公证文书执行规定》分别规定了履行执行和解协议的异议之诉和债务人异议之诉，使我国的执行救济制度逐步完善。

在理论上，根据救济的方式、内容和程序不同，一般将执行救济分为程序性的执行救济和实体性的执行救济两种类型。

三、程序性的执行救济制度

(一) 执行行为异议

《民事诉讼法》第 236 条规定："当事人、利害关系人认为执行行为违反法律规定的，可以向负责执行的人民法院提出书面异议。当事人、利害关系人提出书面异议的，人民法院应当自收到书面异议之日起十五日内审查，理由成立的，裁定撤销或者改正；理由不成立的，裁定驳回。当事人、利害关系人对裁定不服的，可以自裁定送达之日起十日内向上一级人民法院申请复议。"通过该条规定，《民事诉讼法》确立了两种程序性执行救济制度，即执行行为异议和执行复议制度。

1. 执行行为异议的概念

执行行为异议是指当事人、利害关系人认为民事执行机构及其人员的执行行为违反了法律规定，损害了自己的合法权益，向该民事执行机构及其人员声明不服的方式与程序。由于提出执行行为异议的主体是当事人或利害关系人，理论上也将执行行为异议称为当事人、利害关系人异议。受民事执行机构及其人员的行为影响最大的是在民事执行程序中享有权利、承担义务的当事人和利害关系人，允许这些主体通过一定的方式与程序向民事执行机构及其人员的行为声明不服，是我国民事执行法的重大进步。

2. 执行行为异议的适用主体

执行行为异议的适用主体包括两种：一是执行当事人；二是利害关系人。其中，执行当事人即生效法律文书确定的债权人和债务人。对于利害关系人的范围，法律没有作出明确规定，就理论而言，应当是指受执行行为直接影响、以自己的名义享有执行权利或者承担执行义务的、除执行当事人之外的单位或者个人。首先，利害关系人不是执行依据确定的权利人或者义务人，故不是执行当事人；其次，利害关系人在执行程序中享有权利或者承担义务，且以自己的名义享有权利或者承担义务，故不同于对执行标的主张所有权或者有其他足以阻止执行标的转让、交付的实体权利的案外人；最后，利害关系人的权利受执行行为的实质影响，故不同于普通的案外人。《最高人民法院关于人民法院办理执行异议和复议案件若干问题的规定》第 5 条规定："有下列情形之一的，当事人以外的公民、法人和其他组织，可以作为利害关系人提出执行行为异议：（一）认为人民法院的执行行为违法，妨碍其轮候查封、扣押、冻结的债权受偿的；（二）认为人民法院的拍卖措施违法，妨碍其参与公平竞价的；（三）认为人民法院的拍卖、变卖或者以物抵债措施违法，侵害其对执行标的的优先购买权的；（四）认为人民法院要求协助执行的事项超出其协助范围或者违反法律规定的；（五）认为其他合法权益受到人民法院违法执行行为侵害的。"

3. 执行行为异议的条件

根据《民事诉讼法》第 236 条的规定，当事人、利害关系人提起执行行为异议应当具备以下四个条件：

（1）必须在执行程序中提起。当事人、利害关系人只有在执行程序进行中提起异议，才能促使执行机构及其人员及时纠正违法的执行行为，维护自身的合法权益。

（2）必须以执行行为违反法律规定为由提起。执行异议是一种程序性执行救济方式，只能针对执行机构及其人员的执行行为提起，凡是涉及实体权利义务关系的争议，不得适用执行异议寻求救济。这里所谓的"执行行为"应当指执行机构及其人员实施的、迫使债务人履行义务、实现债权人权利的行为。理论上一般将其分为执行命令、执行实施和执行裁判行为三类。对于执行行为之外的其他行为，如执行机构及其人员对妨害执行行为实施制裁的行为，不得依据《民事诉讼法》第 236 条的规定提起执行异议。

（3）必须向负责执行的民事执行机构提起。为了确保执行的效率和效益，当事人、利害关系人提起执行异议，应当直接向负责执行的民事执行机构提起，不得向其他人民法院或者其他机构提起。

（4）必须以书面形式提起。为了确保执行异议的严肃性，便于执行机构对当事人、利害关系人异议进行审慎的审查，《民事诉讼法》第 236 条规定，当事人、利害关系人认为执行行为违反法律规定的，可以向负责执行的人民法院提出书面异议。

4. 对执行行为异议的审查和裁判

根据《民事诉讼法》第 236 条的规定，对当事人、利害关系人提出的执行行为异议，执行机构应当自收到书面异议之日起 15 日内进行审查。但是，对审查的具体方式，例如，是采取书面审查还是开庭审查、是否要听取对方当事人意见等，法律均未明确规定。就理论而言，执行异议仅针对执行行为提起，不涉及与对方当事人之间的实体权利义务关系。因此，执行机构对于当事人、利害关系人提出的异议，原则上不需要听取对方当事人的意见，也不必开庭进行审查。当然，为了确保审查的审慎性，执行机构可以进行必要的调查，并将听取当事人的意见作为调查的一部分。但这并不意味着对执行异议的审查要开庭进行。《适用执行程序解释》规定，执行法院审查处理执行异议，应当自收到书面异议之日起 15 日内作出裁定。这就说明，执行机构必须在收到书面异议之日起 15 日内审查完毕并作出裁定。

对于当事人、利害关系人提出的执行行为异议，执行机构应当以裁定作出判断。首先，关于裁定的具体形式，法律没有作出明确规定。既然《民事诉讼法》第 236 条规定当事人、利害关系人提起异议应当采取书面形式，对裁定不服可向上一级人民法院申请复议，那么，执行机构对当事人、利害关系人异议作出的裁定也应当是书面裁定。其次，关于裁定的内容，执行机构对当事人、利害关系人提起的执行异议作出的裁定可分为两种：（1）异议理由成立的，裁定撤销或者改正执行行为；（2）异议理由不成立的，裁定驳回异议。最后，关于对裁定不服的救济，当事人、利害关系人对裁定不服的，可以自裁定送达之日起 10 日内向上一级人民法院申请复议。

（二）执行标的异议

《民事诉讼法》第 238 条规定："执行过程中，案外人对执行标的提出书面异议的，人民法院应当自收到书面异议之日起十五日内审查，理由成立的，裁定中止对该标的的执行；理由不成立的，裁定驳回。案外人、当事人对裁定不服，认为原判决、裁定错误的，依照审判监督程序办理；与原判决、裁定无关的，可以自裁定送达之日起十五日内向人民法院提起诉讼。"此条前段即为执行标的异议制度的规定。

1. 执行标的异议的概念

执行标的异议，是指案外人以对执行标的享有实体权利为由，对民事执行机构对该标的的执行提出不同意见，要求停止对该标的执行的申请。由于提出执行标的异议的主体为案外人，执行标的异议在理论上也称为案外人异议。执行标的异议是广义的执行异议的组成部分。执行标的异议制度在 2007 年修改《民事诉讼法》之前就已经存在，2007 年修改《民事诉讼法》之后，最高人民法院通过司法解释对其作了细化规定，增强了其可操作性。

2. 执行标的异议的适用主体

执行标的异议是指案外人对执行标的主张实体权利，请求排除对执行标的执行的制度。所谓案外人，是指本案执行当事人以外的人，即据以执行的生效法律文书没有载明的自然人、法人或者非法人组织。但是，并不是所有的执行标的都能提起执行标的异议。根据《适用执行程序解释》第 14 条的规定，只有对执行标的主张所有权或者有其他足以阻止执行标的转让、交付的实体权利，才能提起案外人异议。也就是说，只有对执行标的主张所有权，或者主张具有其他足以阻止执行标的转让、交付的实体权利的人，才能成为执行标的异议中的案外人。一般来说，被误作执行标的的财产的所有权人、被债务人占有的财产的所有权人、已经付清价款但尚未交付或者尚未办理所有权变更登记的财产的买受人等，是典型的案外人。

3. 执行标的异议的条件

根据《民事诉讼法》第 238 条的规定，案外人提起执行标的异议必须具备三个条件：

（1）必须在执行过程中提出。如果执行程序尚未开始，或者执行程序已经结束，案外人就不得提起执行异议，而应当通过其他途径寻求权利的救济。《适用民诉法解释》第 462 条规定："根据民事诉讼法第二百三十四条①规定，案外人对执行标的提出异议的，应当在该执行标的执行程序终结前提出。"

（2）异议理由必须是对执行标的主张实体权利。执行标的异议的内容必须是对执行标的主张实体权利，也就是认为正在执行的财产并不是执行标的。根据司法解释的规定，只有对执行标的主张所有权或者有其他足以阻止执行标的转让、交付的实体权利，才能提起案外人异议。

（3）必须采取书面形式。《民事诉讼法》第 238 条规定，案外人提起执行标的异议应当采取书面形式。根据《执行规定》的规定，提出异议的案外人应当提供相应的证据。明确规定执行标的异议必须采取书面形式，有利于异议人充分说明理由，便于执行机构的审查和裁判。

4. 对执行标的异议的审查和裁判

根据《民事诉讼法》《适用民诉法解释》《适用执行程序解释》的规定，案外人对执行标的提出书面异议的，执行机构应当自收到书面异议之日起 15 日内审查。经审查，执行机构应当分别依据不同的情况作出不同的处理：

（1）案外人异议没有理由，即案外人对执行标的不享有足以排除强制执行的权益的，裁定驳回其异议。

（2）案外人对执行标的享有足以排除强制执行的权益的，裁定中止执行。

5. 执行标的异议的事后救济

根据《民事诉讼法》第 238 条的规定，案外人、当事人对执行机构就执行标的异议作出的裁定不服，认为原判决、裁定错误的，依照审判监督程序办理；与原判决、裁定无关的，可以自裁定送达之日起 15 日内向人民法院提起诉讼。案外人、当事人提起的诉讼，就是实体性的执行救济制度。其中，案外人向人民法院提起的诉讼，称为案外人执行异议之诉，债权人向人民法院提起的诉讼，称为许可执行之诉。

（三）分配方案异议

为了满足司法实践的需要，《适用执行程序解释》和《适用民诉法解释》对参与分配程序可能出现争议的问题作出了一些具体规定。其中，赋予债权人和被执行人对分配方案提起异议的权利，有利于确保分配程序高效、公正地进行，充分发挥参与分配的程序功能。

1. 分配方案异议的概念

所谓分配方案异议，是指在实现金钱债权的执行中，债权人、被执行人对民事执行机构制作的财产分配方案提出不同意见并要求纠正的申请。在多个债权人对同一被执行人申请执行或者对执行财产申请参与分配的，民事执行机构应当根据各债权人的债权额制作财产分配方案并送达各债权人和被执行人。债权人或者被执行人对该分配方案有异议的，如对其他债权人的参与分配权或者债权额有意见，或者认为自己的债权额有误等，可以向民

① 现为《民事诉讼法》第 238 条。

事执行机构提出异议并要求纠正。这种异议称为分配方案异议，也称分配表异议。

2. 分配方案异议的条件

根据《适用执行程序解释》和《适用民诉法解释》的规定，债权人或者被执行人提出分配方案异议，应当符合下列几个条件：

（1）在法定期间提出异议。根据规定，债权人或者被执行人对分配方案有异议的，应当自收到分配方案之日起 15 日内提出异议。超过该期限的，异议不合法。

（2）向有管辖权的法院提出异议。分配方案异议只能向执行法院提出，向其他法院或者机关提出的，异议不合法。

（3）采取书面形式提出异议。债权人或者被执行人提出分配方案异议，必须以书面形式提出。以口头形式提出的，异议不合法。

3. 分配方案异议对民事执行程序的影响

对于债权人或者被执行人提出的分配方案异议，执行法院不需要进行实质的审查，而只要将异议情况通知未提出异议的债权人和被执行人即可，然后根据未提出异议的债权人和被执行人是否提出反对意见，决定执行程序是否继续：（1）未提出异议的债权人或者被执行人收到通知后在法定期间对异议提出反对意见的，应当通知异议人，分配方案异议程序终结，提出异议的债权人或者被执行人可以自收到通知之日起 15 日内，提起分配方案异议之诉，诉讼期间进行分配的，执行法院应当提存与争议债权数额相应的款项；异议人逾期未提起诉讼的，执行法院应当依原分配方案进行分配。（2）未提出异议的债权人和被执行人收到通知后均未在法定期间对异议人的异议提出反对意见的，执行法院应当根据异议人的意见对分配方案进行修正并依修正后的方案进行分配。

（四）执行复议

《民事诉讼法》第 236 条不仅规定当事人、利害关系人可以提起执行行为异议，而且规定当事人、利害关系人对人民法院针对其异议作出的裁定不服的，有权向上一级人民法院申请复议。《变更、追加当事人规定》第 30 条规定，除依照规定应当提起诉讼的外，被申请人、申请人或其他执行当事人对执行法院作出的变更、追加裁定或驳回申请裁定不服的，可以自裁定书送达之日起 10 日内向上一级人民法院申请复议。这种复议发生在执行程序中，与之相关的制度可称为执行复议制度。

1. 执行复议的概念

在民事执行程序中，当事人、利害关系人对民事执行机构就其执行行为异议作出的裁定不服，请求上一级民事执行机构对其异议进行再次审查和裁判，或者对已经作出的变更、追加当事人的裁定不服，请求上一级机关予以审查和裁判的制度，称为执行复议制度。执行复议制度其实由两种程序制度构成：（1）当事人、利害关系人申请复议的程序制度；（2）上一级机关对复议申请进行审查和裁判的制度。

2. 申请复议的条件

根据《民事诉讼法》《适用执行程序解释》《变更、追加当事人规定》的规定，当事人、利害关系人申请复议，应当符合以下几个方面的条件：

（1）申请复议针对的行为是已经被提起异议的执行行为或者变更、追加当事人的行为。没有当事人或者利害关系人对执行机构的执行行为提出异议，就不能按照《民事诉讼法》第 236 条的规定申请复议；没有作出变更、追加当事人的裁定，就不能依照《变更、追加当事人规定》申请复议。也就是说，根据《民事诉讼法》第 236 条的规定，复议针对的执行行为，必须是依法可以提起异议的行为，对于依法不能提起异议的行为，不可能通过复议来审查和判断，也就不可能被申请复议；根据《变更、追加当事人规定》的规定，复议针对的执行行为，是变更、追加当事人的行为，包括裁定变更、追加和驳回变更、追加申请两类。

（2）在法定期间内提出申请。当事人、利害关系人申请复议，应当自民事执行机构针对当事人、利害关系人异议作出的裁定或者变更、追加当事人的裁定送达之日起 10 日内提出。

（3）向有管辖权的民事执行机构提出申请。执行复议申请应当向执行法院的上一级人民法院提出。

（4）采取法定的形式提出申请。当事人、利害关系人申请复议应当采取书面形式。

3. 对复议申请的审查和裁判

对于当事人、利害关系人提出的复议申请，上一级人民法院民事执行机构应当组成合议庭进行审查，并在收到复议申请之日起 30 日内审查完毕并作出裁定。有特殊情况需要延长的，经本院院长批准，可以延长，延长的期限不得超过 30 日。审查既可以采取书面审查方式，也可以采取开庭审查方式。由于复议申请针对的是执行行为，不服的事项属于执行程序性事项，因此，上一级人民法院民事执行机构应当以裁定的方式作出终审结论。

4. 申请复议的效力

对复议申请的审查期间，不停止执行。债务人、利害关系人提供充分、有效的担保请求停止相应处分措施的，人民法院可以准许；债权人提供充分、有效的担保请求继续执行的，应当继续执行。

四、实体性的执行救济制度

为了满足民事执行实践的需要，2007 年修正的《民事诉讼法》将执行异议之诉制度引入执行救济体系，规定案外人和执行当事人不服民事执行机构所作的案外人异议裁定的，可以提起诉讼。2009 年实施的《适用执行程序解释》还规定了分配方案异议之诉制度。2016 年实施的《变更、追加当事人规定》规定在一定条件下，被申请人或者申请人可以就执行法院作出的变更、追加当事人裁定提起执行异议之诉。2018 年实施的《执行和解规定》还规定，被执行人不履行执行和解协议的，申请执行人可以就履行和解协议向执行法院提起诉讼；当事人、利害关系人认为执行和解协议无效或者应予撤销的，可以向执行法院提起诉讼。2018 年实施的《公证文书执行规定》第 22 条规定，具备一定情形的债务人可以在执行程序终结前，以债权人为被告，向执行法院提起诉讼，请求不予执行公证债权文书。在理论上，案外人因不服案外人异议裁定提起的诉讼称为案外人异议之诉；申请执行人因不服案外人异议裁定提起的诉讼称为许可执行之诉；债权人或者被执行人因不服分配方案异议裁定提起的诉讼称为分配方案异议之诉；被申请人或者申请人因不服变更、追加当事人裁定提起的诉讼称为变更、追加当事人异议之诉；在执行和解程序中提起的诉讼称为执行和解协议之诉；债务人提起的请求不予执行公证债权文书的诉讼，称为债务人异议之诉。总之，我国现行的实体性执行救济制度包括：案外人异议之诉，许可执行之诉，分配方案异议之诉，变更、追加当事人异议之诉，执行和解异议之诉和债务人异议之诉。

（一）案外人异议之诉

1. 案外人异议之诉的概念

所谓案外人异议之诉，是指在执行程序中，案外人为维护自己的合法权益，向执行法院提出的、对争议的实体法律关系进行审理和裁判，以纠正执行错误的请求。

《民事诉讼法》第238条规定："执行过程中，案外人对执行标的提出书面异议的，人民法院应当自收到书面异议之日起十五日内审查，理由成立的，裁定中止对该标的的执行；理由不成立的，裁定驳回。案外人、当事人对裁定不服，认为原判决、裁定错误的，依照审判监督程序办理；与原判决、裁定无关的，可以自裁定送达之日起十五日内向人民法院提起诉讼。"根据该条后段的规定，紧接着案外人异议程序，可能形成两种类型的诉讼，即案外人提起的诉讼和当事人提起的诉讼。案外人提起的诉讼是案外人异议之诉，债权人提起的诉讼是许可执行之诉。

2. 提起案外人异议之诉的条件

（1）以民事执行机构驳回案外人异议为前提。

（2）自案外人执行异议裁定送达之日起15日内提起诉讼。

（3）有明确的排除对执行标的执行的诉讼请求，且诉讼请求所依据的理由与原判决、裁定无关。案外人提起诉讼的诉讼请求应当是请求判决排除对执行标的的执行，以维护其所有权或者其他足以阻止执行标的转让、交付的实体权利。同时，案外人提出异议之诉所依据的理由必须与原判决、裁定无关。所谓"与原判决、裁定无关"，是指案外人提起异议之诉，不是由于作为执行依据的原判决、裁定有错误，而是由于案外人对执行标的享有所有权或者其他足以阻止执行标的转让、交付的实体权利。案外人认为据以执行的原判决、裁定确有错误的，应当按照审判监督程序办理，而不能提起异议之诉。

（4）由案外人提起。提起异议之诉的案外人，应当是提起案外人异议的案外人。没有提起异议的案外人，无权提起案外人异议之诉。

3. 案外人异议之诉的审理和裁判

根据《适用民诉法解释》和《适用执行程序解释》的规定，案外人异议之诉的审理和裁判应当遵守下列规定：

（1）管辖。案外人异议之诉是执行救济制度的一种，案外人提起异议之诉的目的在于排斥或者促成对执行标的的执行。因此，为了便利当事人提起和参加诉讼，也便利于执行机构与审判机构的必要沟通，案外人异议之诉由执行法院专属管辖，其他法院没有管辖权，当事人也不能通过协议选择管辖法院。

（2）当事人的确定。案外人提起异议之诉、人民法院审理案外人异议之诉的目的在于解决案外人与执行当事人之间因执行标的的实体权利义务关系形成的纠纷。因此，案外人异议之诉必须以案外人和执行当事人为当事人。具体来说，案外人异议之诉的原告应当是提起案外人异议的案外人，被告应当是申请执行人。被执行人反对案外人对执行标的所主张的实体权利的，应当以申请执行人和被执行人为共同被告；被执行人不反对案外人异议的，可以列被执行人为第三人。

（3）审理与裁判。人民法院应当在收到案外人异议之诉的起诉状之日起15日内决定是否受理。案外人异议之诉适用普通程序进行审理和裁判。根据《适用民诉法解释》第309条的规定，案外人提起异议之诉的，应当由案外人就其对执行标的享有足以排除强制执行的民事权益承担举证证明责任。根据《适用民诉法解释》第310条的规定，经审理，案外人异议之诉的理由不成立，即案外人对执行标的不享有足以排除强制执行的民事权益的，判决驳回其诉讼请求；理由成立，即案外人对执行标的享有足以排除强制执行的民事权益的，判决不得执行该执行标的。人民法院判决不得对执行标的执行的，执行异议裁定失效。案外人同时提出确认其权利的诉讼请求的，人民法院可以在判决中一并作出裁判。当事人对判决不服的，可以依法提起上诉。

4. 案外人异议之诉对执行程序的影响

案外人异议之诉的审理期间，民事执行机构不得对执行标的进行处分。申请执行人请求人民法院继续执行并提供相应担保的，人民法院可以准许。也就是说，案外人异议之诉的审理期间，民事执行机构可以对执行标的实施查封、扣押、冻结等控制性执行措施并维持上述措施的法律效力，原则上不得实施拍卖、变卖或者以物抵债等处分性执行措施。但是，申请执行人提供相应担保并请求民事执行机构继续执行，包括实施处分性执行措施的，民事执行机构可以准许。被执行人与案外人恶意串通，通过执行异议、执行异议之诉妨害执行的，民事执行机构应当依照《民事诉讼法》第 116 条的规定，以恶意串通逃避执行为由对被执行人、案外人采取罚款、拘留等强制措施，构成犯罪的，依法追究刑事责任。申请人因此受到损害的，可以提起诉讼要求被执行人、案外人赔偿。

（二）许可执行之诉

1. 许可执行之诉的概念

许可执行之诉，是指申请执行人提起的、就是否应当对民事执行机构裁定中止执行的标的继续执行的问题进行审理和裁判的请求。法院对许可执行之诉进行审理和裁判的程序制度，称为许可执行之诉制度。根据《民事诉讼法》和《适用民诉法解释》的规定，许可执行之诉被用于解决关于是否应当对特定的标的继续执行的争议：执行法院认为案外人异议的理由成立并裁定中止对该标的执行的，申请执行人不服该裁定，认为应当对该标的继续执行，可以自裁定书送达之日起 15 日内向执行法院提起诉讼，该诉讼就被称为许可执行之诉。因此，我国现行法律规定的许可执行之诉与德国、日本的许可执行之诉存在重大差别。

2. 提起许可执行之诉的条件

根据《民事诉讼法》第 238 条、《适用民诉法解释》第 304 条以及《适用执行程序解释》的有关规定，结合法理来看，提起许可执行之诉应当具备下列条件：

（1）起诉的一方应当为申请执行人。从理论上看，对于执行法院根据《民事诉讼法》第 238 条的规定作出的中止对标的执行的裁定，申请执行人和被执行人都可能不服而与案外人形成争议。其中，被执行人不服该裁定而与案外人形成的争议是关于该标的的所有权或者其他实体权利的争议，即使提起诉讼也是一个涉及实体权利义务关系纠纷的诉讼，与执行程序无关，不属于执行救济制度的范畴。但是，申请执行人不服该裁定而与案外人形成的争议，是关于该标的是否为执行标的的争议而不是关于该标的实体权利的争议，申请执行人提起诉讼是为了继续对该标的执行，而不是为了解决通常的实体权利义务关系纠纷，属于执行救济的范畴。因此，许可执行之诉的原告只能是申请执行人。

（2）民事执行机构已经依案外人异议请求裁定对执行标的中止执行。许可执行之诉以民事执行机构依案外人异议请求作出对申请执行人不利的裁定为前置程序。案外人没有提出异议，或者民事执行机构没有裁定中止执行的，申请执行人均不得提起许可执行之诉。

（3）有明确的对执行标的继续执行的诉讼请求，且诉讼请求所依据的理由与原判决、裁定无关。申请执行人提起许可执行之诉的目的在于继续对执行标的实施执行，以满足自己的债权。但是，申请执行人提出的继续对执行标的执行的请求所依据的理由，不能是认为原判决、裁定有错误。认为原判决、裁定有错误的，应当按照审判监督程序办理，而不是提起许可执行之诉。

（4）自执行异议裁定送达之日起 15 日内提起。民事执行机构认为案外人异议理由成立并裁定中止对该标的执行，申请执行人不服该裁定的，应当在裁定送达之日起 15 日内提起诉讼；超过该期间的，申请执行人不得提起许可执行之诉。

3. 许可执行之诉的审理和裁判

（1）管辖。许可执行之诉由执行法院专属管辖，其他法院没有管辖权，当事人也不能通过协议选择管辖。

（2）当事人的确定。许可执行之诉的原告只能是申请执行人，其被告应当是案外人。被执行人在许可执行之诉中的诉讼地位，依其态度不同而不同：被执行人反对申请执行人的主张的，应当以案外人和被执行人为共同被告；被执行人不反对申请执行人的主张的，可以列被执行人为第三人。

（3）审理和裁判。人民法院应当在收到申请执行人的起诉状之日起 15 日内决定是否立案。人民法院决定受理的，应当适用普通程序进行审理和裁判。根据《适用民诉法解释》第 309 条的规定，许可执行之诉应当由案外人就其对执行标的享有足以排除强制执行的民事权益承担举证证明责任。经过审理，认为案外人就执行标的不享有足以排除强制执行的民事权益的，判决准许执行该执行标的；案外人就执行标的享有足以排除强制执行的民事权益的，判决驳回诉讼请求。

4. 许可执行之诉对执行程序的影响

民事执行机构裁定对执行标的中止执行后，在许可执行之诉审理期间，民事执行机构对该执行标的采取的执行措施的效力应当予以维持。人民法院判决准许对该执行标的继续执行的，执行异议裁定失效，执行法院可以根据申请执行人的申请或者依职权恢复执行。申请执行人在法定期间内未提起许可执行之诉的，民事执行机构应当自起诉期限届满之日起 7 日内解除对该执行标的采取的执行措施。

（三）分配方案异议之诉

1. 分配方案异议之诉的概念

分配方案异议之诉，也称分配表异议之诉，是指提出分配方案异议的债权人或者被执行人因不同意未提出异议的债权人或者被执行人的反对意见而提起的，对其异议理由进行实体审理和裁判以确定是否修改分配方案的请求。执行法院对分配方案异议之诉进行审理和裁判的制度，称为分配方案异议之诉制度。它是在多个债权人对同一被执行人申请执行或者对执行财产申请参与分配的、实现金钱债权的执行程序中适用的一种实体性救济制度。

2. 分配方案异议之诉的起诉条件

根据《适用执行程序解释》的规定并结合法理，提起分配方案异议之诉，应当具备下列条件：

（1）原告是提出分配方案异议的债权人或者被执行人。只有对民事执行机关的分配方案提出不同意见的主体，才能提起分配方案异议之诉。

（2）被告是对分配方案异议提出反对意见的债权人或者被执行人。

（3）在收到未提出异议的债权人或者被执行人提出的反对意见通知之日起 15 日内提起诉讼。

（4）向执行法院提起诉讼。分配方案异议之诉专属于执行法院管辖，其他法院无管辖权，也不能由当事人通过协议选择管辖法院。

3. 分配方案异议之诉的审理和裁判

债权人或者被执行人提起的分配方案异议之诉，涉及提出分配方案异议的债权人或者被执行人与对该异议提出反对意见的其他债权人或者被执行人之间关于分配方案异议的理由是否成立的实体性争议，因此，执行法院应当适用普通诉讼程序对该争议进行审理和裁判。经过审理，认定分配方案异议理由成立的，应当判决支持提起诉讼的债权人或者被执行人的诉讼请求，判决主文应当明确如何对分配方案进行修改；认定分配方案异议理由不成立的，应当判决驳回提起诉讼的债权人或者被执行人的诉讼请求。当事人对该判决不服的，可以依法上诉。

另外，根据《适用执行程序解释》的规定，在分配方案异议之诉的诉讼期间实施分配的，民事执行机构应当将与争议债权数额相应的款项予以提存，以维护提起分配方案异议之诉的债权人或者被执行人的合法权益。

（四）变更、追加当事人异议之诉

1. 变更、追加当事人异议之诉的概念

变更、追加当事人异议之诉，是指被申请人或申请人对执行法院作出的变更、追加当事人的裁定或驳回申请裁定不服，根据法律的规定向执行法院提起的要求撤销或者改变已经作出的裁定的请求。

2. 变更、追加当事人异议之诉的起诉条件

根据《变更、追加当事人规定》第32条的规定，提起变更、追加当事人异议之诉，必须具备以下条件：

（1）原告是变更、追加当事人程序中的被申请人或者申请人。

（2）被告是申请变更、追加当事人的人或者被申请变更、追加为当事人的人。

（3）具有提起变更、追加当事人异议之诉的法定情形。根据《变更、追加当事人规定》第32条的规定，只有具有下列情形之一的，被申请人或者申请人才能提起变更、追加当事人异议之诉：

1）作为被执行人的有限合伙企业，财产不足以清偿生效法律文书确定的债务，申请执行人申请变更、追加未按期足额缴纳出资的有限合伙人为被执行人，在未足额缴纳出资的范围内承担责任的；

2）作为被执行人的营利法人，财产不足以清偿生效法律文书确定的债务，申请执行人申请变更、追加未缴纳或未足额缴纳出资的股东、出资人或依公司法规定对该出资承担连带责任的发起人为被执行人，在尚未缴纳出资的范围内依法承担责任的；

3）作为被执行人的营利法人，财产不足以清偿生效法律文书确定的债务，申请执行人申请变更、追加抽逃出资的股东、出资人为被执行人，在抽逃出资的范围内承担责任的；

4）作为被执行人的公司，财产不足以清偿生效法律文书确定的债务，其股东未依法履行出资义务即转让股权，申请执行人申请变更、追加该原股东或依公司法规定对该出资承担连带责任的发起人为被执行人，在未依法出资的范围内承担责任的；

5）作为被执行人的一人有限责任公司，财产不足以清偿生效法律文书确定的债务，股东不能证明公司财产独立于自己的财产，申请执行人申请变更、追加该股东为被执行人，对公司债务承担连带责任的；

6）作为被执行人的公司，未经清算即办理注销登记，导致公司无法进行清算，申请执行人申请变更、追加有限责任公司的股东、股份有限公司的董事和控股股东为被执行人，对公司债务承担连带清偿责任的。

只有在以上六种情形下，执行法院作出变更、追加当事人或者驳回申请的裁定的，被申请人或者申请人才能提起变更、追加当事人异议之诉。

（4）向执行法院提起诉讼。变更、追加当事人异议之诉专属于执行法院管辖，其他法院无管辖权，也不能由当事人通过协议选择管辖法院。

3．变更、追加当事人异议之诉的审理和裁判

根据《变更、追加当事人规定》第33条的规定，被申请人提起的执行异议之诉，人民法院经审理，按照下列情形分别处理：（1）理由成立的，判决不得变更、追加被申请人为被执行人或者判决变更责任范围；（2）理由不成立的，判决驳回诉讼请求。诉讼期间，人民法院不得对被申请人争议范围内的财产进行处分。申请人请求人民法院继续执行并提供相应担保的，人民法院可以准许。

根据《变更、追加当事人规定》第34条的规定，申请人提起的执行异议之诉，人民法院经审理，按照下列情形分别处理：（1）理由成立的，判决变更、追加被申请人为被执行人并承担相应责任或者判决变更责任范围；（2）理由不成立的，判决驳回诉讼请求。

（五）执行和解异议之诉

1．执行和解异议之诉的概念

执行和解异议之诉，是指在执行和解过程中，被执行人一方不履行执行和解协议，或者当事人、利害关系人认为执行和解协议无效或者应予撤销的，向执行法院提出的履行执行和解协议或者确认执行和解协议无效或者撤销执行和解协议的请求。《执行和解规定》第9条和第16条分别规定了执行和解异议之诉的两种类型：履行执行和解协议异议之诉和确认执行和解协议无效或者撤销执行和解协议异议之诉。

2．执行和解异议之诉的起诉条件

根据《执行和解规定》第9条的规定，提起履行执行和解协议异议之诉应当具备下列条件：（1）原告是申请执行人；（2）被告是被执行人；（3）被执行人一方不履行执行和解协议；（4）向执行法院提起诉讼。

根据《执行和解规定》第16条的规定，提起确认执行和解协议无效或者撤销执行和解协议异议之诉应当具备下列条件：（1）原告是执行当事人、利害关系人。执行当事人既包括申请执行人，也包括被执行人；利害关系人是与执行和解协议有法律上的权利义务关系的人。（2）被告是执行和解协议的当事人，即申请执行人或者被执行人。（3）起诉的理由是认为执行和解协议无效或者应予撤销。（4）向执行法院提起诉讼。

3．执行和解协议异议之诉对执行程序的影响

根据《执行和解规定》第13条的规定，申请执行人申请恢复执行后又就履行执行和解协议提起诉讼的，人民法院不予受理。第14条规定："申请执行人就履行执行和解协议提起诉讼，执行法院受理后，可以裁定终结原生效法律文书的执行。执行中的查封、扣押、冻结措施，自动转为诉讼中的保全措施。"

根据《执行和解规定》第16条的规定，被执行人以执行和解协议无效或者应予撤销为由提起诉讼的，不影响申请执行人申请恢复执行；执行和解协议被确认无效或者撤销

后，申请执行人可以据此申请恢复执行。

（六）债务人异议之诉

债务人异议之诉，也称债务人执行异议之诉，是指在民事执行程序中，债务人与债权人因对生效法律文书执行力的有无及其范围大小、执行条件是否具备、债权人是否具有执行请求权等事项产生争议而形成的诉讼。我国《民事诉讼法》没有规定债务人异议之诉制度，但是相关司法解释已经有债务人异议之诉制度的雏形。

首先，《变更、追加当事人规定》第 32 条第 1 款规定，被申请人或者申请人对执行法院依该规定第 14 条第 2 款、第 17 条至第 21 条规定作出的变更、追加裁定不服的，可以自裁定书送达之日起 15 日内，向执行法院提起执行异议之诉。其中，被申请人依据该条规定提起的执行异议之诉，其实就是债务人异议之诉的一种类型，或者说是依据债务人异议之诉的原理设计的一种实体执行救济制度。该条第 2 款前段规定，被申请人提起的执行异议之诉的，以申请人为被告。即该债务人异议之诉的原告是被申请人，被告是申请执行人。根据《变更、追加当事人规定》第 33 条的规定，被申请人提起的执行异议之诉，法院经审理，认定被申请人异议理由成立的，判决不得变更、追加被申请人为被执行人或者判决变更责任范围；认定被申请人异议理由不成立的，判决驳回诉讼请求。

其次，《公证文书执行规定》第 22 条第 1 款规定："有下列情形之一的，债务人可以在执行程序终结前，以债权人为被告，向执行法院提起诉讼，请求不予执行公证债权文书：（一）公证债权文书载明的民事权利义务关系与事实不符；（二）经公证的债权文书具有法律规定的无效、可撤销等情形；（三）公证债权文书载明的债权因清偿、提存、抵销、免除等原因全部或者部分消灭。"该款规定的诉讼也属于债务人异议之诉。该条第 2 款规定了此种债务人异议之诉的效力，即"债务人提起诉讼，不影响人民法院对公证债权文书的执行。债务人提供充分、有效的担保，请求停止相应处分措施的，人民法院可以准许；债权人提供充分、有效的担保，请求继续执行的，应当继续执行。"

《变更、追加当事人规定》和《公证文书执行规定》已经打开了我国债务人异议之诉制度的口子，未来的民事执行单独立法应当确立完善的债务人异议之诉制度。

司法实践案例：
案外人执行异议之诉

【引例分析】

在执行过程中，巾被厂虽然已无履行义务的能力，但是它已经以其 80%的厂房及设备出资该合资企业，在被执行人已无财产可供执行的情况下，法院可以对其在合资企业中的股权予以执行。执行的方法是，法院对被执行人在中外合资、合作经营企业中的投资权益或股权进行冻结，在征得合资或合作他方的同意和对外贸易主管机关的批准后，可以对冻结的投资权益或股权予以转让。如果被执行人除在中外合资、合作企业中的股权以外别无其他财产可供执行，其他股东又不同意转让的，可以直接强制转让被执行人的股权，但应当保护合资或合作他方的优先购买权。

【本章小结】

1. 强制执行是法院运用国家的强制力，强制债务人履行生效法律文书所确认的义务，以实现债权人提起民事诉讼的目的。执行不仅要依法、公开进行，还要兼顾被执行的利益，在法律文书确定的义务范围内，既可以要求有关单位协助，也要将对被执行人强制和说服结合起来。

2. 发生法律效力的民事判决、裁定，以及刑事判决、裁定中的财产部分，由第一审人民法院或者与第一审人民法院同级的被执行的财产所在地人民法院执行，由法院执行机构的执行人员具体办理。执行的客体不仅是物，还包括无形物，也可以是一定的行为。

3. 法院的审理机构虽然可以移送执行，但一般需要当事人提出申请。法院执行的强制措施大致有六种，为了保障它们的顺利实施，《民事诉讼法》还规定了四种保障措施。

4. 我国现行的实体性执行救济制度包括六种，即案外人异议之诉，许可执行之诉，分配方案异议之诉，变更、追加当事人异议之诉，执行和解异议之诉和债务人异议之诉。

【课后练习题】

一、名词解释

执行主体　执行客体　执行根据　执行管辖　委托执行　执行救济

二、思考题

1. 简述执行承担的适用条件。
2. 简述强制执行措施。
3. 什么是执行标的？
4. 简述执行救济制度。

三、案例分析题

广益烟酒公司系市副食品公司依法定程序设立的领取营业执照的分公司。2022 年 6 月，广益烟酒公司与市啤酒厂签订了一份啤酒购销合同，总价款为 50 万元，双方约定货物送到后 10 日内广益烟酒公司付清全部货款。但直到同年 7 月底，广益烟酒公司仍未付货款。啤酒厂在与对方协商解决无效的情况下，于 2022 年 8 月起诉至人民法院。人民法院经过审理后，于 12 月作出判决，责令广益烟酒公司于判决生效后 10 日内向市啤酒厂一次性付清全部货款 50 万元，双方均未上诉。判决生效后，广益烟酒公司仍然拒绝付款。市啤酒厂于 2023 年 3 月向人民法院申请强制执行。法院受理申请后，冻结了广益烟酒公司的银行存款 20 万元，并查封了其库存的价值约 30 万元的未过期啤酒，除此之外，广益烟酒公司无可供执行的其他财产。执行程序结束之前，个体工商户崔某持法院生效的判决书，要求广益烟酒公司退赔 10 万元货款，也申请执行判决。另外，昌发糖酒经销部也向该法院执行员提出，其已支付 8 万元货款，但广益烟酒公司尚未供货，现在已得到法院责令广益烟酒公司退还货款的生效支付令，向法院申请执行。

问：崔某与昌发糖酒经销部是否可以参与分配市啤酒厂申请法院执行的广益烟酒公司的财产？在广益烟酒公司的全部财产不足以清偿债务时，人民法院应如何完成对本案的执行？

分析要点提示：(1) 啤酒厂、个体户崔某、昌发糖酒经销部均持有生效法律文书，均享有到期合法债权。(2) 债务人广益烟酒公司现有资产不足以清偿所有债权人的债权。(3) 本案符合参与分配的相关规定。

第二十六章　涉外民事诉讼程序

【本章引例】

某年8月17日，中国香港W公司经营的住所地在巴拿马共和国的J海运公司的洪都拉斯籍J货轮在附近海域发生故障，请求中国G海上救助打捞局（以下简称G救捞局）救助，并通过传真提出委托事项。G救捞局立即出发，救助成功，并将J货轮拖到珠海某船厂修理。事后，W公司仅向G救捞局支付港币8万元。9月6日，G救捞局向广州海事法院申请扣押J货轮。9月7日，法院裁定扣押。10月10日，G救捞局向法院申请拍卖J货轮，法院准许其申请并刊登了拍卖公告。公告期内，J货轮的船员向法院申请债权登记，要求支付工资；珠海某船厂申请债权登记，要求支付修理费。12月3日，J货轮被依法拍卖，法院先支付了船员工资。12月25日，G救捞局向该法院起诉，请求判令香港W公司和巴拿马J海运公司支付拖欠的救助费用及其利息。W公司和J海运公司没有应诉答辩。次年9月，法院适用我国法律判决W公司向G救捞局支付救助报酬41 610.71美元及利息，J海运公司对上述救助报酬的支付承担连带责任。我国法院对于本案是否有管辖权?

【本章学习目标】

通过学习本章，你应该能够：

1. 掌握涉外案件的管辖的规定
2. 了解涉外案件的期间与送达
3. 了解涉外民事案件的司法协助
4. 掌握涉外民事诉讼的基本原则

第一节　涉外民事诉讼程序概述

一、涉外民事诉讼的概念与特点

（一）涉外民事诉讼的概念

涉外民事诉讼通常是指具有涉外因素的民事诉讼，即人民法院、当事人及其他诉讼参与人，为解决涉外民商事权益纠纷所进行的诉讼活动，以及他们在诉讼中所形成的各种民事诉讼法律关系的总和。涉外因素体现在以下三方面：

1. 民事法律关系主体具有涉外因素

民事法律关系主体就是诉讼当事人。当事人一方或双方为外国人、无国籍人、外国企业和组织，或者当事人一方或双方的经常居所地在中华人民共和国领域外，他们因民商事权益纠纷在我国法院诉讼的，这种诉讼为涉外民事诉讼。

2. 民事法律关系内容具有涉外因素

民事法律关系的内容是指其主体依法所享有的民事权利和所承担的民事义务。如果民事法律关系的设立、变更或消灭的法律事实发生在国外，该诉讼就具有涉外因素，就成为涉外民事诉讼。

3. 民事法律关系客体具有涉外因素

民事法律关系客体是指民事权利和义务所共同指向的对象，包括物、行为、智力成果等。如果民事法律关系涉及的物、行为、智力成果处在国外的，诉讼就因此而具有涉外因素。

民事诉讼只要具有以上三方面因素之一者，就是涉外民事诉讼。由此可见，涉外民事诉讼的范围相对而言还是比较宽泛的。本章引例中的案件就是因为民事法律关系主体有涉外因素，即被告之一为住所地在巴拿马的海运公司，而成为涉外案件。另一被告为我国香港公司，诉讼主体中有香港公司的应为涉港案件，根据《适用民诉法解释》的规定，涉港案件可以比照涉外案件处理。

（二）涉外民事诉讼的特点

1. 涉外民事诉讼会涉及国家主权

涉外民事诉讼由于其当事人可能为外国人，或者诉讼标的物在国外等因素，因此案件的管辖、诉讼文书的送达以及调查取证、协助执行等诉讼行为往往涉及法院所在地国家与相关国家之间的主权或司法权关系。这一特点要求受诉法院注意既要维护我国的主权，又要尊重他国主权。

2. 涉外民事诉讼可能涉及外国实体法的适用

涉外民事诉讼根据国际上公认的原则，诉讼所适用的程序法除条约有不同规定者外，一般适用受诉法院所在地法。而实体法的适用，往往因纠纷的不同种类而有所不同。例如：属于物权、所有权的争议，适用争议标的物所在地国家的法律；属于身份关系的争议，适用属人法，即人之所在地国家的法律；属于法律行为方面的争议，适用法律行为发生地国家的法律。另外，在民商事合同关系中，当事人还可以根据“意思自治”原则协商选择法律。本章引例中的当事人没有就救助合同适用法律问题作出选择，如果他们作出选择，就可以适用他们所选择的法律。

3. 涉外民事诉讼有时需要借助国与国之间的司法协助

在涉外诉讼中可能需要向外国当事人送达司法文书，可能需要外国法院协助调查取证，也可能需要外国法院强制执行等，这些诉讼行为需要以司法协助方式完成。

二、涉外民事诉讼程序的概念与特点

（一）涉外民事诉讼程序的概念

涉外民事诉讼程序是指我国法院审理、裁判及执行涉外民事案件所适用的程序。根据《民事诉讼法》的规定，我国人民法院审理涉外民事案件时，其第四编有特别规定的，适用第四编的规定；第四编没有规定的，适用《民事诉讼法》其他编的规定。本章引例所适用的诉讼程序就是涉外民事诉讼程序，例如其管辖的确定、诉前财产保全的实施。

（二）涉外民事诉讼程序的特点

涉外民事诉讼程序在法律渊源方面与非涉外民事诉讼程序相比有以下两个特点：

1. 涉外民事诉讼程序的法律根据具有综合性

涉外民事诉讼程序在民事诉讼中不是一个独立完整的程序，它是由涉外民事诉讼的特别规定、民事诉讼法的一般规定以及有关国际条约的规定综合构成的。法院适用涉外民事诉讼程序审理涉外案件时，根据信守国际条约的原则，应当优先适用有关的国际公约或条约；根据特别法优先于普通法的原则，应当优先适用涉外民事诉讼的特别规定。

2. 涉外民事诉讼程序的法律根据具有开放性

涉外民事诉讼程序由我国民事诉讼法的一般规定、特殊规定以及国际条约或国际公约构成。国际公约或条约具有较大的扩张力，因为随着国际交往的进一步发展，我国参加的国际公约会越来越多，我国与外国订立的双边条约也会越来越多，这样，涉外民事诉讼程序的内容必然会更丰富、更具体。由此可见，涉外民事诉讼程序具有开放性的特征。

三、涉外民事诉讼的特别原则

在涉外民事诉讼程序中，人民法院、当事人及其他诉讼参加人，必须遵循涉外民事诉讼的特别原则，同时还应当遵循民事诉讼的一般原则。涉外民事诉讼一般应遵循以下原则。

（一）适用我国民事诉讼法的原则

适用我国民事诉讼法的原则，是指诉讼当事人在我国领域内进行民事诉讼，均适用我国的《民事诉讼法》。《民事诉讼法》第 4 条规定："凡在中华人民共和国领域内进行民事诉讼，必须遵守本法。"这一原则主要包含以下三方面的内容：

（1）任何外国人、无国籍人、外国企业和组织在我国领域内进行民事诉讼，都要适用我国民事诉讼法的程序规定，不得有所例外。这一原则是国家主权的司法权原则在民事诉讼中的表现。任何主权国家，在其领域内都具有独立的司法权。主权国家的独立的司法权不受任何侵害，不允许任何外国人在我国领域内享有领事裁判权。

（2）根据我国民事诉讼法的规定，凡是属于我国人民法院享有管辖权的涉外案件，我国法院均有司法管辖权，当事人同时在外国法院起诉的，并不影响我国法院对该案件行使审判权，而且凡是属于我国法院专属管辖的案件，任何外国法院都无权管辖。

（3）任何外国法院的判决、裁定，任何外国仲裁机构的裁判，非经我国法院依法审查并裁定承认其效力的，在我国领域内不产生效力，不得予以执行。本章引例中的案件是我国的法院适用我国民事诉讼法审理裁判的，故不存在承认的问题。

（二）信守国际条约及参照国际惯例原则

信守国际条约及参照国际惯例原则，是指凡是我国参加或者缔结的国际条约，除声明保留的以外，根据条约必须信守的国际法原则，都应当保持信誉予以遵守；我国法律或者我国参加或者缔结的国际条约没有规定的，可以参照适用国际惯例。关于信守国际条约，《民事诉讼法》第 271 条规定："中华人民共和国缔结或者参加的国际条约同本法有不同规定的，适用该国际条约的规定，但中华人民共和国声明保留的条款除外。"这一原则主要包括以下四个方面的内容：

（1）凡是我国参加或缔结的国际条约，都承认其在我国领域内的效力。作为一个主权国家，它所缔结或参加的国际条约都是其意志的体现，参加或缔结国际条约是其自愿的行为，因此具有信守国际条约，付诸实施的义务。我国法院在审理涉外民事诉讼案件时，应当遵守参加或缔结的国际条约的有关规定。

（2）我国参加或缔结的国际条约中的某些规定如果与我国民事诉讼法的规定不一致的，应当适用该条约的规定。国际条约的有些条款会与国内法的规定不一致，在这种情况下，根据优先适用国际条约的原则，缔约国应当首先遵守国际条约。

（3）我国在参加或缔结的国际条约中有声明保留条款的，该条款在我国领域内不具有法律效力。根据国际惯例，对国际条约，各主权国家有权根据自己国家的利益决定参加或不参加；参加者还有权利对条约中一些条款声明保留自己的意见，对于被声明保留的条款该国家不受其约束。

（4）对于诉讼程序中的有些问题，如果我国的法律及我国参加或缔结的国际条约中没有相应规定的，可以在不违背我国法律的基本原则和公共秩序的前提下参照适用国际惯例。

（三）司法豁免原则

司法豁免原则，是指一个国家或国际组织派出的外交代表，享有免除驻在国司法管辖的权利。我国《民事诉讼法》第 272 条规定："对享有外交特权与豁免的外国人、外国组织或者国际组织提起的民事诉讼，应当依照中华人民共和国有关法律和中华人民共和国缔结或者参加的国际条约的规定办理。"这里的"有关法律"是指《中华人民共和国外交特权与豁免条例》及《中华人民共和国领事特权与豁免条例》；这里的"国际条约"是指《维也纳外交关系公约》及《维也纳领事关系公约》等。

司法豁免权分为刑事司法豁免、民事司法豁免。刑事司法豁免权是完全的，民事司法豁免权是不完全的、有限的。民事诉讼程序中涉及的是民事司法豁免。

根据我国国内立法及参加或缔结的国际公约或条约的规定，司法豁免权原则主要有以下几方面的内容：

（1）凡是享有司法豁免权的外交代表，非经派遣国政府明确表示放弃司法豁免权，通常我国法院不能受理对他们提出的民事诉讼，但在下列情况下外交代表不享有司法豁免权：1）享有司法豁免权的外交代表被诉至驻在国法院，其派遣国政府明示放弃豁免的。2）外交代表以私人身份在驻在国境内所涉及的有关私有不动产争议的诉讼。3）外交代表以私人身份为遗嘱执行人、遗产管理人、继承人或受遗赠人的继承案件的诉讼。4）外交代表在驻在国境内从事职务范围以外的专业或商务活动所发生的诉讼。

（2）与外交代表共同生活的家属，如果不是中国国民的，享有司法豁免权。使馆行政、技术人员及其家属，如果不是我国国民而且不在我国永久居住的，仅就执行外交公务的行为享有司法豁免权。使馆服务人员及使馆人员的私人服务人员，如果不是我国国民，而且不在我国永久居住的，在其执行公务的行为或我国许可的范围内享有豁免权。

（3）领事官员及领事馆雇用人员仅就执行公务的行为享有司法豁免权，但下列事项除外：1）因领事官员或领事馆雇员未明示身份，或默示以派遣国代表的身份订立的契约所发生的诉讼。2）因在中国境内的私有不动产发生的诉讼。3）以私人身份进行的遗产继承的诉讼。4）因车辆、船舶或航空器在中国境内造成的事故发生的损害赔偿的诉讼。

（4）外交代表和领事官员等其他依法享有豁免权的人员，如果主动向我国法院起诉，因此引起与本诉直接有关的反诉的，不得援用管辖豁免。外国驻华使领馆官员受本国国民的委托，以个人名义担任诉讼代理人的，在诉讼中不享有外交或者领事特权和豁免权。

（5）来访的外国元首、政府首脑、外交部部长及其他有同等身份的官员享有司法豁免权。

（四）同等原则与对等原则

同等原则是指外国人、无国籍人、外国企业和组织在我国法院起诉、应诉的，与我国自然人、法人和非法人组织享有同等的诉讼权利，承担同等的诉讼义务。同等原则在国际上被称为“国民待遇”，它是建立在国家间平等互利原则基础之上的一项原则。根据同等原则，任何外国人、无国籍人、外国企业或组织在我国法院进行民事诉讼，都应当与别国的当事人获得同等待遇。对涉外民事诉讼的当事人，不能因为是外国人、无国籍人、外国企业或组织而对他们的诉讼权利有所限制，或者对他们的诉讼义务有所增加。实行同等原则有利于国际交往，有利于发展国与国之间的和平友好关系。

对等原则是指如果外国法院对中华人民共和国自然人、法人和非法人组织的民事权利予以限制的，我国法院对该国自然人、企业和组织的民事权利也同样予以限制的司法原则。对等原则是建立在主权国家之间在司法上应平等对待的理论基础之上的原则，为国际上所公认。实行对等原则时，我们一向主张绝不首先对外国当事人的诉讼权利有所限制，而是应当保障其与我国的当事人一样平等地行使民事权利。但是，如果外国法院对我国当事人的民事权利有所限制，有损我国作为主权国家的尊严，有损我国自然人、法人或非法人组织的正当权利时，我国法院必然会采取相应的措施，对等对待之。以对等的方式维护并赢得国与国之间司法上的平等互利、互相尊重是这一原则的意义所在。

需要指出的是，平等原则与对等原则既可以视为两个原则，也可以视为一个原则。视为两个原则时，其各有自身的侧重点；视为一个原则时，它们是一个事物的两个方面。

（五）使用我国通用的语言文字原则

使用我国通用的语言文字原则，是指我国人民法院在审理涉外案件时，诉讼文书必须使用中文，当事人向人民法院提交的书面材料是外文的，应当同时向人民法院提交中文翻译件。当事人对中文翻译件有异议的，应当共同委托翻译机构提供翻译文本；当事人对翻译机构的选择不能达成一致的，由人民法院确定。诉讼中的语言必须使用中文，如果当事人不能用中文听审或表达的，可以聘请或提供翻译。《民事诉讼法》第273条规定：“人民法院审理涉外民事案件，应当使用中华人民共和国通用的语言、文字。当事人要求提供翻译的，可以提供，费用由当事人承担。”这条原则体现了一国司法制度的尊严。本章引例中的两位被告没有应诉答辩，如果应诉答辩，必须遵守这项原则。

（六）委托中国律师代理诉讼的原则

委托中国律师代理诉讼的原则，是指外国人、无国籍人、外国企业和组织在我国法院起诉、应诉时，如果需要委托律师代理诉讼的，必须委托中国律师。对此《民事诉讼法》第274条作了专门规定。

律师制度是一国司法制度的重要组成部分。我国《律师法》对律师从业资格的获得、律师注册和执业有严格的规定。外国律师可以在中国开展法律业务，但一般不得在我国代理诉讼业务，不得出庭。不过审判实务中也有例外，根据《适用民诉法解释》第526条的规定，涉外民事诉讼中的外籍当事人，可以委托其本国律师担任诉讼代理人，但是其本国律师只能以非律师身份为诉讼代理人。另外，根据《民事诉讼法》第275条的规定，在中华人民共和国领域内没有住所的外国人、无国籍人、外国企业和组织委托中华人民共和国律师或者其他人为诉讼代理人，授权委托书从中国领域外寄交或托交的，该委托书应当经所在国公证机关证明，并且要经过中华人民共和国驻该国使领馆认证，或者根据我国与该当事人所在国约定的证明方式证明，才具有效力。

需要注意的是，《适用民诉法解释》对外国人参加诉讼及其委托诉讼代理人的情形作出了进一步的规定，具体内容如下：

（1）外国人参加诉讼，应当向人民法院提交护照等用以证明自己身份的证件。外国企业或者组织参加诉讼，向人民法院提交的身份证明文件应当经所在国公证机关公证，并经中华人民共和国驻该国使领馆认证，或者履行中华人民共和国与该所在国订立的有关条约中规定的证明手续。代表外国企业或者组织参加诉讼的人，应当向人民法院提交其有权作为代表人参加诉讼的证明，该证明应当经所在国公证机关公证，并经中华人民共和国驻该国使领馆认证，或者履行中华人民共和国与该所在国订立的有关条约中规定的证明手续。

（2）涉外民事诉讼中的外籍当事人，可以委托本国人为诉讼代理人，也可以委托本国律师以非律师身份担任诉讼代理人；外国驻华使领馆官员，受本国国民的委托，可以以个人名义担任诉讼代理人，但在诉讼中不享有外交或者领事特权和豁免。

（3）涉外民事诉讼中，外国驻华使领馆授权其本馆官员，在作为当事人的本国国民不在中华人民共和国领域内的情况下，可以以外交代表身份为其本国国民在中华人民共和国聘请中华人民共和国律师或者中华人民共和国国民代理民事诉讼。

（4）外国人、外国企业或者组织的代表人在人民法院法官的见证下签署授权委托书，委托代理人进行民事诉讼的，人民法院应予认可。外国人、外国企业或者组织的代表人在中华人民共和国境内签署授权委托书，委托代理人进行民事诉讼，经中华人民共和国公证机构公证的，人民法院应予认可。

上述法律规定，对外国人参加诉讼的要求及外国人委托诉讼代理人的情形进一步作出了明确、具体的规定，不仅有利于外国人参加诉讼，也有利于外国人委托诉讼代理人维护自身的合法权益，更有利于保证涉外民事诉讼的顺利进行。

案例 26-1

我国某公司因与Y国某公司履行合同发生纠纷，我国公司向我国某高级人民法院提起诉讼。法院受理后，按照规定向被告送达案件受理通知、起诉状副本，根据《民事诉讼法》规定的涉外案件必须使用中国语言文字的原则，这些法律文书一律使用中文。Y国公司委托了中国律师代理诉讼，同时还委托了一位Y国律师以普通诉讼代理人的身份进行诉讼。诉讼进行中，Y国公司向我国法院提交了其公司注册登记证明、法定代表人身份证明等一系列材料，并按照我国《民事诉讼法》规定提交了这些材料的中文译本与中文答辩状。法院依照涉外民事诉讼特别程序对案件进行了审理。

第二节 涉外民事诉讼的管辖、期间与送达

一、涉外民事诉讼的管辖

（一）涉外民事诉讼管辖的概念和意义

涉外民事诉讼的管辖，是指人民法院对具有涉外因素的民事案件的审判权限及各级人

民法院对第一审涉外民事案件的分工和权限。涉外民事诉讼与非涉外民事诉讼不同，为适应审理涉外案件的需要，《民事诉讼法》作了特别规定。

涉外民事诉讼的管辖与国家主权密切相关，从国际民事诉讼的特点来看，各个国家都在扩大本国法院对涉外案件的管辖权，因此，涉外民事诉讼的管辖在民事诉讼法理论以及实践中都具有以下重要意义：

（1）有利于维护国家主权。司法管辖权是国家主权的一个重要组成部分，是国家主权的具体体现。在各国法院都尽力扩大其对涉外案件的管辖权的趋势下，要认真对待涉外民事诉讼案件的管辖，该我国法院行使管辖权的就一定要争取，以维护国家的主权。

（2）有利于维护当事人的合法权益。不同国家的法律规定各有不同，而不同的法律规定往往会导致不同的裁判结果，涉外案件当事人就是因此而常常争取在自己国家的法院诉讼。所以，正确界定涉外民事诉讼管辖，有利于维护我国自然人、法人及非法人组织的经济利益，还可以降低他们在外国法院诉讼的耗费。

（3）有利于判决在外国的承认与执行。一国法院作出的民事诉讼判决如果要得到外国法院的承认与执行，受诉法院必须具有合法的管辖权，这是国际上普遍认同的一项规则，所以在涉外民事诉讼中要处理好管辖权的问题。

（二）确定涉外民事诉讼管辖的原则

各国法律在确定其本国法院对涉外案件的管辖权时，所依据的原则主要有以下三种：

第一，属地原则，即以当事人的居住地、诉讼标的物所在地或者法律事实发生地为联系因素来确定该国法院对涉外案件的管辖权。我国民事诉讼法确定涉外民事案件的管辖权主要依据属地原则。

第二，属人原则，即以当事人的国籍为标准来确定该国法院对涉外案件的管辖权。只要当事人中有一方的国籍属于本国的，本国法院就享有管辖权。

第三，有效控制原则，即以当事人起诉时在其境内为标准来确定该国法院对涉外案件的管辖权。哪怕仅仅是暂时路过，其该国法院也享有管辖权。

我国民事诉讼法在确定涉外民事诉讼管辖规范时，主要遵循以下几项原则：

1. 维护国家主权原则

涉外案件管辖规范应当充分体现国家主权原则，法律可以规定我国法院对某些案件享有专属管辖权，例如《民事诉讼法》第 279 条规定："下列民事案件，由人民法院专属管辖：（一）因在中华人民共和国领域内设立的法人或者其他组织的设立、解散、清算，以及该法人或者其他组织作出的决议的效力等纠纷提起的诉讼；（二）因与在中华人民共和国领域内审查授予的知识产权的有效性有关的纠纷提起的诉讼；（三）因在中华人民共和国领域内履行中外合资经营企业合同、中外合作经营企业合同、中外合作勘探开发自然资源合同发生纠纷提起的诉讼。"

2. 当事人有权协议选择管辖法院的原则

协议管辖是各个国家民事诉讼法中均有的法院管辖权制度，我国民事诉讼法中也有规定。协议管辖不仅适用于普通民事案件，也适用于涉外民事案件。《民事诉讼法》第 277 条规定："涉外民事诉讼的当事人书面协议选择人民法院管辖的，可以由人民法院管辖。"《适用民诉法解释》第 529 条第 1 款还规定："涉外合同或者其他财产权益纠纷的当事人，可以书面协议选择被告住所地、合同履行地、合同签订地、原告住所地、标的物所在地、侵权行为地等与争议有实际联系地点的外国法院管辖。"根据《民事诉讼法》第 34 条和第 279 条的规定，属于我国法院专属管辖的案件，当事人不得协议选择外国法院管辖，但协议选择仲裁的除外。

3. 案件与法院有实际联系而管辖的原则

我国《民事诉讼法》第 276 条的规定体现了这条原则，即涉外民事纠纷的主体、客体、内容中有与我国领域有联系的点，我国人民法院就具有管辖权，当事人诉至我国人民法院的，就应当受理。

4. 不方便法院管辖原则

不方便法院管辖原则是英美法民事诉讼中的一项原则，是指对涉外民事案件，我国法院虽然有管辖权，但是案件当事人、标的物、法律关系的发生等主要因素不在我国领域内，我国法院审理、执行比较困难，而他国法院审理、执行更方便的，并且由他国法院审理不影响我国当事人的利益的，我国法院可以以不方便管辖为由裁定驳回原告起诉。根据《适用民诉法解释》第 530 条的规定，涉外民事案件同时符合下列情形的，人民法院可以裁定驳回原告的起诉，告知其向更方便的外国法院提起诉讼：(1) 被告提出案件应由更方便外国法院管辖的请求，或者提出管辖异议；(2) 当事人之间不存在选择中华人民共和国法院管辖的协议；(3) 案件不属于中华人民共和国法院专属管辖；(4) 案件不涉及中华人民共和国国家、公民、法人或者其他组织的利益；(5) 案件争议的主要事实不是发生在中华人民共和国境内，且案件不适用中华人民共和国法律，人民法院审理案件在认定事实和适用法律方面存在重大困难；(6) 外国法院对案件享有管辖权，且审理该案件更加方便。例如，A 公司因与 B 公司发生企业借贷纠纷，向甲市中级人民法院提起诉讼，要求 B 公司支付欠款及相应利息。被告 B 公司在答辩期间内对本案管辖权提出异议，认为本案存在《适用民诉法解释》第 530 条第 4、6 项的情况，受诉法院对本案无管辖权或不方便管辖。甲市中级人民法院经过审理认为：本案双方当事人实际经营活动和办公场所均位于中国境内，且双方的多名董事和工作人员也居住于境内，且 B 公司可供执行的财产亦在中国境内，因此本案争议并非与中国国家、公民、法人或其他组织的利益无涉；B 公司可供执行财产在中国境内并被采取保全措施，由中国法院审理案件最有利于判决的执行。综上所述，本案并不符合《适用民诉法解释》第 530 条的规定，甲市中级人民法院遂裁定驳回被告的管辖权异议。①

(三) 涉外民事诉讼管辖的种类

我国涉外民事诉讼的管辖可分为牵连管辖、协议管辖、应诉管辖和专属管辖等。

1. 牵连管辖

牵连管辖，是指因诉讼与法院所在地有一定实际联系而确定的管辖。所谓牵连是指诉讼主体的住所地、居所地，标的物所在地，引起诉讼的法律事实发生地，或者诉讼所涉及的法律关系产生、变更、消灭地与法院所在地有联系。

牵连管辖具有以下几个特点：

(1) 不论被告住所地在哪儿，也不论当事人国籍是哪里，只要诉讼与法院所在地有某种联系的，法院就取得管辖权。

(2) 诉讼与法院所在地的牵连比较广泛。《民事诉讼法》第 276 条就是关于涉外民事

---

① 参见“尚德电力控股有限公司诉尚德电力投资有限公司企业借贷纠纷管辖权异议案”，(2015) 沪高民二（商）终字第 S7 号民事判决书。

案件牵连管辖的规定，该条规定："因涉外民事纠纷，对在中华人民共和国领域内没有住所的被告提起除身份关系以外的诉讼，如果合同签订地、合同履行地、诉讼标的物所在地、可供扣押财产所在地、侵权行为地、代表机构住所地位于中华人民共和国领域内的，可以由合同签订地、合同履行地、诉讼标的物所在地、可供扣押财产所在地、侵权行为地、代表机构住所地人民法院管辖。除前款规定外，涉外民事纠纷与中华人民共和国存在其他适当联系的，可以由人民法院管辖。"本章引例中，广州海事法院行使管辖权的依据就是《民事诉讼法》的这条规定。该案中被告一个在中国香港，另一个是住所地在巴拿马的公司，这种情况属于《民事诉讼法》第276条规定的"对在中华人民共和国领域内没有住所的被告提起的诉讼"。该案诉讼当事人G救捞局与W公司之间的合同在中国签订，被救助船舶J货轮的最先到达地在中国，该货轮被中国法院扣押并拍卖，这些因素都与中国法院有实际联系，符合《民事诉讼法》第276条的规定，广州海事法院依法享有管辖权。

2. 协议管辖

协议管辖，是指涉外民事诉讼的当事人在国际经济贸易纠纷发生前或发生后，书面协商议定向双方共同选择的法院起诉而确定的管辖。协议管辖在国际民事诉讼中为世界各国所普遍采用。这种制度的优点是将确定涉外民事诉讼案件管辖的权利交给了当事人，由当事人自己协商决定，避免了不同国家法院之间因管辖权的问题可能发生的争议。我国《民事诉讼法》也确定了这一制度，该法第35条规定："合同或者其他财产权益纠纷的当事人可以书面协议选择被告住所地、合同履行地、合同签订地、原告住所地、标的物所在地等与争议有实际联系的地点的人民法院管辖，但不得违反本法对级别管辖和专属管辖的规定。"《适用民诉法解释》也规定：涉外合同或者其他财产权益纠纷的当事人，可以书面协议选择被告住所地、合同履行地、合同签订地、原告住所地、标的物所在地、侵权行为地等与争议有实际联系地点的外国法院管辖。属于中华人民共和国法院专属管辖的案件，当事人不得协议选择外国法院管辖，但协议选择仲裁的除外。

协议管辖具有以下几个特点：

（1）涉外协议管辖仅限于涉外合同或涉外财产权益纠纷案件，涉及人身权方面的涉外案件不得适用。

（2）协议管辖应当采用书面形式。形成书面协议，可以在纠纷发生前也可以在纠纷发生后；协议管辖条款，可以订立在双方当事人的经济贸易合同中，也可以另行订立独立于经济贸易合同之外的专门合同。

（3）协议选择的管辖法院应当是与争议有实际联系地点的法院。

（4）协议选择我国法院管辖的，不得违反民事诉讼法关于级别管辖和专属管辖的规定。

3. 应诉管辖

应诉管辖，又称默示协议管辖或推定管辖，是指涉外案件双方当事人未就管辖问题达成书面协议，受诉国法院对所受理的案件本来不一定具有管辖权，但由于被告的应诉而推定当事人同意其案件由受诉法院管辖所形成的管辖。应诉管辖是国际上公认的法院取得管辖权的一种制度，也是一项解决双方当事人管辖争议的有效制度。我国《民事诉讼法》也有涉外案件应诉管辖的规定，该法第130条第2款规定："当事人未提出管辖异议，并应诉答辩或者提出反诉的，视为受诉人民法院有管辖权，但违反级别管辖和专属管辖规定的除外。”

应诉管辖具有以下特点：

(1) 双方当事人本来没有就管辖法院达成协议，即本来对管辖法院没有约定。

(2) 被告对原告起诉的法院的管辖权不但没有提出异议，而且应诉答辩的。

(3) 被告应诉答辩的行为，使受诉法院推定其承认原告选择的法院有管辖权。

(4) 应诉管辖不得违反我国民事诉讼法关于级别管辖和专属管辖的规定。

4. 专属管辖

涉外专属管辖，是指一定范围内的涉外案件只能由我国的人民法院管辖。各国民事诉讼法中都有专属管辖的规定，都规定一定范围内的案件只能由该国法院享有管辖权，其他国家法院不得享有管辖权。但是各国民事诉讼法规定的专属管辖的范围并不完全一致。我国民事诉讼法也有专属管辖的规定，根据我国法律的规定，我国法院对涉外民事案件专属管辖的范围限于：中外合资经营企业合同纠纷、中外合作经营企业合同纠纷及中外合作勘探开发自然资源合同纠纷。因为这些纠纷与我国法院实际联系点最多，由我国法院管辖最为合理。

涉外专属管辖除了具有一般专属管辖的特征外，还具有以下特点：

(1) 其诉讼标的具有特殊性，其诉讼标的之范围由民事诉讼法专门规定。

(2) 管辖法院具有排他性，此类案件只能由我国法院行使管辖权，其他国家的法院不得行使管辖权。

案例 26-2

某外国公司与我国某公司签订了一份来料加工承揽合同，双方在合同中约定，凡因本合同项下发生的争议均适用该外国法律解决，而诉讼管辖当事人约定当事人应当在中国有管辖权的法院起诉。纠纷发生后，我国某公司向合同履行地某中级人民法院提起了诉讼，法院适用我国《民事诉讼法》的规定，根据外国公司提供的该国实体法进行审理后作出判决。

二、涉外民事诉讼的期间

(一) 涉外民事诉讼期间的概念和特点

涉外民事诉讼的期间，是指民事诉讼法对在我国没有住所的当事人规定的诉讼行为的时间期限。

涉外民事诉讼期间具有以下特点：

(1) 涉外民事诉讼期间的规定只适用于在我国领域内没有住所的当事人。

(2) 涉外民事诉讼的期间比非涉外民事诉讼的期间长，这样规定是考虑到境外的当事人需要一定的时间了解受诉法院国家的法律规定，需要委托律师，如果委托书是从境外邮寄的，还需要时间办理委托书的公证与认证事宜等。

(3) 当事人在法定期间内没有完成有关诉讼行为的，境外当事人还有权申请延长，是否准许延长，由法院决定。

(4) 涉外民事诉讼案件，无论是第一审程序还是第二审程序，都没有审限的规定。

(二) 涉外民事诉讼期间的特别规定

1. 被告的答辩期

根据《民事诉讼法》第285条的规定，在中国领域内没有住所的被告应当在收到起诉状副本后 30 日内提出答辩状。这条规定的答辩期为 30 日，与非涉外民事诉讼的 15 日的答辩期不同。同时还规定被告可以申请延期，但是否准许，由人民法院决定。

2. 上诉期和上诉答辩期

根据《民事诉讼法》第 286 条的规定，在中国领域内没有住所的当事人，不服第一审人民法院判决、裁定的，有权在判决书、裁定书送达之日起 30 日内提起上诉。被上诉人在收到上诉状副本后，应当在 30 日内提出答辩状。同时规定了当事人可以申请延期。根据这条规定，涉外民事案件的判决、裁定的上诉期都是 30 日，这两种裁判的上诉期没有区别，与非涉外民事诉讼的期限不同。

根据《适用民诉法解释》第 536 条的规定，不服第一审人民法院判决、裁定的上诉期，对在中华人民共和国领域内有住所的当事人，适用《民事诉讼法》第 171 条规定的期限，即判决的上诉期为判决书送达之日起 15 日，裁定的上诉期为裁定书送达之日起 10 日；对在中华人民共和国领域内没有住所的当事人，适用《民事诉讼法》第 286 条规定的期限，即无论是判决还是裁定，上诉期均为 30 日。当事人的上诉期均已届满没有上诉的，第一审人民法院的判决、裁定即发生法律效力。

此外，《适用民诉法解释》第 537 条还规定，人民法院对涉外民事案件的当事人申请再审进行审查的期间，不受《民事诉讼法》第 215 条规定的限制，即不受 3 个月审查期限的限制。

三、涉外民事诉讼的送达

涉外民事诉讼程序中的送达，是指对在我国领域内没有住所的当事人适用的，我国法院根据国际条约、互惠原则或我国法律的规定，将司法文书送交给居住在国外的诉讼当事人或其他诉讼参与人的行为。由于涉外送达的对象是在我国境内没有住所的当事人，而送达又是一种具有严格属地性的诉讼行为，这些诉讼行为涉及国与国之间的关系，涉及国家的司法权问题，因此与普通民事诉讼送达的方式有很大的不同。根据国际惯例以及我国民事审判的实践经验，我国《民事诉讼法》对涉外送达规定了下述八种不同的方式。

（一）依国际条约规定的方式

受送达国与我国订立有关于送达法律文书的双边协定，或者有共同参加的国际条约，可根据条约约定的方式向境外的当事人送达司法文书。1991 年我国加入了 1965 年 11 月 15 日订于海牙的《关于向国外送达民事或商事司法文书和司法外文书公约》（以下简称《海牙送达公约》）。此外，我国还先后分别与法国、波兰、比利时、蒙古、意大利、土耳其、古巴、朝鲜、俄罗斯、西班牙、新加坡、越南等 32 个国家签订了关于民商事司法协助的双边条约，在这些条约中都规定了涉外送达的方式。

为了执行我国加入的《海牙送达公约》，1992 年最高人民法院、外交部、司法部联合发出了《关于执行〈关于向国外送达民事或商事司法文书和司法外文书公约〉有关程序的通知》。1992 年最高人民法院、司法部和外交部还联合发布了《关于执行海牙送达公约的实施办法》。根据以上公约、通知和办法，我国的法院如果需要向《海牙送达公约》成员国的国民，或第三国国民，或无国籍人送达民商事司法文书时，必须按照我国与该国的司法协助条约提出请求书，同时附有被送达文件。有关中级人民法院或者专门人民法院应当将请求书和被送达文件经所属高级人民法院转送最高人民法院，然后由最高人民法院送司法部，再由司法部转送至该国指定的中央机关。另外，必要时也可以由最高人民法院送我国驻该国使馆，再由使馆转送该国指定的中央机关。送达后，送达回证再由原途径返回。根据《海牙送达公约》和上述其他送达条约的规定，被请求方送达文书时应当按照其国内法规定方式和程序送达。

（二）通过外交途径送达

通过外交途径送达方式，适用于受送达人所在国与我国有外交关系，但没有司法协助协议，受送达人所在国又不是《海牙送达公约》的缔约国或参加国，即两国间没有关于送达的公约关系及条约关系，只是有外交关系的情况。在这种情况下，我国法院可以根据互惠原则，将受送达文书通过两国外交部转交的方式予以送达。由此可见，适用外交途径送达，须具有两个前提条件：第一，受送达人所在国与我国有外交关系，是我国的建交国；第二，受送达人所在国与我国之间未订立司法协助条约，也没有共同参加的有关送达的国际公约。

1986 年最高人民法院、外交部、司法部联合发出了《关于我国法院和外国法院通过外交途径相互委托送达法律文书若干问题的通知》，根据该通知的规定，当我国法院需要通过外交途径向国外当事人送达法律文书时，应当由有关中级人民法院或专门人民法院将所送达的法律文书经其所属高级人民法院转送至最高人民法院，经最高人民法院审查后，再交由外交部领事司负责转递。

（三）委托我国驻外使领馆代为送达

委托我国驻外使领馆代为送达，是指我国法院对具有中国国籍的，但在中国境内无住所的受送达人，通过委托我国驻受送达人所在国的使领馆代为送达司法文书的方式。这种送达方式为国际社会普遍承认和采用。1963 年订立的《维也纳领事关系公约》和 1954 年订立的《海牙民事诉讼程序公约》中都有规定。我国于 1979 年加入了《维也纳领事关系公约》，成为该公约的成员国。根据该公约的规定，一国使领馆可以向驻在国的本国当事人送达法律文书。适用这种送达方式应当具备三个条件：一是该受送达人为具有我国国籍的公民，但是该公民在我国国内没有住所；二是受送达人所在国是《维也纳领事关系公约》的成员国，或者不是成员国，但是该国法律允许我国使领馆代为送达的；三是受送达人所在国与我国有外交关系。用这种方式送达的法律文书不必附外文译本，因为受送达人为我国公民。

（四）向受送达人委托的人送达

这种送达方式是指因受送达当事人不在我国领域内居住，法院无法直接向其送达法律文书，如果该当事人委托有代理人代理其接受送达的法律文书的，法院可以向代理人送达。这种送达方式又称“个人送达”，通常为英美法系国家所承认和采用。被委托收受法律文书的人有两类：一类是案件的诉讼代理人；另一类是受送达当事人专门委托代其接受送达的人。

（五）向受送达人在我国设立的代表机构、分支机构或业务代办人送达

这种送达方式主要适用于受送达人为外国的企业或组织，法院需要向外国的企业或组织送达法律文书的，只要它们在中国领域内设有代表机构、分支机构或业务代办人的，就可以向这些机构或人员送达。这种送达方式简便易行，是国际上通行的方式。

需要注意的是，根据《适用民诉法解释》第 533 条的规定，外国人或者外国企业、组织的代表人、主要负责人在中华人民共和国领域内的，人民法院可以向该自然人或者外国企业、组织的代表人、主要负责人送达。外国企业、组织的主要负责人包括该企业、组织

的董事、监事、高级管理人员等。上述法律规定，使得涉外案件的送达方式更加明确、具体、简便易行，更具有可操作性。

（六）邮寄送达

邮寄送达，即我国法院将受送达文书通过邮寄方式送达给域外的受送达人。这种方式最为简便，但受条件限制。这种送达方式所需要的条件是受送达人所在国允许他国以邮寄方式送达，法院的邮寄送达方为有效，否则无效。到目前为止，世界上多数国家的法律都允许邮寄送达，只有少数国家不允许邮寄送达。《民事诉讼法》第283条和《适用民诉法解释》第534条对邮寄送达作出了明确的规定，即受送达人所在国的法律允许邮寄送达的，人民法院可以邮寄送达；邮寄送达时应当附有送达回证。受送达人未在送达回证上签收但在邮件回执上签收的，视为送达，签收日期为送达日期；自邮寄之日起满3个月，送达回证没有退回，但根据各种情况足以认定已经送达的，期间届满之日视为送达；自邮寄之日起满3个月，如果未收到送达的证明文件，且根据各种情况不足以认定已经送达的，视为不能用邮寄方式送达。由此可见，邮寄送达的方式虽然简便，但是有时往往需要花费较长的时间，且具有不确定性。

（七）电子送达

电子送达，是指法院采用传真、电子邮件等现代通信手段向受送达人送达诉讼文书的方式。根据《民事诉讼法》第283条的规定，人民法院对于在我国领域内没有住所的当事人可以采用传真、电子邮件等能够确认受送达人收悉的方式送达诉讼文书。现代通信技术的发达为这种送达方式的兴起创造了良好的条件。这种方式的优点是简捷、快速，有助于节省法院的司法资源，便利当事人知悉诉讼。与国内的电子送达不同的是，向在我国领域内没有住所的当事人进行电子送达无须征得受送达人的同意，只要能够确定受送达人的传真或者电子邮件等具体收悉方式即可进行。

（八）公告送达

如果法院无法以上述七种方式送达的，可以采取公告的方式送达。公告送达也是国际民事诉讼中通用的方法。以公告方式送达的，法院往往将需要送达的法律文书的内容张贴出来，或者将其登报，以这些方法告知受送达当事人。公告通常选择比较适宜的场所，如果登报公告的，通常刊登在我国对外发行的报刊上。公告送达的，自公告之日起满3个月的即视为送达。根据《适用民诉法解释》的规定，对在中华人民共和国领域内没有住所的当事人，经用公告方式送达诉讼文书，公告期满不应诉，人民法院缺席判决后，仍应当将裁判文书依照法律规定公告送达。自公告送达裁判文书满3个月之日起，经过30日的上诉期当事人没有上诉的，一审判决即发生法律效力。人民法院一审时采取公告方式向当事人送达诉讼文书的，二审时可迳行采取公告方式向其送达诉讼文书，但人民法院能够采取公告方式之外的其他方式送达的除外。

案例 26-3

德国某公司与我国某公司因货物买卖发生纠纷，我国某公司起诉至我国某中级人民法院。法院送达起诉状时，本可以适用《海牙送达公约》送达，但是，因该德国公司在我国北京、上海、广州设有代表机构，所以法院选择了最简便的送达方式，向该德国公司在我国的一家代表机构送达了起诉状。该德国公司委托了中国律师，授权律师接受诉讼文书的送达，此后的法院司法文书就直接送达其委托的律师。

第三节 民事案件的国际司法协助

一、民事案件国际司法协助的概念

民事案件国际司法协助，是指不同国家的法院之间，根据其所属国缔结或参加的国际条约，或者根据互惠原则，互相代为一定诉讼行为的制度。

国际司法协助是国际间经济贸易、文化交流、民间交往发展的必然结果。不同的国家之间互相给予对方司法上的协助，主要有以下几方面的意义：

（1）有利于涉外民事诉讼案件的顺利审理和裁判。通过协助，一国法院可以有效地向居住在他国的当事人送达各种诉讼文书，可以帮助调查取证等，使诉讼程序得以顺利进行。

（2）有利于保护当事人的合法权益。司法协助的目的是完成法院必需的诉讼行为，完成这些行为又是为了审理当事人之间的民商事纠纷，以保护当事人的合法权益。当事人还可以通过特殊司法协助使一国法院作出的裁判或仲裁机构作出的裁决在他国获得执行。

（3）有利于国际经济文化交流的进一步发展。随着国际交流的扩大，司法协助也呈日益发展的趋势，国际社会将会产生更多的多边或双边的司法协助条约，还会产生更多的区域性或地域性的司法协助公约或条约，司法协助的内容也还会有扩展。司法协助的发展为国际交流的顺利进行提供了一定的保障，同时也将促进国际交流的进一步发展。

司法协助包括以下几方面内容：（1）代为送达诉讼文书；（2）代为调查取证、询问当事人与证人；（3）提供法律法规文本以及其他法律资料；（4）承认和执行外国法院作出的生效裁判；（5）承认和执行外国仲裁机构作出的生效裁决。以上内容中第（1）、（2）、（3）项通常称为一般司法协助，第（4）、（5）项称为特殊司法协助。

二、国际司法协助的根据

（一）多边国际条约

国际社会经常用缔结多边国际条约的方式确定司法协助的内容。国际条约缔结后，根据条约必须信守的原则，缔约国或后来的参加国都可以依照条约的约定，请求有关成员国法院给予司法协助。我国于 1986 年决定加入 1958 年在纽约通过的《承认及执行外国仲裁裁决公约》（以下简称《纽约公约》，该公约于 1987 年 4 月 22 日对我国生效），1991 年加入了《海牙送达公约》（该公约于 1992 年 1 月 1 日对我国生效），1997 年加入了《关于从国外调取民事或商事证据的公约》。我们可以与这几个公约的成员国之间开展相互间的司法协助。

（二）双边国际条约或协定

除缔结多边国际条约的方式外，两国之间签订司法协助内容的双边条约或协议也是比较普遍的方式。双边条约或协定约定的司法协助的范围、方法、程序等，条约双方都应当遵守。自改革开放以来，我国先后与古巴、西班牙、法国、波兰、蒙古、罗马尼亚、俄罗斯、新加坡、越南等 32 个国家签订了民商事司法协助的双边条约，这些协议的签订与实施为我国涉外民事诉讼提供了有力的帮助。

（三）互惠关系

主权国家之间如果有司法协助的公约关系或双边条约关系的，两国之间就可以相互给予司法协助。如果没有这些关系，而又需要相互予以司法协助的，那么，根据习惯做法，可以按照互惠关系相互予以协助。

一国法院请求另一国法院予以司法协助的，必须具有上述根据之一，如果没有根据，就不会得到协助。根据《适用民诉法解释》第547条的规定，与我国没有司法协助协议又无互惠关系的国家的法院，未通过外交途径，直接请求我国法院给予司法协助的，我国法院应予退回并说明理由。

三、一般司法协助

（一）一般司法协助的概念与内容

一国法院与外国法院之间根据国际条约或互惠关系，代为送达诉讼文书，代为询问当事人和证人，以及代为调查取证等行为，通常称为一般司法协助。根据《民事诉讼法》的规定，我国涉外民事诉讼中的一般司法协助包括以下事项：

（1）互相委托代为送达诉讼文书。在涉外民事诉讼中，我国法院需要向在境外的当事人送达诉讼文书的，或者外国法院需要向我国境内的当事人送达诉讼文书的，两国法院可以通过司法协助的途径互相请求，互相协助。

（2）互相代为询问证人和当事人，代为调查取证。涉外案件的证人或当事人在外国的，两国法院可以通过司法协助的途径互相请求及协助完成。代为调查取证还包括代为进行司法鉴定和司法勘验。

（3）委托完成其他诉讼行为。有些国家间的司法协助的内容更为广泛，除了通常的上述行为外，还有互相委托提供受托国的法律、法规文本以及有关法律情报资料，例如中国与法国的司法协助条约就包括这些内容。此外，有的还包括免除外国人的诉讼费用、免除诉讼费用担保等。

（二）一般司法协助的程序

根据我国与外国签订的司法协助条约、我国《民事诉讼法》的规定，以及我国最高人民法院、外交部、司法部颁布的关于司法协助的规定，例如1986年的《关于我国法院和外国法院通过外交途径相互委托送达法律文书若干问题的规定》，1992年的《关于执行〈关于向国外送达民事或商事司法文书和司法外文书公约〉有关程序的通知》，1997年加入的《关于从国外调取民事或商事证据的公约》，一般司法协助依下列程序进行：

（1）提出请求书。我国法院与外国法院相互请求司法协助的，首先需要由请求国提出请求书。请求书主要应当包括以下几个方面的内容：1）请求机关与接受机关的名称与地址，或者收件人的身份与地址等。2）请求委托的意思表示。3）请求协助的具体事项。根据要求，请求书必须附上受送达文书或者提出具体要求的文件，以及译文或者第三国文字。

（2）将请求书及其所附文件通过条约规定的途径转至规定的有关中央机关，或者按照互惠原则通过外交部转递。如果是以条约为司法协助的根据，那么委托国法院应将委托文书及其所附文件递至本国有关中央机关，该中央机关再将委托文书及其所附文件递至受托国中央机关，然后受托国中央机关再将这些文件转送给受托法院。如果是以互惠原则为司法协助的基础，通过外交途径进行，那么委托国法院应将委托书及所附文件转递外交部门，由本国外交部门转递受托国外交部门，然后再由该外交部门交给其国内受托法院。

（3）受托法院适用本国法律予以协助。受托法院收到委托书及其所附文件后，先予审查，经审查认为应当协助的，则按照请求事项予以协助。协助完成后，受托法院将协助结果附上送达回证，或者是将所取得的证据按照原途径转回。

根据国家主权原则，受托国法院依照请求完成司法协助行为时，原则上应当适用其本国法律。因此，《民事诉讼法》第 296 条规定："人民法院提供司法协助，依照中华人民共和国法律规定的程序进行。外国法院请求采用特殊方式的，也可以按照其请求的特殊方式进行，但请求采用的特殊方式不得违反中华人民共和国法律。"另外，《民事诉讼法》还规定，外国驻中国使领馆也可以向该国公民送达文书和调查取证，但是不得违反中国的法律，并且不得采取强制措施。

四、特殊司法协助

（一）特殊司法协助的概念

一国法院在一定前提下相互承认并执行对方国家法院作出的生效判决，或者相互承认并执行对方国家仲裁机构作出的生效裁决的行为及其制度称为特殊司法协助。由此可见，特殊司法协助包括两方面内容：一是对外国法院生效判决的承认和执行；二是对外国仲裁机构生效裁决的承认和执行。

根据国家主权原则，一国法院作出的涉外民商事案件的生效判决只能在本国领域内发生法律效力，在他国领域内不发生效力；同样，一国仲裁机构作出的裁决也只能在本国领域内发生效力，在他国领域内不发生效力。但是，由于国际交往的结果，在有些情况下，被申请执行人或者被申请执行的财产在他国领域内（本章引例就是这样，即被申请执行人和被申请执行的财产都在我国），一国法院的生效判决和仲裁机构的生效裁决需要他国法院的协助才能实现。因此各国都认为，应当通过某种方式和途径，使国与国之间相互在本国领域内承认与执行他国法院的判决或仲裁裁决。一些关于执行外国法院判决或仲裁裁决的公约、条约以及互惠关系都是在此基础上产生的，例如在海牙缔结的《国际民商事案件中外国判决的承认和执行公约》、在纽约通过的《纽约公约》、拉丁美洲国家间缔结的《布斯达曼特法典》、欧盟国家间缔结的《关于民商案件管辖权及判决执行的公约》、北欧国家间缔结的《承认与执行判决公约》等。

承认及执行外国法院的判决或仲裁机构的裁决，除了依据以上国际公约、国际条约和互惠原则外，还要依据国内法，如《民事诉讼法》的有关规定，以及最高人民法院的有关司法解释就是这方面的国内法渊源。

（二）外国法院的判决、裁定和仲裁机构的裁决在我国的承认和执行

从国际条约和双边协议来看，特殊司法协助的对象是外国法院的判决和仲裁机构的裁决，不包括法院的裁定，但是我国《民事诉讼法》第 298 条和第 304 条的规定包括了法院的裁定。

1. 我国法院承认和执行外国法院判决、裁定和仲裁机构裁决的条件

根据我国缔结参加的国际条约以及我国民事诉讼法的规定，外国法院的判决、裁定和仲裁机构的裁决需要在我国得到承认并获得执行的，应当具备以下五个条件：

（1）申请承认与执行的外国法院的判决、裁定和仲裁机构的裁决必须是已经发生法律效力的判决与裁决。

（2）作出判决、裁定的法院所在国，或者作出裁决的仲裁机构所在国应当与我国有共同缔结或参加的国际公约，或双边协定，或互惠关系。这是司法协助的最基本根据。

（3）请求承认与执行外国法院的判决、裁定，应当由当事人直接向我国人民法院提出申请书，或者由当事人所在国法院向我国法院提出请求书，并附具申请执行的判决。请求承认与执行外国仲裁机构裁决的，应当由当事人直接向被申请执行人住所地或者其财产所在地的中级人民法院提出申请。

（4）外国法院作出判决或仲裁机构作出裁决的程序合法。

（5）申请执行的判决、裁定或裁决不得违背我国法律的基本原则，不得损害我国国家主权、安全和社会公共利益。

2. 我国法院承认和执行外国法院判决、裁定和仲裁机构裁决的程序

当事人持外国法院判决、裁定和仲裁机构裁决向我国法院申请承认与执行的，应当按照以下程序进行：

（1）提出申请或请求。申请我国法院承认和执行外国法院的判决、裁定和仲裁机构的裁决，通常由当事人向有管辖权的我国的中级人民法院提出申请。如果是申请承认和执行外国法院的判决，除了由当事人向有管辖权的我国的中级人民法院提出申请外，还可以由外国法院向我国法院提出承认和执行的请求书。

（2）审查。法院接到当事人的申请书，或者外国法院的请求书后，应当按照我国缔结或参加的国际条约、双边协议或互惠原则以及我国民事诉讼法的规定进行审查，审查其是否符合协助的必备条件。申请费和执行费按照《诉讼费用交纳办法》的规定收取。

根据《适用民诉法解释》的规定，法院对申请进行审查，主要应当注意以下几个问题：

1）承认和执行外国法院作出的发生法律效力的判决、裁定或者外国仲裁裁决的案件，人民法院应当组成合议庭进行审查。人民法院应当将申请书送达被申请人。被申请人可以陈述意见。人民法院经审查作出的裁定，一经送达即发生法律效力。

2）当事人向中华人民共和国有管辖权的中级人民法院申请承认和执行外国法院作出的发生法律效力的判决、裁定的，如果该法院所在国与中华人民共和国没有缔结或者共同参加国际条约，也没有互惠关系的，裁定驳回申请，但当事人向人民法院申请承认外国法院作出的发生法律效力的离婚判决除外。承认和执行申请被裁定驳回的，当事人可以向人民法院起诉。

3）对外国法院作出的发生法律效力的判决、裁定或者外国仲裁裁决，需要中华人民共和国法院执行的，当事人应当先向人民法院申请承认。人民法院经审查，裁定承认后，再根据民事诉讼法的规定予以执行。当事人仅申请承认而未同时申请执行的，人民法院仅对应否承认进行审查并作出裁定。

4）中华人民共和国涉外仲裁机构将当事人的保全申请提交人民法院裁定的，人民法院可以进行审查，裁定是否进行保全。裁定保全的，应当责令申请人提供担保，申请人不提供担保的，裁定驳回申请。当事人申请证据保全，人民法院经审查认为无须提供担保的，申请人可以不提供担保。

5）对临时仲裁庭在中华人民共和国领域外作出的仲裁裁决，一方当事人向人民法院申请承认和执行的，人民法院应当依照《民事诉讼法》第 304 条规定处理，即当事人可以直接向被执行人住所地或者其财产所在地的中级人民法院申请，对于被执行人住所地或者其财产不在中华人民共和国领域内的，也可以向申请人住所地或者与裁决的纠纷有适当联

系的地点的中级人民法院申请，人民法院应当依照中华人民共和国缔结或者参加的国际条约，或者按照互惠原则办理。

6）当事人申请承认和执行外国法院作出的发生法律效力的判决、裁定或者外国仲裁裁决的期间，适用《民事诉讼法》第250条的规定，即2年。当事人仅申请承认而未同时申请执行的，申请执行的期间自人民法院对承认申请作出的裁定生效之日起重新计算。

7）当事人按照《纽约公约》第4条规定的条件申请承认和执行外国仲裁裁决的，受理申请的法院决定予以承认和执行的，法院应当在受理申请之日起2个月内作出裁定，如果无特殊情况，应当在裁定后6个月内执行完毕。决定不予承认和执行的，应当在受理申请之日起2个月内上报最高人民法院。

（3）裁定。被申请或被请求法院接到申请或请求后，经审查认为有关判决、裁定、裁决不违反我国法律的基本原则或者国家主权、安全和社会公共利益的，就作出裁定承认其效力。需要执行的，就发出执行令，再根据《民事诉讼法》的规定执行。

根据《适用民诉法解释》第530条的规定，涉外民事案件同时符合下列情形的，人民法院可以裁定驳回原告的起诉，告知其向更方便的外国法院提起诉讼：1）被告提出案件应由更方便的外国法院管辖的请求，或者提出管辖异议；2）当事人之间不存在选择中华人民共和国法院管辖的协议；3）案件不属于中华人民共和国法院专属管辖；4）案件不涉及中华人民共和国国家、公民、法人或者其他组织的利益；5）案件争议的主要事实不是发生在中华人民共和国境内，且案件不适用中华人民共和国法律，人民法院审理案件在认定事实和适用法律方面存在重大困难；6）外国法院对案件享有管辖权，且审理该案件更加方便。

根据我国参加的或者与外国签订的司法协助条约，申请或请求执行的外国法院判决具有下列情形之一的，我国法院不予承认和执行：1）作出判决的法院无管辖权；2）根据作出判决的法院所属国的法律，该判决尚未生效；3）根据作出判决的法院所属国的法律，在缺席判决的情况下，败诉方未经合法传唤而未能出庭，或者在没有诉讼行为能力的情况下，未得到合法代理；4）我国法院对相同当事人之间的同一诉讼的案件已经作出了生效判决，或者正在进行审理，而且该案的审理在申请或请求承认的外国判决的法院提起诉讼之前；5）我国法院已经承认了第三国法院对同一案件作出的生效判决；6）判决的承认和执行有损于我国的主权、安全或者公共秩序。

需要注意的是，根据《适用民诉法解释》的规定，中华人民共和国法院和外国法院都有管辖权的案件，一方当事人向外国法院起诉，而另一方当事人向中华人民共和国法院起诉的，人民法院可予受理。判决后，外国法院申请或者当事人请求人民法院承认和执行外国法院对本案作出的判决、裁定的，不予准许；但双方共同缔结或者参加的国际条约另有规定的除外。人民法院强制执行涉外仲裁机构的仲裁裁决时，被执行人以当事人在合同中没有订有仲裁条款，或者事后没有达成书面仲裁协议为由提出抗辩的，人民法院应当对被执行人的抗辩进行审查，并根据审查结果裁定执行或者不予执行。

（三）我国法院的判决、裁定和仲裁机构的裁决在外国的承认和执行

1．我国法院的判决、裁定和仲裁机构的裁决在外国承认和执行的条件

我国法院的判决、裁定和仲裁机构的裁决在外国承认和执行的，也要符合一些必备的条件。从《民事诉讼法》第297条的规定来看，应当符合以下条件：

（1）申请执行的我国法院的判决、裁定和仲裁机构的裁决已经生效；

（2）被申请执行人或者其财产不在我国领域内，需要外国法院予以协助执行的；

（3）被申请执行人或财产所在国与我国之间有共同缔结或参加的司法协助公约、条约关系，或者有互惠关系；

（4）由申请人直接向有管辖权的外国法院提出申请，如果司法协助的对象是法院作出的判决或裁定，也可以由我国法院向外国法院提出请求。

2. 我国法院的判决、裁定和仲裁机构的裁决在外国承认和执行的程序

我国法院的判决、裁定和仲裁机构的裁决在外国承认和执行的，通常通过以下程序进行：

（1）申请或请求。申请承认和执行我国法院判决、裁定的，可以由当事人直接向有管辖权的外国法院申请，也可以由当事人向我国法院申请，然后由我国法院向外国法院提出请求。申请承认和执行我国仲裁机构裁决的，由当事人直接向外国法院提出申请。申请书与请求书要附上生效的判决、裁定及送达回证，并要求附有被申请国文字的译本或第三国文字的译本。

（2）审查与执行。请求司法协助的外国法院接到申请人的申请或者我国法院的请求书后，要审查是否具备协助的条件。经审查符合国际条约或协议的，或者符合互惠要求的，以及符合其国内法律规定的，就予以承认和执行，否则可以拒绝。

需要注意的是，根据《适用民诉法解释》的规定，当事人在中华人民共和国领域外使用中华人民共和国法院的判决书、裁定书，要求中华人民共和国法院证明其法律效力的，或者外国法院要求中华人民共和国法院证明判决书、裁定书的法律效力的，作出判决、裁定的中华人民共和国法院，可以本法院的名义出具证明。

案例 26-4

E国家交响乐团与M国某公司向北京第二中级人民法院提出申请，请求承认和执行英国高等法院作出的关于申请人与我国某音乐协会演出合同纠纷判决。法院受理后予以审理。被申请人提出：英国高等法院对此案没有管辖权，我协会与这两位申请人之间无合同关系，其他主体之间的管辖协议对我协会无约束力，中英两国之间无此类司法协助条约关系，请求法院裁定驳回申请人的申请。法院经审理后认为：由于我国与英国之间没有共同缔结或参加的相互承认和执行法院判决、裁定的国际条约，也未建立此类互惠关系，所以，对英国高等法院作出的判决不能承认和执行，裁定不予承认。

【引例分析】

这是一宗涉外民事案件，具体而言是一宗涉外海难救助报酬纠纷案件。案件所涉及的民事法律关系主体有涉外因素，即案件当事人中有一方是住所地在巴拿马的J海运公司。案件涉外一方当事人不享有司法豁免权。

W公司发出的有具体委托事项及救助报酬的传真是该公司与G救捞局之间形成的救助合同。J海运公司虽然非该合同的当事人，但它也是受益者，不能免除其作为获救船舶的责任，当W公司无力支付救助报酬时，J海运公司应当承担向G救捞局支付救助报酬的义务，因此可以作为本案的共同被告。

《民事诉讼法》第276条规定："因涉外民事纠纷，对在中华人民共和国领域内没有住所的被告提起除身份关系以外的诉讼，如果合同签订地、合同履行地、诉讼标的物所在

地、可供扣押财产所在地、侵权行为地、代表机构住所地位于中华人民共和国领域内的，可以由合同签订地、合同履行地、诉讼标的物所在地、可供扣押财产所在地、侵权行为地、代表机构住所地人民法院管辖。”本案的合同签订地、合同履行地、诉讼标的物所在地、可供扣押财产所在地都在我国领域内，因此我国人民法院享有管辖权，广州海事法院应当受理G救捞局提起的诉讼。另外，本案的当事人没有协议选择管辖法院，案件不适用协议管辖的规定；案件也不属于《民事诉讼法》规定的涉外专属管辖的情形，不涉及专属管辖的问题。

因为本案为涉外案件，所以适用涉外民事诉讼期间的特别规定和送达的特别规定。

G救捞局向法院申请扣押J货轮的行为是申请财产保全的行为，而且是诉前财产保全的行为，在海事诉讼中称为海事请求保全。法院作出扣押裁定后，申请人G救捞局应当在30日内起诉。从引例来看，G救捞局在法院作出保全裁定后及时提起了诉讼，符合法律规定。

【本章小结】

1. 涉外民事诉讼通常是指具有涉外因素的民事诉讼，即人民法院、当事人及其他诉讼参与人，为解决涉外民商事权益纠纷所进行的诉讼活动，以及他们在诉讼中所形成的各种民事诉讼法律关系的总和。

2. 在涉外民事诉讼程序中，人民法院、当事人及其他诉讼参加人，必须遵循涉外民事诉讼的特别原则，同时还应当遵循民事诉讼的一般原则。

3. 涉外民事诉讼的管辖，是指一国法院对具有涉外因素的民事案件的审判权限及各级人民法院对第一审涉外民事案件的分工和权限。

4. 涉外民事诉讼程序中的送达，是指对在我国领域内没有住所的当事人适用的，我国法院根据国际条约、互惠原则或我国法律的规定，将司法文书送交给居住在国外的诉讼当事人或其他诉讼参与人的行为。

5. 民事案件国际司法协助，是指不同国家的法院之间，根据其所属国缔结或参加的国际条约，或者根据互惠原则，互相代为一定诉讼行为的制度。

【课后练习题】

一、名词解释

涉外民事诉讼程序　涉外因素　信守国际条约原则　涉外协议管辖　使用我国通用的语言文字原则　应诉管辖　涉外专属管辖　司法协助

二、思考题

1. 什么是涉外民事诉讼？
2. 涉外民事诉讼应当遵循哪些基本原则？
3. 涉外民事诉讼的管辖主要有哪几种？
4. 涉外民事诉讼的期间和送达有哪些特别规定？
5. 简述一般司法协助和特殊司法协助的条件和程序。

三、案例分析题

1. 中国某机车厂为美国SS公司开发生产某种机械设备，双方当事人签订了《不泄露、不竞争协议》，约定中国某机车厂对美国SS公司提供的生产所需的技术资料和商业资料负有保密义务，还约定协议依照美国田纳西州法律解释。合同履行过程中，美国SS公司提出中国机车厂违反协议约定的保密义务，为其他客户生产同样产品，侵犯了其商业秘密，请求法院判令停止侵犯并承担违约责任。中国机车厂为此请求某科学研究院对两种产品是否同一进行鉴定，鉴定报告认为中国机车厂为美国SS公司生产的设备与为其他人生产的设备类似，但是不同。美国SS公司向中国某中级人民法院提起诉讼。诉讼中，中国机车厂向法院提供了鉴定报告，美国SS公司向法院提供了美国专家出具的关于田纳西州法律的条款及判例的证词，但是未附具公证和认证文件。

问：中国法院是否具有管辖权？机车厂提供的鉴定报告是否可以作为证据使用？美国田纳西州法律文件由谁提供并证明？如何提供才符合法律规定？

分析要点提示：（1）中国法院具有管辖权。根据《民事诉讼法》的规定，因涉外民事纠纷，对在中华人民共和国领域内没有住所的被告提起除身份关系以外的诉讼，如果合同签订地、合同履行地、诉讼标的物所在地、可供扣押财产所在地、侵权行为地、代表机构住所地位于中华人民共和国领域内的，可以由合同签订地、合同履行地、诉讼标的物所在地、可供扣押财产所在地、侵权行为地、代表机构住所地人民法院管辖。（2）机车厂提供的鉴定报告，属于我国民事诉讼法规定的鉴定意见证据，但是属于当事人自行委托作出的鉴定意见。根据《证据规定》第41条，对于一方当事人就专门性问题自行委托有关机构或者人员出具的意见，另一方当事人有证据或者理由足以反驳并申请鉴定的，人民法院应予准许。（3）美国田纳西州法律文件应当由原告提供并证明。如果原告提交的美国专家证词是来自境外的文件，应当提供该证词的公证和认证文件。

2. 美国某金属公司与韩国某海运公司因海上货物运输合同发生纠纷，合同约定的装货港为美国，卸货港为中国香港，交货地为中国张家港。韩国公司在中国境内仅上海有一家办事处。美国公司向我国上海海事法院提起诉讼，要求韩国海运公司赔偿因无单放货造成的全部损失。被告提出管辖异议，认为合同履行地和行为发生地均不在中国境内，中国法院无管辖权。原告提交的起诉书，是由原告在中国的代理律师签名，并盖律师事务所的公章。原告致函受诉法院，授予代理律师起诉、提供证据、辩论等一切诉讼行为的代理权。但是，该函没有在美国经过公证和认证。

问：中国法院是否有管辖权？原告的起诉是否具有法律效力？

分析要点提示：（1）虽然被告在中国境内无住所地，但是根据《民事诉讼法》的规定，涉外案件的被告在我国境内有办事处的，我国法院具有管辖权，所以上海海事法院具有管辖权。（2）原告的起诉不具有法律效力。因为原告律师虽然有授权，但是，美国公司从境外寄交中国法院的授权委托书既没有经过美国公证机关的公证，也没有经过我国驻美国大使馆或领事馆的认证，不具有法律效力。